大陸當代思想史論

樊星／著

代序　寫我們的當代史

一

每個人都以自己的方式參與了歷史的創造。但似乎只有為數不多的思想家才懂得如何自覺地推動歷史，創造歷史、並書寫歷史。

二

有時翻翻史書，常為那些或許永不可知的歷史之謎歎喟。中國是素重史學的國度。煌煌的正史不必提了，更有那許多不滿於正史的偏頗而傳世的野史。帝王將相的威威赫赫也終於沒有掩住那些長了反骨的學者隱士的光輝。不過，畢竟由於古代資訊傳播和收集媒介的貧乏所限，大量珍貴史料還是無可挽回地逝去了。今天，情況有了顯著的改善。但當我從報上瞭解到，美國斯坦福大學東方語言文學系所收集的關於中國「文革」的資料之全令一位中國作家瞠目，而中國學者嚴家其、高皋在搜集寫《文化大革命十年史》的材料時卻是那般不易，又想到巴金老人關於建立「文革博物館」的深切呼喚……此時，怎不使人思緒翻捲呢？

讓我們珍惜每天都在流逝的史料吧，有多少重蹈覆轍的悲劇，是因為無視歷史而招致的懲罰呢？

三

應該對歷史承擔我們這代人應有的責任。因為歷史就是一代代人奮鬥的記錄。而且歷史還是「合力」作用的結果。權貴們可以在酒宴上改動世界的版圖，那個無名青年的一顆子彈不也引發了一場世界大戰嗎？當年要飯的叫化子，誰會想到他有朝一日能黃袍加身（如朱元璋）；而那一度寄人籬下的平民，也能一鳴驚人，寫出改變了人類思想發展航向的傑作（如盧梭）；有多少不可一世的獨裁者最後竟身不由己地懸樑自盡，又有多少飲恨終身的流放者也不會想到他的被禁的書會有朝一日萬眾傳誦！歷史中充滿了偶然和必然的種種奇特組合。它們之間千絲萬縷的聯繫將各民族、各階級、各集團那永無止息的活動組成了歷史的大系統網路。

由此看來，歷史如果僅僅是由「大事記」加名人傳記構成，該會有多大的偏差。這一代人要書寫自己的奮鬥，拿出若干部具有這一代人特色、經得起時間磨洗的當代史，就應該在牢記「大事」的同時，花一番功夫去探索遇羅克、張志新們的犧牲對於思想解放運動的意義，去思考當年《中國青年》雜誌組織的關於潘曉來信的大討論所具有的思想史上的意義，去研究一度以手抄本形式流傳的《公開的情書》、《第二次握手》那樣的「地下文學」與新時期文學巨大成就之間的精神聯繫，去捕捉那些為人稱道的通訊報導、詩歌雜文、報告文學、對話錄、系列叢書——的深處輻射出來的時代主題，甚至恐怕連武俠熱、言情小說熱、經商熱、從政熱、出國熱也都應在思想者的注意、收集、研究的視野之內。很顯然，任何一件偶然發生的事一旦在全社會範圍內掀起了波瀾，它便成了時代心態的一個必然的證明。是的，我相信，愈是在資訊爆炸的當代，時代的品格（或曰；時代精神、時代心態）愈是在那些人們積極參與、熱烈關切的事件中得到集中的體現。從這層意義上看，我們研究「大事」，著重點應是時代心態。

四

對的，心態，當代歷史學越來越重視這帶點神秘色彩的概念。因為很顯然，研究歷史不能不意味著某種選擇。否則，我們只能迷失在如煙如海的資訊中。「一切歷史都是當代史」：克羅齊是對的。人們感興趣的常常是歷史與我們的聯繫。這真是一個富於誘惑力的問題：何以千百年前的悲劇和喜劇也會打動當代人的心？何以昨天竟與今天有那麼多的相似之處？這裏面埋藏著人性的奧秘。歷史與現實的相通如果不是情感的相通、心與心的相印，還會是別的什麼呢？於是，我們能明白，西方那些成就卓著的史學家為什麼都不約而同地把自己的旗幟指向了那同一個方向——德國人弗里德里希•邁納克致力於「精神史」的探索，[1]英國人柯林伍德提出了「歷史就是思想史」的哲學，[2]法國人呂西安·費弗爾甚至說；「歷史學家由心理學家指點方向。」[3]他的同胞亨

1 田汝康、金重遠選編：《現代西方史學流派文選》，上海人民出版社一九八二年版，第十一頁。
2 《歷史的觀念》，中國社會科學出版社一九八六年版，第二四四頁。
3 〈歷史與心理學——一個總的看法〉，《現代西方史學流派文選》，第六二頁。

利—伊雷內・馬魯和雷蒙・阿隆亦有此論。[1]最近的資訊表明：一九七〇年代以後，心態史已成為法國史學研究的主流。

如果將這一史學潮流置於二十世紀人類重新開始認識自我的艱苦歷程中去考察，我們會發現這潮流所體現出的偉大的文化意義：歷史的研究，與人類的命運具有如此緊密的聯繫！

五

我們還是要立足於中國的大地。二十世紀，中國的主題是什麼？從一九一九年「科學與民上」的吶喊到一九八〇年代「改革與開放」的刻不容緩，多少次革命、奮鬥，多少次挫折、失敗，站在世紀末回首歷史，我們具有得天獨厚的條件去總結這百年的動盪所提出的一連串歷史課題，去探索不同的中國人作出不同選擇的心路軌跡，去發現二十世紀的中國人與十九世紀以前的先輩相似或相悖的所在——這樣的研究才能在史書上留下二十世紀中國獨特的品格，留下這幾代人獨有的渴求與奮鬥，煩惱與歡欣，狂熱與失望，留下一部活生生的古老的中華找尋新出路的心史。

已經開始了，儘管才僅僅是開始。如果說，幾年前，筆者是從一部中篇小說《世界》中得知了有的知青戰友已在動手撰寫《知青運動史》這一或許是虛構，但也很有價值的資訊，那麼，一九八五年至一九八六年，張辛欣、桑曄合著的《北京人》、劉心武的《公共汽車詠歎調》、《「五・一九」長鏡頭》和馮驥才正在寫的《一百個人的十年》，還有趙園那部《艱難的選擇》——透過現代文學史上知識分子尋求出路的心路歷程的宏

---

1 亨利—伊雷內・馬魯：〈歷史如同知識〉和雷蒙・阿隆〈歷史哲學〉二文，均見《現代西方史學流派文選》一書。

觀分析，達到對於「同時期更廣闊的精神史」的把握的可貴嘗試，則標誌了這一代人書寫時代心史的偉大工程的開始。不要說，上述作品嚴格說來，屬於文學的領域。事實上，文學從來是活生生的歷史的一個重要組成部分。何況對於真正的思想者來說，文學和史學從來就是他探索人生、研究人之謎的難以分割的領域。

而嚴家其、高皋合著的《文化大革命十年史》的問世也許是又一塊里程碑，儘管由於種種原因，這部史書不免粗糙；而且未能達到應有的理論深度，但它畢竟是中國當代人寫當代史的一個重要嘗試。對於這一代人來說，「文革史」的研究也許具有第一重要的意義。因為他們的命運註定了；如果不能對那場與他們的青春俱逝的政治風暴作出深刻的反思和闡釋，他們便不能完成歷史交付給他們的使命——繼續啟蒙大業，開拓改革之路。

任務是艱巨的，因為有那麼多的空白需要填補；從當代政治史、思想史、文化史到紅衛兵史、知青運動史，一直到那些風雲人物的興衰史，不填補這些空白，我們將無顏正對歷史。

狄爾泰有句話：「人是什麼，只有他的歷史才會講清楚。」我們認識了自己，尋到了自己上下求索的心理軌跡，也許才能更好地掌握自己的命運。

——原載《書林》一九八八年第二期

目次

第一輯

思想・政治・文化

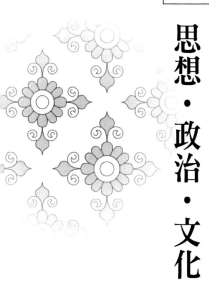

「五四情結」與當代思想

「五四」以後的中國歷史，直接間接地，處處都和「五四」有關……
「五四」運動的意義甚多，人們從任何角度上去觀察它，都可得到一種「意義」。因為它本是一個全面性的文化運動，而文化則是無所不包的。

——余英時

什麼是「五四情結」？

在歷史的漫漫長河中，不同的歷史時期有不同的文化主題（例如春秋戰國時期的文化主題就是「百家爭鳴」，魏晉時期的文化主題則是崇尚玄學……等等），不同的文化主題顯示了不同時期的人們追求不同的文化目標的興奮點所在。以這樣的眼光回顧二十世紀中國的文化思想史，一個顯而易見的事實是：「五四情結」集中體現了二十世紀中國人的精神品格、二十世紀中國的文化主題。在此，我沒有用常見的「五四精神」這個概念，是因為「五四精神」常常被宣傳成實用性太強的幾個口號，而事實上，「五四運動」以及「五四」那一代先驅者留給後人的思想史料都充分證明：那一代人所觸及到的文化主題，思想矛盾，其豐富性和深刻性，都遠不是幾個口號所能包容得了的。基於這種考慮，我用了「五四情結」這個詞，因為「情結」二字更能準確地體現出「五四」文化主題的博大與繁雜，深刻與持久，一言難盡與常說常新。

說到「五四精神」，最常見的解釋是「科學與民主」。的確，倡導科學以反對愚昧、倡導民主以反對專制是中國追趕現代化的兩大目標。而二十世紀中國在發展科學、追求民主上取得的成就也遠遠超過了二十世紀以前的所有時代。然而，另一方面，科學亦非萬能靈丹。民主也結出過「文革」期間「大民主」那樣的惡果，也都是有目共睹的事實。陳獨秀倡導「科學與人權並重」，主張「以科學說明真理」[1]，可到了一九二〇年代，不還是爆發了「玄學與科學」的論爭麼？而梁啟超也在一九二〇年發表的《歐遊心影錄》中記錄下第一次世界大戰給他的啟迪：「唯物派的哲學家，托庇科學宇下。建立一種純物質的，純機械的人生觀，把一切內部生活、外部生活都歸到物質運動的『必然法則』之下。……意志既不能自由，還有什麼善惡的責任？……現今最大的危機就在這一點。……這回大戰爭便是一個報應」[2]。一直到世紀末，一九七〇年代末「向科學進軍」的熱潮不是也同樣沒能解決人生觀的問題，以致到了一九八〇年，《中國青年》組織的人生意義大討論立刻風靡全國，並深刻影響了一九八〇年代的精神格局麼？

再說民主，先驅者的思考也眾說不一。陳獨秀主張：「吾國欲圖世界的生存，必棄數千年相傳之官僚的、專制的個人政治，而易以自由的，自治的國民政治也。蓋共和立憲制，以獨立，平等，自由為原則……法律上

1 〈敬告青年〉，《五四運動文選》，三聯書店一九五九年版，第七頁。
2 〈梁啟超哲學思想論文選〉，北京大學出版社一九八四年版，第二六〇——二六一頁。

權利平等，經濟上獨立生產。」[1]——完全是西方民主制的設想，可他本人當選共產黨第一任總書記後，卻又是專橫的「家長制」作風（由此可見「主義」與「個性」的矛盾）；而李大釗則認定：「民主主義戰勝，就是庶民的勝利。」[2]他的構想是：「本著勤工主義的精神，創造一種『勞工神聖』的組織，改造現代遊惰本位、掠奪主義的經濟制度……使人人都須作工，作工的人都能吃飯。」[3]——顯然又是共產主義的理想。兩位共產主義運動的倡導者，對「民主」的理解尚有如此的分歧，其他主義之間的歧義就可想而知了。整整一個世紀，姓「資」的民主和姓「社」的民主都在中國進行了試驗，前者蛻變為獨裁，天怒人怨，一朝瓦解；後者滑向「大民主」，十年動亂、終於幻滅。直到今天，「健全民主與法制」的道路還十分漫長。更複雜的問題還在於：陳獨秀倡導的西方式民主，以「尊重個人獨立自主之人格，勿為他人之附屬品」[4]為前提；李大釗宣揚共產主義理想，也以「重自由……謀各個之並立」[5]為基本內核之一；——都將「民主」與「自由」看作兩個血肉相聯，密不可分的概念，而民主進程的艱難卻常常使「權威主義」再三登場，以犧牲「自由」作建設民主制的代價。[6]這樣，就產生了以「民主」作旗號，以「權威主義」為內容的政治奇觀，但「權威主義」在二十世紀的實踐屢屢受挫與二十世紀民主主義思潮的空前高漲也證明了歷史的潮流不可阻擋——儘管如此，到了一九八〇年代末，不是還有過「新權威主義」的爭鳴麼？「民主」與「自由」、「民主」與「權威」的關係，理論上好說，到了實踐中，卻為什麼那麼難以處理？各種意識形態的紛爭，各股社會勢力的較量，都使得二十世紀的民主進程無比坎坷，無比曲折。

1 〈吾人最後覺悟〉，《五四運動文選》，第一六—七頁。
2 〈庶民的勝利〉，《李大釗選集》，人民出版社一九五九年版，第一一〇頁。
3 〈「少年中國」的「少年運動」〉，同上，第二三六頁。
4 〈一九一六年〉，《五四運動文選》第一〇頁。
5 〈pan……ism之失敗與Democracy之勝利〉，同上，第一五二頁。
6 秦曉鷹：〈跳出歷史的惡性循環〉，《經濟學週報》一九八九年三月十二日。

如此說來，「科學與民主」作為啟蒙主義的文化主題，在推動中國的現代化進程方面既立下了豐功偉績又催生了無數的疑難。

「五四運動」又是一場偉大的反帝愛國運動。所以，「五四精神」也常常被解釋成愛國主義的傳統。但對於「愛國主義」的不同解釋，也產生過十分猛烈的思想交鋒。胡適主張「全盤西化」，未免偏頗，可為什麼到了一九八〇年代還產生了回應？魯迅主張「要少——或者竟不——看中國書。」[1]也相當偏激，魯迅還反對「愛國的自大」，倡導「個人的自大」。為的還是醫治「中國的昏亂病」[2]，又是一種怎樣的情感：在憤激的深處，是摯愛，是摯愛與憤激的水乳交融！李大釗是偉大的愛國者，可他也說過「我們中國人貪惰性成，不是強盜，便是乞丐，總是希圖自己不作工，搶人家的飯吃，討人家的飯吃」[3]之類的話：陳獨秀是偉大的愛國者，不是也說過「吾國之俗，習為委靡」[4]，「蓋吾人自有史以訖一九一五年，於政治，於社會，於道德，於學術，所造之罪孽、所蒙之羞辱，雖傾江、漢不可浣也」[5]這樣的話麼？——因此，才有了「改造國民性」的時代強音，才有了一代又一代青年的前仆後繼，為改造中國而殫精竭慮，嘔心瀝血。這是激進的愛國主義，還有保守的愛國主義。例如「新儒家」的代表人物梁漱溟就在《東西文化及其哲學》一書中辨析了東西文化的不同路向：「西方的文明是成就於科學之上；而東方則為藝術式的成就也」[6]。在他看來，「西洋文化的勝利。只在其適應人類目前的問題，而中國文化印度文化在今日的失敗，也並非其本身有什麼好壞可言，不過就在不合時宜罷了。」[7]於

1 《華蓋集・青年必讀書》。
2 《熱風・隨想錄三十八》。
3 〈庶民的勝利〉，《李大釗選集》，人民出版社一九五九年版，第一一一頁。
4 〈敬告青年〉，《五四運動文選》，三聯書店一九五九年版，第四頁。
5 〈一九一六年〉，《五四運動文選》第十、九頁。
6 《梁漱溟文選》，上海遠東出版社一九九四年版，第十八頁。
7 《梁漱溟文選》第一一六頁。

是，在「歐化蒙罩的中國」，他力倡「批評的把中國原來態度重新拿出來」。[1]具體地說，就是張揚孔子的剛的學說：「提倡一種奮發向前的風氣，而同時排斥那向外逐物的頹流……只有這樣向前的動作可以彌補了中國人夙來缺短，解救了中國人現在的痛苦，又避免了西洋的弊害，應付了世紀的需要。」[2]他想以孔子「陽剛乾動的態度」糾正老莊「總偏陰柔坤靜」的弊端，他堅信：「若真中國的文藝復興，應當是中國自己人生態度的復興。」[3]這與梁啟超歐遊歸國後重新倡導孔子的「盡性贊化」，「自強不息」，老子的「各歸其根」，墨子的「上同於天」，主張「跟著三聖所走的路，求『現代的理想與實用一致』」，承擔起「中國人對於世界文明之大責任」，[4]可謂不謀而合。——這一類主張與激進的愛國主義主張針鋒相對，卻都燃燒著振興中華的熱忱。二十世紀「新儒家」的幾度崛起顯然也昭示了傳統文化精神的頑強生命力。

愛國主義，原來也歧義紛陳。如何去愛？先驅者也各有主張——李大釗號召：「我們青年應該到農村裏去，拿出當年俄羅斯青年在俄羅斯農村宣傳運動的精神，來作些開發農村的事，是萬不容緩的。」「青年呵！速向農村去吧！日出而作，日入而息，耕田而食，鑿井而飲。」[5]這號召已開毛澤東呼喚知識青年上山下鄉的先河，可謂「民粹主義的愛國論」；魯迅則吶喊：「掊物質而張靈明，任個人而排眾數。人既發揚踔厲矣，則邦國亦以興起。」[6]堪稱「個性主義的愛國論」；胡適提倡「多研究些問題，少談些『主義』」，是「實用主義的愛國論」；羅家倫則高度讚揚了「五四運動」中「學生犧牲的精神」——「一班青年學生，奮空拳揚白手和黑

1 《梁漱溟文選》第一一八頁。
2 《梁漱溟文選》第一二八頁。
3 《梁漱溟文選》第一二九頁。
4 《梁啟超哲學思想論文選》，北京大學出版社一九八四年版，第二八五頁。
5 〈青年與農村〉，《李大釗選集》第一四六、一五〇頁。
6 《墳．文化偏至論》。

暗勢力相奮鬥，受傷的也有，被捕的也有，因傷而死的也有，因志願未達而急瘋的也有。這樣的精神不磨滅，真是造中國的原素。」[1]又是「激進主義的愛國論」了。——二十世紀的中國，「革命救國」的呼聲最急切，最響亮，但「科學救國」、「實業救國」、「教育救國」的努力卻並不因此而偏廢。到了世紀末的建設時期，「革命」的主題在「和平與發展」的大趨勢中減弱了，「科學興國」，「教育興國」的主題又成了時代的最強音。在廣闊的歷史背景下觀察各種主張的救國論、興國論，研究它們的此消彼長、互相激蕩，又可以使人產生多少感慨：關於愛國主義的種種說法，是怎樣自彼此衝撞又互為補充的呵……（甚至具體到先驅者各人，也常有前後矛盾之論，例如陳獨秀，一九一五年倡導「科學與人權並重」，一九二〇年就主張「用革命的手段建設勞動階級（即生產階級）的國家……為現代社會第一需要」了，[2]但到了晚年，又由史達林肅反擴大化而警醒：「十月後的蘇俄，明明是獨裁制產生了史達林……」[3]這樣就又回到了「民主」的主題。又如魯迅，一九一八年也大聲疾呼：「要救治這幾至國亡種滅的中國……只有這鬼話的對頭的科學！」[4]到了一九一九年就神往於革命了：「看看別國……有主義的人民。他們因為所信的主義，犧牲了別的一切，用骨肉碰鈍了鋒刃，血液澆滅了煙焰。在刀光火色衰微中，看出一種薄明的天色，便是新世紀的曙光。」[6]到了一九二五年，魯迅一面繼續鼓吹「改革最快的還是火與劍，」[5]一面也呼喚「文明批評」和「社會批評」，認為「文學家也許應該狂喊了……做

1 〈一年來我們學生運動底成功失敗和將來應取的方針〉，見《五四與中國》，臺灣時報文化版事業有限公司一九八五年版，第五六九頁。
2 〈談政治〉，《五四運動文選》第四二五頁。
3 轉引自李澤厚：《中國現代思想史論》第一〇九、一二六、一二七、一二九頁，東方出版社一九八七年版。
4 《熱風・隨感錄三十三》。
5 《兩地書（十）》。
6 《兩地書（十七）》。

事的總不如做文的有名。」[1]但在一九二七年，他又說：「中國現在的社會情狀，止有實地的革命戰爭，一首詩嚇不走孫傳芳，一炮就把孫傳芳轟走了。」[2]到了一九三〇年，他還是回到了「改造國民性」的話題上去了：「倘不深入民眾的大層中，於他們的風俗習慣，加以研究，解剖，分別好壞，立存廢的標準，而於存於廢，都慎選施行的方法，則無論怎樣的改革，都將為習慣的岩石所壓碎，或者只在表面上浮游一些時。」[3]……透過這些多變的思緒，我們不難洞察時代風雲變幻的痕跡，也能對先驅者為救國救民而上下求索，左右彷徨的矛盾心態一目了然。）

愛國、救亡，是二十世紀中國的又一個基本主題：從「五四」到「一二九」、從「紅衛兵運動」到「知青運動」，再到一九七六年的「四五運動」……從遊行示威：喚起民眾到武裝鬥爭，抗禦外侮，從「抵制日貨」的吶喊到「獨立自主」的悲歌，從「改革開放」的急起直追到「中國可以說不」的凜然正氣……浮躁的二十世紀，多少悲劇和喜劇都與愛國主義的情結緊緊相聯！

既要啟蒙主義的「科學與民主」，又要民族主義的「愛國與民粹」；既要走向世界，又要民族自尊；既要政治改革，經濟起飛，又要思想革命，文化轉型；既要激進的熱情，又要理智的冷靜……多少事，從來急；理想的構思落到實處，就遇上了重重的難題，舊的矛盾未得徹底解決，新的困惑又在不斷湧現。在時代大潮前行的曲折航道上，浮躁的心態理所當然成為時代精神的典型狀態。一代又一代的人們不斷從「五四」先驅者那兒尋找思想的武器，並在不同的時代背景下對之做出各取所需的說明——這樣，「五四情結」便成為了當代思想史的一個主要源頭。

---

1 《華蓋集・忽然想到（十一）》。
2 《而已集・革命時代的文學》。
3 《二心集・習慣與改革》。

毛澤東的「五四情結」

毛澤東是「五四運動」的參與者。「五四運動」對他人格的形成影響至為深遠。在他早年的書信與論文中，好些言論都顯示出李大釗、陳獨秀的影響——「我現在很想作工」的心聲以及創辦「自修大學」的實踐都與李大釗的「尊勞主義」相合。也直接導向他晚年號召全國人民走「五七道路」的浪漫奇思：「我一生恨極了學校」[1]的心聲也顯然是「五四」時期「大眾教育」的新潮的回聲，[2]這一心聲驅使他在晚年多次發出「教育要革命。資產階級知識分子統治我們學校的現象再也不能繼續下去了」的怒吼。還有，他關於「個人有無上之價值，有百般之價值」[3]的信念也浸透了「五四」時期「個性解放」的時代精神，並使他在晚年回首平生時，說出了虎氣為主、猴氣為次的話。他還以他的非凡個性魅力影響了一代「紅衛兵」的成長，使他們在「文革」中以「造反有理」的沖天激情在一個「個人主義」被冠以「資產階級」標籤的年代裏上演了個人主義、山頭主義、宗派主義的一幕幕悲劇。「毛澤東與紅衛兵」無疑是當代思想史上值得認真研究的一個專題。

在毛澤東成為中國共產黨領袖之後。他多次撰文評價「五四運動」。從「五四精神」中汲取推動中國革命的力量。作為一名具有農民文化背景的革命領袖。他對「五四精神」的闡釋具有顯而易見的現實功利性和政治鼓動性——在他看來，「五四運動足反帝國主義的運動，又是反封建的運動。五四運動的傑出的歷史意義，在於它帶著為辛亥革命還不曾有過的姿態，這就是徹底地不妥協地反帝國主義和徹底地不妥協地反封建主

---

1 轉引自李澤厚：《中國現代思想史論》，東方出版社一九八七年版，第一二七、一二九頁。

2 周策縱：〈五四運動史〉，見《五四與中國》第一七一——一七二頁。

3 轉引自李澤厚：《中國現代思想史論》第一二九頁。

義。……五四運動是在當時世界革命號召之下發生的。五四運動是當代無產階級世界革命的一部分。……五四運動是在思想上和幹部上準備了一九二一年中國共產黨的成立，又準備了五卅運動和北伐戰爭。」[1]這樣的概括是一種獨到的解釋。毛澤東對「徹底」、「不妥協」、「革命」這些詞的強調，足以表明他的激進立場。這種激進的立場無疑是他在全國解放後不斷發動政治運動、直至發動「文革」的一個重要因素。

在論及新民主主義文化的性質時，他認為：「民族的科學的大眾的文化，就是人民大眾反帝反封建的文化，就是新民主主義的文化，就是中華民族的新文化。」[2]——「科學與民主」的主題在此為「科學與民族、大眾」的主張所取代，意味深長。強調新文化的民族性、大眾性，既是「馬克思主義的普遍真理和中國革命的具體實踐完全地恰當地統一起來」[3]的題中應有之義，又體現了「中華民族的尊嚴和獨立」[4]的愛國主義情懷，還出於「革命文化，對於人民大眾，是革命的有力武器」[5]的戰略考慮。儘管毛澤東也認為：「中國應該大量吸收外國的進步文化，作為自己文化食糧的原料……凡屬我們今天用得著的東西，都應該吸收，」[6]但他的文化背景和人生經歷以及戰略需要，都使他對「民族化」、「大眾化」的提倡大大多於「吸收外國的進步文化」的思考。由此可見，他對「五四精神」的繼承更偏重於民粹主義的選擇。這樣，他多次強調「這五十多年來的革命的經驗教訓……根本就是『喚起民眾』這一條道理。」[7]「知識分子如果不和工農民眾相結合，則將一事無成。革命

1 〈新民主主義論〉，《毛澤東選集》（合訂本），人民出版社一九六七年版，第六五六—六六〇頁。
2 〈新民主主義論〉，《毛澤東選集》（合訂本）第六六九頁。
3 〈新民主主義論〉，《毛澤東選集》（合訂本）第六六七頁。
4 〈新民主主義論〉，《毛澤東選集》（合訂本）第六六八頁。
5 〈新民主主義論〉，《毛澤東選集》（合訂本），人民出版社一九六七年版，第六五八頁。
6 〈新民主主義論〉，《毛澤東選集》（合訂本），第六六七頁。
7 〈青年運動的方向〉，同上，第五二九頁。

的或不革命的或反革命的知識分子的最後的分界，看其是否願意並且實行和工農民眾相結合。」[1]也就是必然的了。他一生都大力倡導這一條，但過激的立場卻沒能導致「教育革命」、「知識青年上山下鄉」運動的成功。這方面的教訓，值得深入研討。

在「五四」的先驅者中，毛澤東最敬佩魯迅。他認為：魯迅是中國文化革命「最偉大和最英勇的旗手。魯迅是中國文化革命的主將。他不但是偉大的文學家，而且是偉大的思想家和偉大的革命家。魯迅的骨頭是最硬的，他沒有絲毫的奴顏和媚骨……魯迅是在文化戰線上，代表全民族的大多數，向著敵人衝鋒陷陣的最正確、最勇敢、最堅決、最忠實、最熱忱的空前的民族英雄」。[2]他肯定了魯迅的革命性和民族性、人民性，卻忽略了魯迅的孤獨感和現代性。這不失為政治家之言。值得特別提出的是：正是毛澤東對魯迅的讚揚，才使得魯迅的書在大陸一直廣為流布。甚至在「文革」文化專制主義的大劫難中，毛澤東還專門發出過「讀點魯迅」的指示，使魯迅的書得以再版，成為文化饑荒年代中許多青年的寶貴精神食糧。這些青年中的一部分佼佼者通過魯迅的書走上了新啟蒙的道路。發揚光大了魯迅的批判精神和現代意識。在「五四」先驅者中，魯迅並不是一個民粹主義者，也與李大釗、陳獨秀那樣的激進革命者有著巨大的差異。但無論是革命家毛澤東，還是新啟蒙思想家李澤厚，評論家王富仁、錢理群、黃子平、王曉明、陳思和、汪暉都對他情有獨鍾，這不能不說是一個文化奇蹟。

毛澤東對「五四精神」的革命性、民族性、大眾性闡釋直接影響了中國革命的進程。他的闡釋自成一家之言。但由他發動的對胡適思想的批判，對魯迅的學生胡風文藝思想的批判以及「文化大革命」對「封、資、修文化」的批判都釀成了歷史的悲劇：這些悲劇都昭示了激進主義的隱患以及片面理解「五四精神」所可能導致的可怕後果。

---

1 〈五四運動〉，同上，第五二三頁。
2 〈新民主主義論〉，同上，第六五八頁。

一九七〇年代末至一九八〇年代初：重返「五四」

一九七六年，毛澤東逝世。「文革」結束。新時期開始。經歷過那段天翻地覆歲月的人們應該記得：新時期是從清算「四人幫」封建法西斯主義的罪惡開始的，是從再次吹響「向科學進軍」的進軍號開始的。這樣，「反封建」和「學科學」便成為新時期開始的兩聲號炮。這樣，新時期的文化思潮便與「五四情結」一下溝通了。而新時期文學的開山之作《班主任》也正好以「救救被『四人幫』坑害了的孩子！」的吶喊回應了「五四」時期魯迅那篇中國現代小說的開山之作《狂人日記》中「救救孩子……」的吶喊之聲。

「五四情結」，如此根深蒂固！如此難以解開！這是中國之幸還是不幸？

一九七九年，是「五四運動」六十周年的紀念之年。這一年的《歷史研究》第一期發表了著名歷史學家黎澍的專論——〈消滅封建殘餘影響是中國現代化的重要條件〉。文中指出：「中國的封建傳統，確如恩格斯所說，是『歷史的惰力』，一種極端頑固保守而又難以覺察的習慣勢力，在群眾中無所不在，連革命者自己在所不免。」在回顧了近代以來中國反封建思想革命的漫長歷程後，黎澍確認：「批判以孔子為中心的封建傳統，徹底加以破壞，是近代中國革命中的一個必須解決的根本性問題。」「中國封建思想傳統根深蒂固，它在社會生活和人民群眾中的影響，比資產階級思想要廣泛得多，牢固得多。徹底解放思想，完成五四運動時期開始的反封建思想革命，是實現現代化和社會主義制度在中國取得勝利的一個重要條件。」——黎澍在此又一次舉起了「打倒孔家店」的旗幟。兩個「徹底」，充分顯示了這位思想家的激進姿態．

同年，李澤厚出版了影響遠大的《中國近代思想史論》。該書的一個基本主題是：「中國近代思想和活動的主流是由知識分子帶頭，從愛國救亡而轉向革命的。愛國反帝始終是首要主題。這一主題經常沖淡了和掩蓋了其他……資產階級的自由、平等、博愛等民主主義，在近代中國並沒有得到真正的宣傳普及，啟蒙工作對於一個以極為廣大的農民小生產者為基礎的社會來說，進行得很差。……農民革命的道路可以通向新的封建剝削和統治……經濟基礎不改變，自由民主將成為空談；而要改變小生產經濟基礎，社會主義民主又正是不可缺少的條件。在這方面，只有魯迅是偉大的，他開闢了由舊民主主義向前行進的反封建啟蒙道路，在今天仍然放射著光芒。」[1]這兒，李澤厚指出了「救亡壓倒啟蒙」的歷史問題，同時，將「思想啟蒙」與「改變經濟基礎」，「健全民主」緊密相聯，顯示出更廣闊的文化視野。

也是同年，中國社會科學院歷史研究所《中國史研究》編輯部和《光明日報》理論部聯合召開了「批判封建主義學術討論會」。《光明日報》當年十一月十三日刊發了討論會發言紀要——〈深入批判封建主義，徹底肅清封建流毒〉。紀要認為：文化專制主義、腐敗的官僚政治、封建等級制和封建特權是封建主義的特徵，也是中國在近代落伍的根本原因。「三十年來，我們不斷地批判資產階級和資產階級思想——這也是必要的，卻沒有系統地有力地批判封建主義」。「封建主義在我們今天的社會生活中。仍然有不可忽視的影響，比如專制主義，官僚主義，特權思想，走後門，破壞法制等等。」——至此，「思想啟蒙」的主題已與「政治體制改革」的呼聲重疊在了一起。這樣的呼聲，也顯示出了當時的學者強烈的使命感與戰鬥精神。

「反封建」的呼聲就這樣成為思想解放運動的一個基本主題，它與旨在破除現代迷信的「關於真理標準的大討論」相映生輝。

值得注意的還有：當代人反封建的思想武器也與「五四」先驅者用過的武器完全一樣，那便是——人道主義與個性主義。「五四」時期，陳獨秀倡導「科學與人權並重」，魯迅呼籲「任個人而排眾數」，周作人

1 《中國近代思想史論》，人民出版社一九七九年版，第四七九頁。

宣傳「個人主義的人間本位主義。」[1]到了一九七〇年代末，飽受「文革」摧殘的當代人也開始為人道主義正名。

還是在一九七九年，美學家朱光潛在《文藝研究》第三期發表了〈關於人性、人道主義、人情味和共同美問題〉一文，引用馬克思《經濟學—哲學手稿》中的論點論證「人性和階級性的關係是共性與特殊性或全體與部分的關係」。與此同時，《上海文學》也在當年第四期上發表了〈為文藝正名〉的評論員文章，駁斥「文藝是階級鬥爭的工具」說，恢復以「真善美的統一」作文藝創作的靈魂。到一九八〇年，汝信在《人民日報》（八月十五日）上撰文〈人道主義就是修正主義嗎？〉，更進一步指明：「對人道主義的批判最後……變成了對中世紀式的非人道的肯定。」「馬克思主義應該包含人道主義的原則於自身之中，如果缺少了這個內容，那麼它就可能會走向反面，就成為目中無人的冷冰冰的僵死教條，甚至可能會成為統治人的一種新的異化形式。」

李澤厚也是在一九七九年出版了《批判哲學的批判》一書。這本完成於一九七六年的康德述評已經觸及到了康德哲學的現實意義：康德對「人類主體性的主觀心理建構」的關注對於「共產主義新人的塑造」十分重要。[2]「為黑格爾總體主義所淹沒的個體意識在現代生活條件迅猛抬頭和發展，個人存在的巨大意義日益突出。」[3]到了一九八一年，李澤厚進一步提出了《康德哲學與建立主體性論綱》，為「主體性哲學」的復興與發展開闢了道路，使「主體性哲學」成為對八十年代思想界影響至大的學說。需要特別提到的是書中論及康德思想淵源的一句話：「科學與民主是當代也是以後許多世代的兩大基本問題，康德接受牛頓和盧梭的巨大影響也正在此。」[4]這句話中對「科學與民主」的強調也令人感到李澤厚的「五四情結」。

1 《藝術與生活・人的文學》。
2 《批判哲學的批判》（修訂本），人民出版社一九八四年版，第五七頁。
3 《批判哲學的批判》，人民出版社一九七九年版，第四〇七頁。
4 《批判哲學的批判》，人民出版社一九七九年版，第二八頁。

而外國文學專家柳鳴九則在一九八〇年發表了〈給沙特以歷史地位〉一文，肯定了沙特的存在主義「強調了個體的自由創造性、主觀能動性」，「發揚了資產階級人道主義的積極精神，追求人的真正的價值。」[1]聯繫到一九八〇年《中國青年》雜誌組織的「人生意義大討論」，以及這場大討論後，隨著柳鳴九編選的《沙特研究》一書的出版（一九八一年），「沙特熱」風靡思想界、讀書界的事實，足以令人產生如下的思想：人道主義思潮的回歸，個性主義思潮的復興，「沙特熱」的流行，都是時代精神的體現，都是「新啟蒙」運動的需要。

到了一九八一年，正值魯迅誕辰一百周年，「改造國民性」的主題再次從歷史的深處浮現了出來。一批魯迅研究專家由闡發魯迅「改造國民性」的思想入手，繼續深化著啟蒙的主題——王瑤的〈談魯迅的改造國民性思想〉、嚴家炎的〈魯迅小說的歷史地位〉[2]、錢理群的〈「改造民族靈魂」的文學〉[3]、朱文華的〈魯迅與人道主義思想〉、易竹賢的〈關於「國民性」問題的探討〉、邵伯周的〈對魯迅研究國民性問題的再認識〉[4]……直至一九八三年，王富仁在〈中國反封建思想革命的鏡子〉一文中強調：「魯迅所力圖加以證明的是：中國需要一次深刻的、廣泛的思想革命，政治革命若不伴隨著深刻的思想革命，必將與辛亥革命一樣半途流產。」「中國反封建思想革命的任務。始終是為了清除封建思想在廣大人民群眾中的廣泛社會影響。」[5]直至一九八五年，王富仁在《〈吶喊〉〈彷徨〉綜論》中呼喊：「回到魯迅那裏去！」黃子平、陳平原、錢理群在《論「二十世紀中國文學」》中提出：「二十世紀中國文學以『改造民族的靈魂』為自己的總主題。」[6]——啟蒙、啟蒙、啟蒙：為改造民族性而啟蒙，為現代化進程而啟蒙，成為八十年代的歷史強音。

1 《讀書》一九八〇年第七期。
2 均見《文學評論》一九八一年第五期。
3 見《十月》一九八二年第一期。
4 見《中國現代文學研究叢刊》一九八一年第三期。
5 見《中國現代文學研究叢刊》一九八三年第一期。
6 《文學評論》一九八五年第五期。

正是在這樣的時代精神感召下，思想界、文學界、史學界、哲學界、青年界的啟蒙主義者掀動了一次又一次的大討論，為完成「五四」先驅者的未竟之志而大聲疾呼，也在當代思想史上寫下了令人難忘的篇章。那正氣浩蕩、激情奔騰的歲月，至今回想起來，還令人嚮往……

一九八〇年代後半期的反思：質疑「五四」

有正題就有反題。有鼓吹就有質疑。

早在一九八〇年，李澤厚就發表了〈孔子再評價〉一文，肯定了孔子的：「仁學」「突出了原始氏族體制中所具有的民主性和人道主義」，同時還「突出了個體人格的主動性和獨立性」。這無疑是對「仁學」的當代闡釋。李澤厚相信：「偽善的東西不可能在當時和後世產生那麼大的影響。」他主張把宋儒塑造的孔子偶像與塑造了漢民族文化——心理結構的孔子原型區別開來；將專制主義、禁慾主義、等級主義的孔子與人道主義、理性主義、樂觀主義的孔子區別開來。李澤厚在張揚啟蒙主義的同時又努力重新評價中國文化傳統，是出於這樣的深謀遠慮：「也許可能在將來不致發生所謂『真實的存在』（個體）像被拋置在均化整體機器的異化世界，而倍感孤獨和淒涼？」[1]而這樣的考慮在二十世紀的中國思想史上也代有傳人——梁啟超、梁漱溟、馮友蘭、錢穆、唐君毅、牟宗三、匡亞明、杜維明、余英時……一九八五年，當王富仁、黃子平、錢理群、陳平原等人大聲疾呼「反封建」、「改造國民性」的同時，兩位青年作家卻向「五四」的「反傳統」口號質疑——阿城指出：「五四運動在社會變革中有著不容否定的進步意義，但它較全面地對民族文化的虛無主義態度，加上

[1] 見《中國社會科學》一九八〇年第二期。

中國社會一直動盪不安，使民族文化的斷裂，延續至今。」[1]鄭義也有同感：「『五四運動』曾給我們民族帶來生機，這是事實。但同時否定得多，肯定得少，有隔斷民族文化之嫌，恐怕也是事實？『打倒孔家店』，作為民族文化之最豐厚積澱之一的孔孟之道被踏翻在地，不是批判，是摧毀；不是揚棄，是拋棄。痛快自是痛快，文化卻從此切斷。」[2]阿城與鄭義，都是知青出身的作家，都深受「文革」之害，不曾接受過系統化的文化知識（包括傳統文化）訓練，這樣，便在開始文學事業不久就痛感文化根基的薄弱，痛感文化「尋根」的必要。在他們大膽質疑「五四」「反傳統」思潮之前，他們已經寫出了《棋王》、《老井》那樣蜚聲文壇、感人肺腑的「尋根」力作。《棋王》對道家「真人生」境界的追求、《老井》對儒家「自強不息」、「捨己為公」精神的謳歌，都雄辯地證明了傳統文化在民間的強大生命力，在實際生活中的深厚道德偉力。

阿城和鄭義對「五四」「反傳統」思潮的質疑立刻激起了商榷之聲——青年學者王友琴指出：「『五四』新文化運動的前驅者們對民族傳統文化進行了激烈的批判，但在研究、整理民族文化方面做了最多工作的也是他們。」[3]青年學者汪暉也指出：「魯迅等人在反封建的大旗下，主要以否定和批判的方式對待傳統文化，其角度或著眼點並不在於否定中國文化的特點，而在於這種文化中的消極因素對社會的影響。」[4]這樣的辨析是符合史實的，但同時，這樣的辨析也就在承認傳統文化值得研究；整理這一點上與阿城、鄭義的主張殊途同歸了。這一現象耐人尋味。

該批判的就批判。該繼承的還得繼承。在這樣「具體分析」的態度中，已濾去了激進的情緒，而呈現出理性的風度。

---

1 〈文化制約著人類〉，《文藝報》一九八五年七月六日。
2 〈跨越文化的斷裂帶〉，《文藝報》一九八五年七月一三日。
3 〈我只贊成阿城的半個觀點〉，《文藝報》一九八五年八月三一日。
4 〈要作具體分析〉，《文藝報》一九八五年八月三一日。

一九八五年，是「新潮文學」崛興之年。是非理性主義思潮高漲之年。同時，一九八五年又是「尋根文學」的豐收之年。是中國作家從傳統文化（尤其是傳統民間文化）中汲取重鑄民族精魂的力量的奮鬥之年。「新潮文學」與「尋根文學」在一九八五年的撞擊是巧合？還是昭示了當代文化的某種宿命？耐人尋味的現象還有：「新潮文學」在打開了當代文學多元化格局的同時也觸發了「偽現代派」的爭鳴。這場爭鳴像當代許多思想交鋒一樣，都以各執己見而不了了之。不過，李陀關於「跟在人家屁股後邊跑沒意思、沒勁」的直言卻道出了文學貴在獨創的真諦。[1]另一方面，「尋根文學」在向傳統文化挺進的過程中卻產生了《棋王》、《老井》、《紅高粱》那樣的有口皆碑之作，根據《老井》、《紅高粱》改編的電影甚至奪得了國際電影節大獎，並且因此而在當代文壇上產生了百花爭豔的「地域文學」繁榮景象，也再次驗證了那句眾所周知的老話：愈是民族的，也就愈是世界的。

但問題的複雜性還在於：理性的思考與非理性的情緒常常難以溝通。儘管一九八六年，「寬容」的呼聲十分流行，房龍的《寬容》一書也非常暢銷，但激烈反傳統的情緒仍然在高漲。劉曉波在新時期十年文學討論會上以狂人的姿態呼籲「繼承『五四』傳統，擔負起進行旨在改造國民劣根性，掃除千年封建傳統的廣泛而深入的思想啟蒙運動的歷史重負。」他一氣批判了中國人缺乏危機感、知識分子深厚的惰性、中國傳統文化的反感性反悟性、中國作家缺乏個性意識等問題，但他欲以「感性、非理性、本能、肉」（他解釋道：「肉有兩種含義，一是性，一是金錢」）作「反傳統」的武器時，[2]激進的鬥士形象也就與放縱的痞子形象彆扭地重疊在一起。劉曉波的激進言論在一九八〇年代後期的青年學生中很有市場，絕非偶然。同樣是激進的「反傳統」，魯迅式的「絕望中抗戰」與劉曉波式的「絕望中放縱」境界相去甚遠。

---

1 〈也談「偽現代派」及其批評〉，《北京文學》一九八八年第四期。
2 《走向未來》，一九八六年創刊號。

宣洩焦灼的情緒，不難。難的是深沉的理性思考。做鬥士，有勇氣就夠了。做思想者，非有深厚的學識、深刻的思想力不可。

也是在一九八六年，李澤厚發表了〈啟蒙與救亡的雙重變奏〉一文，這是一篇世紀末反思「五四情結」的命運的思想史論。「救亡壓倒啟蒙」，是二十世紀的無情現實。「特別從五十年代中後期到文化大革命，封建主義越來越兇猛地假借著社會主義的名義來大反資本主義，高揚虛偽的道德旗幟，大講犧牲精神，宣稱『個人主義乃萬惡之源』，要求人人『鬥私批修』作舜堯，這便終於把中國意識推到封建傳統全面復活的絕境。以至，『四人幫』倒臺之後，『人的發現』『人的覺醒』『人的哲學』的吶喊又聲震一時。」——「這不是悲哀滑稽的歷史惡作劇麼？繞了一個圈，過了七十年，提出了同樣的課題？」不過，李澤厚也認為：重複五四那種激烈的批判和全盤西化就能解決問題嗎？我們今天的確要繼承五四，但不能重複五四或停留在五四的水平上。對待傳統的態度也如此。不是像五四那樣，扔棄傳統，而是要使傳統作某種轉換性的創造。」因此，就要對「五四」傳統「作進一步具體的分析、細緻的研究和理論的建設。對待中國傳統中的一切，也應如此。」[1]他還在另一次答記者問時指出：「魯迅的特點恰恰是從前期一般的國民性批評、社會批評，轉到後期抓住具體問題不放的韌性戰鬥。」在他看來，「目前阻礙改革的，主要是封建官僚主義。……避開這些具體問題不談，而把一切罪責都歸諸於文化傳統、國民性，這不太空泛了麼？」——這是針對劉曉波現象提出的批評。而這種「抓住具體問題不放」的態度也足以令人想起「五四」時期胡適的主張：「多研究些問題，少談些『主義』！」是的，你不能不承認：當「主義」流於偏激的空談時，研究問題也許更有實際意義。「五四情結」中，不僅有激進的「反傳統」吶喊，也有研究「中國應該趕緊解決的問題」[2]的理性之思。

1 《走向未來》，一九八六年創刊號。
2 〈多研究些問題，少談些「主義」！〉，《五四運動文選》，第三一四頁。

在「寬容」與「理性」的共鳴中，青年學者李書磊還發現了「溫和」的意義。他在讀過《知堂書話》後寫的書評中反省：「我們這一代青年人一直受魯迅所代表的新文化激進態度的薰陶……再加上我們身處在中國傳統舊文化的直接壓迫之下……所以我們總是意氣難平，總是不能平心靜氣……，五四，新文化運動中激進派占了上風，但後來的社會結果卻是中國舊文化和舊傳統不斷得到強化和氾濫，一步步導致了『文化大革命』的出現。……我也隱隱約約地感覺到了新文化運動中的激進態度與『文化大革命』有一種因果關係。……事實上我們不能不承認用激進的方式來改造舊文化是失敗的。或許新文化的激進方式本身就是違背新文化而適合舊文化的。我發現舊文化最可怕的也許不是它的文化內容，而是它唯一的，專制的存在方式和它的排他性，用新文化的專制去代替舊文化的專制……這種專制方式本身就是對新文化內容的否定和背叛。」周作人的書使他「重新估計新文化運動中這被長期忽視的另外一派：溫和主義。溫和主義也是一種寬容主義……也許只有溫和主義才能給新文化帶來最後勝利。」李書磊的思考與海外學者余英時同時（一九八八年九月）在香港中文大學二十周年紀念講座上的演講〈中國近代思想史上的激進與保守〉頗有不謀而合之處。余英時提出：「在激進思潮仍然高漲的今天，我們是不是能夠開始養成一種文化上的雅量，對於『保守的』或近乎『保守的』言論不動輒出之以輕薄或敵視的態度？」「我們對於文化傳統只是一味地，『批判』。而極少『同情的瞭解』。甚至把傳統當作一種客觀現象加以冷靜的研究，我們也沒有真正做到。這是西方『為知識而知識』的科學精神，但始終與中國知識分子無緣。中國人文傳統的研究到今天已衰落到驚人的地步。」——余英時倡導「科學精神」以批判「激進思潮」，與他是當代海外「新儒家」的代表人物的立場有關，也與海外思想界「激進化的歷程大有為多元化所取代的可能」[1]的趨勢有關，與開放型社會對穩定、寬容、和平共處的需要有關。而大陸思想界在一九八〇年代後半期對「寬容」、「理性」、「溫和」的呼喚不也體現出開放的大陸需要健康的文化心態、恢弘的文

1 《錢穆與中國文化》，上海遠東出版社一九九四年版，第二二二、二一九、二一三頁。

化氣度嗎？激進的「劉曉波現象」與溫和的寬容精神針鋒相對，顯示了巨變的大陸思想界的多元景觀，也傳達出一個文化資訊：在啟蒙主義已成大氣候的背景下，啟蒙主義者也開始分化。激進主義者和溫和主義（保守主義）者的思想交鋒共同成就了世紀末思想史的壯觀景象。到了一九八九年，適逢「五四運動」七十周年。大陸思想界又掀起了「重評『五四』與質疑『五四』」的熱潮。

李澤厚在這一年進一步強調「具體的、實證的研究」。他認為：「現在的關鍵不是所謂的啟蒙以及文化問題，而是經濟政治體制的改革。那些反傳統最激烈的人恰恰掩蓋了這一點，過多地談論文化，實際意味著錯誤人人有份，這就為那些應該負責的人開脫了。」「所謂民主、自由、個性解放等等都是很具體的東西，它需要通過政治體制改革而確立其法律保證的形式……我願意再三強調法制。」[1]這樣，他便由「文化批判」進入了「全面反思」的大境界。

另一方面，「文化批判」的沉思也在深化。許紀霖注意到：「五四運動」的教訓在於「啟蒙運動實際成了一場為政治選擇作論證的意識形態革命。」「知識系統與信仰系統在啟蒙思想中的嚴重失衡，知識分子意識形態指向的過於自覺，這便埋下了『五四怪圈』的潛在種因。」為了避免在新世紀再度陷入「五四怪圈」，他主張「淡化文化討論中的意識形態色彩」，保持開放的、多元的文化氛圍。……各種知識價值和信仰系統在平等的多元並存中形成『共識』，形成新的民族精神。」[2]——他也主張「寬容」、「並存」。（有趣的是，他又頗為欣賞劉曉波。認為劉曉波「充滿血性、直面真理」，作為一名「現代狂人」。一位「鬥士」，「他肩負的不是文化的使命，而是社會的使命」。[3]這樣，就產生了一個悖論：「寬容」也應與「激進」共處。這樣的悖論事實上也折射出注重學理研究的許紀霖難忘社會憂患的內心矛盾，而這矛盾又豈止許紀霖一人獨有！）

1 〈「五四」的是是非非〉，《文化報》，一九八九年三月二八日。
2 〈現代文化史上的「五四怪圈」〉，《文匯報》一九八九年三月二十一日。
3 〈我看「狂人」劉曉波〉，《書林》一九八八年第七期。

魏明康則認為：忽略平等，是「五四」口號的缺陷。「民主與科學難以在中國實際化……具體而言之，就是它們未能充分滿足二十世紀中國對於平等的需要。」而「平等是特權的天敵。」[1]如果我們聯想到法國啟蒙主義的一個基本主題便是「平等」（另外兩個是「自由」和「博愛」）、聯想到「均貧富」是中國歷代農民起義的一個基本口號……雖然世上不可能有絕對的平等，但作為一個具有巨大感召力的人道主義口號，它的意義的確是「民主」所不能包容的。

而錢谷融、張廣照、錢理群、甘陽又不約而同地強調了「個性」對於啟蒙思想的核心意義。錢谷融回顧了郁達夫、茅盾、魯迅等人關於「人的發見，即發展個性，即個人主義，成為『五四』時期新文學運動的主要目標」的論述；[2]張廣照的見解是：「科學與民主不過是早期思想家們堅船利炮和共和立憲的翻新，並未超出在封建主義範圍內改進封建主義的局限」，而「解放生產力必須從解放個人，發展個人自由開始。」[3]錢理群注意到：「五四」先驅們對以「群體」消融「個體」的國家主義，民族主義作出過深刻的批判，他們大力宣傳的，「是一種完全自覺的個性意識與主體意識」。個性自由，才是「五四的時代最強音」[4]。甘陽也在「檢查五四傳統的闕失面」時認為：「五四『個性解放』所嚮往的『自由』說到底是十九世紀浪漫主義文藝家所標榜的『意志自由』。而絕不是真正意義上的自由即『公民自由』。」「沒有個人自由為基礎的『民主』只不過是所謂的官僚組織制，沒有個人自由的『科學』也只能造就所謂的技術官僚。不先奠定『個人自由』的絕對優先性，這種所謂的『民主』和『科學』都有可能變成一種新的壓迫形式、新的專制方式。」[5]

---

1 〈忽略平等：「五四」口號的缺陷〉，《社會科學報》一九八九年二月二十三日。
2 錢谷融、吳俊：〈個性、啟蒙、政治〉，《社會科學家》一九八九年第一期。
3 〈自由：現代文明的基石〉，《經濟家週報》一九八九年四月十六日。
4 《試論五四時期「人的覺醒」》，《文學評論》一九八九年第三期。
5 〈自由的理念：五四傳統之闕失面〉，《讀書》一九八九年第五期。

陳來則注意到：「當我們重複五四的甲子時，我們也驚訝地發現，文化上似乎重新回到了五四的起點，不同的是，政治上的反帝救亡的主題變為經濟上如何免於『開除球籍』……站在這樣新的背景和視野中，重新審視五四前後新文化運動中急功近利主義與文化保守主義的理論得失」，各有其失：急進功利主義者「絕對排斥價值理性、無條例地擁抱工具理性」，文化保守主義者維護了價值理性，卻偏激地排斥工具理性，「也未能與政治的變革有效地協調」。[1] 如何解決價值理性與工具理性之間的矛盾？是當代人的歷史使命。

秦曉鷹、黃萬盛則深入探究「民主」的真義：「民主，究竟是初衷、還是遠謀？究竟是手段，還是目的？究竟是止步、還是起步？請所有人回答。」[2] 民主，包含三層涵義：一是民主理想，二是民主體制、三是民主實踐。只有三者全面實現，才能稱得上是「民主化」。[3]——他們因此而反對一九八八年末至一九八九年初喧嘩一時的「新權威主義」，捍衛著「五四」的「民主」思想。

——就這樣，「五四情結」在「五四運動」七十周年再次強烈地顯現了出來。當代思想者對「五四」傳統的闡釋、質疑，反思，無論是從學理的層面，還是從倫理的層面，抑或是從政治的層面，都凝聚了當代人的歷史之思與現實憂患。關於「五四情結」的眾說紛紜也成為那個年代百家爭鳴的一個縮影。

質疑「五四」，是為了超越「五四」。然而，人們不斷地、熱烈地、持久地談論著「五四」，似乎又暗示了這樣的宿命：「五四」是難以超越的。這種難以超越不僅由現代化進程遠未結束的無情事實所決定（因為從某種意義上說，「五四情結」是中國的現代化情結），而且由「五四情結」的理想主義品格所決定（從根本上來說，「五四」先驅者們孜孜以求的不僅是中國的富強，而且是永恆的人文主義理想——魯迅所渴望的，

1 〈五四文化思潮反思〉，同上。
2 秦曉鷹：〈跳出歷史的惡性循環〉，《經濟學週報》一九八九年三月十二日。
3 黃萬盛：〈新權威主義答問錄〉，《世界經濟導報》一九八九年一月十六日。

「剛健不撓，抱誠守真；不取媚於群。」[1]周作人所展望的「以愛智信勇四事為基本道德，革除一切人道以下或人力以上的因襲的禮法，使人人能享自由真實的幸福生活」[2]，胡適所倡導的「少年中國精神」——「批評的精神」、「冒險進取的精神」、「社會協進的觀念」[3]，李大釗所鼓吹的「少年運動」——「物心兩面改造的運動」、「靈肉一致改造的運動」[4]……這一切具有濃厚理想主義色彩的主張，不正是人類永遠追求的文化目標嗎？雖然在飽經憂患的以後的這個世紀末，信仰這些主張的人已經不多了）。

是的，「五四」是難以超越的。

一九九〇年代：捍衛「五四」

一九九〇年代初，商潮高漲。以嘲弄理想、解構意義為基本特質的「後現代主義」流行一時，正好適合了社會轉型期「遊戲人生」、「休閒人生」的需要。另一方面，由一九八〇年代「文化熱」所觸發的「國學熱」的復興也一直不衰，「錢鍾書熱」、「陳寅恪熱」、「《易經》熱」、「新儒家熱」、「佛學熱」此起彼伏，蔚為壯觀，展示了傳統文化復興的強大勢頭。更由於商潮高漲出現的社會問題劇增，人慾橫流可怕，重新提倡傳統文化精神，張揚傳統美德也成了時代的強大呼聲。費孝通先生關於「當前人類正需要一個新時代的孔子了」，「我急切盼望新時代的孔子的出現」[5]的呼聲就產生了許多人的回應……

1 《墳・摩羅詩力說》。
2 《藝術與生活・人的文學》。
3 〈少年中國之精神〉，《胡適講演》，中國廣播電視出版社一九九二年版，第四〇七—四〇八頁。
4 〈「少年中國」的「少年運動」〉，同上，第二三六、二三八頁。
5 〈孔林片思〉，《讀書》一九九二年第九期。

時代變了。「五四情結」似乎正在成為一個只為部分學者、思想者關心的話題。在經歷過半個世紀的戰亂（一九四九年以前的中國歷史主要是一部戰爭史），二十多年的政治運動（從一九五〇年代到一九五〇年代中期），十年的思想啟蒙和經濟建設（一九八〇年代）以後，發展經濟日益成了首要的主題。但它卻不可能只是唯一的主題。否則，為什麼文學界還在一九九〇年代興起過「人文精神大討論」？為什麼思想界還在一九九〇年代興起了「顧准熱」？

一九九四年，《顧准文集》的出版在思想界激起了熱烈的議論。顧准，一位在專制年代裏獨力思考著人類的命運與中國的前途的思想家，一位當代思想解放運動的先驅者，在他的著述中繼續了「五四」先驅者的事業，為「科學與民主」招魂（《顧准文集》中，僅在標題中標明了「科學與民主」主題的文章就有四篇——〈科學與民主〉、〈要確立科學與民主，必須徹底批判中國的傳統思想〉、〈直接民主與「議會清談館」〉、〈民主與「終極目的」〉）。當代人讀顧准的書，抒發的卻是自己對現實的憂患與感慨——吳敬璉指出：「十五年來的改革確實取得了很大的進步，然而『娜拉出走以後怎樣』的問題並沒有完全解決，舊制度和舊文化像一條百足之蟲，死而不僵，它們的代表者仍然步步為營，負隅頑抗。其中有些人借用『弘揚民族文化』的招牌為專制主義招魂。在轉軌過程中，也有人打著『改革』的旗號幹著掠奪大眾的勾當。」[1]石冷也認為：「奇怪的是近年流行的是對新文化運動的批判，……彷彿民族自省不但早已完成，而且已經過頭了！隨之而來的是鋪天蓋地的東方文化頌，似乎中國近年經濟的迅速發展不是來自改革開放，而是來自中國文化或某一地區文化有與眾不同的基因；至於過去一百多年的落後，則是侵略者的罪行，與本國固有文化的本質是沒有關係的。於是，薩伊德此時駕臨中國，正是聖之時者也。」[2]——這是對「國學熱」和「傳統文化熱」負面效應的批判。

---

1 〈中國需要這樣的思想家〉，《讀書》一九九五年第五期。

2 〈你無法不面對顧准〉，同上。

李銳則由顧准的民主思想產生思考：「中國今天的經濟改革已經超過了馬克思，這很了不起。但政治上只搞了點行政改革。在民主化進程方面，離顧准的思考還差得很遠。腐敗同權力並生，（絕對的權力導致絕對的腐敗。今天出現王寶森現象是不可避免的。」[1]——這是對「政治民主化」的呼喚。

朱學勤還由顧准的思想境界發出感慨：「八十年代養成的一代新人，今天已經學會以點數海外新學理新概念為能事。但是，無論就知識規模的全幅氣象，還是見識兼膽識的銳利目光，乃致為走出蔽障承當了那樣深重的犧牲，我們當中又有誰敢於說——『我超越了顧准』？」[2]

顧准的深刻，與「玩學術」的時風形成了鮮明的對比；顧准的大氣魄，與「學問越做越小」的時弊形成了強烈的對比；顧准的膽略與勇氣，與「人云亦云」的媚俗風形成了驚人的對比。顧准在一九九〇年代大放光芒，是「五四情結」註定不會消散的證明。

一九九五年，中國社會科學院經濟研究所召開了紀念顧准誕辰八十周年座談會。同年，何西來、錢競、邵燕祥、杜書瀛、劉心武、白燁等評論家，作家也在北戴河的一次長談中重說「五四」——邵燕祥主張「從『五四』再出發。幾十年來，很有些現象已經是從『五四』後退了。我看現在的多少路『特異功能』下山，就已經遠遠超過了魯迅當年抨擊的扶乩之類現象，這還僅僅是從封建迷信的角度來說。」白燁指出：「現在有一種說法，認為五四反封建、反傳統反過頭了，造成了文化的斷裂、傳統的丟棄。這樣的看法在『尋根文學』討論中初露端倪，這幾年的『後國學』也鼓噪得很厲害。這種言過其實的言論，似乎又成了新的時髦。」他認為「更應當思考我們這些年對『五四』精神是繼承了，還是偏離了，甚至丟棄了。」說到激進主義，劉心武說：「局部的激進行為可以起到校正、調整社會不公正的作用，都溫和起來也不行。」「在社會的變革中，有

1 〈一刻也不能沒有理論思維〉，《東方》一九九六年第二期。
2 〈愧對顧准〉，同上。

些良性的激進行為究竟怎麼看。是可以探討的。」[1]——這些議論，都具有深刻的現實針對性：「五四」提出的任務還遠遠沒有完成。「五四」的成果，面臨著被拋棄的危機。從這個角度看去，「超越『五四』」或「質疑『五四』」，從學理上說得通，在現實中卻可能產生誤解。學理研究是一回事，思想探險是一回事，現實的憂患是另一回事。在一個文化多元的年代，這一點尤為突出。

一九九六年的《讀書》第六期上發表了雷頤的文章：〈超越五四？〉。文章結尾處引用了美籍學者周策縱論及「五四」歷史意義的論點：「中國經歷了比過去任何一個歷史時期都更為深刻的變革。但那個時期興起的潮流依然左右著今天；那個時期提出的深刻問題依然有待重新思考和解決。」

誠哉斯言！

在世紀末的文化漩流中，新潮迭起，各領風騷若干年。但細細探究起來，它們的深處總是與「五四情結」（與啟蒙主義和民族主義、與「科學與民主」、「激進與保守」、「個性與多元」，與「改造國民性」、與「少年中國精神」……的情結）緊緊相聯。

「五四」，就這樣成為二十世紀中國文化的軸心時代。

「五四情結」，就這樣成為二十世紀中國人的主導情結。

這究竟是中國的悲哀還是幸運？！

一九九六年九月二十九日至十月六日

——原載《文藝評論》一九九七年第一期

1 〈重說「五四」對話錄〉，《文藝理論研究》一九九六年第二期。

自由主義的命運

自由與自由主義

自由，是一個美好的詞。它在西方啟蒙主義思想家的著名口號「自由、平等、博愛」中占了第一的位置。它是人類反對專制主義的強大思想武器。

自由主義，是西方近代思想史上的一股重要思潮。「初期的自由主義是英國和荷蘭的產物……它維護宗教寬容……它崇尚貿易和實業，所以比較支持方興未艾的中產階級而不支持君主和貴族；它萬分尊重財產權，特別若財產是所有者個人憑勞力積蓄下來的，尤其如此。……無疑問，初期自由主義的趨向是一種用財產權調劑了的民主主義。」「初期的自由主義充滿樂觀精神，生氣勃勃，又理性冷靜……初期自由主義反對哲學裏和政治裏一切中世紀的東西……但是它同樣反對按當時講算是近代的加爾文派和再洗禮派的熱狂主義。它想使政治上及神學上的鬥爭有一個了結，好為了像東印度公司和英格蘭銀行、萬有引力說與血液循環的發現等這類激奮人心的企業和科學事業解放出精力。」[1]作為一種政治哲學，自由主義主張民主與法治，以法律去保障社會的和平與公民的人權（包括言論自由、信仰自由、結社自由、集會自由）。作為一種經濟思想，自由主義主張自由貿易、自由競爭。作為一種文化觀念，自由主義主張思想解放、個性自由、新聞自由，提倡寬容、寬鬆的文化氛圍。因此，自由主義成了反對封建主義、專制主義的銳利武器，成了近代啟蒙思想的核心價值觀念。

任何一種文化思想在產生和發展的過程中，都會因為各種社會、心理方面的複雜原因產生變化。自由主義的發展歷程亦然。英國學者霍布豪斯在《自由主義》一書中就介紹了自由主義理論的演變歷程：從洛克到盧梭到潘恩的「自然秩序理論」（即「社會契約論」），以邊沁、密爾為代表的「功利主義理論」，以科布登學派為代表的「自由放任主義」……霍布豪斯告訴我們：「個人主義在解決現實問題時，與社會主義相差無幾。」他特別指出：「像社會主義這樣一個名詞有許多含義，可能既有一種反自由的社會主義，也有一種自由的社會主義。」「有兩種社會主義是同自由主義毫不相干的，我稱它們為機械社會主義和官僚社會主義。」[2]在風雲激盪的二十世紀，自由主義有了進一步的發展：在世紀之初，出現了力圖融合自由主義與社會主義的文化思想——以蕭伯納、羅素為代表的「費邊社會主義」。到了世紀中，又產生了以深刻反思自由主義命運、深刻總結二十世紀法西斯主義的教訓的以賽亞・伯林的「兩種自由理論」（消極自由和積極自由）；到了世紀末，更產生了「新自由主義」的思潮——它是在一九八九年蘇聯陣營解體之後西方政治家、思想家對重建人類秩序的思考結晶，體現了在冷戰結束以後的年代裏人們尋找「第三條道路」的願望……

自由主義是西方人文思潮的重要組成部分。因此，當中國在十九世紀開始學西方、追趕現代化之時，自由主義的風便很自然會吹入中國的思想文化界。儘管從鴉片戰爭到中華人民共和國建立的一百多年間，階級

1 羅素：《西方哲學史》下卷，商務印書館一九七六年版，第一二五～一二六頁。
2 見該書，商務印書館一九九六年版，第四十九、八十三、八十五頁。

鬥爭、民族矛盾的激化使激進主義的情緒成為籠罩了中國社會乃至思想文化界的主要氛圍，儘管在中華人民共和國建立以後的三十年間，階級鬥爭和「無產階級專政下繼續革命」的理論一直主導著中國社會和思想文化界的發展方向，不合時宜的自由主義仍然在中國開出了美麗的花朵、結出了令人感慨的文化碩果。在世紀之初的中國，自由主義的思想家（以梁啟超、胡適、張東蓀等人為代表）努力嘗試開闢一條「民主社會主義」的「第三條道路」，結果在激烈的階級鬥爭中碰了壁；但他們的思想卻並沒有因此而湮滅。到了世紀末，自由主義思潮在開放的年代裏再度高漲，在適宜的改革氛圍中逐漸深入人心。而以周作人、徐志摩、沈從文、林語堂、梁實秋、馮至、錢鍾書等人為代表的自由主義作家在世紀末的被重新發現也成為自由主義魂歸中華的一個重要標誌。正所謂：三十年河東，四十年河西。此一時也，彼一時也。

自由主義在中國的命運，是中國現代化歷程坎坷的一個縮影。

自由主義知識分子的命運多舛，既是中國知識分子為了從西方盜現代思想之火付出巨大代價的證明，也是他們的獨立奮鬥註定不會寂滅的證明。

一切都一言難盡……

毛澤東與自由主義

毛澤東，是改變了中國歷史進程的巨人。毛澤東與自由主義的思想糾葛，為我們討論自由主義留下了不少發人深思的課題。

在《毛澤東選集》中，有一篇〈反對自由主義〉的文章。這篇文章寫於一九三七年。在毛澤東的眾多文章中，這一篇具有非同一般的意義。在「文革」中，〈反對自由主義〉曾經與〈為人民服務〉、〈紀念白求恩〉、〈愚公移山〉、〈關於糾正黨內的錯誤思想〉一起，成為全中國人民「政治學習」的經典，有「老五篇」之稱。在「文革」的狂熱過後，這篇文章成了「統一思想」、「統一步調」、「統一行動」的準則。「統一」，不正好是「自由」的對立面麼？

在這篇文章中，毛澤東認為：「自由主義取消思想鬥爭，主張無原則的和平，結果是腐朽庸俗的作風發生」，「它是一種腐蝕劑，使團結渙散，關係鬆懈，工作消極，意見分歧。它使革命隊伍失掉嚴密的組織和紀律，政策不能貫徹到底，黨的組織和黨所領導的群眾發生隔離。」「自由主義的來源，在於小資產階級的自私自利性，以個人利益放在第一位，革命利益放在第二位，因此產生思想上、政治上、組織上的自由主義。」「自由主義是機會主義的一種表現，是和馬克思主義根本衝突的。」因此，毛澤東號召「反對自由主義」[1]。從毛澤東的論述不難看出，他眼中的自由主義與西方人文思想中的自由主義之間有相當大的不同。西方自由主義強調社會契約思想的重要，而在毛澤東列舉的自由主義十一種表現中，卻都集中在個人主義上。但在那十一種表現中，「命令不服從，個人意見第一」又與西方自由主義尊重個性的主張有相通之處。毛澤東是政治家、軍事家，在國難當頭之際，他亟需統一全黨、全軍的思想，為奪取中國革命的勝利而奮鬥。同樣的思想，在〈關於糾正黨內的錯誤思想〉中也十分引人注目。終其一生，毛澤東都在為統一全黨、全軍、全國人民的思想與行動而不懈地鬥爭。

然而，在毛澤東的思想與個性中，西方自由主義的影響和中國傳統道家思想的影響卻也貫穿了他不平凡的一生。青年時代的毛澤東是十分強調自我主體性的。他說過「個人有無上之價值，有百般之價值」的話，相信「人類之目的在實現自我而已。」李澤厚認為：「毛注重和強調的『主觀的道德律』並不同於康德的道德自律，也不同於傳統儒家無論是程朱或陸王的『天理』或『本心』」，「他把『道德律』當作一種完全由自己作

1 《毛澤東選集》（一卷本）第三三〇～三三二頁，人民出版社一九六七年版。

主的感性的意志力量」，「充滿了傳統的強烈的英雄主義的傳統觀念。」[1]然而，深受西方文化思想影響的毛澤東的「貴我」思想顯然是打上了西方個人主義思想的烙印的，這不難從他佩服陳獨秀「魄力偉大」的議論中可以看出。[2]一直到了晚年，他已經是中國無可爭議的領袖人物了，他仍然敢於在與外國友人談話時抒發自己「和尚打傘，無法無天」的自由情懷。——由此，我們可以發現他的浪漫主義豪情、自由主義思想。這種浪漫主義豪情、自由主義思想與他反對自由主義、主張統一思想的奮鬥相反又相成，體現出毛澤東的複雜人格。毛澤東很希望「努力把黨內黨外、國內國外的一切積極的因素，全部調動起來，」[3]為此，他力圖建立民主集中制，主張「民主和集中的統一，自由和紀律的統一」，不過，他強調指出：「我們主張有領導的自由，主張集中指導下的民主」。[4]因此，儘管他「希望造成這麼一種局面：就是又集中統一，又生動活潑，就是又有集中，又有民主，又有紀律，又有自由。兩方面都有，不只是一方面，不是只有紀律。只有集中，把人家的嘴巴都封住，不准人家講話」，[5]儘管他也提倡過「百花齊放、百家爭鳴」，可是，一當不同的聲音觸怒了他，一旦他將不同的聲音判斷為資產階級進攻的信號，他就會發動一次又一次的政治運動——從文藝界的批判電影《武訓傳》、批判《紅樓夢研究》、批判胡風、批判歷史劇《海瑞罷官》到政治上打擊民主人士梁漱溟、打擊「右派」直至打擊黨內同志彭德懷、劉少奇、鄧小平……最後的結果是：六、七十年代的中國政治生活中，沒有活潑的民主，要麼是無情的集中，要麼是無法無天、天下大亂的「大民主」（如「文革」中的「全面內戰」）；沒有「百花齊放、百家爭鳴」的大好局面，只有「一言堂」（「文革」中的「大民主」實際上也是在

1 〈青年毛澤東〉，《中國現代思想史論》第一三一～一三二頁，東方出版社一九八七年版。
2 同上，第一三八頁。
3 〈論十大關係〉，《毛澤東選集》第五卷，，人民出版社一九七七年版，第二八八頁。
4 〈關於正確處理人民內部矛盾的問題〉，同上，第三六八頁。
5 〈打退資產階級右派的進攻〉，同上，第四五一頁。

毛澤東絕對權威的控制之下的）。這種力圖追求「民主集中制」，結果卻造成的是「萬馬齊喑」的歷史悲劇的深刻教訓，值得深思。

自由主義的劫難與延伸（上）：一九五七

研究當代政治史、思想史，一個顯而易見的現象是：儘管在階級鬥爭和「無產階級專政下繼續革命」理論的誤導下，在「過七、八年就來一次」的政治運動中，[1]自由主義不斷遭受摧殘，但是，自由主義的火種卻一直不滅，在一代又一代具有獨立思考能力和不怕犧牲的精神的人們的奮鬥中，頑強地延續了下來。

一九五七年，是有名的「鳴放」之年，也是思想解放之年。如果說在這一年裏，中國有一批著名的自由主義知識分子（以費孝通、羅隆基、儲安平、章伯鈞等人為代表）為了守護民主與自由的理想慷慨陳詞，以自己的政治生命作犧牲，是一九二〇年代到一九四〇年代自由主義思潮的延續，那麼，一批年輕的大學生也真誠地投入了「鳴放」的激流，發出了「自由、民主、理性、人權萬歲！」的吶喊，[2]則是新一代自由主義知識分子接過民主與自由的大旗，繼續推動中國的民主化進程的證明——儘管這兩代知識分子都在緊隨而來的「反右」劫難中遭受了沉重的打擊。

[1] 政治鬥爭「過七、八年來一次」，是毛澤東對政治鬥爭規律的一種概括。實際上，在毛澤東時代，政治運動的頻繁發生已經達到了過四、五年甚至兩、三年就有一次的頻率。例如：一九五七年「反右」，一九五九年批判彭德懷，一九六四年「反修」，一九六六年「文革」，等等。

[2] 北京大學學生譚天榮的大字報：〈教條主義產生的歷史必然性〉，轉引自葉永烈：《反右派始末》，青海人民出版社一九九五年版，第一五九頁。

羅隆基在一九二〇年代末就是自由主義知識分子的著名代表。「他崇拜英美政治，抨擊蔣介石的獨裁政治，人稱『英美派』。」[1]他的一貫主張是：「言論自由是人權。」[2]要走一條「發展個性，培養人格的道路」。他希望在政治上走獨立於國民黨、共產黨的「第三條路線」，將民盟建設成為「第三個大黨」。[3]在一九五七年，他提議成立一個「平反委員會」，以糾正以往運動中的冤案，「鼓勵大家提意見，」「鼓勵大家有什麼委屈都來申訴」。[4]這樣的主張其實是「言論自由」的另一種說法，同時，這種主張也在二十多年以後的「平反冤、假、錯案」中得到了實現。

儲安平也是「英美派」，在一九四〇年代因創辦《觀察》週刊，發表「獨立的、客觀的、超黨派的」言論而著稱於世。在《觀察》的「發刊詞」中，他宣告：「我們要求自由，要求各種基本人權。自由不是放縱，自由仍需守法。但法律須先保障人民的自由，並使人人在法律之前一律平等……沒有自由的人民是沒有人格的人民，沒有自由的社會必是一個奴役的社會。」為此，他提出民主、自由、進步、理性八個字作為「四個基本原則」。作為一位自由主義知識分子，他對自由主義知識分子的弱點有清醒的認識：「自由思想分子的長處是背脊骨硬，交情可以拉得長；其短處則為胸度狹窄，個人主義。」「因為『相輕』及『自傲』在中作祟，所以在自由思想分子中很難產生領導人物；政治活動是必須有組織和紀律的，但是因為自由分子的相通大都是道義的，不是權力的，所以很不容易發揮組織的力量。這些是自由分子根本上的弱點。」[5]明知中國的自由主義力量

1 葉永烈：《反右派始末》第一二八頁。
2 〈論人權〉，轉引自謝泳：〈政治與學術之間：羅隆基的命運〉，見牛漢、鄧九平主編：《六月雪》，經濟日報出版社一九九八年版，第二八九頁。
3 見朱正：《一九五七年的夏季：從百家爭鳴到兩家爭鳴》，河南人民出版社一九九八年版，第一八五、一八七頁。
4 〈關於成立「平反委員會」的發言〉，見《六月雪》第二七七頁。
5 引自戴晴：〈儲安平〉，《東方記事》一九八九年第一期。

單薄，但還是不遺餘力地為「言論自由」而吶喊，批評「黨天下」造成的「清一色局面」，[1]除了書生氣使然，何嘗沒有「知其不可而為之」的悲壯豪情！在他因為「文革」的迫害而失蹤十多年以後，隨著思想解放、政治變革的時代到來，「清一色局面」終於被「多元化格局」所取代。

劇作家吳祖光也在一九五七年指出：「組織和個人是對立的，組織力量龐大，個人力量就減少。……組織力量把個人的主觀能動性排擠完了。」[2]作家蕭乾也在一九五七年提出了這樣的問題：「咱們這個革命的社會就是要不斷地出現更新、更好的見解，為什麼反而會這麼人云亦云，人演亦演，這麼缺乏獨創性呢？……怎麼能把個人風格、個人看法，跟個人突出混同起來，一道消滅呢？可怕的是，不少人認為這就是『組織性紀律性』。」為此，他呼籲「說話和寫作的自由」、「獨立思考、自由選擇」，呼喚「民主精神」（「包括能容忍你不喜歡的人，容忍你不喜歡的話」）。[3]科學家錢偉長提議「開門辦黨」，「使黨外團外的人對黨團工作有監督作用」，呼喚「青年人要獨立思考」。[4]……在一九五七年的「鳴放」中，五四時期的「民主」、「自由」主題再度回歸。

與上述議論相呼應的，是青年學生的吶喊：「我們需要個性強烈的人，色彩鮮明的人……讓那些空談家和膽小鬼臨陣脫逃吧！我們卻要走自己的路。」[5]「真正的社會主義應該是很民主的，但我們這裏是不民主的，我管這個社會叫做在封建基礎上產生的社會主義，是非典型的社會主義，我們要為一個真正的社會主義而鬥爭！」[6]「為民主而鬥爭是作為黨領導的必要條件，是黨的責任，任何人都不能也不配恩賜人民以民主，民主是

---

1 儲安平：〈向毛主席和周總理提些意見〉，見《六月雪》第一三八頁。

2 〈在一九五七年五月一三日文聯第二次座談會上的發言〉，見牛漢、鄧九平主編：《荊棘路》第七五、七六頁，經濟日報出版社一九九八年版。

3 〈放心，容忍，人事工作〉，同上，第一〇二、一〇四頁。

4 〈言論摘要〉，見《六月雪》第三三九、三四一頁。

5 譚天榮：〈第二株毒草〉，見牛漢、鄧九平主編：《原上草》第三四頁，經濟日報出版社一九九八年版。

6 林希翎：〈在北大的第一次發言〉，同上，第一五三頁。

人民自己的。……民主不能是給多少算多少，而必須充分而完整。」[1]「必須樹立起有效的群眾監督，擴大社會主義民主」；應該承認「人原來是自私的」，「最理想的是做到不損害別人情況下滿足個人慾望。」「平時若不適當的滿足個人慾望，就要喪失能動性，大家都喪失能動性就等於喪失社會前進動力，也就要失去社會優越性。」[2]——在這些大學生的吶喊聲中，我們感受到了自由主義的精神已經在新一代知識分子的心中萌芽。正如錢理群在〈不容抹煞的思想遺產〉一文中指出的那樣：「他們所發動的，是繼『五四』以後又一次『新文化運動』[3]——在一個高度集權的社會主義國家裏，爭取思想的自由，精神的解放，進行新一輪的『國民性的改造』。」他們的呼喚表明：即使不曾接受過自由主義的教育，即使「長在紅旗下」，現實生活中的無情矛盾仍然能促使有良知的熱血青年自發地接近自由主義的精神，產生自由主義的正氣。

甚至在共產黨內部，也因為史達林死後蘇聯、波蘭、匈牙利出現的民主運動產生了深刻的反思。毛澤東在一九五六年提倡「鳴放」，提倡「百花齊放、百家爭鳴」，也是由蘇聯、東歐事件的觸動而產生的「小民主」嘗試。[4]據當時任新華社國際部副主任的「延安派」李慎之回憶，毛澤東甚至說過「我們現在實行的是愚民政策」、「我們的問題不止是官僚主義，而且是專制主義」這樣的話。而李慎之本人也因為明確提出「我們應當實行大民主」、「我們也要開放新聞自由」而被劃為「右派分子」。[5]——由此可見，共產黨內部也產生了要改革的聲音。這種聲音與自由主義精神的相通，是顯而易見的，儘管當時的李慎之對此未必有足夠的自覺。

---

1 劉奇弟：〈論當前整風——民主運動〉，同上，第一一九頁。
2 群學：〈「利己主義者」宣言〉，《原上草》第一三九、一三八頁。
3 《原上草》第一二頁。
4 《反右派始末》第七四頁。
5 〈大民主和小民主〉，《荊棘路》第一一七頁。

一九五七年的「鳴放」因為毛澤東的敏感而突變為一場「反右」運動。從羅隆基、儲安平那樣的自由主義知識分子到譚天榮、林希翎那樣的熱血青年到李慎之那樣的具有自由主義傾向的共產黨高級幹部，都在「反右」運動中被一網打盡。自由主義遭受了一場政治浩劫。此後，老一代「英美派」知識分子被迫推出了歷史舞臺。中國開始了激進主義的「大躍進」。「統一思想、統一行動」成了中國二十年間政治生活的「主旋律」。

然而，自由主義的聲音還是在六、七十年代的空前壓抑氛圍中回歸了。

自由主義的劫難與延伸（下）：六、七十年代

在「反右」過後沒幾年，另一批青年再次自發地走近了自由主義。

據牟敦白回憶：在六十年代初，他就與郭沫若之子、北大學生郭世英一起，交流讀英美作家海明威、格拉罕・格林的書的體會，郭世英曾對他談論過「獨立思考」的志向，並傾訴了思想的困惑：「如果你是一個有良知良心，講真話的人，生來便是不幸的。沒有自我，沒有愛，沒有個性，人與人之間不能溝通和交流，自相矛盾，互相折磨，這是非常痛苦的。……我應該獨立思考。」[1] 郭世英嚮往郭沫若青年時代「可以自由地表白自我」的往事，並發問：「為什麼我不行？」他們成立了X小組，討論「社會主義的基本矛盾是不是階級鬥爭？大躍進是成功了還是失敗了？毛澤東思想能不能一分為二？什麼是權威？有沒有頂峰？等等。」[2]——這些異端思想顯然不能為當時的政治所容。具有「地下沙龍」性質的「X小組」終於被摧毀。

1 〈X詩社與郭世英之死〉，見廖亦武主編：《沉淪的聖殿》第十九、二七、二八頁，新疆青少年出版社一九九九年版。

2 楊健：〈文化大革命中的地下文學〉第九十一頁，朝花出版社一九九三年版。

無獨有偶。與「X小組」同時成立的，還有一個「太陽縱隊」，成員有張郎郎、董沙貝等人。他們都出身於知識分子家庭，有的成員的父母就是「右派分子」（如牟敦白），或者從不諱言對文化界官僚的鄙視。這些中學生狂熱地熱愛西方文藝，認為當時的文壇「根本沒有可以稱道的文學作品」，立志「要給文壇注入新的生氣，要振興中華民族文化」，同時也知道「自己的東西，不但不合潮流，甚至相左，根本沒有發表的可能性。」他們的立場是：「既不是革命，也不是反革命，只是不革命而已。」[1]——這樣的立場顯然是「第三條道路」的另一種說法。

「X小組」和「太陽縱隊」都自發產生於大饑荒過後的一九六〇年代初，是因為當時的政策相對寬鬆。**在寬鬆的氣氛中，自由主義的思想就會自然而然地活躍起來，這是一條重要的思想發展規律。**——類似的現象在「文革」中也出現過：「林彪事件」以後那段短暫的政策鬆動時期裏，產生了「地下文學」的繁榮。——這條規律告訴人們：**第一，自由主義的思想、情感，天然植根在熱愛自由的人們的心中，它們是不可能被政治的高壓窒息的；第二，自由主義的活躍與否，是衡量政治是否開明、寬鬆的重要尺度。**

「X小組」和「太陽縱隊」的成員都是青年學生，都出身於知識分子家庭，都有廣泛閱讀西方文藝、哲學典籍的基礎和獨立思考的熱情。由此可見，即使是在「革命讀物」處於獨尊地位的年代裏，「異端典籍」仍然具有特別的影響力。西方的自由思想、獨立精神在革命年代裏也仍然有自己的「市場」，足以表明：革命年代的文化，其實也不是「單色調」的。在六十年代，文化的多元化格局已初顯端倪，不過不那麼明顯罷了。

「X小組」和「太陽縱隊」都具有自由結社的性質。這種自由結社的「地下沙龍」成了六十年代初和六十年代末、七十年代初中國具有自由主義思想傾向的青年探索人生與藝術的真理的重要組織形式。據楊健的《文化大革命中的地下文學》一書披露，在一九六七——一九七四年間的北京，就先後出現了李堅持、黎利、趙一

---

1 張郎郎：〈「太陽縱隊」傳說及其他〉，見《沉淪的聖殿》第三十～五二頁。

凡、徐浩淵等幾個「地下沙龍」。他們大多出身於共產黨高級幹部家庭或高級知識分子家庭，在「文革」之初當過「老紅衛兵」，後來因為對「文革」不滿而組織「地下沙龍」。他們在「地下沙龍」裏傳看「文革」前供高級幹部閱讀的「內部讀物」（所謂「灰皮書」、「黃皮書」）——從南斯拉夫思想家德爾拉斯的《新階級》那樣批判官僚資產階級的理論著作到蘇聯「修正主義文藝」作品《第四十一》、《娘子谷》、《白輪船》、《多雪的冬天》、《你到底要什麼？》、歐美現代文學經典《麥田裏的守望者》、《厭惡及其他》。這種讀「禁書」的行為顯然帶有鮮明的叛逆色彩，也觸發了「異端思想」的產生。他們或者「出於對『文化大革命』強烈不滿，對社會主義制度下的民主與法制表示關切，開始探討，社會主義應該怎麼搞，還有中國未來的命運如何？」[1]之類政治問題，還有「合理的利己主義」[2]之類倫理問題，或者彈琴唱歌、外出野遊，以自娛自樂的方式遠離「文革」的狂熱，追求自我的充實。他們的自由探索不僅延續了「異端思想」的命脈，還直接催生了當代中國批判現實主義和現代主義文學的萌芽——「文革」「地下文學」中批判現實主義的力作《九級浪》的作者畢汝協就是黎利沙龍的成員，現代主義詩歌流派「白洋淀詩派」的主要成員岳重（根子）、栗世徵（多多）也是在徐浩淵沙龍開始了文藝活動的。他們的活動表明：即使在封建法西斯主義一手遮天的時代，即使在全民族都瘋狂的歲月裏，也有自由主義的生存空間。自由的靈魂，是不會被政治高壓所窒息的。

在那些「地下沙龍」探討「異端思想」的同時，是思想家顧准的獨立理論研究。顧准在一九三〇年代就參加了共產黨，也是「延安派」，曾經擔任過共產黨的高級幹部。但因為「目無組織，自以為是，違反黨的政策，與黨對抗」[3]，早在一九五二年就受到了撤銷黨內外一切職務的處分，又在一九五七年被打成右派。在逆境中，他不屈不撓地繼續探索，在一九七〇年代初寫下了許多難能可貴的論著。「在造神運動席捲全國的時候，

---

1 見該書第七十四頁。
2 《文化大革命中的地下文學》第八十六頁。
3 轉引自陳敏之：〈顧准傳記〉，見《顧准文集》第四四三頁，貴州人民出版社一九九四年版。

他是最早清醒地反對個人迷信的人；在凡是思想風靡思想界的時候，他是最早衝破教條主義的人。……在那時代，誰也沒有像他那樣對馬克思主義著作讀得那樣認真，思考得那樣深。誰也沒有像他那樣無拘無束地反省自己的信念，提出大膽的質疑。」[1]——從馬克思主義中尋找自由主義的思想因素，**使他發現了馬克思主義與自由主義之間的通途**；而當他在研究馬克思主義的過程中發現了**馬克思主義的局限性**時，他又敢於以自己的獨立見解去**修正、發展馬克思主義**。

在〈辯證法與神學〉一文中，顧准寫道：「馬克思、恩格斯的眼鏡，從人類歷史來說，是百花中的一花。」在這句話的下面，他加了一個注釋：「馬克思地下有知，肯定會贊成我這種說法。參見馬克思全集第一卷論出版法的文章。又參見馬克思的博士論文引埃斯庫羅斯劇本普羅米修士的『臺詞』。」——那段臺詞是：「普羅米修士的自白：說句老實話，我憎恨所有的神，——也就是哲學本身的自由，哲學本身的箴言，是針對著凡是不承認人的自覺為最高的神的一切天神與地神而發的。」[2]——這段話表明，在馬克思的思想中，是有熱愛自由的元素的。在〈民主與「終極目的」〉一文中，他更指出：「究竟什麼叫做共產主義，迄今的定義，與馬克思親自擬定的定義『每個人的自由發展是一切人的自由發展的條件』（見《共產黨宣言》）愈來愈分歧，愈來愈不一致，也愈來愈難理解。」[3]——顧准在這一段話裏引用的馬克思語錄，是馬克思主義與自由主義有相通之處的證明。另一方面，顧准更注意到：現代科學的發展已經超越了馬克思主義的理論：「近代自然科學是實驗科學……他們（指的是自然科學家們）所需要的方法論是『實驗邏輯』，辯證法對他們全無用處。相對論的發現者愛因斯坦……就否認辯證法對他的科學事業有過任何用處。」「每一個真正的科學家，各有他自己

1 王元化語，見《顧准文集》第二二六頁。
2 見《顧准文集》第四二〇、二五七頁。
3 見《顧准文集》第三七四頁。

的方法論與世界觀。——恩格斯在《自然辯證法》一書中所說的『理論』對於科學研究的重要性是誇張。」[1]他大膽地質疑了恩格斯的「辯證法規律」（質量互變，矛盾統一，否定之否定）是「絕對的普遍的規律」。他堅信：「假如近代科學死守住辯證法三規律，它老早停滯不進了。」他還指出：「列寧批評的維也納經驗批判主義，其實是康德主義清除掉不少宗教成分以後的東西，這個流派對於近代西方科學的發展起過很大的作用。」「近代自然科學的實驗主義、多元主義，以及自然科學的迅速發展，繁榮昌盛，總的說來，是唯物主義的經驗主義的後果。可是，中國的馬克思主義者，被列寧所誤，卻一直把它看做是貝克萊主義的『一丘之貉』，悲乎！」[2]他以非凡的見識和勇氣超越了《反杜林論》、《唯物主義和經驗批判主義》的境界，在「文革」的思想荒原中完成了具有深刻思想史意義的轉變：從傳統的馬克思主義者立場轉變為「徹底經驗主義、多元主義的立場」。因為他堅信：「唯有多元主義而不是一元主義，才是符合於百花齊放百家爭鳴要求的。」「新聞自由、出版自由、言論自由、學術自由，天然地成為消除片面性的解毒劑。有這些自由，自然而然會形成一種綜合的世界觀。」[3]他還在〈科學與民主〉一文中指出：「學術自由和思想自由是民主的基礎」，「所謂科學精神，不過是哲學上的多元主義的另一種說法而已。」「哲學上的多元主義，就是否認絕對真理的存在，否認有什麼事物的第一原因和宇宙、人類的什麼終極目的。」提出這樣的思想，不僅僅有學理的基礎，還有政治的遠見：「哲學上的多元主義，貫徹到政治上也是多元主義。那就是，可以有各種政治主張的存在，有政治批評——來自各種立場的政治批評。」[4]而他的這種遠見，又是他痛感於當時「反動的專制主義」[5]橫行的現實。

1 〈辯證法與神學〉，見《顧准文集》第四一七、四一八頁。
2 《顧准文集》，第四二一～四二六頁。
3 《顧准文集》，第四二四、四一九、四一七頁。
4 《顧准文集》，第三四四～三四六頁。
5 〈辯證法與神學〉，《顧准文集》第四二四頁。

他的上述思想表明：在獨立探索真理的道路上，他認同了當時顯然是大逆不道的自由主義。在認識論上，他是經驗主義者；在學理上和政治上，他是多元主義者。這樣，他就在實際上繼承了英美哲學思想與政治思想，成為在英美思想已經受到沉重打擊的年代裏為捍衛、復興自由主義而奮鬥的勇士。從「延安派」轉變為「英美派」，**是顧准走過的思想旅程，也是英美自由主義思想註定要在中國復興的一個徵兆**。在一九九〇年代的自由主義思潮再度高漲之時，顧准成為中國思想界的「熱門話題」，充分顯示了他的深刻思想史意義。正如朱學勤指出的那樣：「從目前殘留的那些思想手稿判斷，他是在一個鐵桶般的蔽障前單兵獨進，隻手破壁，卻達到了能夠與外部葛蘭西、盧卡契、海耶克、伯林等當代先進思想家對話的水準。……幾乎是以一人之力頑強鑿通了那條阻隔中、西思想對話的黑暗隧道」。[1]

在專制的年代裏，自由主義的思想之花在不合時宜的氣候中屢開屢敗，又屢敗屢開。一代又一代的思想者不約而同地前仆後繼，勇敢地走上了為思想解放、人的解放而探索、而犧牲的道路。僅此一點，也足以顯示自由主義思想的頑強生命力了。我一直相信，新時期思想解放浪潮的源頭早在專制年代裏就已經濫觴——對五、六十年代自由主義發展脈絡的梳理又一次證明了這一點。

一九八〇年代的自由主義

一九八〇年代，是思想衝破牢籠、個性獲得解放的年代，也是自由主義重新煥發活力的年代。

首先是文學青年的呼風喚雨：一九七八年十二月二十三日，由北島、芒克等人創辦的文學雜誌《今天》創刊號出版。他們的想法是：「就是要有一個自己的文學團體，行使創作和出版的自由權利，打破官方文壇的一

---

1 〈愧對顧准〉，《東方》一九九六年第二期。

統天下。」[1]《今天》的問世很快產生了熱烈的反響。以北島、芒克、舒婷、江河、食指等人具有現代主義風格的作品不僅使《今天》成為當代中國現代主義文學的第一塊陣地，從而為促成中國文壇多元化格局的形成產生了具有歷史意義的影響，而且，《今天》作為民間自辦的同人刊物的發行成功，也為後來的許多民間刊物的出版開闢了一條道路。《今天》的作者們以「詩必須從自我開始」（北島語）[2]作為自己的文學觀，實際上也就接續上了自由主義的文學傳統。

與現代派文藝的復興相呼應的，是青年學者對自由主義文學傳統的重新發現。對周作人、郁達夫、沈從文、林語堂、徐志摩、戴望舒、豐子愷、馮至等作家的研究是當代青年學者重新評說歷史這一工程的重要組成部分。另一方面，重新估量自由主義文學傳統的歷史價值也體現了當代青年學者認同自由主義傳統的價值取向。趙園在那部研究現代文學的著作《艱難的選擇》中就將一部文學史論寫成了知識分子精神發展史論。在她努力揭示現代知識分子的複雜心態時，她表達了對五四時代的熱情嚮往：「那是一個富於個性，而且鼓勵個性表現的文學時代；是一個發現了『自我』，因而渴望顯現『自我』的文學時代；是一個產生了強烈鮮明的個性，生氣勃勃的『人』，而這種個性的力量必然透過文學勃然而出的時代。」「『五四』時期思想界每個代表人物的思想演變史中，都有中國社會歷史、思想文化的富藏。所有在這一時期的思想界、文化界活躍過的人物，就其個性的鮮明性而言，就其社會本質、心理特質的深刻性而言，都具有構成文學典型的足夠的客觀可能性。擁有這種豐富性的文學，將是真正偉大的文學。」[3]曾小逸在《走向世界文學》一書的「導言」中也認為：使五四那一代作家「區別於中國歷代文人的決定因素，是時代所賦予他們的強烈而清醒的個性主義意識和世界

1 〈芒克訪談錄〉，見《沉淪的聖殿》第三五三頁。
2 轉引自宋耀良：《十年文學主潮》，上海文藝出版社一九八八年版，第五三頁。
3 見該書，上海文藝出版社一九八六年版，第四一、四三頁。

文學意識。」[1]注重對五四那一代作家的個性意識、開闊胸懷的研究，特別是注重對那些在階級鬥爭的年代裏曾經被「無產階級革命文藝觀」和官方文學史批判或者「忽略」的具有自由主義傾向的作家的研究，不僅繁榮了新時期文學研究，而且對於當代學者的人格塑造、對於當代文學多元化格局的形成也產生了深遠的影響。周作人的隱士風格、郁達夫的浪漫氣質、沈從文的樸野氣息、林語堂、梁實秋的紳士風度、豐子愷的童心……都在「革命」的話語之外展示了人性發展的不拘一格。這些自由主義作家的書在新時期的讀書界的流行，也體現了時代天平向自由主義的明顯傾斜。

與重新發現自由主義作家不謀而合的，是思想界對自由主義思想家的重新發現。耿雲志的《胡適研究論稿》儘管對胡適的改良主義作出了「反動」的判斷，但也注意到胡適「仍保留了一定程度的資產階級自由主義的色彩。所以當時的共產黨人認為他是屬於不革命的資產階級民主派，而沒有把他當成反動派。」他「大體保持著資產階級學者通常所採取的自由主義的立場。自由主義者常常幹蠢事，甚至為反動派所利用。但因為憎恨邪惡，嚮往進步，有時也會對革命表同情。我們以為不應把資產階級自由主義者看作反動派。」[2]這樣的分析雖然還沒有完全跳出階級鬥爭觀點的框框，但已經有了公正評說自由主義的傾向。唐振常的《蔡元培傳》高度評價了蔡元培在改革北京大學、「創造思想自由、學術自由的學風」的歷史貢獻，並將他的成功歸於「他那氣度恢宏的相容並包思想」。作者寫道：「元培是一個愛國主義者，民族主義者，民主主義者，平生所追求，在民主政治與自由權利，期望建立一個資產階級民主共和國。保障人權，是他所追求的民主自由的核心……他有所奮起，把自己置於國民黨政權的對立面，在保障人權、要求民主自由上，和國民黨政權做了他力所能及的鬥爭。」[3]許紀霖的《無窮的困惑》一書通過對黃炎培、張君勱的比較研究，揭示了兩位著名自由主義知識分子在

1 見該書，湖南人民出版社一九八五年版，第四三頁。
2 見該書，四川人民出版社一九八五年版，第三五、二二一頁。
3 見該書，上海人民出版社一九八五年版，第一三八、一四三、二二四頁。

近代中國風雲中的艱難探索與無窮困惑。主張「留學救國」的張君勱與主張「教育救國」的黃炎培在政治上的最終分道揚鑣，是「中國的自由主義知識分子在國勢艱危的三十年代中期發生了思想上的分化」的一個縮影。他們曾經希望走通和平建國的「第三條道路」，但終於還是在現實政治的擠壓下幻滅了溫和的理想，「為什麼淵源於西方的近代獨立人格一旦移植於東方，就會發生如此悲喜交集的變形？為什麼像魯迅這樣的『特立獨行』之士如此寥若晨星，而『外圓內方』卻會成為近代知識者人格的普遍模態？東方專制主義的社會環境固然是一重要外因，但對外界環境的反應方式畢竟取決於主體結構本身。」[1]作者一直為中國知識分子的獨立人格而思考，但作者的研究仍然體現了理解自由主義的價值觀念。

文學界、歷史學界對五四時期到一九四〇年代自由主義人文傳統的重新發現顯示了現代自由主義人文傳統的回歸。另一方面，經濟改革的發展則呼喚著自由主義經濟理論、法制觀念和倫理學說的全面振興——

在經濟理論方面，《讀書》雜誌在一九八六—一九八七年間發表了伍曉鷹、張維平的系列對話錄《經濟自由主義思潮的對話》，全面介紹了現代西方自由主義經濟思潮的代表思想，主張：「現代化要有價值觀念的轉變……首先要確立現代人的自由觀。……任何人……也無權干涉他人的任何個人自由。」「在經濟與政治的關係中，由於競爭性市場機制注重消費者主權，即把決定權分散給個人了，也就對政治權力的集中提供了一種抵銷與制衡力量，這就為政治自由提供了基礎。」[2]「經濟自由是包括政治自由在內的其他一切自由的基礎。」「從七十年代末，八十年代初以來……各國都傾向於鼓勵更為自由的經濟和更大程度的政治民主……重新評價與再度肯定市場機制的積極作用，已經成為我們這個時代的世界性潮流。」[3]他們對哈耶克有關「經濟自由與政治自由和個人自由」、「法制是自由主義的最偉大的成就，它不僅是自由的保障，而且是自由在法律上的體

1 見該書，上海三聯書店一九八八年版，第一四七、三〇三頁。
2 〈消費者主權〉，《讀書》一九八六年第一一期。
3 〈動態平衡〉，《讀書》一九八七年第七期。

現」的思想的介紹將經濟自由與政治自由、法制建設緊密相聯，顯示了自由主義體制建設的系統性質，也深刻觸及了經濟改革的深遠意義。[1]

法學家梁治平也在一系列關於法律的文章中為健全法制而呼籲：「我們要完成『從身份到契約』的運動」，因為「契約關係首先是發達的商品經濟和民主政治的表現，是構成現代生活各種社會關係中的最基本形式。」而且，「契約關係必然表現為法律關係。」這種「契約關係意味著個人意識的發達。」「所謂個人主義，作為家族主義或團體主義的對立物，是指一種自主人格的主張。……現代民主政治中的公民意識必以這種個人主義為前提。」[2]「法律是自由的基石和天然屏障。」「政治自由必須靠分權來保證。」[3]「真正有效的政治自由必定以法制為前提。」[4]他的研究表明：現代的法制建設是自由的保障，同時，現代的法制建設也呼喚著政治的改革。

在倫理方面，在「文革」中就已經萌芽的「合理的利己主義」思想[5]到了一九八〇年代已經在《中國青年》組織的人生意義大討論中得到了進一步的強化——在那場熱烈的討論中，產生了關於「合理為己」的倫理觀的見解：「壓抑個人利益的『公』是被異化了的『公』」，「應當肯定『合理為己』的道德觀」，「這種道德觀的主要要求就是不損人」。[6]「主觀為社會，客觀成就我」，「自我價值」不容忽略。[7]如果說，在「文革」中，

---

1 《讀書》一九八六年第十期。
2 〈「從身份到契約」：社會關係的革命〉，《讀書》一九八六年第六期。
3 〈從權力支配法律到法律支配權力〉，《讀書》一九八六年第八期。
4 〈法・法律・法制〉，《讀書》一九八七年第六期。
5 趙一凡沙龍的成員之一的史鐵生在「文革」中就曾經與友人們討論過車爾尼雪夫斯基的「合理的利己主義」。見《文化大革命中的地下文學》第八六頁。
6 雪華：〈為合理的道德觀說幾句話〉，《中國青年》一九八〇第九期。
7 柳松：〈關於潘曉的兩個命題〉，見《中國青年》一九八〇年第十期。

在一九八〇年代初探討「合理為己」的倫理觀體現了當代青年對「文革」中壓抑個性的「大公無私」口號的叛逆和在思想解放的潮流中渴望表現自我、實現自我的激情，那麼，到了一九八〇年代中、後期，尊重個性、張揚個性還在經濟改革、社會變革的現實中賦有了為「人的現代化」提供理論依據的意義，正如學者王潤生所期望的那樣：「我期望全社會能認清『重公平，輕效率與自由』的價值取向之危害，把『偏重效率，兼顧自由與公平』作為最深層的價值砝碼；……我期望改變『槍打出頭鳥』的社會輿論氛圍，讓我們的社會永遠只為那些勇於進取的強者準備豐厚的饋贈；我期望揚棄『以眾人是非為是非』的習俗道德選擇方式，推崇以個人理性精神為基礎的開放型道德選擇方式」。[1]甘陽則在一篇介紹西方當代自由主義思想家伊賽亞・伯林的文章中批判了「真善美統一說」，提倡以「價值多元、選擇自由」去取代對「盡善盡美」的「價值一元論」的追求，因為「價值一元論總是構成對個人自由的最大威脅，同時也正是專政暴政的根本基礎。」而「價值多元論」則在承認人類目標的多樣化的前提下鼓勵「各種目標都應有同樣的權利去發展，應該有平等的機會去競爭……正是在這種敞開每個個人自由選擇的基礎上，各種互不相同以至彼此衝突的價值和目標才形成了一種相互補充，相互制約的格局，從而防止了一個社會流於『單一化』，保證了人類生活的豐富性和多樣性。所謂市場經濟，所謂民主政治，其全部的基礎無非在這裏。」[2]——注重個性的價值，不僅僅是思想解放、個性解放的人心所向，也是經濟改革、政治民主的需要。經濟改革必須以充分調動每個個人的積極性，政治民主也必須建立在啟動每個個人的參與意識上。因此，尊重個性，建立公私兼顧的現代倫理觀，便成了時代的一個基本主題。

不過，問題的複雜性在於：在一個經歷了多年政治運動折騰、個性意識長期受到壓抑，「個人主義」被看作「萬惡之源」的社會，思想解放、經濟改革一旦打開了人的慾望閘門，非理性的狂熱就常常偏離了自由主

---

1 〈對重建倫理文化的期待〉，《中國青年》一九八七年第一期。
2 〈自由的敵人：真善美統一說〉，《讀書》一九八九年第六期。

義思想家們的理性設計。一九八〇年代，常常被稱為「浮躁的年代」，便與非理性的狂熱情緒十分盛行有關。在一九八〇年代，給了廣大中國青年以持久而深刻影響的，是西方非理性主義思想家沙特、尼采和佛洛伊德，而不是英美自由主義思想家（儘管羅素的《西方哲學史》、《羅素文選》也在一九八〇年代有可觀的發行量，可影響顯然無法與沙特、尼采和佛洛伊德相提並論）。另一方面，強烈的自我意識與從「文革」後期就流行開來、在新時期也一直頗為流行的「信仰危機」一旦結合，就必然地催生了「自我中心主義」——「拒絕對社會的義務，在個人利益上表現為強烈的個人獨佔傾向。」事實上，「『自由』這個詞的含義在他們是不清晰的，也是不重要的」。[1] **非理性的叛逆衝動與玩世不恭的頹廢情緒的互為消長，是八十年代中、後期青年文化運動的一大特色。**我們不難在一九八〇年代青年激烈的「反傳統」情緒和以「冷態的生命體驗」為基調的「後崛起詩群」運動中看出這一點來。[2] **激烈的反傳統、反理性浪潮淹沒了自由主義的多元價值觀和寬容精神，青春的熱烈與躁動擠壓了自由主義的理性精神、思想家的理性設計，是一九八〇年代多元化思潮的另一面。**在專制年代受到政治暴力粗暴踐踏的自由主義到了開放的歲月裏又受到激進主義的猛烈衝擊，是自由主義註定在中國命運多舛的證明。

一切都不難理解。

一切也令人長歎。

---

1 張永傑、程遠忠：《第四代人》，東方出版社一九八八年版，第二三三、三五三、二八二頁。

2 徐敬亞：〈歷史將收割一切〉，見徐敬亞、孟浪、曹長青、呂貴品編：《中國現代主義詩群大觀，一九八六～一九八八》，同濟大學出版社一九八八年版，第二頁。

一九九〇年代的自由主義

一九八〇年代的激進主義有著相當廣泛的社會基礎。但是，這種激進主義在一九八九年遭到了慘重的挫折。一九九〇年代經濟的發展一方面將人們的躁動情緒引向了經濟領域的競爭和日常生活領域的世俗化浪潮，另一方面也為自由主義思想的發展提供了又一次機遇。那麼，這一次，自由主義的運氣又如何呢？

我注意到在一九九〇年代，自由主義又一次成為思想界的一個「熱門話題」。而且因為激進主義思潮的衰落，自由主義的聲音顯得相當突出，至少相對於一九八〇年代是如此。我還注意到一九九〇年代自由主義成為一面引人注目的旗幟，是在一九九〇年代初人文精神大討論的熱潮方興未艾之際。在一九九〇年代商品化、世俗化的喧嘩聲中，中國當代知識分子在「邊緣化」的位置上仍然發出了自己的聲音——從重建人文精神到復興自由主義，這一點就了不起。理性的、寬容的、健康的自由主義在二十世紀歷盡坎坷，到了世紀末仍然在堅守著自己的陣地、等待著自己的好運氣，顯然是自由主義命不該絕的一個證明，也是中國（尤其是使命非常艱巨，力量卻一直單薄的中國知識分子）需要自由主義的一個證明。我甚至覺得，自由主義在一九九〇年代的復蘇，是中國社會氣氛寬鬆的一個重要標誌。

但這一次，自由主義又與「新左派」遭遇了。

自由主義者努力為經濟改革、社會轉型提供理論依據。他們以西方自由主義思想家哈耶克、吉登斯、伯林、波普爾、柏克、韋伯的理論為立足點，研究中國現代化進程中的現實問題。他們相信，發展市場經濟能從根本上動搖全能的政治社會，自由的市場經濟是建立公正、自由、合理的社會制度的基礎。他們的理論設計是繼承了「以自由反專制」的知識分子傳統的。政治學家劉軍寧在〈毋忘「我」〉一文中認為：「市場經濟的正當性在於作為個體的人類生命的重要性，而不僅僅是作為一個社會成員的重要性。市場秩序使得社會、經濟、政治制度都充分地尊重個體的重要性。市場在這方面也會失敗，但無論如何比其他制度出色得多。」「民治的前提是公民自治，即每個公民承擔其對自己的責任。……『我』也是憲政的基礎。憲政的本質在於保障人的權利，限制政府的權力。沒有『我』，憲政也就失去了保障的對象。在市場經濟、憲政民主之下，存『我』的原則從道德領域到社會體制都得到了表現，它限制了國家的權力，使人類免受了集體的蠻橫力量的打擊」。[1]在〈當民主妨礙自由的時候〉一文中，他同意自由主義的主張：「民主與自由的不相容之處，就在於當所有的人都參與決策時，個人就不得不服從於集體的權威，因此，也就有可能失去只屬於個人的自由。」所以，「民主應該服從自由。民主是自由的手段，自由是民主的目的。」[2]劉軍寧推崇哈耶克的政治哲學，同時也力圖將哈耶克的「無知觀」思想與儒家有關思想溝通，嘗試提出「儒教自由主義」的價值體系，以推動自由主義的中國化進程。[3]經濟學家汪丁丁也指出：「當代自由主義不同於古典自由主義（對既有秩序的維護）之處，我認為只在於：不僅承認每一個人選擇的自由，而且進一步認為對所有的人當中的每一個人而言，可供選擇的方案越多就總是意味著越大程度的自由。」因此，他堅持認為：「選擇『普遍主義』比選擇『民族主義』要好，選擇『個人主義』比選擇『集體主義』要好。」這，便是他心目中的「作為個人自由與普遍主義原則的啟蒙精神」。[4]——在一九九〇年代堅持自由主義的立場，便意味著一九八〇年代的啟蒙話語沒有終結，意味著中國的後現代主義者關於「啟蒙話語的終結」的議論不攻自破。

---

1 見《讀書》一九九五年第一二期。
2 見《讀書》一九九三年第一一期。
3 見〈無知與自由之間〉一文，引自霍伊：《自由主義政治哲學》（代序）第十三頁，三聯書店一九九二年版。
4 〈啟蒙死了，啟蒙萬歲！〉，見李世濤主編：《知識分子立場・自由主義之爭與中國思想界的分化》，時代文藝出版社二〇〇〇年版，第二六九、二七一頁。

但是，問題的複雜性在於：在當代中國的經濟改革和社會轉型過程中，經濟自由主義的理論是否忽略了對不平等的權力關係及其造成的腐敗現象的批判？為了經濟的自由發展是否有必要以壓抑政治民主作代價？汪暉認為：「經濟民主和文化民主問題是與政治民主問題直接相關、無可分割的問題。……經由市場而自然達致國內和國際領域中的公平、正義和民主不過是另一種烏托邦而已。」[1]何清漣提請注意「『夾生飯』式的改革（純經濟領域的改革）」在東亞和南美一些國家造成的腐敗已經使現代化進程嚴重受阻的無情事實，主張「要放棄那種以效率優先為目標的經濟增長思路」，「回到『公平與效率』這一亙古常新的話題上來。」[2]甘陽進一步提出了「什麼樣的自由主義」的問題：「是非民主甚至反民主的自由主義，還是民主的自由主義？」他認為非民主的經濟自由主義是「中國知識界的集體道德敗壞症」，這種自由主義必然會「高抬保守主義甚至極端保守主義」。[3]韓毓海也通過對一九七〇年代末以來西方右翼自由主義與政治勢力的結合產生的社會問題和一九八九年蘇聯解體以後國家官僚藉「自由競爭」的名義公開壟斷市場化和私有化進程的事實提出了這樣的問題：「在自由主義勝利的地方，民主為何失敗？」他甚至指出了「自由主義並不總是那麼清白無辜，它毫無疑問幫助過歷史上那些最不合理的制度。」同時他也強調：「保證所有的人公開、公正、自主地參與公共領域和經濟活動」才是「自由主義的基本原則」。[4]陳燕谷也指出過「在十九世紀，自由主義和殖民主義、種族主義完美地融合於一體」的事實，並且再次提出了「『全世界受苦的人』追求一種更為公正、全面民主的生活方式」的理想：「和自由主義把民主理解為一個政治概念（特別是政府的產生方式和組織原則）不同，全面民主的生活方式必須承認每一個人都擁有平等的權利參與社會生活所有主要方面的決策和安排……如果建設一個全面民主的全球

1 〈當代中國的思想狀況與現代性問題〉，《天涯》一九九七年第五期。
2 〈什麼樣的「發展」？〉，《邊緣思想——〈天涯〉隨筆精品》，南海出版公司一九九九年版，第三一五、三二一頁。
3 〈自由主義：貴族的還是平民的？〉，《讀書》一九九九年第一期。
4 〈在「自由主義」姿態的背後〉，《邊緣思想》第三五二、三五三頁。

社會可以說是一種社會主義實踐的話，那麼社會主義的復興不是不可想像的。」[1]——在上述「新左派」的言論中，我們不僅可以感受到他們對知識分子批判意識的忠誠（這種批判意識當然包括對自由主義的批判），而且可以感受到他們對啟蒙思想中民主主義傳統的忠誠（在二十世紀的中國，民主主義的思想傳統根深蒂固——從孫中山的民主主義到毛澤東的新民主主義再到一九八〇年代的民主主義思潮），還可以感受到在一九八九年的歷史巨變後中國具有民主主義傾向的知識分子對「社會主義陣營」解體以後從民主主義角度作出的歷史反思。他們對自由主義的深刻辨析一方面具有研究**形形色色的自由主義**、揭示自由主義的複雜內涵及其歷史功過是非的學理意義，另一方面也以鮮明的批判現實色彩顯示了知識分子的理想主義品格。他們的批判使九十年代初頗為流行的所謂「知識分子失語症」的說法也灰飛煙滅。

自由主義與「新左派」之間的激烈論戰是中國思想界的啟蒙話語的內在矛盾——個人主義與民主主義之間的矛盾——在一九九〇年代交鋒的一次爆發。在這次思想交鋒的深處，我們看到了**中國知識分子的進一步分化（在九十年代，中國知識分子發生了三次大的分化：第一次是隨著商品經濟大潮的高漲產生的「下海」還是「守住陣地」的分化；第二次是隨著人文精神大討論產生的「批判」還是「理解」甚至「認同」世俗化浪潮的分化；第三次便是這場自由主義與「新左派」的分化）**，還看到了由於中國社會格外複雜、尖銳的社會矛盾而產生的知識分子的深刻困惑：一方面，發展經濟需要自由主義的理論，另一方面，經濟自由主義在不公平的競爭中又的確產生了嚴重的腐敗問題和兩極分化問題；一方面，社會發展需要政治民主、經濟民主、文化民主的協調共進，另一方面，複雜的社會矛盾、政治問題又使得經濟發展與政治改革、文化開放之間的矛盾十分突出。自由主義與民主主義在理論上本來可以攜手共進，卻在事實上分道揚鑣了——中國的自由主義又一次面臨著嚴峻的挑戰。在中國，民主主義本來就有比自由主義更深厚的社會基礎。

---

1 〈歷史終結還是全面民主？〉，《讀書》一九九八年第一二期。

要公平還是要自由？——這真是一個難以兩全的選擇嗎？

至少在目前看來，二者是很難兼顧的。

不過，一旦跳出經濟問題和社會問題的領域，自由主義又顯示了不可思議的文化魅力。

對老一輩自由主義知識分子的緬懷，是一九九〇年代文化、學術界的一個動人的主題。

在九十年代的「國學熱」中，倡導「獨立自由之意志」的歷史學家陳寅恪成了新時代學者的學習榜樣。陸鍵東的《陳寅恪的最後二十年》一書就是一曲自由主義國學大師的悲歌與壯歌。這本書對陳寅恪一生「不合時俗」、一生獨尊「獨立之精神，自由之思想」的人格的謳歌，顯然是一九八〇年代知識分子獨立人格大討論的迴響，也是一九九〇年代知識分子重建人文精神的時代意志的體現。

在一九九〇年代的「顧准熱」中，當代學者也十分敬佩顧准的獨立人格。吳敬璉認為：「我們知識界尤其需要發揚顧准那樣立志為世界人民服務而不屈從於任何權威的精神，為大眾的利益、為推進改革而奔走呼號。」[1]石泠還特別指出了顧准的一大學術貢獻在於：「緊緊抓住是從屬獨立於政治權威作為區分中國文化和以希臘為代表的西方文化的根本區別，以及海上文明與亞細亞生產方式的根本差別」。[2]

在一九九〇年代的知識分子研究中，謝泳對《觀察》的研究、對「四十年代大學教授」的研究都浸透了為自由主義知識分子傳統招魂的思想意義。他「想從言論自由到大學獨立這樣的思路來分析中國現代知識分子的成長道路」[3]，研究「一代自由主義知識分子的群體命運」，並且表達「對前輩自由主義知識分子的敬意」。[4]還有李輝的前輩文藝家研究。李輝在一九八〇年代就寫出了紀實文學《浪跡天涯——蕭乾傳》。在一九九〇年

---

1 〈中國需要這樣的思想家〉，《讀書》一九九五年第五期。
2 〈您無法不面對顧准〉，同上。
3 見《教授當年》（百花文藝出版社一九九八年版）「作者簡介」。
4 《教授當年・自序》第二頁。

代的系列散文《滄桑看雲》中，他也緬懷了一九三〇年代的「京派文人」沙龍，禮贊了林徽因、朱光潛、梁宗岱、沈從文、蕭乾等文化人的品格：「就性格而言，他們更趨向於平和和沉穩，絕不浮躁，以獨立的人文精神體現自己的價值」，「對於政治，則保持相對超脫和獨立的態度，從而顯示出思想的個性。」「正是這樣一群執著於文化創造有著強烈個性色彩的文人，構成了現代文化史上一個重要的組成部分。」李輝希望那些前輩作家「那種沉穩，那種對文化的迷戀，那種獨立而堅實的文化性格」成為「永不應消散的靈魂」。[1]

……無論是陳寅恪的孤傲，還是顧准的悲壯，或者是「京派文人」、西南聯大教授們的從容、超脫，都體現出了自由主義文化精神的崇高偉大、感人至深。一九九〇年代知識分子對自由主義文化精神的重新發現與努力弘揚，是自由主義人文精神在一九九〇年代回歸的重要標誌。

是的，自由主義的精魂，終於回歸中華！

——原載《青年思想家》二〇〇四年第六期

[1] 見《滄桑看雲》（上海遠東出版社一九九七年版）中的〈沙龍夢〉一文。

重新發現毛澤東

關於「毛澤東時代」

在二十世紀的中國百年史上，有過一個「毛澤東時代」。那是一個民族主義高漲的時代，是近代以來中華民族飽經西方列強欺凌的苦難終於結束的時代；那是一個理想主義高揚的時代，是億萬中國人以空前的激情投身於社會主義運動、共產主義試驗的時代；那還是一個毛澤東思想（西方人稱之為「毛主義」）大普及的時代——不僅「毛主席語錄」婦孺皆知，毛澤東的戰略思想和烏托邦理想甚至給予從法國哲學家沙特、伯納德—亨利・列維到一九六八年「五月風暴」中的革命大學生們、從德裔美國思想家馬爾庫塞到柬埔寨獨裁者波爾布特以熱烈的感染與深刻的影響，毛澤東思想很可能是二十世紀激進主義革命者最樂於信奉的「造反哲學」，是以獨特的魔力改變了世界相當一部分政治版圖乃至無數人政治命運的中國思想；那也是一個動盪不安、政治運動「過七八年來一次」的年代，是冤案層出不窮的壓抑年代。——因此，要總結二十世紀的文化遺產，就不能迴避對毛澤東及其思想與事業的深入研究、公正評論。顯然，這一研究與評論直接關係到一系列文化課題的深入展開：民族主義與理想主義在當代中國的命運；二十世紀激進主義的命運與教訓；二十世紀中國革命的世界效應——毛澤東思想的現代意味……

事實上，無論在西方還是在中國，對毛澤東的研究已經結出了可觀的成果。本文試圖通過對當代中國思想家、政治家、文學家對毛澤東的研究與評價，顯示當代思想史上一個重要主題緩緩展開的過程，由此探索當代中國人在走出現代迷信的曲折歷程中的某些思想軌跡。

思想者的思考

作為一個偉大的革命家、政治家、軍事家，毛澤東建立了不朽的歷史功勳。在二十世紀的一九五〇—一九七〇年代裏，他的威望達到了登峰造極的程度。這種巨大威望是他在政治上不斷取得勝利的結果，也為他被人們神化創造了有利條件。儘管如此，他倡導的「一分為二」辯證法思維和他在政治上犯下的明顯錯誤仍然在他的威望如日中天的時候就觸發了思想者的冷靜思考和質疑。

早在一九五〇年代初，在「新儒家」的代表人物梁漱溟與毛澤東之間便爆發過一場有名的思想交鋒。梁漱溟有感於解放以後共產黨的工作重點從農村轉移到了城市，工人與農民之間的生活差距明顯存在，在政協會議上希望政府重視這個問題。毛澤東認為，照顧農民是小仁政，發展重工業、打美帝才是大仁政。兩人的分歧牽涉到國家建設的方針問題——是優先發展農業，還是集中力量發展重工業？無農不穩。無工不強。梁漱溟一直關注鄉村建設，自然主張多多關心農民；毛澤東急於高速建設工業化強國，當然要傾向於以工業為重。兩種方針發生了矛盾，不難理解。但毛澤東怒斥梁漱溟「反對總路線」、「反動」，卻有失分寸。一直到八十年代，毛澤東已經故去，梁漱溟還覺得：「毛澤東主席當時何以如此嚴厲地批判我？我至今覺得還是一個謎。……毛主席在一九五三年對待我在政協會上的發言，採取那種辦法，是不妥當的。它十分不利於廣開言路」[1]。毛澤東常常將不同意見作為「反黨」言論來展開批判，體現了他的某些性格特徵（尚爭、峻急、多疑），也與他的特殊經歷（他曾經經歷過無情的權力鬥爭）有關。他不僅在批判梁漱溟時言論激烈，後來在黨內不同意見的爭論中也常常把同志之間的分歧當作「兩個階級、兩條道路、兩條路線的鬥爭」，以政治運動的方式去打倒同志，造成了一系列的冤案。

到了「文革」中，毛澤東發動「批林批孔」運動。梁漱溟以儒家「三軍可奪帥也，匹夫不可奪志」的精神自勵，在政協會議上坦陳己見，反對批孔。而他的理論依據之一便是「一分為二」：「絕對的肯定或絕對的否定，都是不對的，這是毛主席的哲學觀點。」「不能說毛主席一貫批孔反孔，應當說毛主席反孔只是一個方面，還有肯定孔子的一面，就是說孔子的學說，有糟粕，也有精華。」[2]在這樣的言論中，已經觸及「毛澤東思想的矛盾性與複雜性」這一很有研究價值的命題。

無獨有偶。郭沫若之子郭世英也早在「文革」前就與志同道合的朋友大膽探討「毛澤東思想能不能一分為二？什麼是權威？有沒有頂峰？」之類問題，顯示了可貴的探索精神。[3]遇羅克在一九六六年五月的一篇日記中也針對當時的共青團中央號召「無限崇拜」、「無限信仰」毛澤東，一針見血地指出：「任何理論都是有極限的，所謂無限是毫無道理的。」他看準了「無限崇拜」、「無限信仰」的宣傳是「把真理當成宗教」，也就

1 汪東林：《梁漱溟問答錄》，湖南人民出版社一九八八年版，第一四六頁。
2 汪東林：《梁漱溟問答錄》，第一七八——一七九頁。
3 萬伯翱：〈你，一顆劃破夜空的流星〉，周明主編：《歷史在這裏沉思》（五），北嶽文藝出版社一九八九年版，第一二九頁。

看破了「文革」的「造神」狂熱。[1]郭世英、遇羅克互不相識，卻通過各自的獨立探索，不約而同地觸及「一分為二」對待毛澤東思想、毛澤東思想的威力不是無限的之類命題，這一現象足以表明：對毛澤東思想的理性分析，在那個狂熱「造神」的年代裏，也已在青年思想者的心裏不可阻擋地萌芽了。這種理性分析，是新時期思想解放的源頭之一。

幾十年光陰流逝。當年的「造神」喧囂已經成為過眼雲煙。而「一分為二」分析毛澤東思想的梁漱溟、郭世英、遇羅克儘管因為生不逢時付出了慘重的代價，他們的思想卻在「文革」過後的「新啟蒙」大潮中產生了持久的回聲。真可謂：是非自有歷史評說。

在新時期思想解放的浪潮中，「一分為二」分析毛澤東思想的一個重要成果是，將毛澤東思想的發展分為早期與晚期。在這方面，「新儒家」的另一位代表人物馮友蘭的有關著述很有代表性。在「文革」中，馮友蘭曾經為了避免成為群眾運動的「眾矢之的」，發表了轟動一時的反孔文章。在晚年的反省中，馮友蘭沉痛自責：「我當時也的確有譁眾取寵之心。有了這種思想，我之所以走了一段極左路線，也就是自己犯了錯誤，不能說全是上當受騙了。」[2]「文革」結束後，馮友蘭在寫作《中國現代哲學史》一書中列專章「毛澤東和中國現代革命」。其中將毛澤東思想的發展分為三個階段：新民主主義階段、社會主義階段、極左思想階段。他指出：「第一階段是科學的，第二階段是空想的，第三階段是荒謬的。」「第二階段之所以是空想的，是因為革命的領導者認為，革命的性質可以決定革命的任務。這就是認為上層建築可以決定經濟基礎。這是和馬克思主義的根本原則直接違反的，這是一個大問題。」[3]其實，「空想」已經包含了「荒謬」的意味。嚴格地說，馮友蘭對毛澤東思想的評價並無出格之處，甚至可以說還缺乏應有的深度（畢竟，寫作《中國現代哲學史》時的

1 王晨、張天來：〈劃破夜幕的隕星〉，《光明日報》一九八〇年七月二十一—二十二日。
2 馮友蘭：《三松堂文集》第一卷，河南人民出版社一九八五年版，第一八三頁。
3 馮友蘭：《中國現代哲學史》，廣東人民出版社一九九九年版，第一六八頁。

馮友蘭已是九十多歲高齡的老人了），但由於「有人不以為然」，該書在寫成以後長達九年的時間裏不能與大陸讀者見面，幾成「藏之名山」之書，直到一九九九年，才由廣東人民出版社推出。個中曲折、微妙，耐人尋思。

相比之下，倒是李澤厚對毛澤東思想的分析與研究顯示了深刻的思想意義。在〈青年毛澤東〉一文中，他認為：「貴我，勇鬥……以不斷運動、頑強奮鬥、克服『抵抗』、實現自我為人性快樂，是青年毛澤東的思想和行為的主要特徵。」他特別指出了青年毛澤東的思想根源在於顏元、曾國藩、譚嗣同、嚴復和陳獨秀，指出了青年毛澤東「接受、運用和繼承從孔孟到宋儒到曾國藩在社會上層所宣講的『立志』、『修身』的理學精神。」這樣，他對毛澤東思想做出了獨到的解釋：「任一己之心力，主萬姓之浮沉，以實現自己體魄和精神之極致，以追求那大同邦、理想國，這似乎是毛從青年到晚年所並未改變的行動世界觀。」這種解釋不同於毛澤東思想是「馬克思列寧主義與中國革命的具體實踐相結合」的產物的流行說法，深刻揭示了毛澤東思想與中國傳統文化精神的深刻聯繫，自成一家之言。在〈試談馬克思主義在中國〉一文中，李澤厚將毛澤東定位在「一個具有淵博學識（主要是中國舊學）的知識分子」，「一個傑出的軍事戰略家和策略家」，認為「毛最光輝的理論論著無疑是有關軍事鬥爭的論著」。談到「中國化了的馬克思主義」的特色，李澤厚認為：「它極大地高揚了倫理道德主義」——批評與自我批評、改造世界觀、一心為公。「『以階級鬥爭為綱』的鬥爭哲學，『鬥私批修』的道德主義，『向貧下中農學習』的民粹主義，構成了毛的晚年思想的一些基本特徵。」值得深刻研究的問題在於：這種倫理道德主義如何導致了「文革」那樣的歷史悲劇？「為什麼馬克思主義在中國竟會結出如此難堪的果實？」正是基於這樣的思考，李澤厚才「回到歷史唯物論」、建構「主體性的實踐哲學，或稱人類學本體論」。——將毛澤東思想看作儒家精神與馬克思主義在道德主義基礎上的某種結合，發現其中「既有追求新人新世界的理想主義一面，又有重新分配權力的政治鬥爭的一面；既有憎惡和希望粉碎官僚機器……的一面，又有懷疑『大權旁落』有人『篡權』的一面；既有追求永保革命熱情、奮鬥精神（即所謂『反修防修』）的一面，又有渴望做『君師合一』的世界革命的導師和領袖的一面。既有『天理』又有『人慾』；二者是混在一起的。」[1]李澤厚在毛澤東思想研究上的這些重要發現充分揭示了毛澤東思想的複雜性。值得注意的還有，李澤厚本人建構「主體性的實踐哲學」的立足點也是「融合儒學和馬克思主義」——「歷史唯物論」和「實用理性」、「樂感文化」的融合。具體說來，就是「修正和打破馬克思主義只是一種階級鬥爭的理論或關於資本主義的科學的這些神話」，強調「生產力和經濟發展是整個人類發展的動力，並重視科學和技術的作用」，同時，發揚「重視教育、家庭觀念、協商、合作、和解、集體精神、愛護生態環境、人與自然的和諧關係」的中國傳統。[2]

我還注意到梁漱溟、馮友蘭、李澤厚都是當代「新儒家」的代表人物。但梁漱溟是從儒家「仁政」理想的角度出發批評毛澤東，而馮友蘭、李澤厚則是從經典馬克思主義的立場出發批評毛澤東思想的。梁漱溟堅持儒家的高風亮節，顯示了知識分子威武不屈的錚錚鐵骨。馮友蘭、李澤厚對毛澤東思想的分析與批評則顯示了經歷過「文革」的思想家回歸經典馬克思主義、從經典馬克思主義角度反思毛澤東思想的成果。需要特別指出的是：當思想者們以經典馬克思主義作為衡量毛澤東思想的尺度時，他們也就發現了經典馬克思主義與毛澤東思想之間的距離。由此使人不禁產生出這樣的感慨：在毛澤東思想與經典馬克思主義之間應該存在著有所繼承又有所發展的微妙關係。問題是怎樣發展？在戰爭年代裏，毛澤東的人民戰爭思想、「農村包圍城市」的戰略思想是對馬克思主義關於無產階級革命理論的成功發展。到了和平建設的年代裏，毛澤東關於「無產階級專政下繼續革命的理論」卻將中國引入了動亂、「全面內戰」的歧途。真可謂：得也人民戰爭，失也人民戰爭。

1 李澤厚：《中國現代思想史論》，東方出版社一九八七年版，第一二六、一四〇、一四二、一六八、一七六、一九四、一九八——一九九、二〇三——二〇四、一九二——一九三頁。

2 李澤厚：《與傑姆遜的對談》，《世紀新夢》，安徽文藝出版社一九九八年版，第二八八、二一六、二二四頁。

經濟學家于光遠也是在「文革」中通過對照馬克思、列寧的論述看出了毛澤東關於「無產階級專政理論」的問題的。他在《文革中的我》一書中回顧了一九七五年在學習「無產階級專政理論」中發現了列寧「從來沒有把專政簡單地與鎮壓等同起來」，「馬克思在《哥達綱領批判》一書中講到『資產階級法權』時的著眼點是在共產主義第一階段應該接受它，而張春橋文章的意思講的卻是要『破除』它。……張春橋的思想同大躍進時的思想沒有多大區別。只是更強調無產階級專政、強調階級鬥爭。而這樣的思想卻被毛澤東所欣賞，成為他的指導思想。」「文革」過後，于光遠進一步發現：「從黨的七屆二中全會前夕開始，毛澤東已一步步放棄了他自己提出的『新民主主義社會論』，而去接受所謂的『無產階級專政』理論，這是不合乎中國國情的。」[1]

由馮友蘭、李澤厚、于光遠以經典馬克思主義理論反思毛澤東思想的問題，也昭示了新時期思想界中「回歸經典馬克思主義」的思想動向。這種回歸主要表現在弘揚馬克思主義的「人學」、闡述馬克思主義中的人道主義思想和發展生產力的論述上。在這方面，中國的馬克思主義者與「西方馬克思主義」的理論家們強調馬克思主義的反「異化」的人道主義主張、「實踐的哲學」頗有相通之處。而馮友蘭、李澤厚**將馬克思主義與儒家思想融會貫通的成果也與「西方馬克思主義」將馬克思主義與存在主義（例如沙特）、結構主義（例如阿爾都塞）、精神分析學（例如弗洛姆）結合起來的成就一起**，殊途同歸地開闢了二十世紀馬克思主義走向開放、走向多樣化的廣闊道路。毛澤東生前曾經十分強調分清「真假馬克思主義」的極端重要性。有趣的是，「回歸經典馬克思主義」的人們卻雄辯地證明了毛澤東思想與經典馬克思主義之間的距離。

一九八〇年代末，「一分無二」評價毛澤東思想的思潮幾成顯學。除了上面所引的李澤厚有關議論以外，《書林》雜誌在一九八八—一九八九年間推出的一系列旨在「重評毛澤東」的文章也很有影響。該刊一九八八年第九期發表的許紀霖的〈毛澤東：一個成功者和失敗者〉一文依據韋伯的理論，深入分析了毛澤東的個性

1 于光遠：《文革中的我》，上海遠東出版社一九九五年版，第一〇一—一〇二頁。

「二重性」：「他是平易近人的，卻又令人敬畏；他用簡單易懂的語言解釋著革命的真理，卻又沒法兒測度他內心那種充滿神秘感的理想憧憬；他比誰都要現實功利，能夠實實在在地設計一條民族解放的大道，他又比誰都更浪漫超脫，以哲人的熱忱關切著人類的、自然的和宇宙的形而上問題……這種種可望而不可及，似乎易懂又難以悟透的氣質、意蘊，構成了中國特色的『人間神』效應。」「他曾經承認在自己的個性中有虎氣，也有猴氣。這虎氣似乎大半來自法家，類似秦始皇那樣的雄壯、渾重、豪放、一股凜然的帝王之氣。那猴氣則多少源於道家，有著老莊一般的超凡脫俗、即興隨意、浪漫、灑脫。」「一方面是宏偉瑰麗的奇思異想，另一方面卻是自我封閉的知識結構；一方面是反抗傳統的狂放氣魄，另一方面又是被擺佈於傳統的思維心態，這，便構成了『大躍進』和『文革』的設計者以墨反儒，以傳統反傳統的矛盾姿態。」這是對毛澤東個性的文化學分析。將這篇文章中對毛澤東與儒、道、墨諸家傳統的複雜關係與李澤厚關於毛澤東與儒家倫理道德主義的聯繫的評論對照著讀，是可以進一步作出「毛澤東與傳統文化」或者「毛澤東的命運與中國傳統文化的內在矛盾性」的文章來的。同期《書林》雜誌上刊登的朱學勤的文章〈毛澤東和他的民粹主義傾向〉則從毛澤東心靈中「民族主義與民主主義的衝撞」去探討「毛澤東一生活動的雙重面貌」乃至長達半個多世紀的共產黨內「爆發的所謂『愛國主義』還是『賣國主義』的一系列政策分歧與理論危機」，將毛澤東從早年「學梁山泊好漢」的選擇到晚年號召紅衛兵「造反」看作一條始終如一的民粹主義道路，又別闢「毛澤東的梁山習氣」的研究思路。而且，在常見的毛澤東前期、後期劃分之外，發現始終如一的思想情結，也別具慧眼。每個人的性格發展史上，都有不斷變化的階段，也都有「以不變應萬變」的情結。這，便是人性的辯證法。

自一九八八年第十期開始，《書林》雜誌闢專欄——「歷史的沉思」、「毛澤東遺產漫議」，通過重新研究、評價毛澤東以及那些引發過政治運動的毛澤東著作（從《在延安文藝座談會上的講話》到《關於胡風反革命集團的材料》的「序言」和「按語」到《中國農村的社會主義高潮》的「按語」），形成了「重新發現毛澤東」的一個熱潮。在那批很有思想深度的文章中，發現毛澤東的兩難困境、思想悖論成了一個基本主題——何平在《詩人毛澤東的心路歷程》中指出了「毛澤東的兩難困境」：「身為中國最高的政治權威，他本應是秩序和規範的締造者和維護者；而作為無拘無束的思想者，他卻選取了截然相反的價值立場。思想家是自由的，他面向無限與永恆；政治家是不自由的，他必須承擔和他權力一樣重大的責任。矛盾俘虜了這位矛盾大師。」而他的晚年悲劇在於「駭人聽聞的輕率」：「他無視思想作業和政治作業的區別，強迫中國消化掉那些也許是思想家可以思考，但政治家卻無法解決的問題。」[1]高瑞泉在〈在個人崇拜狂潮的背後〉一文中注意到毛澤東「晚年在個人與群眾的關係上陷入了理論理性和實踐心態嚴重分裂的狀況」——他一方面相信群眾，一方面又被強烈的孤獨感所困擾。而「文革」也充分體現了「唯意志論與宿命論的兩極對峙」和「高度集權、個人專斷與廣泛的無政府狀態的兩極對峙」[2]。陳奎德的〈在詩化歷史的背後〉一文指出了「青年毛澤東現象」與「老年毛澤東現象」之間的深刻矛盾：「這兩種現象其實是不可能同時共存的。無疑，老年毛澤東的法則徹底摧毀了青年毛澤東得以破土而出的可能性條件，這也許可以被稱之為『毛澤東現象的悖論』」。[3]蕭延中在〈作為一種文化現象的「毛澤東」〉一文中發現：「毛澤東是典籍文化與民俗文化的有機契合點。……毛澤東對中國傳統典籍理解甚深，儒、道、佛、墨均有體察。……同時，他又一生未脫農民本色。……『夫子』與『農夫』兩種角色，在他身上發生了重疊。」「毛澤東超越時空的理想主義氣質與中國典籍文化系統的『內在超越』精神有關；而他務實求實，神機妙算的本領又與中國民俗文化系統的『避劫求穩』心態有關。他晚年用『階級鬥爭』的衝突理論實現其『春風揚柳萬千條，六億神州盡舜堯』的和諧目的，與上述雙重文化人格的矛盾有關」。[4]黎澍的〈毛澤東與「百家爭鳴」〉一文指出了一九五七年公開發表的毛澤東著名講話〈關於正確處理人民內部矛

1 《書林》一九八九年第一期。
2 《書林》一九八九年第二期。
3 《書林》一九八九年第五期。
4 《書林》一九八九年第四期。

盾的問題〉「曾經反覆修改，也還是不免自相矛盾」的現象：一方面說階級鬥爭已經基本結束，另一方面又說階級鬥爭並沒有結束。於是，「階級鬥爭到底結束沒有呢？始終是一個問題，誰也作不出明確的回答。」[1]——在毛澤東的晚年言論中，有多少諸如此類的自相矛盾之處？在這些顯而易見的「悖論」中有多少思想的辯證法？又有多少政治的平衡術？還有多少高深莫測的歷史玄機？還有顧曉鳴的〈晚年毛澤東的遺產〉一文，也由毛澤東一面極其重視文化，常常由文化開刀，開展文化「革命」，另一方面造成了文化的極度被貶抑的現象指出了「中國社會歷來是『文化不足』和『文化過度』並存的社會」特質，特別強調了這一特質以及「晚年毛澤東的遺產」對於新時期人們思維誤區的深遠影響：「以為只要把幾個代表『中國文化傳統』的象徵符號推翻掉，人的現代意識就會產生，中國社會就有希望了；人們也會在遇到困難時，試圖用反對某種思潮或制訂某種規定的形式來解決問題」，「仍不由自主地試圖藉『文化』和『象徵符號革命』來解決現實問題」，其實是「毛澤東遺產」的影響延續。[2]——由此使人感受到毛澤東思想的影響深遠，感受到時代巨變深處的某些不變。上述文章，從思想與政治、理論與實踐、早期與晚期、雙重身份與矛盾心態直至言論的自相矛盾各個方面研究毛澤東的困境與誤區，有許多發人深思之處。

也是在一九八九年，《文學評論》雜誌在第四期上發表了夏中義的文章〈歷史無可避諱〉，提出了「對毛澤東文藝思想的再認識」的問題。他指出：「毛澤東文藝思想的內核」在於「堅執文藝從屬於政治，亦即片面強調文藝的政治實用功能，偏偏忘了文藝的本性是審美。」他相信：「當毛澤東提出文藝的『工農兵方向』時，他肯定沒把自己的藝術情趣或需要也考慮進去。」「作為一位情趣甚高的詩人，毛澤東也未必會怡然陶醉於扭秧歌和『信天遊』。」這樣，夏中義就揭示了毛澤東文藝思想的內在矛盾——注重文藝的政治實用功能

---

1 《書林》一九八九年第二期。
2 《書林》一九八九年第一期。

的戰略考慮與保留個人的文藝情趣之間的矛盾。同時，「毛澤東文藝思想以堅執政治實用功能為內核，這就決定了它的研究方法勢必從素樸認識論走向庸俗社會學」。需要指出的是，夏中義對毛澤東文藝思想的重估其實是新時期一開始就不斷高漲的「真正按照文藝發展的規律辦事」、批駁「文藝是階級鬥爭的工具」的思潮的繼續。從《上海文學》一九七九年第四期上發表的評論員文章〈為文藝正名〉到第四次代表大會上重申「創作自由」的口號，從劉再復一九八五年在〈文學的主體性〉一文中提倡「作家不承認外界的偶像……不屈服於心靈之外的任何誘惑，包括不屈服於一己利益的誘惑」，同時，弘揚「與人世間的苦惱相通的博愛之心，是以人民之憂為憂的人道精神」[1]，到劉心武一九八五年在〈關於文學本性的思考〉一文中確認「人的良知的核心，便是愛」，「優秀的文學……也是充分的『愛學』」[2]，都在不斷解構「文藝為階級鬥爭服務」的極左思想，重建文藝的人道主義精神。夏中義的〈歷史無可避諱〉一文的意義在於：該文將問題的討論更加直接、更加尖銳地引向了「延座講話」。這篇文章曾經受到過不公正的批判，但它的思想意義和學術價值是抹殺不了的。

從實事求是、「一分為二」地研究毛澤東到直言不諱地批評毛澤東的錯誤，是新時期思想解放運動破除「現代迷信」的重要標誌之一。

對毛澤東思想、毛澤東個性進行多學科、多角度的研究，雖然還顯得不夠系統、沒有達到應有的思想與學術深度，卻依然顯示了當代思想者、學者在當代思想史研究方面的可貴探索。

1 《文學評論》一九八五年第六期。
2 《文學評論》一九八五年第四期。

作家記錄的歷史

當代紀實文學是研究當代思想史的重要參考資料。那些披露了領袖秘聞的紀實文學在還原了領袖作為「人」的本色的同時，也揭示了領袖的複雜人格。

在權延赤的紀實文學《走下神壇的毛澤東》中，追述了毛澤東時代特定的精神氛圍：當時大家「有點頭腦發熱，但確實是懷著理想和熱情」。「毛澤東欣賞和支持那些熱情高、積極主動、敢想敢幹的負責同志。」可是，「毛澤東一方面想知道實情，但是對講真話的同志，講得不合自己心意時又容不得！這就助長了假話空話的氾濫，給各種騙子以可乘之機。」作為全黨的領袖，毛澤東注意與自己的同志保持一定的距離，不讓大家感覺有親疏之別。但「這一來，又免不了出現另一種情況：許多同志，甚至是相當高級的領導幹部，見到毛澤東之後都是嚴肅恭敬，甚至表現出緊張、拘謹，不能暢所欲言。隨著毛澤東威望的日益提高，這種狀況也變得更加嚴重。……這是他晚年形成某種程度的『家長制』、『一言堂』的根源之一。」還有，「毛澤東曾經喜歡『萬歲』，後來厭煩『萬歲』，再後來又陶醉於『萬歲』。他始終處於這種矛盾之中。到了晚年……他越來越限於口頭上反對『萬歲』，反對搞個人崇拜。而事實上，卻有意無意聽任對他個人崇拜發展起來，有意無意鼓勵了對他的『神化』運動，結果導致了十年『文革』的大悲劇。」[1]——從這個角度看「文革」發生的根源，使人不禁產生這樣的感悟：「文革」不僅是一場激烈的權力鬥爭、一場狂熱的「烏托邦運動」，還是毛澤東本人有時喜歡聽假話、喜歡「一言堂」、喜歡個人崇拜的心理需要的集中體現。毛澤東有時講「實事求是」，有時

1 《十月》一九八九年第三期。

又「好大喜功」；時而講「民主集中制」，時而又搞「一言堂」；有時討厭「萬歲」，有時又喜歡「萬歲」——在這些現象的深處，不難使人看出毛澤東的複雜人格、矛盾心態。在〈陶鑄與曾志〉中，通過毛澤東從借重陶鑄反對劉、鄧到不滿陶鑄成為「保皇派」但還想保他再到幾天後陶鑄被打倒的過程，也寫出了毛澤東的多變心態。[1]是人，都會有「雙重人格」甚至「多重人格」。但注意揭示毛澤東的複雜人格，卻是新時期思想解放的重要成果。當代人解構「現代神話」的重要標誌之一，正在於此。

在刻畫毛澤東的複雜人格、多重心態的同時，作家們還注意研究毛澤東的韜略及其得失。毛澤東是大戰略家。他的「人民戰爭、游擊戰爭戰略戰術」是二十世紀改變了中國政治面貌、甚至對國際共產主義運動產生了巨大影響的軍事韜略。在戰爭年代裏，他得心應手地運用變幻莫測的戰略戰術，建立了赫赫戰功；到了和平年代裏，他在歷次政治運動中也以變幻莫測的戰略戰術擊敗了一個個對手，卻留下了大量的冤、假、錯案，留下了深重的教訓。

在李輝的長篇紀實《胡風集團冤案始末》一書中，就揭示了毛澤東的鬥爭韜略——「他始終掌握著主動權，控制權。……人們也許很難知道他的每一個意圖背後深藏的東西，他卻可以洞察每一件事物的發展趨向和未來前景。他決定著一切……」「把胡風和朋友們一下子定性為反革命集團，這其中究竟是什麼因素促成的，現在暫時無法獲知。是為了徹底滅掉胡風的氣焰，是為了以政治上的打擊來解決思想鬥爭，還是為了隨後開始的『肅清反革命運動製造輿論？』也許，這永遠是個謎。」[2]

在葉永烈的《反右派始末》一書中，也描述了「毛澤東得心應手地運用『誘敵深入』的方針，取得一次又一次的作戰勝利」的歷史，介紹了毛澤東在「反右」鬥爭中「精心選擇突破口」的過程。但是，「錯誤的情報，導

---

1 《十月》一九九一年第三期。
2 李輝：《胡風集團冤案始末》，人民日報出版社一九八九年版，第一六六、二〇〇頁。

致錯誤的判斷；錯誤的判斷，導致錯誤的決策」，縱有得心應手的戰略戰術，卻不能建立豐功偉績。[1]——權力與韜略的一時勝利，並不等於永遠的成功。倒是那些「失敗者」，經過漫長時間的考驗，最終被公正的歷史恢復了名譽。

在師東兵的紀實之作《九大風雲錄》中，還寫到了毛澤東對江青、康生講史時，江、康「就像猜謎語似的把他的話反覆琢磨著，也不知道他的中心和重點在哪裡」，「被他的這些看來很不連貫的思想弄得發愣」的往事；寫到了「毛澤東搞政治鬥爭如同軍事決戰，每個戰役或戰鬥打響前，都有一番頻繁的火力偵察和戰術試探」，「毛澤東在發動每一個攻勢前，都要巧妙地利用一種力量或勢力，一旦達到優勢時，他才公開出馬。」「這位偉大的政治家越來越會巧妙地施展策略，而使他要測試的人靈魂、面目大曝光。……許多話，他不明講，而轉讓中央的其他負責人及身邊的人去猜，去想。」[2]

陳凱歌也在《我們都經歷過的日子》的回憶錄中描述了一九六六年七月二十九日發生在人民大會堂的政治鬥爭插曲：當劉少奇在臺上講話時，毛澤東忽然從後臺悠閒地信步而出，使人們先是驚愕，繼而歡呼，也使劉少奇尷尬呆立。毛澤東「一言未發，卻奪盡了講話者的光彩；只要出現，已經羞辱了他的對手。」[3]毛澤東的巨大威望於此可見一斑；毛澤東「出其不意」的戰術、不遵守規則的心態（他毫不諱言自己「和尚打傘，無法無天」），於此也可見一斑。

將軍事上的「誘敵深入」、「出其不意，攻其不備」、「兵不厭詐」應用於和平年代的政治生活，必然違背政治生活的規則，必然損害政治的公理乃至產生深遠的不良影響。毛澤東的晚年錯誤，與此很有關係。

---

1 葉永烈：《反右派始末》，青海人民出版社一九九五年版，第一七三、一九八——一九九、二一七、二四二、二五六——二五七頁。

2 《時代文學》一九八九年第三期。

3 《中國作家》一九九三年第五期。

由作家經過深入的調查研究寫下的這些紀實文學，與中共黨史研究中不斷披露的大量史料可以互相佐證，豐富我們對於毛澤東人格及其韜略的認識。對「毛澤東的人格與韜略」的研究應該成為「毛澤東研究」的重要組成部分。顯然，這樣的研究迄今為止是做得很不夠的。

政治家的考慮

新時期「重新認識、評價毛澤東」之所以能結出碩果，當然與政治家的政治考慮有關。《鄧小平文選》第二卷中有多篇文章提倡「完整地準確地理解毛澤東思想」。毛澤東曾經將自己的學說歸結為「鬥爭哲學」。而鄧小平強調的是「實事求是」，並認為「毛澤東思想的精髓就是這四個字」。同時，談及對毛澤東的評價，鄧小平也是「一分為二」的：「總起來說，一九五七年以前，毛澤東同志的領導是正確的，一九五七年反右派鬥爭以後，錯誤就越來越多了。」「毛澤東同志到了晚年，確實是思想不那麼一貫了，有些話是互相矛盾的。比如評價『文化大革命』，說三分錯誤，七分成績，三分錯誤就是打倒一切、全面內戰。這八個字和七分成績怎麼能聯繫起來呢？」在「文革」中，「毛主席犯的是政治錯誤，這個錯誤不算小。另一方面，錯誤被林彪、『四人幫』這兩個反革命集團利用了。」「毛主席後期有些不健康的思想，就是說，有家長制這些封建主義性質的東西。他不容易聽進不同的意見。」儘管如此，鄧小平多次強調：「毛澤東思想這個旗幟丟不得。丟掉了這個旗幟，實際上就否定了我們黨的光輝歷史。」[1]——將毛澤東的功過區別開來，對毛澤東思想作出有利於現代化建設的解說，體現出鄧小平的政治考慮：一切從有利於現代化建設出發。在「實事求

[1] 《鄧小平文選》第二卷，人民出版社一九八三年版。第一二六、二九四—二九五、三〇一、三四六、三四七—三四八頁，

是」的思想中，在反對「兩個『凡是』」的思想解放運動中，鄧小平對毛澤東思想的「一分為二」無疑也具有消解「現代神話」的意義。

胡耀邦在一九七七年十二月就在中央黨校的一次講話中「含蓄地指出即使是對毛澤東的話也不必過於認真。他的表述非常婉轉，僅僅是要大家完整和準確地理解毛澤東的話，聽來沒有任何要否定毛的意思。這句話其實已由鄧小平在一九七七年夏季復職前後多次闡述，其潛在的邏輯在於，可以拋開毛的個別指示。但是，既要維護毛澤東的權威又要揚棄他的具體指示，這實在不容易做得恰到好處……胡耀邦克服這一難關的辦法，乃是『以子之矛攻子之盾』，他說，檢驗路線是非的標準不是權威，而是實踐。」[1]這樣的指導思想與後來《光明日報》一九七八年五月十一日發表的〈實踐是檢驗真理的唯一標準〉一文一起，成了那場偉大思想解放運動的導火索。理論在此不是灰色的。它為撥亂反正開闢了前進的道路，為平反冤、假、錯案，為掀掉壓在知識分子心頭的「改造思想」緊箍咒，為追趕現代化，為現代思想的魂歸中華，為改變中國的沉悶、落後面貌開拓了新的天地。

在將毛澤東思想「一分為二」，用毛澤東思想中那些務實、注重發展經濟、繁榮文化的論述去取代毛澤東思想中那些激進、極左的「鬥爭哲學」方面，政治家鄧小平、胡耀邦與思想家馮友蘭、李澤厚等人可謂不謀而合。但中國畢竟是「政治文化」傳統根深蒂固的國度。思想家的呼籲在特定的歷史條件下影響畢竟有限。只有政治家的膽略和權力才能為推動社會的改革發揮至關重要的作用。這，又是政治家與思想家的作用不同之處。

當政治家對毛澤東思想作出了「一分為二」的重新評價時，也就賦予了毛澤東思想以某種當代性、靈活性、實用性。

---

[1] 見凌志軍、馬立誠：《呼喊》，廣州出版社一九九九年版，第五八頁。

未完成的研究

毛澤東留下的歷史遺產至今還在發揮著複雜的作用——

作家梁曉聲在《一九九三——個作家的雜感》中就記錄了一個計程車司機發出的心聲：他崇拜毛澤東，因為「廉政！對子女要求嚴格。就這兩條，現如今活著的，誰他媽比得了？！」在紀念毛澤東誕辰一百周年的一九九三年，民間曾經興起了相當規模的「毛澤東熱」：毛澤東「成了一位平民化的上帝。」當年的「造神運動」主要是權力鬥爭的需要，而今的「造神運動」則更多帶有「懷舊」的意味和「批判現實」的意義。作家由反腐敗運動「想起了毛澤東說過的『資產階級就在共產黨內』。……對耶？錯耶？深刻耶！荒唐耶！」真可謂一言難盡。[1]而憤世嫉俗的作家張承志不是也在《心靈史》的「後綴」中寫過一句「我比一切黨員更尊重你，毛澤東／……我理解你。這不是什麼潮汐／我一刻也不與你的朋友們為伍／我只是風／懷念著你疾疾飛行」，「你是我真正的知音」麼。[2]

評論家季紅真在遊記〈瀟湘之旅〉中寫道：青年毛澤東獨主沉浮的大氣概「影響了幾代人，朋輩中也多有至今以青年毛澤東為偶像者。」（《芙蓉》一九九二年第四期）「文革」中，多少「造反派」風雲人物是學習青年毛澤東的榜樣，走上造反之路！到了新時期，「新生代」以「個性解放」、「自我表現」為旗幟，可在他們的文化宣言中，「造反有理」、「反對權威」的主題仍然十分醒目。例如在一篇介紹「第三代人詩歌運動」

1 《鍾山》一九九四年第三期。
2 張承志：《心靈史》，花城出版社一九九一年版，第二八八頁。

的文章〈穿越地獄的列車〉（作者：楊黎）中，就充分體現了「新生代」對於毛澤東造反精神的繼承：「革命不是請客吃飯。第三代人詩歌運動，已經粗暴極了。橫掃一切牛鬼蛇神的戰鬥精神，貫穿到了每一個標點符號裏面。」「一個最最引人注目的現象，就是反對權威。毛澤東以先哲的目光，意味深長地指出——教育要革命！這一指示的魄力，恰好是為一個將至的新世紀和它的新文化奠定了基礎。」「白卷又有什麼交不得的呢？我們為什麼一定要接受一種固有經驗的檢閱呢？」「我以一腔熱血，為知識青年上山下鄉而拍案叫絕！我祝福啊，那些到農村去、到邊疆去的人！」「我們要逃！逃！」（《作家》一九八九年第七期）——「紅衛兵」那一代人為「反修防修」而「革文化的命」。「新生代」則為了宣洩「世紀末情緒」而「革文化的命」。可謂殊途同歸。「新生代」的「革命」衝動是「紅衛兵狂熱」與「世紀末情緒」的奇異結合體。如此看來，「造反有理」的口號與「現代派情緒」有相通之處。而在那本口述實錄體「校園文學」《世紀末的流浪》（作者：高曉岩、張力奮）中，有一篇〈走向古城〉。其中的主人公自道：「我對毛澤東挺感興趣。……他的氣勢，他那種不管是說話還是做事那種從容不迫，那種決斷，他對自己信仰的追求，這種毅力……我覺得現代人很少有。」[1]——毛澤東的個性魅力對渴望建功立業的有志者永遠充滿強大的吸引力，無論是對於「紅衛兵」那一代人，還是「新生代」這一代人。

作家王朔以玩世不恭的姿態嘲弄一切。在《王朔自白》中，他以毛澤東語錄「卑賤者最聰明，高貴者最愚蠢」為自己作品的主題。[2]毛澤東的那句語錄本來是歌頌工農兵、嘲弄知識分子的，王朔卻用來表達自己這樣的「粗人」對知識分子在商品經濟大潮中尷尬生存狀態的幸災樂禍之情，可謂「推陳出新」。毛澤東語錄曾經是

1 高曉岩、張力奮：《世紀末的流浪》，工人出版社一九八九年版，第一七七頁。
2 《文藝爭鳴》一九九三年第一期。

中國人的「紅寶書」，神聖至極。王朔常常在他的「痞子故事」中借用毛澤東語錄表達調侃崇高、解構正經之情，在當代文壇盛行一時。由此可見「文革」使毛澤東思想大普及的某種讓人始料不及的荒誕效應。

調侃崇高之風固然十分流行，但堅持佩戴毛主席像章、學習毛澤東著作、「堅持毛澤東思想育人」的風景也並未絕跡。張宇的報告文學《南街村》就介紹了河南省的「首富村」繼續走「一大二公吃大鍋飯共同富裕」的道路，而且成就驚人的當代奇觀。非常有趣的是南街村帶頭人，有「我們南街村的毛澤東」之稱的王洪彬通過學習毛澤東思想獲得的寶貴啟示：「過去打仗時農村能夠包圍城市，如今搞經濟農村能不能包圍城市？」「開闢市場的指導思想……用十六個字來概括，叫『你無我有，你有我優，你優我廉，你廉我轉』」。[1]——這，也叫創造性地繼承、發展毛澤東思想吧！如果南街村的經驗可以延續下去，那麼，「毛澤東軍事思想與當代農村經濟」這個研究課題就應該可以成立了。

還有，當中國面臨著西方「遏制中國」的戰略挑戰時，民族主義情緒的高漲也必然使得人們會自然而然地想起毛澤東的號召「要準備打仗」[2]……

請看：毛澤東留下的人格魅力、造反精神、浪漫情緒、民粹思想、戰略戰術還在當代人的生活中發揮著持久而多方面的影響。其中的得失、裂變，其中蘊涵的文化奧秘，都有待於深入的研究……

因此，這篇文章還可以接著寫下去。

——原載《粵海風》二〇〇三年第二期

---

1 《人民文學》一九九五年第四期。

2 宋強等：《中國可以說不》，中華工商聯合出版社一九九六年版，第四一頁。

「小資」：當代思想史上的一個關鍵字

「小資」（小資產階級），是二十世紀中國政治與文化思想史上的一個常見詞。在動盪的戰爭與革命歲月，它曾經是革命的重要力量；到了社會主義革命時期，它又與資產階級一起成為革命的對象；而在改革開放的新時期裏，它又成為一個與都市青年、現代時尚、浪漫情調緊密聯繫在一起的詞。「小資」的命運起伏，成為中國政治動盪、文化思潮多變的一個縮影。

毛澤東論「小資產階級」

毛澤東常常提到「小資」這個詞。

在《毛澤東選集》中，他多次論述過「小資產階級」在中國革命中的意義。

在〈中國社會各階級的分析〉一文中，他將「自耕農，手工業主，小知識階層——學生界、中小學教員、小員司、小事務員、小律師，小商人」都劃在這一階層中，認為他們常常「對於革命取懷疑的態度」，但是「絕不反對革命」，在革命的高潮中，則常常「附和著革命」。因此，「小資產階級，是我們最接近的朋友」。[1]在〈關於糾正黨內的錯誤思想〉一文中，他則著重批判了小資產階級的思想，指出：「極端民主化的來源，在於小資產階級的自由散漫性。」「非組織的批評」「是小資產階級個人主義的表現」；「個人主義的社會來源是小資產階級和資產階級的思想在黨內的反映」；「盲動主義的社會來源是流氓無產者的思想和小資產階級的思想的綜合」。[2]在〈反對日本帝國主義的策略〉一文中，他又將城市小資產階級與工人、農民一起，看作「革命的動力」。[3]在〈中國革命戰爭的戰略問題〉中，他一方面將農民和城市小資產階級一起看作「革命戰爭的主力軍」，另一方面又認為：「他們的小生產的特點，使他們的政治眼光受到限制……所以他們不能成為戰爭的正確領導者。」[4]在〈反對自由主義〉一文中，他指出：「自由主義的來源，在於小資產階級的自私自利性，以個人利益放在第一位，革命利益放在第二位」。[5]在〈中國革命和中國共產黨〉中，他一方面將「農民以外的小資產階級」看作「革命的動力之一」，甚至認為因為他們「有了資本主義的科學知識，富於政治感覺」，所以「他們在現階段的中國革命中常常起著先鋒的和橋樑的作用」，但另一方面又強調：「知識分子在其未和群眾的革命鬥爭打成一片，在其未下決心為群眾利益服務並與群眾相結合的時候，往往帶有主觀主義和個人主義的傾向，他們的思想往往是空虛的，他們的行動往往是動搖的。」[6]到了延安「整風」期間的〈反對黨八股〉一文中，他把「主觀主義、宗派主義和黨八股」看作是「小資產階級思想的反映」，並認為：「小資產

1 《毛澤東選集》（一卷本），人民出版社一九六七年版，第五——六、九頁。
2 同上，第八三——九三頁。
3 同上，第一四六頁。
4 同上，第一六七頁。
5 同上，第三三一頁。
6 《毛澤東選集》（一卷本），第六〇四——六〇五頁。

階級革命分子的狂熱性和片面性，如果不加以節制，不加以改造，就很容易產生主觀主義、宗派主義，它的一種表現形式就是洋八股，或黨八股。」[1]同時期的《在延安文藝座談會上的講話》在談到文藝的宗旨時，一面主張文藝是為包括工人、農民、人民武裝和「城市小資產階級勞動群眾和知識分子」在內的人民大眾服務的，另一方面又強調「必須站在無產階級的立場上，而不能站在小資產階級的立場上」，因為「經常個人主義的小資產階級立場的作家是不可能真正地為革命的工農兵群眾服務的，他們的興趣，主要是放在少數小資產階級知識分子上面。」「他們是把自己的作品當作小資產階級的自我表現來創作的」。[2]

由上述論述可以看出：毛澤東對於小資產階級是持有十分矛盾的態度的。一方面，在政治上承認他們的革命性，主張團結他們；另一方面，在思想上對他們抱有高度的警惕性，防備小資產階級的「自由散漫性」、「個人主義」影響革命事業。而且，從他在不同時期關於小資產階級的不同論述中，我們不難發現：在風雨如磐的年代裏，他比較強調團結小資產階級；到了相對安定、需要統一思想的年代，他就比較強調批判小資產階級了。這正好能說明一九四九年以後毛澤東對小資產階級的批判為什麼會愈來愈猛烈，而很少像戰爭年代裏那樣「一張一弛」了。在《毛澤東選集》第五卷中，他多次批判小資產階級，並常常將小資產階級與資產階級相提並論：「『左』傾機會主義錯誤，是小資產階級狂熱性在黨內的反映，那是在和資產階級決裂時期發生的。」[3]「中國是一個小資產階級群眾廣大的國家。小資產階級中間有相當大一部分人是動搖的。……在一千多萬黨員裏頭，大中小知識分子大概占一百萬。這一百萬知識分子……歸到小資產階級範疇比較合適。……這一部分知識分子黨員，前怕狼後怕虎，經常動搖，主觀主義最多，宗派主義不少。」[4]「在我國，資產階級和小資

1 同上，第七九〇頁。
2 同上，第八一二—八一三頁。
3 〈反對黨內的資產階級思想〉，《毛澤東選集》（第五卷），人民出版社一九七七年版，第九一頁。
4 〈增強黨的團結，繼承黨的傳統〉，同上，第三〇一—三〇二頁。

產階級的思想，反馬克思主義的思想，還會長期存在。……我們同資產階級和小資產階級的思想還要進行長期的鬥爭。」[1]「我們同資產階級和知識分子的又團結又鬥爭，將是長期的。」[2]在一九五七年的「反右」運動中，他更進一步將小資產階級思想與「修正主義」思想聯繫在了一起：「我黨有大批的知識分子新黨員（青年團員就更多），其中有一部分確實具有相當嚴重的修正主義思想。他們否認報紙的黨性和階級性……他們欣賞資產階級自由主義，反對黨的領導。他們贊成民主，反對集中。……他們跟社會上的右翼知識分子互相呼應，聯成一起，親如兄弟。」[3]在他的這些思想的影響下，「小資」成了資產階級的聯盟，成了無產階級的敵人。一九四九年以後文藝界、思想界的許多政治運動，都是以他的階級鬥爭理論為出發點的。而在他常常把小資產階級（這個詞在他那裏又常常是與知識分子緊密相聯的）和資產階級、修正主義聯繫在一起的言論中，已經為知識分子常常受到無情打擊的悲劇提供了理論依據。

從一九四〇年代的「延安整風」到一九五〇年代的「反右」到一九六〇——一九七〇年代的「文革」，多少小資產階級知識分子為了世界觀的轉變、為了思想改造付出了沉重的代價！

毛澤東的「小資」身份與「小資情調」

問題在於：毛澤東為什麼一直在敲打著小資產階級？僅僅因為他是無產階級革命家嗎？

1 〈在中國共產黨全國宣傳工作會議上的講話〉，同上，第四一七頁。
2 〈事情正在起變化〉，同上，第四二九頁。
3 同上，第四二四頁。

毛澤東出身富農家庭，本人是師範生，當學生時，「思想是自由主義、民主改良主義、空想社會主義等思想的大雜燴。」[1]這意味著，他本人就曾經是小資產階級的一員。日本學者竹內實認為：「他之所以屢次批判知識分子，恐怕正是因為他本身就是知識分子，對容易犯的弊病和隱藏的抵抗很敏感的緣故。」[2]這一見地是很有道理的。毛澤東在革命鬥爭中成為一個革命家，但是，他身上的「小資情調」並沒有因為世界觀的改造而絕跡。

例如他的詩詞。寫於一九二三年的〈賀新郎〉就充滿了感傷的情調：「揮手從茲去。更哪堪淒然相向，苦情重訴。眼角眉梢都似恨，熱淚欲零還住。知誤會前番書語。過眼滔滔雲共霧，算人間知己吾與汝。人有病，天知否？今朝霜重東門路，照橫塘半邊殘月，淒清如許。汽笛一聲腸已斷，從此天涯孤旅。憑割斷愁絲恨縷。要似昆侖崩絕壁，又恰像颱風掃寰宇。重比翼，和雲翥。」這首詞中，除結尾幾句顯示了革命家的豪情以外，大部分都是黯然、傷感的情緒。有些段落甚至能使人想起柳永的詞。（有研究者就指出：「將毛詞〈賀新郎・別友〉與柳永詞〈雨霖鈴〉加以對照，可以發現這兩首詞的題材、內容、語言和意境多有相似之處。這說明毛詞〈賀新郎・別友〉是有意借鑒柳詞〈雨霖鈴〉的。」「〈雨霖鈴〉與〈賀新郎〉都是一百來字的詞，竟有十八個相同的字，約占全詞字數的六分之一；相近的詞有『淒切』與『淒然』、『淒清』，『執手』與『揮手』，『相看』與『相向』，『淚眼』與『眼角』、『熱淚』，『多情』與『苦情』，『更哪堪』兩詞都用，『今宵』與『今朝』，『殘月』兩詞都用，等等。」[3]）很顯然，在私人情感中，毛澤東的柔情與小資產階級情感、甚至與士大夫情感都是悠然相通的。一直到一九五七年寫的那首〈蝶戀花・答李淑一〉中，我們也不難從「驕楊」、「寂寞嫦娥」、「淚飛頓作傾盆雨」這些意象中讀出多情、感傷、浪漫的意味來。

1 〔美〕愛德格・斯諾：《西行漫記》，三聯書店一九七九年版，第一二五頁。
2 〔日〕竹內實：《毛澤東傳記三種》，中國文聯出版社二〇〇二年版，第三十頁。
3 龔國基：《毛澤東與中國古代詩人》，中央文獻出版社二〇〇三年版，第一六——一七、二九一——二九二頁。

例如他的文學修養。他喜歡「三李」（李白、李商隱、李賀），就因為他欣賞他們的浪漫主義氣質。而李商隱和李賀那些意境朦朧、格調傷感的詩歌與小資產階級的情調是十分相近的（古代士大夫情懷與「小資情調」天然相通）。他不喜歡顯然比「三李」更具有民本情懷的杜甫、白居易，則是因為他們「哭哭啼啼」。[1]不過，他又是十分喜愛白居易的名篇〈長恨歌〉的。晚年，「他還多次要身邊工作人員為他讀〈長恨歌〉，並且聽得動情落淚。」有研究者猜測，其中「恐怕有很深的原因，值得人們思索。」[2]由此聯想到他喜歡《紅樓夢》，雖然一般都知道他是把《紅樓夢》「當歷史讀的……《紅樓夢》寫四大家族，階級鬥爭激烈，幾十條人命」，[3]儘管如此，我仍然能從他推崇《紅樓夢》超過了「二十四史」這一現象中窺探出他的浪漫主義氣質來。的確，《紅樓夢》畢竟不是歷史。《紅樓夢》中的神秘氛圍、愛情悲劇、心理刻畫、詩詞文化，可能對毛澤東有神秘的吸引力。毛澤東是深受古典文化薰陶的文人型政治家。中國傳統文化中婉約、傷感、浪漫的氣質在他的性格中必然會打上深刻的烙印。

還有他的氣質。他從小就有著「改造中國與世界」的雄心壯志，有「與天奮鬥，其樂無窮；與地奮鬥，其樂無窮；與人奮鬥，其樂無窮」的豪邁氣概。但他也有孤獨感纏繞的時候。「史沫特萊說，作為在延安見到他時的印象，感到他精神上孤獨。毛澤東曾說讓自己孤立，把自己封閉起來。他雖然那樣教導說要向群眾學習，但作為他個人來說，是使自己保持一種中國知識分子傳統上一直尊重的孤傲這一處世態度。」[4]到了晚年，在政治鬥爭中，儘管他的威望已經登峰造極，他還是常常流露出孤獨的情緒。一九六五年在會見法國文化部長馬爾羅時，他就反覆強調：「我是孤獨的」；[5]一九六六年在發動文革之前寫給江青的那封著名的信中，他也流露出

---

1 陳晉：《毛澤東與文藝傳統》，中央文獻出版社一九九二年版，第二〇七頁。
2 龔國基：《毛澤東與中國古代詩人》，同前，第二〇九—二一〇頁。
3 龔育之、宋貴侖：〈「紅學」一家言〉，《毛澤東的讀書生活》（增訂版），三聯書店一九九七年版，第二一六—二一七頁。
4 〔日〕竹內實：《毛澤東傳記三種》，第一六〇頁。
5 〔法〕安德列・馬爾羅：〈與毛澤東會見記〉，《明報》月刊，一九六八年十月號。

孤獨的情緒。他經常將自己的孤獨情緒透露給外國友人和地方官員，可見他在中央的抑鬱。而孤獨，不正是古代士大夫和小資產階級的典型情感麼？當然，毛澤東一面清醒地品味著自己的孤獨，另一方面則勇敢地去張揚個性，去超越孤獨。他青年時期就主張「貴我」，認為「個人有無上之價值，有百般之價值」，「人類之目的在實現自我而已。」[1]有學者指出：青年毛澤東將「西方傳來的個人主義思想」與「中國原有的英雄主義思想」在「傳統儒學的『立志』、『修身』、作『聖賢』的外罩下」融為了一體。[2]此言甚是。而當毛澤東發現他在政治鬥爭中需要使用非常手段去擊敗對手時，他又會張揚自己「和尚打傘，無法無天」的個性，這算不算「個人主義」（儘管他也許真誠地相信真理有時候是在少數人手裏）？這種「無法無天」的脾氣，折射出早年革命中農民「痞子」運動對他的影響，又何嘗不可以與小資產階級的「狂熱性」掛上鉤？只是到了晚年，他以「和尚打傘，無法無天」的個性打倒了一個又一個戰友，直至「文革」攪得天下大亂，使中國社會大倒退，又何嘗不是個人主義與專制主義結合的悲劇？從這個角度看，他其實是將個性、個人主義這些「小資情調」張揚到極致的浪漫主義政治家。而他對「小資情調」的批判其實只是為了將人民的思想都統一到他的思想之下的政治謀略罷了。

關於「小資情調」的再思考

也許，「小資情調」本身就是一個出於政治需要生造成的一個詞？也許，它其實是「人情味」的又一種表述？熱愛自由，個性突出，情感豐富……也許，這些就是「自由主義」、「個人主義」、「立場動搖」的另一些說法？如果答案是肯定的，則「小資情調」就不那麼可怕了。不僅如此，「小資情調」甚至可以說是人性的

1 〈倫理學原理批語〉，引自李澤厚：〈青年毛澤東〉，《中國現代思想史論》，東方出版社一九八七年版，第一二九頁。
2 李澤厚：〈青年毛澤東〉，《中國現代思想史論》，第一三九—一四〇頁。

證明。因為熱愛自由，個性突出，情感豐富，正是常人的天性。連「無產階級革命家」都常常難免流露出「小資情調」，更何況常人！

而當「無產階級革命家」也時常與「小資情調」有了不解之緣時，我們是否可以發現二者之間的互補關係？

而如果我們進一步追問：什麼是「無產階級情感」時，我們又會發現怎樣的思想奇觀呢？毛澤東曾經這麼描述過「一般無產階級的基本優點」：「與最先進的經濟形式相聯繫，富於組織性紀律性，沒有私人佔有的生產資料」。他還特別提到了「中國無產階級」的「特出的優點」：一是因為「身受三種壓迫（帝國主義的壓迫、資產階級的壓迫、封建勢力的壓迫）」而「最革命」；二是因為有中國共產黨的領導而「成為中國社會裏比較最有覺悟的階級」；三是「和廣大的農民有一種天然的聯繫」。[1]這樣的表述言之成理。但問題是，農民階級、小資產階級的革命性就不如無產階級了麼？事實上，革命最先的覺悟者常常是知識分子，無論是馬克思、列寧，還是孫中山、毛澤東，都是小資產階級出身。因為他們最有文化，最有浪漫氣質，所以成為革命的發動者和領袖。毛澤東還指出：「只有工人階級最有遠見，大公無私，最富於革命的徹底性。」[2]應該說，這樣的描述就顯然過於理想化了。絕大多數工人是與農民一樣，過著樸素、務實的生活的。在革命的高潮中，他們會奮起鬥爭。他們中間也會湧現出自己的領袖人物。但當革命受到挫折以後，他們也會回歸老老實實的平凡生活的。在中國共產黨領導的工人運動中，像「六三」運動、「二七大罷工」、「五卅」運動、上海三次工人武裝起義這樣一些名垂青史的運動終於在強大的反動勢力鎮壓下歸於沉寂；倒是廣大農民最終在打倒國民黨反動統治中發揮了決定性的作用，就很能發人深省。

---

1 〈中國革命和中國共產黨〉，《毛澤東選集》（一卷本），第六〇七頁。
2 〈論人民民主專政〉，同上，第一三六八頁。

如此說來，實際上「無產階級情感」其實是特定歷史時期的革命家對於「理想人格」的一種表述。這樣的表述對於提高無產階級的社會影響力發揮了重要的作用，但是卻很少得到過歷史的驗證。就連經典的無產階級革命範例——十月革命，也是由列寧、托洛茨基那樣的知識分子革命家和軍隊的介入，才最終取得了勝利的。這樣的革命能否說是純粹的無產階級革命，也就是值得商榷的了。

至於廣大的工人是否具有熱愛自由，個性突出，情感豐富這樣一些的品質？答案應該是不言自明的吧。

由此可見，「無產階級情感」與「小資情調」的對立其實是經不起實際社會生活的檢驗的。如果換一種說法，以「理想人格」與「人情味」去取代之，也許還說得過去。但這樣一來，也就與階級沒什麼關係了吧。因為，每個階級的優秀分子所追求的理想人格常常十分相似；而「人情味」則是人類（除了那些變態的惡魔）共同的精神氣質。

因此進一步推論，就不難得出這樣的結論：「無產階級情感」與「小資情調」的對立其實是經不起推敲的「偽命題」。可這樣的「偽命題」卻在錯綜複雜的社會矛盾中觸發了多少血淚的悲劇啊！有多少人為了戰勝「小資情調」、培養「無產階級情感」而白白犧牲了自己的情感甚至生命！

僅以一九四九—一九六六這「十七年」間的文藝界批判運動為例：從一九五一年陳湧就指責蕭也牧的小說《我們夫婦之間》是「依附小資產階級的觀點、趣味來觀察生活，表現生活」[1]；到一九五五年，常琳在批判路翎的小說《窪地上的「戰役」》時也認為該作品「是以小資產階級的觀點來製造故事」[2]；到一九五七年，在批判王蒙的小說《組織部新來的年輕人》時，一艮認為「這篇作品符合了小資產階級的心理，有著急躁冒進情緒的小資產階級狂熱分子在作品中可以得到滿足。」[3]李希凡也認為作品有「小資產階級的狂熱的偏激和夢想」傾

1 〈蕭也牧創作的一些傾向〉，《人民日報》一九五一年六月十日。
2 〈對「窪地上的『戰役』」的幾點意見〉，《文藝報》一九五五年第一，二號。
3 〈不健康的傾向〉，《文藝學習》一九五七年第一期。

向；到一九五九年，郭開這麼批判《青春之歌》：「書裏充滿了小資產階級情調，作者是站在小資產階級立場上，把自己的作品當作小資產階級的自我表現來進行的。」[1]到同年，儲松年也這麼批評雪克的小說《戰鬥的青春》：「作品裏的一些正面人物有一股小資產階級的思想感情……這主要表現在愛情描寫和同志間友誼的描寫上。」[2]還有一九六〇年，蕭三指責郭小川的詩歌《望星空》「宣揚了資產階級、小資產階級的虛無主義」；[3]還有一九六四年，蔡葵這麼批評歐陽山的小說《三家巷》和《苦鬥》：「周炳顯然還只是一個帶有不少弱點的小資產階級人物，而不是一個值得歌頌的無產階級革命英雄。」[4]……類似的批判言論，在那個年代裏十分流行。這樣的批判當然都是建立在否定小資產階級的階級鬥爭理論的基礎之上的。這些此起彼伏的批判也許主觀上有著「淨化」社會主義革命文學創作的動機，卻在事實上妨礙了文學創作的健康發展，也為「文革」那樣蠻不講理的「棍子」批判鋪平了道路。這裏，值得特別指出的，是在那個年代的批判文章中，「小資產階級思想」已經常常與「資產階級思想」、「修正主義思想」聯繫在了一起。凡是作品中稍有「人情味」、「個性」這些文學要素的，都被扣上了「小資產階級思想」乃至「資產階級思想」、「修正主義思想」的帽子，受到無情的指責和攻擊。在這樣的批判話語中，不難使人看出那個時代的主流意識形態已經將小資產階級推向了革命的對立面的傾向。而「十七年文學」也就在這樣接連不斷的批判中滑向了「文革」的深淵。

---

1 〈評〈組織部新來的年輕人〉〉，《人民日報》一九五七年五月八日。
2 〈略談對林道靜的描寫中的缺點〉，《中國青年》一九五九年第二期。
3 〈〈戰鬥的青春〉的成就和缺點〉，《文藝月報》一九五九年第七期。
4 〈談〈望星空〉〉，《人民文學》一九六〇年第一期。
5 〈周炳形象及其它〉，《文學評論》一九六四年第二期。

歷史的玄機

時過境遷，今天的人們已經很少提「無產階級」這個詞了（儘管，今天仍然不乏在貧困線上掙扎的無產階級——所謂「草根階層」）。而「小資」卻已經成為當代青年喜歡的一個流行詞。他們將追趕新潮文化、時尚生活、唯美情趣的人們稱為「小資」，並以此自我標榜。他們夢想著成功，努力去掙錢，喜歡西方電影、流行音樂、時裝、網路、張愛玲、王朔和王小波的小說，追求有錢、有閒、有品味、輕鬆的生活方式。在這樣的時尚追求中，顯示了中國加快追趕現代化的步伐。在這樣的時尚追求中，也隱隱透露出當代青年遠離「無產階級」的普遍心態。這一切，是怎麼發生的呢？

且不談那些從戰爭年代的暴風驟雨中過來的革命作家在積極改造世界觀的同時還常常情不自禁地流露出「小資情調」（如郭小川、楊沫、歐陽山等人），就連那些「生在新中國，長在紅旗下」的少年，也會無師自通地認同「小資情調」。早在一九六〇年代初，就有張郎郎等一批崇尚個性、愛好文學的幹部子弟和知識分子子弟組成了「太陽縱隊」，大膽地閱讀「禁書」，接受西方批判現實主義和「現代派」文藝的影響，瘋狂地寫詩、畫畫、辦手抄雜誌、喝酒，夢想當浪漫的藝術家。也許，「太陽縱隊」[1]在中國當代文化史上具有重要的意義：它一頭聯著「五四」知識分子自由結社的傳統，另一頭則通向「文革」中的「地下沙龍」。在那些「地下沙龍」中，一批青年遠離塵囂，悄悄傳看著「資產階級」、「修正主義」的「灰皮書」、「黃皮書」，秘密從事著批判現實主義和「現代派」風格的寫作，並且經常聚在一起遊山玩水、聚餐、傳唱外國歌曲，討論一

---

1 張郎郎：〈「太陽縱隊」傳說及其他〉，廖亦武主編：《沉淪的聖殿》，新疆青少年出版社一九九九年版。

些與當時的「革命」話語相悖的話題。[1]由此可見，從一九六〇年代初的「太陽縱隊」到「文革」中的「地下沙龍」，「小資情調」一直頑強地生存著，在時代的邊緣。這，便是人性的證明。這，便是人心的證明。後來，隨著「文革」的烈火勢頭漸漸減弱，那些具有「小資情調」的「老歌」在知青中重新流傳，那些明顯帶有「小資情調」的「朦朧詩」的悄悄流行，都不約而同地顯示了「小資情調」已經在「文革」中的悄然涅槃。民間的「小資情調」與官方的「無產階級革命話語」的周旋無疑是「文革」中最耐人尋味的思想景觀之一。如果說，遇羅克、張志新、李九蓮、王申酉等人為了捍衛「真正的馬克思主義」而向「文革」發起了悲壯的挑戰並最終犧牲了自己的生命，那麼，民間的「小資情調」則是以「以柔克剛」的方式一點點蠶食了「無產階級革命話語」的地盤的。這樣的蠶食無疑具有喜劇的意味。它證明了人性的堅韌、頑強，不可戰勝；證明了「小資情調」的生命力柔中有剛，「野火燒不盡，春風吹又生」。到了一九七〇年代後期，隨著「文革」的壽終正寢，隨著鄧麗君的「靡靡之音」和臺灣「校園歌曲」在大陸青年中的迅速傳播開來，隨著「傷痕文學」、「朦朧詩」經過激烈的鬥爭終於成為文壇的旗幟，隨著瓊瑤的「言情小說」、席慕蓉的婉約詩歌在青少年中間的風靡，隨著追求現代生活方式成為世人的共識，「小資情調」漸漸成為現代化進程中不可忽視的一股思潮，並必然地成為廣大青年學生、「白領」階層的共同精神旗幟。正所謂：「天若有情天亦老，人間正道是滄桑」。

只是，由於西方「後現代」狂歡思潮的影響漸漸高漲，今天的許多「小資」比起當年的「小資」來，似乎明顯少了一些優雅的風度，而多了一些「波希米亞風格」。叛逆、潑辣、粗鄙的生活態度和精神氣質正在從另一個方面衝擊著傳統的「小資情調」。而當我們注意到：當搖滾樂、牛仔裝、粗鄙風格的詩歌和小說以及「黃色笑話」也已經成為相當一部分青年學生和「白領」階層的重要生活標誌時，我們是否意識到：它們其實與社會底層的文化有著千絲萬縷的聯繫，有的甚至就是直接來自社會的底層？這的確是當代文化思潮的又一奇觀：

1 楊健：《文化大革命中的地下文學》，第二、三、四章，朝華出版社一九九三年版。

當「小資」終於掙脫了「無產階級革命」的壓迫，而在現代生活中重新獲得了自由發展的廣闊天地時，今天的「小資」們好像已經無意重返清高、寧靜、典雅的傳統知識分子生活方式，而是在擁有了「小資」的身份與地位以後，對「波希米亞風格」生活方式表現出特別的興趣。也許是緊張的現代生活需要「波希米亞風格」生活方式去釋放；也許是人性中「取熊兼魚」、「得隴望蜀」的天性使然；也許是多元文化思潮註定要在這個和平共處的年代裏彼此交融（就像超越了「社會主義」與「資本主義」的「第三條道路」的主張已經為許多國家的政治家和思想家所認同一樣）……不管怎麼說，沒有被政治暴力滅絕的「小資情調」正在現代化進程中發生著悄悄的變化。這，恐怕也是今天的「小資」們沒有意識到的吧！

作為底層群眾反抗壓迫的一場運動，無產階級革命對於改變世界格局、改變人際關係發揮了歷史性的作用。平等的觀念，民本的觀念，消滅剝削和壓迫的人道主義理想，都在這場運動中深入人心。另一方面，無產階級革命在激進情緒的支配下產生的仇恨資產階級、小資產階級心理，又導致了極左思潮的蔓延。經過殘酷的鬥爭，付出了慘重的代價，關於無產階級專政的極左思潮才被人類拋棄。取而代之的，是和平共處的寬容心態和理性觀念，是多元文化思潮在碰撞中彼此交融。人類對貧困的恐懼、對富裕生活的嚮往的本能，使人們最終認同了「小資情調」。這，應該是現代思想史留給我們的一個重要啟迪吧。

原載《揚子江評論》二〇〇六年第一期。該刊發表時有刪改。

「文革」記憶

普遍的善良導向普遍的邪惡
革命洗劫平命。人民戕害人民
這是多少種怪病的綜合症狀？！

——高伐林〈關於設立文化大革命國恥日的建議〉

一九九六年即將來臨，「文化大革命」爆發三十周年、結束二十周年的紀念之年即將來臨。

一九八六年，巴金老人曾呼籲：「建立文革博物館，每個中國人都有責任。」[1]十年過去了，雖然「文革」博物館作為一座建築物一直沒有奠基，然而，大量的「文革」紀實和「文革」回憶卻層出不窮，它們已經在當代文化思想史上建立了一座文字的博物館。「文革」作為當代中國史上一次巨大的政治動亂、經濟危機、文化浩劫，作為理想主義、英雄主義、封建主義、法西斯主義、無政府主義、社會達爾文主義、社會主義、資本主

1 〈「文革」博物館〉，《新民晚報》一九八六年八月二十六日。

義……各種思潮彼此衝撞、交匯的大試驗場，作為當代造神運動、烏托邦夢想盛極而衰的轉捩點，作為世紀末精神危機、文化危機的巨大溫床，作為世紀末思想解放運動的產房，作為無數冤魂、無數受傷的心靈無法忘卻的一場噩夢——多少人想忘也忘不了！當代文壇上，記述「文革」悲劇的小說、詩歌、散文、報告文學、戲劇、回憶錄……成千成萬，成千成萬，或宣洩了歷史的憂憤，或探索著悲劇的源頭，或展示了靈魂的傷痕，或記錄下覺醒的足跡。它們不僅昭示了苦難的記憶，也為人們從政治學、社會學、文化學、心理學、歷史學、哲學的多個角度切入，研究這場活動的複雜原因與複雜進程，探討個性、民族性乃至人性生存與毀滅、畸變與更新的深刻奧秘，反思社會主義運動的歷史教訓，反思中國現代化進程中的歷史教訓，提供了豐富的史料。這當然是一項浩大的工程。

當我們瞭解到：早在一九八八年，美國哈佛大學就開了「中國的文化大革命」作為基礎課，由《文化大革命的起源》一書的作者羅德里克．麥克法誇爾教授主講，選修此課的學生多達七百多人；哈佛大學圖書館甚至收集了「文革」期間的各種小報[1]——這時，便令人感到了早日著手此項工程的迫切性。

本文便是通過研究當代大陸文壇上公開發表的「文革」紀實，「文革」回憶錄，探討「文革」發起者與參與者的某些心靈軌跡，進而思考當代思想史某些課題的一個初步嘗試。

「文革」：權力鬥爭的變幻風雲

「文革」的發動者是毛澤東。在談及發動「文革」的動機時，毛澤東曾說過：「這次無產階文化大革命，對於鞏固無產階級專政，防止資本主義復辟，建設社會主義、是完全必要的，是非常及時的。」「反修防修」

1 〈哈佛大學新開基礎課：「中國的文化大革命」〉，《參考消息》一九八八年九月十五日。

是他發動「文革」的理論出發點。而當他認定黨內存在著一個以劉少奇為首的資產階級司令部時，「反修防修」的抱負便落實為「炮打司令部」的激烈奪權行為。「奪權」成為「文革」的一個基本政治主題。「文革」前期，「世界上一切革命鬥爭都是為著奪取政權，鞏固政權……」的語錄歌廣為傳唱，「有權的幸福，無權的痛苦，奪權的艱難，保權的重要」的順口溜（據說是副統帥林彪的概括）盡人皆知。兩個司令部的激烈鬥爭以劉少奇等人被打倒而結束；兩派群眾的「全面內戰」的結局卻是兩敗俱傷。毛澤東以大戰略家的英雄氣概通過「文革」牢牢把握住了大權，可為什麼在鬥爭中也常常給人以無力駕馭歷史進程的印象？

王力在《「文革」第一年》的回憶錄中告訴人們：「毛主席最初對『文化大革命』的想法和後來完全不一樣。最早說搞三個月，後來說半年，然後又是一年……主席是越碰釘子越要搞下去。」可到後來，「主席也收不住場了。」打倒劉少奇，原來還想給他留中央委員的位子；他還至少講過十次「劉、鄧要區別」，有心保鄧小平過關；他還力圖控制動亂的擴大，說過「打倒那麼多，我也不高興」的話，罵過陳伯達、江青，批評過「中央文革」小組內部沒有民主集中制……但是，動亂一旦發動，其勢之猛，其規模之大，已完全出乎他的意料之外。[1]——正應了他常說的一句話：階級鬥爭不以任何人的主觀意志為轉移。他沒有想到他選定的接班人林彪會背叛他，也不曾料到「四人幫」成事不足，敗事有餘。毛澤東晚年的巨大孤獨與巨大不安，耐人尋思。

周恩來是毛澤東的得力助手，但他的巨大苦悶也盡人皆知。劉亞洲的「非虛構」小說《恩來》中記錄下周恩來「文革」中苦澀的笑容、古怪的神情、難言的悲歎，並將這一切與周恩來青年時代的雄姿英發、豪邁無畏對照著寫，發人深思：「周恩來某些不易理解的表態，是完全為了顧全大局維繫團結，還是多少別有隱衷？」[2]師東兵的《九大風雲錄》[3]披露了「文革」中「四人幫」和「五・一六」掀起「反周」狂潮的一段史實，勾勒出

1 〈「文革」第一年〉，《傳記文學》一九九五年第五期。
2 石言語，見《作家、評論家、編輯家推薦一九八八年全國短篇小說佳作集》，上海文藝出版社一九八八年版，第二八七頁。
3 《時代文學》一九八九年第三期。

周恩來從忍辱負重到怒不可遏的情緒起伏輪廓，周恩來病重中的吶喊：「我是忠於黨、忠於人民的！我不是投降派！」讀來驚心動魄。權延赤的《走下聖壇的周恩來》[1]也披露了無情的史實：周恩來「與毛澤東的關係上……顧全情義，有失鋒銳、謙和有餘、直言不足……毛澤東說他『政治上弱一點』」。因此，「總理對『文化大革命』應負的責任，其實是摘不掉的」。而他最大的悲劇正在於：儘管他能忍人所不能忍，吃盡了屈辱、勞累的苦頭，鞠躬盡瘁，居功至偉，卻無力挽狂瀾於既倒。忠誠、坦蕩、勤奮、謹慎……諸般美德兼備一身，卻依然難敵野心、流言、猜疑、陰謀。周恩來的悲劇耐人尋味。「四五」天安門運動由追悼周恩來蔓延成反抗「四人幫」暴政的熊熊烈火，又足見天理之公正。

毛澤東與周恩來的關係，是研究「文革」史的一個重要環節。一個浪漫主義的戰略家與一個現實主義的實幹家之間有合作亦有分歧，本屬平常。值得研究的政治心理學課題是：毛澤東怎樣使周恩來服從於自己的意志？而周恩來又如何在貫徹毛澤東的決策時巧妙地融入自己的計謀？周恩來是著名的忠臣，也是偉大的策略家。

權延赤的《龍困》[2]梳理了賀龍悲劇的前因後果，也揭示了「文革」的一條重要源頭：林彪與賀龍的尖銳矛盾。林彪抓「突出政治」，賀龍抓「大比武」——「在人民解放軍內部，軍事和政治可說是由來已久的一對矛盾」，更兼賀龍「對林彪的看法始終不好，這種反感很難講清來龍去脈，大概是人格稟性的格格不入？」軍事和政治的歷史矛盾與稟性的格格不入交織在一起，使林彪、賀龍水火不容。而一當林彪升為副統帥，賀龍的悲劇便在劫難逃。《龍困》多角度剖析歷史糾葛，多層面解釋悲劇的來龍去脈，與作家其他多篇「紅牆文學」相比，此篇視角新穎，思考獨特，最見功力。

1 《時代文學》一九九三年第一期。
2 《芙蓉》一九九四年第六期——一九九五年第一期。

那麼多高級幹部老老實實地任人宰割、不得寬恕；至情至性的許世友「悍然」率領部下「武裝割據」，捍衛尊嚴，反而是毫髮未傷（見權延赤《女兒眼中的許世友將軍》）[1]——這也是歷史：多次「整風」，為什麼就沒能馴服許世友的烈性？以暴力反抗暴力，反而震懾住了色厲內荏的狂徒。

荒坪的《煉獄春秋》[2]重現了陸定一的苦難歷程：從一九六〇年批評林彪的「頂峰論」，一九六六年反對把毛澤東思想簡單化、庸俗化、宗教化，到「文革」中三次絕食都以「服從中央」的檢討告終，很能顯示出一位高級幹部的彷徨心態。在這種很有典型意味的彷徨心態中，足以使人感受到個性的抗爭與猶疑、組織原則的堅固與微妙。

再來看看悲劇的另一面：「無產階級司令部」中，那些「大秀才」們的命運也引人注目。

王力、關鋒、戚中禹、張春橋、姚文元、陳伯達都是「大秀才」，在「文革」中憑著筆桿子的威力崛起於亂雲飛渡的政壇。如此多的「秀才」進人最高決策中心，也算得上是當代政治的一大奇觀。他們為「文革」煽風點火、呼風喚雨，大顯了身手，可一旦被捲入政治的漩渦，又莫名其妙地折戟沉沙，聲敗名裂。王力、關鋒、戚本禹的倒臺是因為要抓「帶槍的劉鄧路線」，罪在亂軍，但「帶槍的劉鄧路線」原是林彪的提法，到了追究責任的關頭，林彪出賣了王、關、戚。陳伯達的翻船主要是因為在廬山會議上鼓吹「天才論」，為林彪「設國家主席」造輿論……本來，他們亂黨亂軍、罪在不赦，但他們也有他們的歷史教訓。這方面，權延赤的《四個秀才一台戲》有傳神的點化，陳伯達在「文革」前就有過「紙上談兵」的感歎，（是自知之明？還是懷才不遇的嗟歎？）對朋友也不乏坦誠之情，（告誡天津市長胡昭衡：「第一，不可太積極，太積極成事不足，敗事有餘。第二，善作者不必善成、善始者不必善終。」）到了「文革」中，他一面洞察風向，一面嶄露頭角，卻也在告誡故友：「你記住我說的：勝利者會走向自己的反面。」（是教訓？還是預感？）可為什麼他盡力辨別風

1 見《中國作家》一九九〇年第一期。
2 《百花洲》一九九二年第五期。

向，緊跟部署仍然馬失前蹄？陳伯達的悲劇是野心的悲劇，是時勢的悲劇，也是「聰明反被聰明誤」的證明。而他自己，還得出了「狡兔死，走狗烹」的結論。[1]——對這些「大秀才」的野心與伎倆、狂熱與怯懦、大起與大落的研究，既是「文革史」的一個重要部分，又對於當代「知識分子史」的研究具有特別的意義。

——匆匆一瞥，令人驚訝：「文革」，是一個巨大的政治黑洞。在一場兩個司令部的激烈權力鬥爭中，沒有真正意義上的全勝者。毛澤東打倒了劉少奇、林彪，自己也控制不了動亂的大局；周恩來苦苦支撐，竭盡全力也沒能力挽狂瀾；「大秀才」們發號施令，興風作浪，終不免四面楚歌的結局……巨大的能量，巨大的熱情，衝撞在一起，結果為什麼是「熵」？難道「文革」註定是一場能量內耗的大悲劇？無論如何，「文革」的「熵」結局昭示了「一言堂」政治的失敗（從而為政治的民主化、法制化建設鋪成了一條血路），昭示了政治規律對個性與神性、野心與陰謀的無情懲罰；也昭示了政治風雲變幻的不可測度與神秘。

因此「文革」是當代政治的一個轉捩點。

「文革」：思想解放先驅的祭壇

「文革」是一場狂熱的造神運動。「輿論一律」是其顯著的精神標識。一九四九年以後的一次次政治運動都為「輿論一律」鋪平了道路。從表面上看，萬眾一心，眾口一辭，思想單純、情感樸素，然而，自由的思想卻依然在一部分人的心頭萌生。當眾多的理論家殫精竭慮為一次次運動提供著理論依據時，另一些普通人卻通過獨立思考大膽闖入了思想的「禁區」，收穫了思想的果實，同時也付出了慘重的代價。對於這些無意建構思

1 見權延赤：〈他與中南海的「大秀才們」〉（《時代文學》一九九二年第三期），此篇與〈四個秀才一台戲〉有頗多重複之處。

想體系，有心研究中國問題；不願意隨波逐流、人云亦云，敢於在無聲處發出正義的吶喊聲的人們，歷史已記下了他們的足跡。他們不是理論家、也不是訓練有素的思想家。他們在當代思想史上留下的足跡又具有某種精神探險的意義。在未來的「文革史」上他們多半會以「平民思想者」的稱號占一個不朽的位置。

王晨、張天來的報告文學《劃破夜幕的隕星》[1]就為遇羅克烈士樹起了一塊碑。這位中學生在「文革」前就對「反右」、批「白專道路」有不同見解。在一九六六年一月的日記中，他寫道：「今天的學說正在走向神秘之途。」同年二月的日記中，他批判陳伯達神化毛澤東的言論。五月的日記中，反對「把真理當成宗教」，認為「任何理論都是有極限的」。「文革」伊始，他就作出了堅決的批判：「熱情帶有極大的盲動性……所謂北大七人的大字報，也無非是騙局而已。」「這根本不是什麼階級鬥爭」，「跟文化毫無關係，也跟階級毫無關係。」他在〈血統論〉一文中也提出了「只能從實踐中檢驗」人的觀點（與一九七〇年代末「實踐是檢驗真理的唯一標準」的口號十分相似）。而他由批判「血統論」進而指出：「在躍進了一個時代的社會主義社會中，封建的意識形態還怎樣廣布市場，和它戰鬥還會有多少的犧牲」也開了一九八〇年代「反封建」的新啟蒙運動的先河。被捕入獄後，他鐵骨錚錚，在材料中寫道：「我過去認為，（一九）五九年到六三期間，如果沒有錯誤，就不會那樣困難。」他的上述見解都已被歷史所確認。一九七〇年，他被虐殺。他以獨立的思考顯示了思想者的獨立人格——正是這種獨立人格使他的思想經受住了歷史的考驗，成為思想解放運動的先驅者、殉道者。

還有朱守中。他也在「文革」中就看准了「文革」的要害：「這次文化大革命，說穿了，是黨內少數野心家、壞傢伙，為了爭做老大老二、稱王稱霸，獨吞勝利果實，大搞其清一色，不惜採取排斥異己，出賣同志，殺戮功臣，篡軍篡政，焚書坑儒等卑劣手段而製造的一場大陰謀、大悲劇。」他還敢於為劉少奇鳴不平，為

1 見《光明日報》一九八〇年七月二一—二二日。

彭德懷、馬寅初翻案，質疑人民公社化問題和知識分子政策問題，顯示了歷史的遠見。他也在一九七〇年被虐殺。李邦禹、馮劍華的報告文學《要為真理而鬥爭》[1]記錄下他的思想事蹟。

李九蓮則是另一種典型：「文革」伊始，她也是造反派頭頭，但武鬥的血泊使她恐懼、政局的動盪使她猛醒：「文化大革命到底是什麼性質的鬥爭，是宗派鬥爭還是階級鬥爭？我感到中央的鬥爭是宗派分裂，因此對無產階級文化大革命發生反感……現時的中國到底屬於哪個主義……」她被男友出賣後被捕，在獄中仍抗爭，並在「文革」結束前夜的一九七六年五月寫下〈真理的標準只能是社會的實踐〉一文。她被虐殺於「文革」結束後的一九七八年，堪稱奇冤！胡平在報告文學《中國的眸子》[2]中記錄下李九蓮冤案始末，令人震驚。

牟其中亦然，他也走過一條從狂熱到猛醒的道路。面對紛亂的現實，他和朋友們成立了「馬列主義研究會」，通過研讀馬列原著照出「文革」的性質：「一個文化大革命的發動者和一群御用文人，用假馬克思列寧主義在欺騙中國人民。」一九七四年，他寫下〈中國向何處去？〉的文章，論證了建立社會主義商品生產體系的重要性。——他倖存了下來，並在新時期成長為一位著名的企業家。（呂明方：《苦難的力量：他從四川中部走來》[3]）

此外，還有張志新（張書紳《正氣歌》）、李鄭生（祖慰、節流：《線》）、陳壽圖、吳曉飛、丁祖曉、史玉峰、鄧思京、賈正玉、王篤良、李富元、馬綿征、李新夏、孫伯英、杜長緒、安文忠、張坤豪、曾慶華等烈士和大難不死的郭維彬（他們的思想與事蹟，均載入群眾出版社一九八一年出版的《劃破夜幕的隕星》一書）……還有「文革」中冒死上書毛澤東，反對「文革」的蕭瑞怡、王容芬、姜明亮、聞福眾、吳小林、胡清

---

1 見《劃破夜幕的隕星》一書（群眾出版社一九八一年版）。
2 《當代》一九八九年第三期。
3 《海上文壇》一九九三年第二期。

亮、王若水、李一哲、李天德、朱錦多、李洪則、葉忠源、黃維鳴、郭成望、王大衛、陳明雲、盧炎……（他們的上書、已由余習廣編成《位卑未敢忘憂國》一書，由湖南人民出版社一九八九年出版行世。）

他們憂國憂民、仗義直言，雖然人微言輕，不能改變政治家的意志和歷史的進程，甚至因為直言而坐牢、犧牲，但他們卻以獨立的思想在「文革」的精神荒原中寫下了思想史上光輝的一章。他們的思想再次證明了理性不曾泯滅、良知不可能被窒息的古老真理。他們對「文革」的批判、對時代的沉思、對出路的探詢，許多都與新時期思想解放運動中奏響的思想主題、時代強音驚人地相似，由此可見思想的偉力、思想者的洞察力與預見力。

平民思想者的事蹟發人深思：攀登思想的險峰、穿越精神的「禁區」，並非難事。只要心懷良知、忠實於理性、忠實於真誠的生命體驗、忠實於獨立人格，不唯上、不從眾，就不難超越亂世、發現真理。古往今來，一代代平民思想家都從這條路上走來。

只是：為什麼先驅者的真誠換來的卻常常是屈辱和犧牲？在民主與法制不斷走向完善的現代化進程中，不應再有思想者殉道的慘劇。

「文革」：「紅衛兵」的苦難歷程

「紅衛兵」是「文革」的急先鋒，是「破四舊」、「炮打司令部」的主力。但是，在「文革」權力再分配的關頭，他們被拋棄了。他們從狂熱到幻滅的過程非常短暫，非常富於戲劇性和荒謬感。從「八・一八」（毛澤東首次接見百萬紅衛兵的日子）的驕子到揪「五・一六分子」中的罪人再到上山下鄉的流浪者——紅衛兵的興與衰都令人難忘。

陳凱歌在《我們都經歷過的日子》[1]中分析了老「紅衛兵」的精神特質：「他們的性格大多傲慢、偏執、直率到咄咄逼人，有時又極天真。因對社會所知甚少反而把生活過度理想化，終日耽於革命的夢想而並不知革命為何物，反以追求真理的熱誠鼓吹無知。」——這種精神特質的形成顯然與當年的主流意識形態的薰陶有關。從這個角度看，他們又何嘗不是受害者？

胡平、張勝友在《歷史沉思錄》[2]中分析了「紅衛兵」造反的複雜動力源：「僅用革命導師的號召和發動，一代青少年的理想主義和現代迷信，來解釋這一運動，是淺薄的、不完全的。」「紅衛兵運動……是二十世紀六〇年代中國社會諸種矛盾激化的產物。」歷次政治運動受害者的後代藉造反以宣洩積怨與壓抑感；平民「對當時黨和國家的內在機制上的嚴重缺陷和少數人的『特權』深惡痛絕」；知識分子和準知識分子的狂熱性……彙集到了一起，掀成怒潮——也許，還可以找到心理學上的解釋：青春期的躁動情緒與「唯我獨左」，「唯我獨『革』」的自大情緒……等等。

「紅衛兵」以「十二月黨人」自詡。[3]學習青年毛澤東的榜樣，立志改造中國與世界。他們高唱著一首首「語錄歌」：「天下者，找們的天下；國家者，我們的國家；我們不說，誰說？！我們不幹，誰幹？！」「世界是你們的……希望寄託在你們身上」，「馬克思主義的道理千條萬緒，歸根結底，就是一句話：造反有理！……」於是衝鋒陷陣，「懷疑一切，打倒一切」。不僅打倒了劉、鄧、陶，還將鬥爭的鋒芒指向了挑動群眾鬥群眾的「中央文革」，有的甚至懷疑周恩來……「紅衛兵」的衝擊力、破壞力都十分驚人。但，來得快，去得也快。

1 《中國作家》一九九三年第五期。
2 《中國作家》一九八七年第一期。
3 馬利：〈老紅衛兵風雲夢囈錄〉，《中外文學》一九八九年第二期。

有的，是因為自己的父母受到「文革」的衝擊而走上反對「文革」之路，並因此受到了無情的鎮壓（秦曉鷹：《紅衛兵之旗》）[1]；有的，是因為「大串聯」中接觸到貧困落後的現實而壓抑（馮驥才：《一個老紅衛兵的自白》）[2]；有的，是因為奪權鬥爭中兩派內訌、排座次時失勢而強烈不滿（安文江：《我不懺悔》）；有的，則因為不滿於揪「五・一六分子」，工宣隊管理學校而憤世、沮喪（胡平、張勝友：《歷史沉思錄》）；還有的，則因武鬥的恐怖而猛回頭（如李九蓮）……更多的人是因為「林彪事件」而覺悟，走上思想解放之路的……

當年復旦大學的「紅三司」司令安文江在回憶錄中寫道：「始亂之，終棄之，大學紅衛兵是可悲的；但這種被棄使我們沒有在極左道路上滑得更深更遠，其中一部分開始自省，這又是紅衛兵的大幸。」「這是『自我回歸』的開始。」從一九六六年六月造反，到一九六七年一月被棄，不過七個月光陰，他們走完了精神巨變的歷程。「狂熱——迷茫——震驚——壓抑——自省——清醒——抗爭……是大多數紅衛兵的共同心跡。」[3]一部分成了階下囚，一部分組織起「地下文藝沙龍」，傳閱「內部讀物」，寫作「地下文學」，也悄悄探討「社會主義應該怎麼搞，還有中國未來的命運如何」的問題。[4]一部分厭倦於風雲變幻，偷渡國境，獻身「世界革命」的偉業，直至長眠異國。[5]大部分上山下鄉、沉入社會的底層、苦苦掙扎……

「紅衛兵」由「造反有理」到「兔死狗烹」的歷程，充滿強烈的荒誕意味。在「造反」、「打倒一切」的狂潮中，他們是理想主義少年也是封建法西斯主義打手。在挨整、被放逐的歷程中，他們中的不少人走上

1 《傳記文學》一九九〇年第二期。
2 見《一百個人的十年》，江蘇文藝出版社一九九一年版。
3 〈我不懺悔〉，周明主編《歷史在這裏沉思》（第五輯），北嶽文藝出版社一九八九年版。
4 楊健：《文化大革命中的地下文學》，朝華出版社一九九三年版，第七四頁。
5 秦曉鷹：《偷越國境的紅衛兵》，工人出版社一九八八年版。

了「看破紅塵」或「玩世不恭」的人生之路——「許多人開始變得沮喪、憤怒、痛苦、困惑、焦慮……抱著玩世不恭和聽天由命的消極態度……抽煙、喝酒，以此來對抗現實，而這在文化大革命前被他們斥之為『墮落』」。有人回憶說：「我們有點發瘋，簡直全變了。我們常常在街上漫無目的地閒逛。唉！我們也不知道自己在幹什麼。我們想找個藉口發洩一下，但又發洩不出。我們感到自己失去了一切：以往的那些希望和熱情。這些東西空幻而不真實。……我覺得自己恨所有的人……一切都失去了意義」。[1]——這段「紅衛兵」的自白與西方「垮掉的一代」的情緒何其神似！與世紀末文壇上現代主義思潮多麼相通！由此可見：理想主義與虛無主義、革命熱情與冷漠心態、自命不凡與玩世不恭、革命戰士與頹唐青年之間，並沒有一條鴻溝。從這層意義上可以看出：「文革」也為世紀末現代主義情緒的滋生、瘋長提供了適宜的土壤。而這，恐怕也是發動者與參與者都萬萬不曾料到的吧！

從「解放全人類」的狂熱到「信仰危機」的迷惘，只一步之遙。

「平民思想者」以殉道的血開闢出新時期思想解放的道路。頹唐的「紅衛兵」則以玩世的活法為「世紀末情緒」的流行創造了條件。

而那些在武鬥中死難的靈魂，又今在何方？

「紅衛兵」的崛興與衰亡，前後不過一、二年光陰。可「紅衛兵情緒」已死死地纏住了當過「紅衛兵」的一代人。時光沖刷不掉他們的「文革」記憶。當他們中不少人寫下了憑弔往事的回憶時，他們中也有人從「紅衛兵情緒」中提煉出「重建人文精神」的元素，從而顯示了「紅衛兵情緒」的某種現實意義——當今猛烈批判人慾橫流現實的鬥士張承志、梁曉聲都曾是當年的「紅衛兵」。

---

1 〔美〕阿妮達．陳：《毛主席的孩子們》，渤海灣出版公司一九八八年版，第一八九——一九〇頁。

歷史的風雲，就這樣變幻難測。「紅衛兵」留下的歷史教訓與精神遺產，還會在當代史上持續發揮難以預測的作用。

「文革」：普通人的回憶與思考

從前的歷史，只記載了英雄和貴族的業績。二十世紀，隨著民主化進程的勝利，新的歷史觀已深入人心。「人人都是他自己的歷史學家。」[1]因為「每個普通人如果不回憶過去的事件，就不能做他需要或想要去做的事情」。因為「我們所說的『歷史』和我們個人的『記憶』，初看起來好像有所不同，實際上它們是差不多的。因為我們頭腦裏所記的許多東西，並不純粹是我們個人的經驗，它還包括許多聽來的東西或從書本上得來的東西。這些東西在我們生活中起著很重要的作用。」[2]這樣的歷史更具平民意味、生活氣息，更能開啟「認識你自己」的智慧之門，也更能昭示社會生活與歷史進程的豐富與玄妙。我對普通人的「文革」回憶錄，有格外的興趣。

馮驥才的口述實錄文學《一百個人的十年》因此而十分可貴。那麼多經歷過「文革」的普通人「急渴渴設法找到」作家，傾訴人生的秘密，便是奇觀。而他們那些千奇百怪的經歷也給了作家以人生的啟迪：「在無比強大的社會破壞力面前，各種命運的奇蹟都會呈現，再大膽的想像也會相形見絀……只有底層小百姓的真實才是生活本質的真實。」[3]《拾紙救夫》的啟示是：「大人物的經歷不管多悲慘，也不能和小百姓們相比。」《崇

---

1 〔美〕卡爾・貝克：〈人人都是他自己的歷史學家〉，田汝康、金重遠選編：《現代西方史學流派文選》，上海人民出版社一九八二年版，第二五八、二六六頁。

2 〔美〕詹姆斯・哈威・魯濱孫：《新史學》，商務印書館一九六四年版，第十六頁。

3 見該書「前記」，第四頁。

拜的代價》的啟迪是：「天真比愚蠢更愚蠢。」《我到底有沒有罪？》問蒼天：「我到底是害了我爹還是救了我爹？」《一個八歲的死刑陪綁者》講述了「年紀輕輕，卻早把生活中很難承受的東西都消化過了」的人間悲劇（堪稱一代人未老先衰的證明）；《當代于連》是《紅與黑》的逼真重現；《笑的故事》荒唐無比也真實無比；《我不是右派，是左派》告訴人們：「不正之風可不是現在才開始的……」「應該全國到處設絞架，凡是禍國殃民、給黨抹黑的，就除了他」的氣話昭示了民間的不滿，也傳達出「文革」的影響猶存的資訊；《我變了一個人》的教訓是：「直到現在，我還是怕遇到好事，不怕壞事」；《一個老紅衛兵的自白》的教訓是「誰聽了話誰該倒楣，那些不聽話的現在鬧的還挺好」；《復仇主義者》的憤憤不平在於「我倒楣倒成這個樣，可整我的那些人個個好好的」；《說不清楚》記錄了「吃啞巴虧、上糊塗當、等著挨折騰」的悲劇性格。進而思考：「是性格悲劇，還是悲劇挑選的這種性格？」《「文革」進行了兩千年》發現了「歷史的怪圈或文化的怪圈」，見解獨到；《六十三號的兩女人》的悲歎是：「我為什麼還活在世上？」《沒有情節的人》以內心的精明塑造表面的裝傻賣呆，幸運逃過劫難，可到頭來又發現了「沒有自己」的無比悲哀，發現了「非常荒誕的感覺，覺得國家被一小塊一小塊切得很碎，掌握在一層層很多人手裏，你和它有距離……這又是為什麼？」《我不願意承認是犧牲品》，為的是不甘於失去活下去的心勁：《懺悔錄》的詰問是：「人為什麼不能重活一次？」「殘酷的人生與社會教給我的是：永遠再不要單純，永遠再不要做違心的事。」……可謂：篇篇是血淚寫成，字字浸透難言的憂憤。十年「文革」，傷透了億萬普通人的心。「文革」後廣為流行的「信仰危機」、浮躁心態、冷漠情緒、社會風氣不正……在很大程度上都可以看作是「文革」的後遺症。由此可見，普通百姓的心靈一旦受到政治運動的傷害，是多麼難得痊癒！政治捉弄了百姓，百姓便疏遠了政治。《一百個人的十年》充分證明：普通人的「『文革』情緒」根深蒂固。不同的人從「文革」中汲取了千差萬別的人生教訓，並據此而給自己的後半生定位。原來，「文革」還活在當代人的生活中。

詩人楊牧的回憶錄《天狼星下》記述了當年隨盲流大軍「走西口」，去新疆躲避迫害，在荒原中求生、在動亂中堅持的苦難歷程，富於傳奇色彩。政治的動亂與生計的磨難，使詩人閱歷了廣闊的人生，感悟了複雜的哲理。書中有許多真實的人生故事、人性分析，有「文革」作為悲劇與作為鬧劇的真實景觀；有對自己「既想革命又怕革命本來就怕別人革還想以己革去禦他革且自悲自傲而無論誰革或無論革誰又都缺乏革命激情」的彷徨心態的自審[1]（是研究「文革」心態的生動範例）；也有「亂世造平庸，凡夫生苟安」的人生風景[2]（逍遙、苟安，也是一種消極抗議，又是道家精神的悄悄復歸）；還有對世風變遷的真實記錄（「不知因何進入這七十年代以後，羞恥感已不復存在」[3]）……一部《天狼星下》，是頑強生命意志與苟全性命心態的真切記載，是當代人在狂熱與冷漠間徘徊的典型縮影，也是當代「盲流文化」的一份研究報告。

詩人流沙河的回憶錄《鋸齒齧痕錄》講述他在歷次磨難中的人生全驗：挨鬥時「宜打敗仗、切忌辯駁」，反能收到化嚴肅為輕鬆的奇效；（多少志士鐵骨錚錚，只有犧牲！）挨鬥時「臉上做出一副溫馴無害且能『正確對待』的表情，心中卻在詛咒『小法西斯』」也是一種鬥爭藝術，這還得感謝「左家莊」的「十年教訓」；政治運動熱火朝天時，就裝老實；稍一鬆動，就寫作，就聽「敵臺」自得其樂——這一切，也全賴百姓的影響。與人民群眾結合的收穫：故鄉百姓「合鬥爭與娛樂為一」，視運動與看戲無二；「從來不認為挨罵啦下跪啦是什麼嚴重的事情，所以把挨一頓罵說成是『吃一碗寬麵』，所以把下一回跪說成是『下一趟貴州』，都納入了飲食和旅遊的範疇」[4]。民間文化，具有多麼強大的解毒力，足以化苦難為幽默，說它是「麻木」也罷，斥

1 《天狼星下》，四川人民出版社一九九四年版，第一八七頁。
2 《天狼星下》，四川人民出版社一九九四年版，第三九一頁。
3 《天狼星下》，四川人民出版社一九九四年版，第四八一頁。
4 《鋸齒齧痕錄》，三聯書店一九八八年版，第一六七、一九三、二〇五頁。

之為「阿Q精神」也罷，它卻實實在在是民間百姓的一艘避難方舟。《踞齒齧痕錄》從苦難中發現了詼諧、從悲劇中發現了喜劇，別具辛辣的「川味」。

經濟學家于光遠的回憶錄《「文革」中的我》則寫得極平淡、極散漫，因此也顯示出另一種情懷：豁達、沖淡，還有輕蔑。書中有自審，也有自慰：天性樂觀、家庭溫暖，是喧囂中的樂園；潛心讀書，還編出一份《馬列論喝酒》的奇特資料；觀察生活，發現「走單幫」的人們根本不理會「割資本主義尾巴」的政策，「結論不能不認為自發的經濟勢力更強」；因為王洪文當上副主席而「徹底拋棄了對毛澤東的個人崇拜」；還有「一場政治運動因為地震就一下子停頓下來了」的奇觀……字裏行間，都透出作者的「革命的阿Q主義」，「順境可以發揮自己的才能，逆境可以鍛煉自己的意志」[1]。「經常樂乎乎，是我喜歡的性格」，又稱「喜『喜』哲學」——堪稱「以不變應萬變」的思想的標本。

影星劉曉慶的回憶錄《我在毛澤東時代》真誠回憶了如煙的往事：「毛主席，他擁有我全部的初戀！」在最寶貴的青春歲月，對毛澤東的愛與要求入黨費盡她全部的熱情與心機。而兩大主題的落空也極富象徵意味。[2]導演陳凱歌的回憶錄《我們都經歷過的日子》真誠反思了自己的過失。「在『文革』中，我吃過苦；我看別人受苦，我也曾使別人受苦——我是群氓中一分子。」通過自己的所見所聞，將個人的體驗與歷史的大事件糅在一起再加入理性的反思——這篇回憶錄因此而格外深沉、凝重。

看來，「文革」回憶錄註定要成為個性的證明，為當代思想史的研究提供社會學、心理學、政治學、文化學分析的豐富素材。

---

1 《文革中的我》，上海遠東出版社一九九五年版，第九十、九七、一三〇、一三六。
2 《中國作家》一九九二年第五期。

此外，還有大量的「知青回憶錄」，還有那些回憶「文革」的隨筆（如林斤瀾的《「紅八月」》系列隨筆、楊絳的《幹校六紀》、陳白塵的《雲夢斷憶》、蕭乾的《「文革」雜憶》），還有廣為流傳的那些「文革」笑話（這方面的代表是《雨花》雜誌開闢的《新「世說」》專欄中刊發的筆記體隨筆）……都值得玩味，值得深思。「文革」是一場大悲劇，也是一場大喜劇，大鬧劇；「文革」是人性惡的大暴露，也是人生荒誕的大展示；「文革」是一場大宣洩、大幻滅、又是一場大遊戲、大演戲——一切的回憶都可以作證。

作為「人民」（這似乎被認為是一個太空洞、太抽象的名詞）主體的廣大平民百姓，他們在「文革」中的遭遇與野心家的為非作歹形成了何其強烈的對比！「文革」改變了許多百姓的人生道路、人生信念，這方面的教訓，十分深長：單純的人為什麼註定受騙、又是如何被騙的？機靈的人怎樣識破騙局，又是怎樣苟全性命於亂世的？有多少人自始至終扮演著「局外人」、「逍遙派」的角色？又有多少人由普通人經過思想與奮鬥成長為社會精英？……一切的一切，都有待更深入的回憶與思考。

結語：「文革」記憶還需要什麼？

「文革」難以忘懷。關於「文革」的回憶錄與紀實文字，已經建成了一座無形的「文革」博物館。然而，「文革」的一切還遠遠沒有暴露於天日之下。

我們還缺少史詩巨著，缺少全景畫式描繪「文革」風雲，描繪「文革」重大歷史事件的紀實之作；缺少反映一個地區、一個單位、一個組織「文革」全過程的紀實之作；缺少記述那些風雲人物、匆匆過客詳細心路歷程的紀實之作……如果不及時去搶救史料，歷史又會留下多少不應有的空白！

我們更缺乏《「文革」文化史》、《「文革」政治史》、《「文革」通史》……這樣的史學著作。

一九八六年，巴金老人大聲發問：「誰能向我保證二十年前發生過的事不可能再發生呢？」「只有牢牢記住『文革』的人才能制止歷史的重演，阻止『文革』的再來。」[1]

即使現代化進程已大大削弱了「文革」重演的社會基礎，當代人也應出於歷史的責任感填補那些空白——至少，為了不在當代史上留下太多的迷霧、疑點，為了牢牢記住那十年浩劫，那改變了中國現代化進程，改變了億萬中國人的人生觀與命運的無比慘痛又無比荒唐的十年悲劇。

我們應該記住「文革」，一如我們應該永遠記住鴉片戰爭、抗日戰爭一樣。

我想以重述馮驥才先生《一百個人的十年》中《關於「文革」博物館》裏的一段話結束本文——「一代人經受的慘痛教訓，是下一代人的精神財富。」「歷史交給我們的使命，是努力建造起一座把這教訓變為財富的『文革』博物館。它將把『文革』用實物以歷史見證人的方式展示給世人。在這裏，一代代中國人將親眼目睹、身臨其境他們的父輩祖輩經歷過的一切，從而深信不疑。這赤誠又愚昧的時代畫面，真實又荒謬的『文革』文化，將把一個個關於社會弊端、文化劣根和自身弱點的問題擺出來，迫使他們做出思考和解答、並喚起他們文明生存所必需的良知、義務和人格力量。這樣，他們才能不再像父輩那樣因盲目而盲從，因無知而無畏，因愚昧而重蹈災難的覆轍……」[2]

原載《文藝評論》一九九六年第一期

1 〈「文革」博物館〉，《新民晚報》一九八六年八月二十六日。
2 《一百個人的十年》，第三五四—三五五頁。

世紀末的文化漩流

從一個角度看，世界無疑的是一，而從另一個角度看，世界無疑的是多。既是一又是多，那麼我們就採取一種多元的一元論吧。各種事物自然那是必然確定了的，但是我們的意志也當然是自由的。

——威・詹姆士：《實用主義》

在即將告別二十世紀的時刻，總結二十世紀，尤其是世紀末文化遺產的課題日益緊迫地催促著我們趕快去做。研究這課題不僅是一種義不容辭的責任，也直接關係到我們跨入下一世紀後建構新文化、新思想的方向和策略的選擇。這當然是一個很大的課題。限於篇幅，我在此只想從精英文化在八、九十年代的分化與交彙這一層面談幾點感想。因為精英文化的多元碰撞與錯綜交叉構成了世紀末文化思想史上最壯觀的場面。

一九七〇年代末的「李澤厚現象」：在啟蒙與傳統之間的彷徨

「文革」結束以後，「反封建」的主題奏響。對「文革」的清算必然歸結為對「封建專制主義」的批判。這時，李澤厚的《中國近代思想史論》出版，成為當代為重返啟蒙主義的一部指南之書。在這部書中，李澤厚提出了一系列對一九八〇年代思想解放運動影響巨大的命題：關於「社會政治思想在中國近代思想史上佔有最突出的位置」、「中國近代思想和活動的主流是由知識分子帶頭，從愛國救亡而轉向革命的。愛國反帝始終是首要主題。這一主題經常沖淡了掩蓋了其他，這與歐洲為爭自由而革命的數百年思想進程很不一樣。資產階級的自由，平等，博愛等民主主義，在近代中國並沒有得到真正的宣傳普及，啟蒙工作對於一個以極為廣大的農民小生產者為基礎的社會來說，進行得很差。……農民革命的道路可以通向新的封建剝削和統治……經濟基礎不改變，自由民主將成為空談；而要改變小生產經濟基礎，社會主義民主又正是不可缺少的條件。在這方面，只有魯迅是偉大的。他開闢了由舊民主主義向前行進的反封建啟蒙道路，在今天仍然放射著光芒」[1]等一系列論述觸及到政治改革、知識分子、啟蒙與救亡、經濟變革、農民與封建主義……這些重大的歷史課題，在思想界引起了強烈的共鳴。錢理群等人就由李澤厚的這本書獲得了啟發，注意到社會政治問題對文學的影響貫穿了整個二十世紀文學。[2]一九八〇年代有一種說法，「李澤厚是青年一代的思想庫」，[3]實在不虛。

1 《中國近代思想史論》，人民出版社一九七九年版，第四七五、四七九頁。
2 〈「二十世紀中國文學」三人談・緣起〉，《讀書》一九八五年第十期。
3 李黎：〈青年一代的的美學領袖與哲學靈魂〉，《文學自由談》一九八八年第四期。

《中國近代思想史論》完稿於一九七八年秋天。誰能想到同一個李澤厚緊接著就在當年冬天寫出了《孔子再評價》？「反封建」的吶喊聲猶在迴響，他怎麼會突然回過頭去重新認識封建文化？一方面，他正視歷史的悲劇：「孔學原型中對血緣基礎宗法等級的維護、對各種傳統禮儀的尊重，以及因循、保守，反對變革、更新……始終是中國走向工業化、現代化的嚴重障礙。不清醒地看到這個結構所具有的社會歷史性的嚴重缺陷和弱點，不注意它給廣大人民（不止是某個階級）在心理上、觀念上、習慣上所帶來的深重印痕，將是一個巨大的錯誤」；另一方面，他也換一個角度思考：「中國民族及其文化之所以具有如此頑強的生命力量，歷經數千年各種內憂外患而終於能保存、延續和發揚光大（這在全世界獨此一份。古埃及、巴比倫、印度文明都早已中斷），與這個孔子仁學結構的長處也大有關係。其中有中華民族文化遺產的精華。那種來源於氏族民主制的人道精神和人格理想，那種重視現實、經世致用的理性態度，那種樂觀進取、捨我其誰的實踐精神……都曾在漫長的中國歷史上感染、教育、薰陶了不少仁人志士。它是中國悠久歷史上經常起著進步作用的重要傳統。」[1]乍一看去，似乎是「一分為二對待民族文化遺產」、「分清精華與糟粕」的老思路。但聯繫到李澤厚的整個思想體系，又不難使人感受到傳統問題的複雜性——這種複雜性不僅體現在李澤厚一直關注的「文化——心理結構」的穩定性與宿命性，而且還體現在對「現代化之後」異化世界必然產生的深深擔憂。在這方面，李澤厚很可能受到了海外「新儒家」的影響（在一九九四年出版的《原道》第一輯上，李澤厚就對被稱為「新儒家」表示了首肯，儘管他補充道：「但不是現在港臺那種新儒家」[2]）。

1 《中國社會科學》一九八〇年第二期。
2 《原道》第一輯，中國社會科學出版社一九九四年版，第三頁。

僅僅幾個月的時間，就由「反封建」轉向「繼承傳統」、由「學習魯迅」轉向「重評孔子」，這是怎樣的巨變，又昭示了怎樣深刻的思想矛盾！但如果我們不僅僅從非此即彼、二元對立的舊思維角度看問題，我們會注意到李澤厚思想矛盾深層的兩個基本點：

一是現代化使命感。啟蒙是為了呼喚現代化，繼承傳統是為了建構中國特色的現代化，並努力警惕「現代化病」於未然。

二是精英意識。啟蒙是知識分子義不容辭的使命感，繼承傳統也不是小生產文化傳統或封建統治階級的僵化傳統，而是「仁人志士」的傳統。對「仁人志士」（精英）傳統的強調，使李澤厚區別於一概而論，忽略了傳統的複雜性、多層次性的籠統之見。李澤厚多次強調知識分子問題的極端重要性，強調研究從辛亥革命到紅衛兵六十多年間六代知識分子命運的必要性，「並指出他們有一個繼續戰鬥和自我啟蒙的雙重任務」[1]，說到底，仍然是出於現代化的使命感。

如果這樣的分析可以成立，如果認同「現代化不等於西化」，認同無論中國文化還是西方文化都可以進一步分為精英文化和大眾文化，而在中國精英文化與西方精英文化之間又有著許多驚人的相似或相通之外，那麼，李澤厚的思想矛盾就顯示出了超越「中、西文化對立」的某種深刻性。

但在一個多元文化碰撞的年代，在一個浮躁情緒流行的年代，李澤厚的思想矛盾所產生的複雜效應又必然地超越了李澤厚本人的理性構想……

---

1 《中國近代思想史論》，人民出版社一九七九年版，第四七一頁。

一九八〇年代的「文化熱」：中、西文化論爭的錯綜局勢

雖然李澤厚有意調和啟蒙主義的中國傳統精英文化之間的矛盾，但更多的學者卻被捲入了一場波瀾壯闊的中、西文化優劣之爭中。談及多元文化之間的關係，一九八〇年代的人們習慣以「碰撞」這個詞去予以評說，而很少用「融彙」或「交叉」之類詞去描述，這多少可以折射出八十年代時代精神的某些本質特徵：活躍也衝動，尚異也偏執，熱烈也焦灼。回首二十世紀思想史的風雨歷程，似乎沒有第二個話題像「中、西文化優劣之爭」這樣幾度令知識精英們如癡如狂——從一九二〇年代到一九四〇年代，再到一九八〇年代……我們不妨稱之為二十世紀中國知識界的一個「文化情結」：聚訟紛紜幾十年，至今各執一詞，難辨是非曲直。

一九八〇年代，思想解放的大潮激動人心。現代迷信煙消雲散之後，當代人開始重新選擇生存的峰頂。西方文化新潮的湧入滿足了他們的精神需求。正如中國的經濟改革急於與西方經濟接軌一樣，當代多數人的心理天平也明顯傾斜於西方文化一端，原在情理之中。對於當代學者來說，「學貫中西」雖然是一個人人皆知的偉大目標。多數人的選擇也寧可是：先「西」後「中」。這樣，我們就不難看出：在「中、西文化優劣之爭」中，持「西優中劣」態度的激進派多為朝氣蓬勃的青年學者，而持「中國傳統文化有自己不可替代的優勢」態度的溫和派則主要是一批老成持重的老年學者。

「文革」後崛起的一代青年學者，多尊魯迅為精神導師。他們像「五四」先驅那樣，以鬥士的姿態在思想界、文學界嶄露頭角。他們對中國傳統文化作出了猛烈的批判，以此為中國現代化（西化？）進程吶喊開道。

如果說，李澤厚對儒家文化的肯定主要是在「人格理想」、「理性態度」、「實踐精神」的層面，那麼，蕭功秦對儒家文化的批判則主要是在保守心態的層面：「中國正統士大夫（「仁人志士！」——引者）對異質

文化的排斥態度……對應付西方文化挑戰的方式產生了嚴重的消極影響……使中國的近代化和民族自衛過程遭到嚴重的挫折，同時也構成近代維新運動失敗的社會思潮背景。」[1]——論之有據，言之成理，同樣著眼於精英文化的分析，價值取向卻相隔萬里！由此可見，精英文化本身就包容了多麼複雜的矛盾！

如果說，李澤厚對儒家文化的肯定主要是在「精神」層面。那麼，金觀濤對傳統文化的否定則直指「社會結構」層面。他在那本《在歷史的表象背後》一書中運用控制論、系統論方法解剖了中國封建社會的宗法一體化結構、週期性動亂與停滯性的歷史之謎。指出：「一體化強控制……把一個不斷發展的活生生的社會結構固化了……有效地遏止著新生事物的萌芽。它是一個維護皇帝、聖人、老人、祖宗的絕對權威和古老傳統生活方式的社會。」[2]——這樣的批判、浸透了呼喚現代化、呼喚新生活的激情，又與李澤厚對「獨此一份」的「頑強生命力」的讚歎形成了鮮明的對比。

王富仁這位魯迅研究專家則不遺餘力地呼喊：「回到魯迅那裏去！」[3]這句口號顯然是「反傳統」的同義語。他的研究表明：魯迅對中國古文化傳統的基本態度是否定——「中國古代文化傳統是一個具有嚴重排他性能的自我封閉的文化系統」，「中國古代文化傳統在整體上只能造成歷史的逆向性運動」；「中國古代文化在整體上是一個非科學或反科學的文化體系，它在現代世界上已成為落後的東西」；「中國古代文化傳統是與封建專制政治緊密聯繫在一起的一個文化系統，在整體上是一架吃人的文化機器」。[4]——與李澤厚從「精神」層面肯定傳統文化截然不同的，是王富仁從「整體上」對傳統文化的否定，尤其是從「政治上」的激烈否定。

1 《儒家文化的困境》，四川人民出版社一九八六年版，第四頁。
2 《在歷史的表像背後》，四川人民出版社一九八三年版，第四四頁。
3 《〈吶喊〉、〈彷徨〉綜論》，《文學評論》一九八五年第三期。
4 《對古老文化傳統的現代化調整》，《中國》一九八六年第九期。

蕭功秦、金觀濤、王富仁的上述見解在「反傳統」思潮中頗有代表性。他們都是歷史學界、思想界和文學界中有影響的學者。他們的「反傳統」主張都建立在學理研究的成果上，同時又明顯使人感受到強烈的現實感：他們通過自己的吶喊呼喚中國文化的鳳凰涅槃。

與學理上的「反傳統」主張在口號上十分相似，卻在價值取向上絕不可同日而語的，是情緒上的「反傳統」喧嘩，如果說學理上「反傳統」是建立在理性主義堅固的基石之上，那麼，情緒上的「反傳統」主張則主要源於非理性主義的生命衝動——這種躁動不安的情緒在「文革」後的青少年中極為盛行，青春期的躁動情緒與洪水般湧入的西方現代主義文化思潮一拍即合。荒誕感、絕望感、焦灼感便迅速蔓延了開來。這方面的文化標本有「新潮文學」和「劉曉波現象」。

「新潮文學」興起於一九八四——一九八六年間，在那三年多的光陰裏，打著五花八門的旗號的現代主義詩社如雨後春筍般湧現出來。一大批二十多歲的青年詩人以叛逆、狂放的姿態發出了他們的呼聲：「崇高和莊嚴必須用非崇高和非莊嚴來否定——『反英雄』和『反意象』就成為後崛起詩群的兩大標誌。」（徐敬亞）[1]「搗亂、破壞以至炸毀封閉式或假開放的文化心理結構！」（李亞偉）[2]「搗碎！打破！砸爛！它絕不負責收拾破裂後的局面。」「它所有的魅力就在於它的粗暴、膚淺和胡說八道。它要反擊的是：博學和高深。」（尚仲敏）[3]……這一切，與「破字當頭」、「造反有理」的「紅衛兵情緒」何其相似！都無比浮躁，都無比焦灼。所不同的僅僅在於：「紅衛兵」是為了虛幻的崇高理想而燃燒，「新生代詩人」則是為了宣洩莫名的煩惱與狂放。這種狂放的情緒迅速蔓延，產生了極其複雜的歷史效應。

1 《中國現代主義詩群大觀》，同濟大學出版社一九八八年版，第一頁。
2 《中國現代主義詩群大觀》，第九五頁。
3 《中國現代主義詩群大觀》，第一八五頁。

與狂放、焦灼形成鮮明對比的，是另一種心態——冷漠與調侃。而冷漠與調侃也是對傳統的反叛。當韓東代表「他們文學社」宣告：「我們關心的是詩歌本身……我們關心的是作為個人深入到這個世界中去的感受、體會和經驗」[1]時，也就遠離了「文以載道」的傳統文學觀。當劉索拉以《你別無選擇》概括一種無可奈何的荒謬感與宿命感、徐星以《無主題變奏》表達一種「不等待什麼」又「孤獨得要命」、「只想做個普遍人」卻逃避不了普通人的無聊與煩惱的虛無感與惶惑感時，他們也就遠離了「天行健，君子以自強不息」的傳統人生觀。

韓東、劉索拉、徐星等人的冷漠與調侃和徐敬亞、李亞偉、尚仲敏等人的焦灼與狂放形成了鮮明的對比，顯示了現代主義思潮的複雜性。同時，現代主義「反傳統」的情緒性又對以蕭功秦、金觀濤、王富仁為代表的理性主義「反傳統」的思辨性構成了挑戰。同樣是「反傳統」，情緒性的焦灼與狂放、冷漠與調侃卻和思辨性的深沉與嚴謹、熱情與莊嚴水火難容；同樣是「反傳統」，非理性主義與理性主義的對峙與衝撞有目共睹。而且，在一九八〇年代的青年中，非理性主義的誘惑力更大、影響面也更廣。（想想一九八〇年代中期的「尼采熱」、「佛洛伊德熱」、「梵谷熱」、「搖滾熱」是怎樣在青年中風靡的情景吧！）相比之下，理性主義的探討只在青年學界中為人所關注。情緒，畢竟比思想更容易為多數人所接受呵。

這樣，便有了「劉曉波現象」。一九八六年的《文學評論》第三期上發表了劉曉波的論文〈一種新的審美思潮〉。文章認為：劉索拉、徐星的「新潮小說」「標誌著中國青年對封建意識的自覺批判和個性覺醒」，「它們的共同主題便是對人格獨立的追求」，那些玩世不恭的青年形象是「魯迅的『狂人』的後裔」，他們在「冷嘲熱諷中的抗爭與追求」應該得到理解。如果說此篇的著眼點還是「審美」和「理解冷嘲熱諷」，那麼到了當年《中國》第四期上發表的〈無法迴避的反思〉中，劉曉波已從文學評論轉向了文化批判。在那篇文章

1 《中國現代主義詩群大觀》，第五十二頁。

中，他激烈地否定了《哥德巴赫猜想》、《綠化樹》、《人到中年》中那些忍辱負重、可歌可泣的知識分子形象，斥之為「帶有異化色彩的人格」，呼籲「從自我否定起步的自我重建」。緊接著，他又在當年九月的「新時期十年文學討論會」上發表出驚人之論：〈危機！新時期文學面臨危機！〉。他的吶喊聲在會上孤掌難鳴，卻通過《深圳青年報》的傳播而在青年學生中激起了狂瀾：「中國文壇缺少具有挑戰姿態的人物」。「中國知識分子身上的民族惰性比一般大眾更深更厚！」「中國作家仍然缺乏個性意識。這種無個性的深層就是生命力的枯萎、生命力的理性化、教條化，中國文化的發展一直是以理性束縛感性生命，以道德規範框架個性意識的自由發展」；「不打破傳統，不擺脫理性化教條化的束縛，便擺脫不了危機。」「在和傳統文化對話的時候，就是得把這樣一些東西強調到極點：感性、非理性、本能、肉。肉有兩種含義，一是性、一是金錢。」[1]——偏激的挑戰姿態、極端的反理性口號、赤裸裸對性與金錢的呼喚：劉曉波因此風雲一時。他成為非理性主義思潮的代言人，更成為世俗化大潮的呼風喚雨者。他向李澤厚的理性主義發起的挑戰書《與李澤厚對話》在青年學子中成了十分走紅的非理性主義理論綱領。[2]在一九八六～一九八八年間，「向權威挑戰」的思潮十分時髦（例如詩歌界的「北島、舒婷過時了」的說法，文學批評界的「罵派批評」等），在相當程度上，是「劉曉波現象」的效應。

劉曉波的偏激情緒、鬥士姿態引起了一部分學者的擔心。張汝倫就注意到劉曉波言必稱尼采的思維方式從根本上說仍是「凡是」式的思維方式，劉曉波的「非此即彼」的思維方式也明顯帶有專制思維的色彩（還有什麼比批判國民性的人們「往往更徹底地實踐了他所批判的東西」更令人感到可悲的呢？）。張汝倫一針見血地指出：「在劉曉波的著作中我們可以看到和李澤厚同樣的救世熱情和超學術的功利興趣，卻很難發現為真理而

---

1 《深圳青年報》一九八六年十月三日。
2 原載《中國》一九八六年第十期。

真理的精神。」「為了論證自認的真理不惜歪曲事實，……最終必然屈服於權勢或名利。」[1]而另一位學者許紀霖則別有見地，他欣賞劉曉波「充滿血性，直面真理的陽剛氣勢」、「憤世嫉俗」的狂人姿態。[2]——看，在學者的陣營中，「為真理」還是「為血性」、「為學術」還是「為功利」，也是難有共識。

而當我們回首「反傳統」思潮演進的歷程，發現從一九七〇年代末的「李澤厚現象」到一九八〇年代的「劉曉波現象」，其間明顯有一條從理性反思出發，到非理性反叛在幾年間迅速擴散開來的線索，——這時，我們不是可以領略到時代精神變遷的複雜景觀麼？在「反傳統」的旗幟下，少數學者與廣大青年、理性主義與非理性主義的矛盾與衝突仍然激烈。考慮到長久被禁錮、壓抑的歷史原因，考慮到改革艱難的社會現實，考慮到浮躁是青春期主導情緒這一定律，又不能不對「劉曉波現象」的轟動效應表示起碼的理解。

現在，該看看「重新評說傳統」的另一個陣營了。這一陣營，主要由一些研究「國學」的學術名流組成，包括梁漱溟、馮友蘭、張岱年、湯一介、龐樸等人。面對鋪天蓋地的「反傳統」潮聲。他們不為所動，執著地、耐心地闡釋著傳統文化的精神價值。

梁漱溟、馮友蘭，早在一九二〇年代和三、四十年代，就是現代「新儒家」的代表人物。梁漱溟在一九二一年出版的《東西文化及其哲學》一書中論證了中西文化的不同並無優劣之分，而只是生活中解決問題方法的不同，因此，中國人完全不必「蹈襲西方的淺薄」，為此，他呼喚「中國人自己人生態度的復興」。馮友蘭則在四十年代提出了「新理學」體系，以現代西方哲學方法論重新闡釋中國傳統哲學，強調「道德無新舊」，追求「知天」、「事天」、「樂天」、「同天」的宇宙主義境界。他們因此成為現代思想史上儒家學說的傳人。到了世紀末，他們仍忠實於儒家學說，為之招魂。梁漱溟堅持認為：「中國傳統文化大大落後

1 〈思想的危機〉，《書林》一九八八年第七期。
2 〈我看「狂人」劉曉波〉，同上。

了。……是因為中國人把心思用在人倫問題上了。但中國人的互以對方為重、『禮讓為國』，是未來世界的前途，它必將取代『個人本位』、『自我中心』的思想。……世界的前途必然是中國文化的復興。」[1]馮友蘭則指出：「馬克思主義要中國化，……在中國也要接上中國古典哲學，作為來源之一，才會成為中國的馬克思主義。」[2]他在生命最後一刻說出的心聲是：「中國哲學將來要大放異彩！」[3]

與他們觀點相近的張岱年思考：「國民性中有劣根性，是否也有『良根性』呢？」他的答覆是肯定的：「中華民族也有自己的民族精神」——「一方面是自強不息、永遠運動、努力向上、絕不停止；另一方面也要包容多樣性，包容不同的方面，不要隨便排斥哪一個方面。」另一方面，他也不諱言：「中國傳統文化中有兩個最大的缺點，一個是缺乏實證科學……另一個缺乏民主傳統。」因此，就要以「科學與民主」去糾正之。[4]

龐樸也在《中國文化的人文精神（論綱）》中肯定了中國傳統文化中「以人為本」、「天人合一」、「人人在道德面前平等」、「反功利主義」、「情理結合」的人文精神。[5]

而湯一介的認識則更具辯證意味：「在我們傳統文化之中，優點和缺點常常是結合在一起的」——理想主義與空想熱情、人本主義卻沒有個性解放，求統一求和諧的思維方式與少分析少嚴密的弊端……「如何加以發揚和克服，使我們的民族更好地走向現代化」，才是我們的使命。[6]

1 任華，馳方：〈梁漱溟先生訪問記〉，香港《良友》畫報一九八六年第八期。
2 戴晴：〈是幾時孟光接了梁鴻案〉，《學者答問錄》（一），陝西科學技術出版社一九八八年版，第十九頁。
3 宗璞：〈三松堂斷憶〉，《讀書》一九九一年一二期。
4 〈中國傳統文化的分析〉，《理論月刊》一九八六年第七期。
5 《光明日報》一九八六年一月六日。
6 引自薛湧：〈追求新的文化目標〉，《書林》一九八六第六期。

對傳統文化的重新評價明顯有回應「反傳統」思潮挑戰的意味。這引發了一些青年學者的不滿。龐樸的《中國文化的人文精神（論綱）》發表後，立刻招致了青年學者黎鳴、白鋼的反駁，就是一例。[1]然而，問題的產生不僅僅來自意見的分歧。重新評價傳統文化思潮的產生具有極其複雜的時代背景——亞洲「四小龍」的崛起引出了海外「儒教資本主義」的議論；海外「新儒家」的傳入開啟了建構新文化的思路；國內現代化進程中產生的一些社會問題引發了有識之士的憂思；中國知識精英根深蒂固的民族主義精神情結也制約著治學的選擇；由「改造民族性」的時代主題必然引出「研究傳統文化」的課題，而傳統文化典籍歷久不衰的魅力以及讀書界「錢鍾書熱」、「陳寅恪熱」的悄然升溫……這一切因素的風雲際會，使得「復興傳統」的呼聲必然地成了當代文化格局中不可缺少的一個板塊。

耐人尋味的是：與「反傳統」思潮的激烈與偏執形成強烈對比的，是「復興傳統」思潮從容不迫、溫柔敦厚的長者風度。在這樣的對照中，我們除了可以洞見青年浮躁情緒與老年智者風度的境界差別之外，是否還可以猜想別一種的文化心理的效應？

其實，青年也不可一概而論。當季紅真從汪曾祺的小說讀出了「積極入世、注重實踐、有所作為的儒家道德理想」和「消極出世、無為清靜的道家精神」時，[2]當陳平原從林語堂的著述中感悟：「徹底西化是不可能的……中國人遲早總得向傳統復歸」，林語堂「批判中國傳統的倫理道德與政治理想而頌揚中國傳統的生活態度和情感方式」的選擇就是很值得研究的範例時，[3]當凌宇〈從苗漢文化和中西文化的撞擊看沈從文〉，發現沈從文「肯定了佛教所擁有的人類普遍同情心，孔子及儒家學說的人生進取精神……以及老莊反對狹隘功利的人

---

1 黎鳴：〈中國傳統文化有「人文」主義精神嗎？〉、白鋼〈〈中國文化的人文精神（論綱）〉駁議〉，均載《光明日報》一九八六看三月十七日。

2 〈汪曾祺小說中的哲學意識和審美態度〉，《讀書》一九八三年第一二期。

3 〈林語堂的審美觀與東西文化〉，《文藝研究》一九八六年第三期。

與自然契合的『無為而無不為』的思想」並使之與苗族文化與自然契合的生命形態、與西方希臘文化的人文理想融彙成「只信仰『生命』」的人生觀與審美觀時，[1]當李書磊由周作人的溫和思考「新文化運動中的激進態度與『文化大革命』有一種因果關係。……我們不能不承認用激進的方式來改造舊文化是失敗的……我重新估計新文化運動中這被長期忽視的另外一派：溫和主義。溫和主義也是一種寬容主義……也許只有溫和主義才能給新文化帶來最後勝利」時，[2]我們便注意到了一個重要的形象：並非所有的青年都天性傾向於偏執與浮躁。上述理解傳統文化、從傳統文化中積極發掘建設新文化的寶藏的見解表明：青年中也不乏傳統文化的知音。他們與偏激派「反傳統」的青年所以會採取不同的立場。除去文化價值觀選擇上的巨大差異以外，很可能還有心理素質上的重要不同？

青年中也有「反傳統」的激進派與「尊重傳統」的溫和派之人。但這還不是一切。

一九八五年，是「新潮文學」之年，也是「尋根」之年。一批知青出身的作家，無緣接受傳統文化的教育，卻在社會底層的閱歷中通過自學走進了傳統文化的殿堂。阿城、韓少功、李杭育、鄭義就這樣揭開了「重新評價傳統文化」的又一頁：他們致力於分析傳統文化的豐富性。韓少功發現了楚文化與中原文化的區別，認定：「萬端變化中，中國還是中國，尤其是在文學藝術方面，在民族的深厚精神和文化物質方面，我們有民族的自我，我們的責任是釋放現代觀念的熱能，來重鑄和鍍亮這種自我。」[3]李杭育發現了規範的中原文化與「規範之外」的吳越文化的區別，認為：「我們民族文化之精華，更多地保留在中原規範之外，規範的、傳統的『根』，大都枯死了。」[4]——他們更看重的，是傳統文化中「規範之外」的部分、民間的部分。這樣，他們

---

1 《文藝研究》一九八六年第二期。
2 〈溫和的意義〉，《光明日報》一九八八年六月一四日。
3 〈文學的「根」〉，《作家》一九八五年第四期。
4 〈理一理我們的「根」〉，《作家》一九八五年第九期。

對待傳統的態度便是民粹主義的態度——以民間文化中的「神秘、奇麗、狂放、孤憤」（韓少功）和「幽默、風騷、遊戲鬼神和性意識的開放、坦蕩」（李杭育）的活力去反僵化、反正統、反禮教。在楚人的「狂放、孤憤」與現代主義的狂放、孤獨之間，在吳越人的「幽默、風騷」與自由主義的開放品格之間，有多少息息相通之處！」「尋根派」從民間文化中汲取了「反正統」的活力，「改造國民性」的活力，意義不可低估。從這個角度看去，民間文化也具有「啟蒙」的成分，也加入到了當代「啟蒙」運動的大合唱中。

這樣，在一九八〇年代的「文化熱」中，「理解傳統」、「重新發現傳統」、「捍衛傳統」的陣營中又可以分成「新儒家」和「民粹派」兩支力量。前者主要從學理上闡釋傳統精英文化的充沛活力。而二者對傳統文化的闡發又與「反傳統」思潮對傳統文化的認識（僵化、保守、專制、蒙昧）相去多遠！

「尋根」運動在世紀末的文化思想史上寫下了獨具風采的一頁：從它的歷史意義來看，它上承民族文化遺產中的「人民性」精魂，在世紀末浮躁、焦灼的「西化」大潮中，譜寫了剛健民魂的頌歌（阿城的《棋王》浸透了「柔能克剛」的從容；鄭義的《老井》充滿了「自強不息」、「克己奉公」的力量；李杭育的《最後一個漁佬兒》謳歌了民間的自由人格；莫言的《紅高粱》追懷著先人的酒神精神）。同時，「尋根」思潮又在世紀末風雲變幻，民族主義、新保守主義大潮高漲的世界文化背景中賦有了鮮明的當代性；從它的文化意義上看，它對民間文化的帶有浪漫主義色彩的闡釋拓展了當代人文精神重建的思維空間，它對民間文化活力的發現既是對「反傳統」思潮的有力回應，也是對「國學熱」的崇高性、嚴肅性、嚴謹性的有力超越，它以更活潑、更自由、更世俗的品格在當代文化的多元格局中佔有一個重要的位置；它的浪漫品格使它在精英文化與大眾中汲取了生命的活力；從它的文學意義上看，「尋根文學」，又是富於浪漫氣韻的文學，這種浪漫氣韻與「干預生活」的寫實之作中的悲涼之霧也形成了耐人尋味的對比——在世紀末的文壇上，「尋根文學」給人以愉悅與希望。

不過，「尋根」思潮熱過一陣，很快也沉了下去，有人認為，這是由於「尋根」的口號缺乏清晰的闡釋。這不失為一種說法。但我更傾向於從多元思潮的錯綜矛盾中去看問題：「尋根熱」之所以還沒結出豐碩之果就涼了下去，是因為更尖銳的文化矛盾激發出更浮躁、更焦灼的世紀末情緒。

一九八〇年代的「文化低谷」：精英文化的危機與大眾文化的興盛

生存危機，是二十世紀的一大憂患。一九七二年，羅馬俱樂部發表的關於人類困境的研究報告《增長的極限》向人類敲響了生存危機的警鐘。這個報告一九八四年經《走向未來》叢書譯介到中國，觸發了八十年代中關於「危機感」的討論，儘管《走向未來》叢書緊接著於一九八五年又譯介了一部《沒有極限的增長》，但在樂觀主義的氣氛中沉浸了太久的中國人卻依然對「危機感」的話題傾注了明顯的熱情。而中國在追趕現代化進程中遇到的一系列憂患（諸如人口危機、能源危機、教育危機、通貨膨脹）也迫使人們走向憂患，走向浮躁，走向焦灼。

作家和學者是格外敏感的一群人。早在一九八一年，張辛欣就在著名的小說《在同一地平線上》中觸及到「生存競爭」的無情與政治高壓、社會停滯積久而成的「生存軟弱症」的尖銳矛盾；到了一九八四年，阿城在談及寫《棋王》的動機時，坦言是「懷一種俗念，即賺些稿費，買煙來吸」[1]，也道出了作家的生存窘態；而一九八〇年代中，「社會問題報告文學」的風起雲湧不也是「危機感」勢不可擋的表徵麼？而《山坳上的中國》的作者何博傳也是從一九八五年開始致力於「中國問題學」的建立的（當年，他發表了《中國未來教育十

1 〈一些話〉，《中篇小說選刊》一九八四年第六期。

大危機》一文）……直到一九八〇年代末，「文化低谷」的驚呼到處可聞，「會不會被開除『球籍』？」的惶惑登峰造極。

一九八八年，一批「反傳統」的青年學者發出了「文化危機」的警報——黎鳴在〈當代中國文化的危機〉一文中指出：「當前中國文化嚴重地表現為畸型。教師、工程師、科學家的經濟地位和社會威望低於作家、詩人、影星、歌星、球星、棋星、更不用說官星……青年人嚮往紅道、黑道、黃道（做官、出國、掙大錢）。」[1]許紀霖也在〈商品經濟與知識分子的生存危機〉一文中直言：「當代中國的知識分子正面臨著一個嚴峻的生存挑戰。……偌大的神州，已放不下一張平靜的書桌，神聖的校園，失去了往日的清高，安寧的書齋，也難以再撫慰學者們一顆寂寞的心……在排浪般的『全民皆商』壓力之下，知識分子如何制訂有關戰略決策，對於知識分子來說確乎生死攸關，也許可以說，對於整個民族來說，也未必不是生死攸關。」[2]那一年裏，「傻得像博士，窮得像教授」的「新俗諺」到處流傳，「十億人民九億商，還有一億在擴張」的「順口溜」不脛而走。知識分子在一九七〇年代末揚眉吐氣，在一九八〇年代啟蒙運動中呼風喚雨，一心為現代化進程吶喊，誰曾想現代化進程卻把他們拋入了「文化低谷」！

與「文化危機」、「知識貶值」、「文人下海」的喧嘩形成鮮明對照的，是伴隨著商品化大潮出現的世俗化傾向。以消遣、娛樂、感官刺激為基本功能、以贏利為基本目的的世俗文藝在為大眾提供了「文化速食」的同時也吞食了精英文藝的大片領地。我無意低估世俗文藝的社會意義（它不僅具有撫慰大眾、緩解大眾的心理壓力，進而為維繫社會的穩定發揮不可替代的作用的重要功能，而且也從一個層面推動了重塑國民性的進程——大眾在消費世俗文藝的過程中也滋長了新的素質：卡拉ＯＫ使人開放，武俠小說使人豪放，言情故事使人

1　《書林》一九八八年第八期。
2　《讀書》一九八八年第九期。

浪漫，隨筆小品使人靈秀……）。我甚至認為世俗文藝是現代文化多元格局中不可缺少的一元。但是，我不能不正視精英文化面臨危機的無情現實，因為無論如何，精英文化的衰落是一個民族的恥辱與悲哀！想想二十世紀精英文化多災多難的命運，想想精英文化剛從極左暴政下獲得了新生，沒過幾年又在經濟的巨大壓力下發出了絕望的哀鳴，怎不使人仰天長歎，欲哭無淚！

在世俗文藝的大潮中，「王朔現象」是一個標本。一九八六年，王朔以《一半是火焰一半是海水》、《橡皮人》兩部作品成名於文壇。他的作品自成一格：他成功地刻畫出當代「痞子」的靈魂，既有「強悍、潑辣、率直」的衝擊力[1]，又展示了「玩的就是心跳」、「一點正經沒有」（也可讀作：「反正經」、「反正統」）的另一種活法。一九八八年，王朔的四部小說被改編成電影（《頑主》、《輪迴》、《一半是火焰，一半是海水》、《大喘氣》），以致於電影界有了「王朔年」的說法。這樣，王朔便成了一九八〇年代末大紅大紫的作家。王朔的大紅大紫與他獨特的文學風格密切相關，又何嘗不是時代情緒的絕好象徵？——王朔善於調侃，妙語連珠，這樣，他就化解了「新潮文學」的絕望、「問題文學」的緊張，就在悲涼之霧中開出了一條自我放鬆、自我調節的「找樂」之道，而「找樂」，不正是民間百姓代代相傳的最常見的活法嗎？在王朔「調侃一切」的活法與李杭育欣賞的吳越人「幽默、風騷、遊戲鬼神和性意識的開放、坦蕩」之間，我們不難發現某些心心相通的元素。另一方面，王朔成功以後，有意擺出向知識分子挑戰的姿態，多次嘲弄「知識分子的病態心理和萎靡偏執」[2]，直至鼓吹「痞子創造歷史」[3]，也正適合了「文化危機」、「知識貶值」的潮流（甚至連許多著名的知識分子也在自嘲。而當代知識分子題材的小說中，不是也多的是冷嘲熱諷之作，而少有陽剛之氣的大作麼！）王朔的成功與獨傲表明：世俗化大潮已成為一九八〇年代末文化的主流。世俗化大潮不僅強大到令許多知識分子也心馳

---

1 斯冬：〈他在通俗與純粹之間〉，《小說選刊》一九八七年第四期。

2 〈欣賞與擯斥〉，《外國文學評論》一九八九年第四期。

3 《文學報》一九九三年五月二十二日。

神往、趨之若鶩的程度，而且也以其玩世不恭的「痞子」姿態消解了「啟蒙」的沉重，「傳統」的莊嚴，直至「新潮」的絕望，一時間，「文化熱」似乎驟然降溫，中西文化的優劣之爭似乎也成了一場多餘的玄談。

這時，「後現代主義」的聲浪應運而生，給玩世不恭的思潮以理論的說明與支持。

早在一九八六（又是一九八六！），《讀書》雜誌就介紹了西方的「反現代主義」理論。在一篇訪談錄中，美國文化批評家弗雷德里克・傑姆遜告訴人們：「後現代主義所推崇的恰恰是被斥為『低級的』一整套文化現象，如電視連續劇、《讀者文摘》文化、廣告模特、大眾通俗文學以及謀殺故事、科學幻想等等。」「現代主義時代被異化的主體所感到的焦慮、孤獨、惆悵等等在後現代零散化的主體身上消失了，強烈的情緒退了，如果說現代主義的藝術風格是『熾熱』的，後現代主義則推崇『冷漠』。」商品化進入了建築、藝術、文學甚至哲學領域。[1]讀著上面這些話，你覺得八十年代末中國文化的商品化、世俗化進程簡直可以說是「後現代文化」時期的開始！在中國當代的「痞子文學」與西方「後現代主義」的世俗化、商品化、冷漠化之間，有太多的不謀而合之處——於是我們發現：在世俗文化的層面上，中、西文化一拍即合、天然親和了！是的，中國的大眾也許對什麼是「後現代主義」沒有興趣，也對西方的哲學、文學名著敬而遠之，但在接受可口可樂、漢堡包、牛仔服、搖滾樂、好萊塢電影方面，卻是爭先恐後，一擁而上的，中國大眾在物質生活消費上的「西化」傾向有目共睹。但這絕不意味著他們會放棄中國傳統的美味佳餚、撲克麻將，相聲魔術。在享樂方面，只要條件允許，中國人是最徹底的「拿來主義」者。而當有的青年學者也急急忙忙宣告：「海子之死加上（一九）八九年中國美術館的槍擊事件構成了整個時代的背景：新時期那套話語的合法性終結，不僅因為政治變動，而是因為時代本身發生了轉變。啟蒙的、現代性的話語原來的意義已經枯竭。『後新時期』是一個在商業化和大眾傳媒支配下

1 〈後現代主義：商品化和文化擴張〉，《讀書》一九八六年第三期。

多元話語形成的時期……精英文化既喪失政治合法性，又喪失文化合法性」時，也就意味著一部分知識分子加速了溶於世俗化大潮的進程。精英文化與世俗文化之間的界限，似乎真的被「後現代主義」思潮抹平了。[1]

但問題的無情還在於：精英文化真的連文化的合法性也喪失了嗎？那又該如何理解在「王朔現象」鼎盛的一九八八年，文壇上還有「社會問題報告文學」繼續升溫的壯麗景觀，還有「重建理想」、反對「無目標、無取向、無價值標準的文藝」的呼聲，[2]還有「不能趕時髦，更不能『媚俗』」的忠告和「中國經濟的不發達，還沒有被後工業社會的陰雲所籠罩，大眾傳播媒介還沒有完全侵佔文學領域」的國情分析。[3]——這，便是中國文化發展的不平衡性、差異性、多元格局性。由此看來，一九八〇年代末既有雅俗合流（或更準確些說：雅走向俗、俗吞沒雅）的「後現代主義」景觀，也有憂患依然、熱忱依然、崇高依然的「啟蒙主義」景觀。「後現代主義」與「啟蒙主義」的並存、對峙，是一九八〇年代末文化漩流中最引人注目、最具中國轉型期特色的文化現象。

一九九〇年代的風雲變幻：精英文化的復興與裂變

一九九〇年代初「後現代主義」西風勁吹。一九九二年的又一度「全民經商熱」和「王朔熱」（那一年《王朔文集》風靡了文壇與社會）為「後現代主義」提供了有力的支援。

---

1 張頤武語，見袁幼鳴：〈詩人何為〉，《鍾山》一九九四年第二期。
2 陽雨：〈自由與失重〉，《文藝報》一九八八年四月十六日。
3 李紅真：〈不能趕時髦，更不能「媚俗」〉，《文藝報》一九八八年五月二十八日。

連李澤厚也承認：「九十年代學術風尚特徵之一是『思想家淡出，學問家凸顯。』」[1]而王富仁則進一步指出：「學術化與現實性的矛盾加強了，……我們將被放在社會吊籃裏越來越高地掛起來……而組成現實社會的則是另外一些人。」[2]——我們不難從這些議論中感受到思想家心中的悲涼。

連韓少功也感慨：「小說似乎在逐漸死亡。」「小說的苦惱是越來越受到新聞、電視以及通俗讀物的壓迫排擠。小說家們曾經虔誠捍衛和竭力喚醒的人民，似乎一夜之間變成了庸眾，忘恩負義，人闊臉變」。[3]而王蒙則索性為「王朔現象」拍手叫好：「理想主義受到了衝擊，教育功能被濫用從而引起了反感，救世的使命被生活所嘲笑」，「首先是生活褻瀆了神聖……其次才有王朔」。[4]他撕破了一些偽崇高的假面。這一切，也是不容迴避的事實。

時代變了。天若有情天亦老。

可為什麼「後現代主義」仍然受到了精英文化的有力挑戰？為什麼一九九〇年代初，當「王朔熱」升溫之時，史鐵生的《我與地壇》、張承志的《心靈史》還能在文壇上引發相當規模的熱烈議論？為什麼一九九三年的「人文精神大討論」會異軍突起，以理想主義的熱情、批判現實的鋒芒一掃「後現代主義」的狂歡氣氛，重振了知識精英的雄風，也擊破了「知識分子失語症」的傳統？為什麼一九九三年的「陝軍東征」能以沉雄之氣、憂患之情重振嚴肅文學的聲名？為什麼「社會問題文學」（代表作家為劉醒龍、何申、談歌、陸天明）也會在一九九〇年代復興？——這一切，不都能使人感受到「啟蒙主義」的餘熱猶在麼？

1 〈李澤厚答問〉，《原道》第一輯。
2 〈現代文學研究展望〉，《天津社會科學》一九九四年第二期。
3 〈靈魂的聲音〉，《小說界》一九九二年第一期。
4 〈躲避崇高〉，《讀書》一九九三年第一期。

原因當然是多方面的。中國有中國的國情。中國的憂患絕不是「後現代主義」的狂歡節能化解得了的。中國知識精英「先天下之憂而憂」的傳統也絕不是「躲避崇高」的時髦風氣所能遮蔽得了的。一九八〇年代的多元文化格局也不是世俗化大潮高漲就能淹沒精英文化的山峰的。這也叫不依任何人的主觀意志為轉移。

值得研究的，是精英文化在世俗文化衝擊下的多向度分化——
精英與大眾的關係仍然牽動著精英的思考：陳思和的選擇是——「知識分子應該破除一種『廣場意識』，以為自己是站在廣場上，振臂一呼而萬眾回應，但這不等於知識分子就此可以不再發表與公眾不同的意見。」「現在的問題是我們如何去創造一套能夠與我們這個社會相適應的人文科學的體系。」[1]這便是他一再提倡的「崗位意識」：堅守批判的立場，同時也堅守學術的陣地。錢理群亦主張：「我理想（追求）的文學研究應有雙重關注，一種是現實性的關注，或者說，研究的原初動力來自現實，思考與探索則要進入『超越』的層次」。[2]

——以上是保持精英立場的選擇。

而走向大眾的知識精英也各有不同的姿態：張承志走向了哲合忍耶——「這種可以活在窮鄉僻壤可以一貧如洗、卻堅持一個心靈世界的人道精神，造成了一種如一片岩石森林般的人民。」[3]人民的堅忍信仰，是他向世俗開火的精神動力。張煒則選擇了「融入野地」——「將『知識分子』這個概念俗化有傷人心。於是你看到了逍遙的騙子、昏憒的學人、賣了良心的藝術家。……我寧可一生泡在汗塵中，也要遠離它們。」[4]這是托爾斯泰式的選擇：從大自然和普通人中汲取生存的信念。麥天樞也在《中國農民》一書中回顧了自己從一九八〇年代到一九九〇年代的思想旅程——從「現代」意識批判鄉村的骯髒、愚昧、落後到「以一種對偉大文明的尊敬的

1 〈當代知識分子的價值規範〉，《上海文學》一九九三年第七期。
2 〈人文學者的命運及選擇〉，《上海文學》一九九三年第九期。
3 《心靈史》，花城出版社一九九一年版，第九頁。
4 〈融入野地〉，《上海文學》一九九三年第一期。

心情打量」鄉村與農民，認定「任何想在這裏做一點有價值的事情的人，如果高高在上地以臨駕者的姿態看待農村和農民，他個人也將一事無成」。[1]——張承志、張煒、麥天樞的立場顯然是民粹主義的立場。這種立場是「尋根」主張的延續。這種立場與陳思和、錢理群的立場不大一樣，但又都以反抗世俗化的姿態而感人至深。

如果說張承志、張煒、麥天樞的民粹主義選擇帶有濃郁的理想主義色彩，那麼王蒙對「躲避崇高」的選擇和王安憶「走向市民」的選擇則更具務實的意味。請看王安憶的感悟：「這城市能撐持到現在，……都是靠蘇青的精神挺過來的。」什麼是「蘇青的精神」？就是「務實不務虛」的精神：「曉得做人是沒意思的，就挑那些有意思的去做，曉得人是有限的，就在有限的範圍裏周轉，曉得左右他人沒有可能，就左右自己吧！」「說是自私也可以，總之是重視個人的經驗超過理性的思索。」「蘇青是不能靠『愛』來撫慰，而是需要更實在的東西。」[2]細細想來，這樣的感悟也是無情現實的人生結果。這樣的感悟中浸透了市民的務實心，卻又並不流於王朔式的放縱。務實，在王安憶眼中，更富於老老實實做人、認認真真生活的意味。對於廣大市民來說，務實的認真也許比務虛的狂熱更可靠。王安憶理解世俗、認同世俗。從世俗中發現市民的認真品格，這種立場與民粹主義者的立場很不一樣，卻似乎又有一些若即若離的聯繫。如此說來，對「世俗」二字也不可只流於「唯利是圖」、「見利忘義」層面的理解。

以上，便是一九九〇年代精英文化分化的三種立場：精英主義、民粹主義與世俗主義。三種立場與形形色色的主張又錯綜複雜交織在一起（如精英主義者的「國學熱」與「宗教熱」的不同選擇、民粹主義者中的宗教情緒與田園情結的不同選擇、世俗主義者中的務實論者與玩世論者不同選擇）……推動著一九九〇年代文化思潮繼續向著變幻莫測的未來奔騰、向前……

1 《中國農民》，三聯書店一九九四年版，第二三至二四頁。
2 〈尋找蘇青〉，《上海文學》一九九五年第九期。

多元化文化的格局無比壯觀。多元文化的大勢不可逆轉。因此，偏狹的眼光，偏執的論斷，都與時代精神是格格不入的。中國的文化評論家在闡釋紛紜複雜的文化現象時，定要走出「唯新是從」、「唯我獨尊」的偏見，才可能「獨登高樓，望盡天涯路」。

另一方面，多元化文化的碰撞與交融更是無比激動人心的文化景觀。激烈的碰撞常常難分勝負，卻產生出千奇百變的連鎖反應；彼此的交融卻出人意料、鬼使神差，顯示著「理性的狡黠」、「合力」的偉大。在一個多變的世界上，什麼樣的文化奇蹟都可能發生，只要我們走出畫地為牢、黨同伐異的牢籠，就會飽覽「會當凌絕頂，一覽眾山小」的壯麗風光……

原載《文藝評論》一九九六年第五期

革命浪漫主義的精靈

在我們的文化中，強悍、兇猛、自信和好鬥的人深受推崇。

——〔美〕萊昂列爾・特里林

革命，是二十世紀中國使用頻率最高的「關鍵詞」之一：從國民黨人推翻封建帝制的辛亥革命到共產黨人發起的土地革命直到毛澤東在晚年為實踐他的「無產階級專政下繼續革命的理論」而發動的「文化大革命」，都使得「革命」這個詞以不可思議的巨大能量改變了中國的面貌。試看二十世紀的世界，有哪一個民族像中國這樣在長達七十年（從辛亥革命到「文革」結束）的時間裏一直為革命的烈火所燃燒而難得安寧？

而如果我們將目光投入歷史的雲煙，如果我們將中國歷史上那些頻繁爆發的農民起義看作現代革命的源頭，我們是很容易看出一點歷史的玄機的：為什麼中國與革命有緣？僅僅是因為中國百姓所受到的壓迫特別深重，所以，「哪裡有壓迫，哪裡就有反抗」？事實上，在世界文明史上，就不乏「哪裡有壓迫，哪裡就有忍從」的反例。其中的原因值得研究（那些富有忍耐精神的民族常常有特別深厚的宗教文化作為承受苦難的精神支柱）。如果換個角度看問題，我們是否可以從中國的民族性中找到一些應有的啟迪？中華民族，是缺乏宗教約束的民族，也是特別具有浪漫情緒的民族。中國人一方面樂山樂水，追求天人合一的快樂；一方面信巫信神，富於海闊天空的想像力（從豐富的神話世界到「大同世界」的夢想）；還有一方面，好衝動，喜任性，酷愛自由。不妨把這些民族性的表現看作中國人具有浪漫情懷的有力證明。而在我看來，這種浪漫情懷也是中國人傾向革命的重要心理根源之一。雖然中國人的務實品格也眾所周知，卻不應因此忽略了中國人的浪漫情懷。既務實，又浪漫；既富有靈活的生存能力，又具有奇特的夢想與想像力，正所謂：取態兼魚，左右逢源。不錯，現實的政治體制、道德教化常常禁錮了不少人的生命熱情、浪漫情懷。但是，無數事實也不斷證明：那些禁錮常常催生了另一部分人的叛逆精神、革命狂熱。

以這樣的眼光看當代文化思潮的演變，我們才能找到關於「為什麼毛澤東在成為最高領袖以後還要繼續革命？」「為什麼『文革』結束以後還有那麼多人崇拜毛澤東？」之類問題的答案。

毛澤東的浪漫政治理想

毛澤東曾經自道，他早年就受到過「自由主義、民主改良主義、空想社會主義」的影響，「憧憬『十九世紀的民主』、烏托邦主義和舊式的自由主義」，還「贊同許多無政府主義的主張」[1]。顯然，這是他一度組織「新民學會」、後來接受馬克思主義的思想基礎，同時，也顯示了他的浪漫主義氣質。終其一生，毛澤東都是一個革命詩人。他那些風格豪放的浪漫詩篇足以證明他的浪漫氣質：從青年時代「問蒼茫大地，誰主沉浮？」的憂思到中年時「數風流人物，還看今朝」的自信到晚年「要掃除一切害人蟲，全無敵」的豪邁。而共產主義的思想來源之一不也正是空想社會主義嗎？而信仰共產主義的人們不也大多是具有浪漫主義氣質的熱血志士嗎？

---

[1] 見埃得加・斯諾：《西行漫記》，三聯書店一九七九年版，第一二五頁。

共產主義運動是一場具有濃烈的浪漫主義色彩的政治運動與文化運動。它的浪漫性不僅體現在對共產主義社會的理想設計中，還體現在為了實現共產主義的理想而動員民眾積極參與社會革命，不斷創造具有抹平社會差別、提倡平等理想的新思想和新生事物上。當毛澤東在完成了推翻「蔣家王朝」的事業以後，他很快就將自己的注意力轉移到了共產主義的實驗中。他的實驗是從三個方面同時展開的：一是在思想文化戰線上不斷發動一系列批判封建主義（例如對電影《武訓傳》的批判）和資產階級思想的運動（例如對胡適思想的批判和「反右」運動），以純潔思想，統一思想；二是在經濟上發動具有社會主義性質的「合作化運動」和旨在超英趕美的「大躍進」運動，為共產主義作經濟上的鋪墊；三是在政治上打擊質疑並試圖制止激進運動的對手（從批判彭德懷到打倒劉少奇、鄧小平），以整肅政治，統一行動。他在這三方面的奮鬥最終都因為違背了歷史發展的規律而遭到了無情的失敗。他的激進理想與現實之間的鴻溝使他以純潔思想為目標的思想文化運動挫傷了廣大知識分子、文化人的感情；使他領導的「合作化」、「大躍進」傷害了廣大農民的經濟利益；使他打擊黨內「走資本主義道路的當權派」的運動在傷害了廣大幹部的工作熱情的同時也導致了社會的混亂。事實證明：「六億神州」並不都是「舜堯」；「要掃除一切害人蟲」也絕非易事。試圖在一個有著悠久的家族倫理文化傳統和「一窮二白」的落後經濟基礎的大國推行以階級鬥爭為綱、以集體經濟為本、以根絕人們的「小生產」心理、廣泛樹立「鬥私批修」的共產主義道德的一整套烏托邦設想，結果只能是一敗再敗。

然而，問題還在於：毛澤東的這種革命浪漫主義精神，這種永不屈服、永不滿足、永遠進取的鬥爭熱情，又在風雲激蕩的二十世紀樹立起了一面理想主義的旗幟，成為鼓舞無數具有浪漫主義氣質的青年走上革命道路的精神象徵。從中國的「紅衛兵」到日本的「赤軍」，從「法國的毛主義」[1]到美國那些「雜亂無章地迷戀於馬

---

1 參見貝樂登・菲爾茲〈法國的毛主義〉一文，收入王逢振主編：《六十年代》，天津社會科學院出版社二〇〇〇年版。

克思和神秘學、毛澤東和《易經》、政治和大麻、革命和搖滾樂」的青年們[1]，那是整整一代充滿了革命浪漫主義情緒的青年啊！他們因為不同的歷史機遇而共同走上了反叛體制的道路，並在反抗體制的遊行、集會、街壘戰中盡情體會了革命的狂歡氣氛。是的，革命的意義絕不僅僅是悲壯的反抗，也是盡情的狂歡。在那開心的吶喊、浪漫的謀劃、齊心協力的奮鬥、不怕犧牲的豪情中，都可以使人體會到無政府管束的自由、當家做主的豪邁以及凡夫俗子體會不到的崇高快感。在厭倦了循規蹈矩的庸常生活也厭倦了「世紀末情緒」的疲軟消沉的同時，渴望激情成為一代人的精神需要。在人類的發展史上，常常會有那麼一些風雲際會的時候：人們厭倦了平庸，人們渴望激情。這時，一旦有一位具有非凡人格魅力的英雄應運而生，叱吒風雲，就會掀起時代的風暴，改變歷史的進程。而毛澤東，正是這樣一位代表了二十世紀叛逆青年的革命浪漫主義情緒的英雄人物。他在改造中國的現狀方面失敗了。他卻在改造、提升那一代青年的精神品格方面取得了難以理喻的成功。想想那一代唱著「我們是共產主義接班人」，「學習偉大的領袖毛澤東」的歌，在學習雷鋒、助人為樂，上山下鄉、改天換地的運動中全力以赴的青少年吧，也許，正是毛澤東的革命浪漫主義教育使他們擺脫了循規蹈矩的生活，使他們「胸懷祖國，放眼世界」，使他們將自己做的一切小事都與中國革命和世界革命緊密聯繫在了一起，並從中體會到了崇高的樂趣。在中國歷史上，也許沒有一個時代像毛澤東時代那樣極大地調動了一代人的理想主義情緒，使他們在強烈的民族自豪感、階級責任感和主人公使命感的驅使下，去建功立業。幾代思想家關於「改造國民性」的夢想在毛澤東時代顯然得到了相當程度上的實現。雷鋒、王鐵人、陳永貴、邢燕子，成了一代朝氣蓬勃、積極進取的中國人的代表。勇敢無畏、豪邁樂觀、強悍英武，「可上九天攬月，可下五洋捉鱉，談笑凱歌還」。世上無難事，只要肯登攀」，成了那個時代的人們崇尚的精神狀態。在那樣一種精神的激勵下，中國人的確創造出了「自力更生，奮發圖強」的建設奇蹟，創造了敢與美國軍隊、蘇聯軍隊較量的奇蹟。假設沒有「大躍進」的冒

1 見MORRIS DICKSTEIN：《伊甸園之門》，上海外語教育出版社一九八五年版，第一二頁。

進，沒有「文革」的「全面內戰」嚴重傷害了全民的正常建設熱情，革命浪漫主義的民氣也許會創造出更加輝煌的成就？

可問題也正在於：革命浪漫主義的無所畏懼、自信強悍是註定要與脫離實際的狂想、狂熱、蠻幹甚至殘忍攪在一起的。在中國共產主義運動中發生的悲劇同樣也在蘇聯、在波蘭、在匈牙利、在捷克、在柬埔寨中一再上演就足以表明革命浪漫主義中埋藏的深刻問題。因為無所畏懼而為所欲為（毛澤東不是就曾以「和尚打傘，無法無天」自況麼？），遲早會導致對客觀規律（包括自然規律和社會發展規律）的粗暴踐踏；因為過於自信強悍、崇尚「鬥爭哲學」而缺乏對於不同政見、不同文化觀念、不同生活方式、不同社會制度的應有理解與尊重，結果必然導致全面樹敵、自我封閉、日趨僵化。過於張揚激進的意志，因此而忽略世界的多元性，忽略多元力量之間的必要制衡，是革命浪漫主義思潮由盛轉衰的根本原因所在。到了一九六〇至一九七〇年代，許多政治家漸漸由對抗走向對話，由冷戰走向緩和，由僵化轉為務實，正顯示了客觀規律的不可抗拒。事實上，毛澤東本人在晚年也由堅決「反帝」變為與美國政治家進行具有戰略意義的對話（正是毛澤東同意尼克森訪華一事給了日本「赤軍派」以巨大的衝擊）[1]，這一史實是否可以作為毛澤東也有順應時代潮流的一面的例證？一個有作為的政治家，常常是懂得在不得已的情況下超越革命浪漫主義的詩情，而採取必要的妥協策略的——列寧在一九一八年與德國、奧匈帝國締結《布列斯特和約》、史達林在一九四五年「二戰」結束時與英、美巨頭簽《雅爾達協定》，都是證明。革命浪漫主義的激情並不能取代超越意識形態的政治鬥爭策略，也是革命浪漫主義不可能解決一切問題的證明。歷史就這麼無情。

話雖這麼說，在毛澤東的晚年，像與美國媾和那樣的明智之舉畢竟不多。奮鬥了一生的他已經很難擺脫革命浪漫主義的情結了。當整個民族已經被「文革」折騰得十分疲憊時，他還在不斷發動著一場又一場的政治運

---

[1] 參見燕子：〈北田們：日本「六八年世代」〉，《天涯》二〇〇三年第二期。

動，時而「批林批孔」，時而「批《水滸》」，時而「批鄧、反擊右傾翻案風」。結果是反而促成了「信仰危機」的蔓延、「世紀末情緒」的擴散。全民的革命浪漫主義熱情終於在無節制的內耗與虛擲中逐漸沉寂。當務實之風在新時期順理成章成為全民奔「小康」的精神標誌時，風行多年的革命浪漫主義思潮的煙消雲散不能不說是歷史的必然，同時也不能不令人百感交集。

但毛澤東留下的精神遺產卻不會輕易化作雲煙。

「紅衛兵」——知青一代人與革命浪漫主義的變遷

當過「紅衛兵」的一代人是深受過毛澤東革命浪漫主義情緒影響的一代人。從「文革」初期「破四舊」的狂熱到武鬥中懷著「為有犧牲多壯志，敢教日月換新天」[1]的浪漫豪情慷慨赴死，從「紅衛兵」失勢後一部分曾經偷越國境，走上「抗美援越」的戰場，並血灑異國到在上山下鄉的日子裏夢想著通過艱苦奮鬥改天換地，革命浪漫主義一直是他們中相當一部分人的精神支柱。後來，隨著「紅衛兵」運動的煙消雲散，隨著上山下鄉運動的迅速衰亡，隨著無情的生存競爭和世紀末情緒的喧嘩迅速將革命浪漫主義淹沒，他們中的許多人在艱難生計的壓抑下默默咀嚼著生活的苦果。但是，他們中的成功者卻以自己的著述延續了革命浪漫主義的精神命脈。

例如作家張承志。他一直被認為是當代文壇上理想主義思潮的代表人物。這位老「紅衛兵」出身的作家在世俗化思潮高漲的新時期一直「以筆為旗」，不遺餘力地批判虛無主義思潮、歐化思潮和玩世不恭的文學

[1] 見秦曉鷹：〈偷越國境的紅衛兵〉，工人出版社一九八八年版；徐剛：〈夢巴黎〉，《人民文學》一九九三年第二期。

觀念。他的思想武器便是毛澤東倡導過的民粹主義，從當年以「為人民」作為自己的文學宣言到一九九五年在〈接受首屆「愛文獎」時的致詞〉中總結自己的文學道路時的表白：「永遠有對於人心、人道和對於人本身的尊重；永遠有底層、窮人、正義的選擇；永遠有青春、反抗、自由的氣質」[1]，（但請注意：這裏對「人道」、「自由」的選擇顯然逸出了毛澤東思想的範圍，流露出鮮明的知識分子氣息。）[2]而他偏激的言論容易使人聯想到「紅衛兵」，例如：「今天需要抗戰文學。」「哪怕只是為了自尊，我也決心向這世界體制開槍，打盡最後一顆子彈。……我不願做新體制的順奴。」[3]每當他談起毛澤東時的一往情深（例如《心靈史》的〈後綴〉中那句「我比一切黨員更尊重你，毛澤東」）[4]，當他認定「中國需要西元前後那大時代的、剛剛混血所以新鮮的『士』；需要俠氣、熱血、極致」，「但是現代中國僅（魯迅）先生一人屬於這個類型」時[5]，他其實都是表達了自己對於那個逝去年代的革命浪漫主義精神的緬懷與忠誠。在當今這個時代裏，張承志是孤獨的。但他的影響卻一直不衰。這一文化的奇觀發人深省。

哲學家徐友漁在談及自己的「紅衛兵」經歷時，一方面為自己當年的無知、殘忍而悔恨，另一方面也這麼說：「恰恰也是文化大革命，才使我真正瞭解了生活。……文化革命以前的人是一種非常單純、非常理想化，同時也是非常盲目的人，自己到底是什麼根本不知道……我覺得文化大革命使我變成了一個真正意義上的社會公民，或者是積極的公民，我知道我自己有腦袋，我對生活對社會有我自己的判斷。」[6]關心國家大事，關注社

---

1 見小說集《老橋》的〈後記〉，北京十月文藝出版社一九八四年版，第三〇六頁。
2 見〈春來研墨三試筆〉，《鍾山》一九九五年第五期。
3 〈無援的思想〉，《花城》一九九四年第一期。
4 見該書，花城出版社一九九一年版，第二八八頁。
5 〈致先生書〉，《荒蕪英雄路》，知識出版社一九九四年版，第九十八頁。
6 見吳文光：《革命現場一九六六》，時報文化出版企業有限公司一九九四年版，第二五六頁。

會的發展，關注世界的風雲變幻，這，應該說是「紅衛兵」留下的精神遺產之一。在一九九〇年代的中國思想界，徐友漁發表了捍衛自由主義思潮的重要文章（例如〈自由主義與當代中國〉等文），成為自由主義思潮的重要人物，那份談論國家命運的激情，那份雄辯的力量，都能依稀使人感到「紅衛兵」精神的流韻。

思想史家朱學勤在回憶自己的思想發展歷程時，就談到了當年那些「思想型紅衛兵」（所謂「六八年人」）對自己的深刻影響：那些「思想型紅衛兵」的思想辯論、下鄉後繼續以「非知識分子」的身份爭論著史學、哲學、政治學方面的問題。正是那些人的影響，使朱學勤繼承了「真正可貴的『六八年精神』」[1]，研究社會政治問題。在他研究盧梭思想的專著《道德理想國的覆滅》的序言中，他記下了自己從事政治學研究的思想根源：「這一代人的精神覺醒，大致可以一九六八年為界。那一年正是他們以各種紙張書寫他們對社會政治問題的思考的年代，也是他們捲入思潮辯論的年代。……（他們）以非知識分子的身份，思考知識分子的問題。用梁漱溟總結本世紀初他那一代人的話來說，一九六八年的這一代人是『問題中人』，而不是『學術中人』。……就我而言，一九六八年問題中最令人困惑的焦點，也就是延續至本書寫作時還在思考的這樣一個問題：為什麼法國大革命與文化革命如此相近？」[2]他對法國大革命和中國「文革」進行了深刻的批判，但他的立足點還是在「六八年人」憂國憂民的革命浪漫主義情懷中。

經濟學家何清漣一直為提醒人們關注現代化發展進程中的社會兩極分化嚴重問題、強調「對公平的追求」而大聲疾呼，是當代「新左派」的代表人物之一。她的《現代化的陷阱》一書因此而成為世紀末中國思想界「新左派」思潮的重要文獻。在談及自己的思想根源時，她也回憶了一九六〇年代中期故鄉那些「頗有『鐵肩擔道義，妙手著文章』之志的青少年，這批人後來成了該市『文革』中兩大圈子的核心人物」給她的深刻影

1 〈思想史上的失蹤者〉，《讀書》一九九五年第十期。
2 見《道德理想國的覆滅》一書的「序」，上海三聯書店一九九四年版，第九—十頁。

響：「被他們文章的氣勢所震懾，更為那種被革命英雄主義和道德理想主義陶冶出來的精神氣質所感動。……從他們那裏，我常借到一些十九世紀俄羅斯古典文學和法國啟蒙時代的文學作品，對別林斯基的作品更是情有獨鍾。……這段時間的思想營養以及影響我一生的那種道義責任感，幾乎全得益於這個圈子的一些朋友。……在他們中間，我懂得了什麼是人生的責任，萌生了人道主義思想的幼芽。這就是我在年齡上不屬於『老三屆』和『六八年人』，但思想特徵卻和他們驚人地相似之根源所在。」……「我永遠記得他們當年以『知青』和中學生身份憂國憂民的赤子情懷。」[1]

值得注意的是，朱學勤由批判「文革」、反思「革命」走上了自由主義的道路；何清漣則由質疑現代化進程中重「效率」、輕「公平」的偏頗而堅持了左派的立場，他們之間的思想主張明顯不同。但是，他們都是在「文革」中因為受惠於「六八年人」的啟蒙而保留了一份心繫天下、憂國憂民的情懷，這樣，他們就以自己的親身體驗證明了「六八年人」精神的延續，從而也證明了「文革」留給後人的不僅僅是廢墟。毛澤東「指點江山」的偉大氣魄，加上法國和俄國（這是兩個格外具有浪漫主義氣質和革命傳統的國度）文學與哲學的滋養，是「文革」中不少「民間青年思想者」的思想基礎。他們中的一部分因為獨立地探討中國的命運而走上了「異端」的道路，有的為此最終付出了沉重的代價。他們的精神卻在一九七七年恢復「高考」後進入大學的優秀大學生、研究生那裏得到了繼承和發揚。他們精神的繼承者們對中國社會問題的嚴肅思考與探索也因此而必然具有了不同於官方意識形態的某些「異端」色彩。尤其是在一九八〇至一九九〇年代中國社會發生了巨大的轉型，許多知識分子紛紛認同世俗化的浪潮，或躲入「純學術」的「象牙塔」中時，朱學勤、何清漣對社會思想問題的關注與研究就有了更可貴的意義：無論自由主義思潮和「新左派」思想之間發生了多麼難以調和的矛盾與辯論，他們的政治熱情是傳統士大夫「先天下之憂而憂，後天下之樂而樂」的延伸，也開闢了「重新認識『文革』的精神遺產」的思路。

1 《現代化的陷阱》，今日中國出版社一九九八年版，第三七九—三八一頁。

隨著「文革」的結束，激進的革命浪漫主義思潮消沉了；溫和的務實政治與在中國民間一直根深蒂固的世俗化浪潮共同開闢出走向現代「小康」社會的人間正道。然而，革命浪漫主義的精靈卻並沒有因為時代的巨變而銷聲匿跡。它作為一種思想資源，已經深深溶入了一部分憤世嫉俗、批判現實、憂國憂民的知識分子的著述中。這一事實告訴我們：只要人世間還存在著腐敗與掠奪，只要人類「自由、平等、博愛」的理想還沒有變成現實，知識分子批判現實的職責就不會過時，而那職責又是與革命浪漫主義的激情有著歷史的聯繫的（無論他們本人是否意識到這一點）。

「新生代」的叛逆情緒：革命浪漫主義的另一種形態？

「新生代」的崛起是二十世紀末中國文化格局中格外引人注目的現象。他們是在「文革」後成長起來的。對於他們，「文革」是十分陌生的往事。然而，青春期的騷動情緒、西方現代派思潮的影響和中國社會問題的嚴峻還是匯成了一股強大的文化漩流，使他們的思想常常與革命浪漫主義的批判意識、叛逆激情不期而遇。「革命」，在「新生代」的文化詞典中，並不是一個重要的「關鍵詞」。在多元文化思潮此起彼伏的衝擊與誘惑下，「新生代」的情緒呈現出多變、紊亂的特點。他們在經濟上務實，在情感上浪漫，在思想上不拘一格，在文化上兼收並蓄。而革命浪漫主義，也就常常在他們起伏不定的心潮中時而強烈、時而若隱若現、時而怪異地浮現出來。

誰說他們對政治漠不關心？一九八五年由北京大學生掀起的「新九一八」運動就在表現了「新生代」關注國際政治風雲的胸懷的同時，也「表現出了相當程度的狹隘的民族主義情緒，並包含著對我國對內對外政策的不滿」。[1]一九九六年同樣的情緒也集中體現在幾位「新生代」作者共同寫作、風靡一時的那部政論體著作《中國可以說不》[2]中。在那部甚至在國際上也引起了嚴重關切的書中，「要支持一些中小國家為反抗美國的強權而進行的各種形式的鬥爭！」「我們要準備打仗！」「我們還記得早年間的那句話：小打不如大打，晚打不如早打。」「有道是——『為有犧牲多壯志，敢教日月換新天！』」……諸如此類的民族主義激情的揮灑和「文革」話語的復活，十分引人注目。在這方面，他們顯然繼承了毛澤東和「紅衛兵」的大無畏革命浪漫主義精神。除了由於國際政治問題觸發的民族主義情緒以外，他們也以自己的政治行動在國內政壇上產生了影響：「一九八七年初的那場騷動……直接由第四代人所掀起……它直接衝擊了社會的上層建築，觸動了社會的中樞神經，引發了政治改組，並在文化意識形態內造成了另一場空前凝重的緊張氣氛」，「往往是出於良好願望的行動，反導致了不良好的結果，欲速不達。一九八六年底的全國學潮就是一個典型的例子。」[3]在良好的願望與激進的行動以及難以逆料的社會效應之間發生的一切，都顯示了中國歷久形成的強大「政治文化」對於「新生代」的深遠影響和無情制約。從這個角度看去，當代學潮與「五四運動」、「一二九運動」、「紅衛兵運動」之間存在著相當明顯的歷史聯繫與精神的曲折相通。

而他們的文化宣言也常常打上了「造反」的色彩：在詩歌界頗有影響的[4]「莽漢主義」以「搗亂、破壞以至炸毀封閉式或假開放的文化心理結構」作為自己的口號，這樣的「宣言」很容易使人聯想到「紅衛兵」「掃除一切牛鬼蛇神」的吶喊；在小說界也頗有影響的朱文在一九九八年發起的「斷裂」（這個詞多麼容易使人想

1 船夫：《十年學潮紀實》，北京出版社一九九〇年版，第一二三頁。
2 作者：宋強、張藏藏、喬邊等，中華工商聯合出版社一九九六年版。
3 張永傑、程遠忠：《第四代人》，東方出版社一九八八年版，第二八二、三五二頁。
4 徐敬亞、孟浪、曹長青、呂貴品編《中國現代主義詩群大觀（一九八六——一九八八）》，同濟大學出版社一九八八年版，第九五頁。

到「文革」後期曾經風靡一時的「決裂」一詞！）行動中也提出了這樣的問題：「這一代作家的道路也到了這樣一個關口，即，接受現有的文學秩序成為其中的一環，或是自斷退路堅持不斷革命和創新？」而他的答覆當然是：「我們要不斷革命。」[1]這樣的答覆多麼容易使人聯想到托洛茨基的「不斷革命論」和毛澤東「在無產階級專政下繼續革命的理論」！儘管一個是「文學革命」，另兩個是「政治革命」，但在「不斷革命」的精神上，他們實在心心相通。而在音樂和戲劇界異軍突起的張廣天既嘗試過參與政治（他參加過一九八五年底的學潮），也組建過搖滾樂隊，後來又決心「去做一個永遠在人民心中歌唱的歌者」，寫下了歌曲《毛澤東》、《人民萬歲》，策劃上演了現代史詩劇《切．格瓦拉》，在這部轟動一時的歌劇中，有這樣的詢問：「格瓦拉精神如今還要不要？」劇中還響起了《國際歌》的莊嚴樂聲……[2]該劇在二〇〇〇年的成功演出正好與思想界「新左派」呼喚「公平」的聲音相呼應。在這呼應的深處，依稀可以使人感覺到革命浪漫主義的精靈已經跨越了兩代人之間的「代溝」，使他們站在了一起。

當然，「新生代」的「革命」精神畢竟由於社會背景的巨變而不可能成為毛澤東時代的過來人所理解的「革命」的簡單重複。在偏激的情緒上，二者一脈相傳；但在「革命」話語的內涵上，卻有著十分醒目的差異：在「紅衛兵」──「知青」那裏，「革命」既具有「造反」的意義，也與「禁慾」、「莊嚴」、「崇高」、「悲壯」、「犧牲」這些詞血肉相聯；而到了「新生代」這兒，「革命」時而也與「莊嚴」、「崇高」的情感緊密相聯，時而又與「狂歡」、「痞氣」、「商業化炒作」的氛圍息息相通。例如「莽漢主義」詩歌的「革命性」就表現為以世俗化的風格去顛覆傳統的「詩意」，在這方面，李亞偉的名詩〈中文系〉、〈硬漢們〉就是證明；朱文的小說〈我愛美元〉、〈老年人的性慾問題〉、〈人民到底需不需要桑拿〉、〈幸虧這些年有了一

---

[1] 見〈斷裂：一份問卷和五十六份答卷〉的「問卷說明」、韓東：〈備忘：有關「斷裂」行為的問題回答〉，《北京文學》一九九八年第十期。

[2] 見〈行走與歌唱〉，《天涯》二〇〇〇年第五期；〈切．格瓦拉〉，《作品與爭鳴》二〇〇〇年第六期。

點錢〉也散發出濃郁的粗鄙氣息；而張廣天也在大學生活時有過「簡單地學習嬉皮士，經常夜宿女生樓」的經歷。[1]畢竟，他們是在一個思想解放慾望也解放、人慾橫流崇尚享樂的環境中成長起來的。他們的人生觀、世界觀、文學觀和性觀念都已不可避免地打上了西方現代個性意識、消費觀念和享樂、狂歡情緒的烙印。因此，他們對「革命」的認識必然會迥異於他們的前人。認識到這一點對於研究「革命」一詞在二十世紀的演化具有重要的意義。革命浪漫主義的精靈也會在時代浪潮的滾滾前進中發生某些有趣的變化。當革命浪漫主義的激情與現代派標新立異的個性意識和「後現代」的狂歡風格、「炒作」手段融彙在一起時，我們不難發現革命浪漫主義精神也發生了與時俱進的變化吧。革命浪漫主義與現代主義的奇特融合，是一個值得研究的有趣課題。

革命的時代已經過去。革命的精神還在盤桓，並且獲得了新的文化形態：與現代主義、後現代主義奇特地融化成一體。

只要中國的政治改革還沒有完成，只要中國現代化進程中的兩極分化現象還沒有得到根本性的扭轉，革命的精靈就不會壽終正寢。

甚至，即使政治改革已經大功告成，即使兩極分化現象已經成功得到了法制與輿論的遏止，革命恐怕仍然會在燃燒著叛逆與標新立異激情、永遠不會對現狀心滿意足的一代又一代青年那裏具有長久的感召力。就像在青年時經歷過革命晚年又質疑過「革命」的作家王蒙在長篇小說《躊躇的季節》中寫到的那樣：「革命的衝動不正是與愛情的衝動一樣，生發自青春的紅血球嗎？」他還在《狂歡的季節》中寫道：「革命就是狂歡」，「中國是世界上最熱鬧的國家，在什麼都缺的那些年代，中國從來不缺少熱鬧。……還不知道誰敵誰友就已經革起命來啦——反對的是冷冷清清，追求的是轟轟烈烈！」也許，旺盛的生命熱情是需要狂歡化的革命去發洩

[1] 〈行走與歌唱〉，同上。

的。何況，青春的激情永遠在燃燒。每一代青年都渴望樹起自己的文化旗幟，在標新立異的吶喊中發出自己的聲音。他們未必相信有美好的理想社會，但他們叛逆的衝動、狂歡的活法和創造新語詞、新時尚、新生活方式的成果使他們天然傾向於浪漫主義、傾向於「革命」（儘管這「革命」已經不同於共產黨人的「革命」，不再與拋頭顱、灑熱血的悲壯、爬雪山、過草地的艱難聯繫在一起，而更多與現代派的叛逆情緒、標新立異相近）。很難想像，離開了這樣的青春熱情，光憑著務實的態度，人類的文化生活會豐富多彩。從這種意義上可以說，有青年就有革命。有夢想就會有革命。就連主張「告別革命」的思想家李澤厚也談到過：「不要革命，並非不尊重過去革命所高揚、所提供、所表現的英雄氣概、犧牲精神、道德品質、崇高人格。它們仍然是對人類的一大貢獻……人們可以從過去的革命情懷中吸取力量，用在更有實效更少毀傷的生活的人生道路上。」何況，「任何革命也都可以帶來一些好東西。例如，『平等』的觀念、『集體』的觀念、『社會主義』的觀念，在『革過命』的地方就比沒有發生過革命的地方要濃厚強烈得多，如此等等，這便是革命的真正『成果』。」[1]這樣的論述足以表明：李澤厚一方面擔憂革命可能帶來的巨大破壞，另一方面對革命的精神意義也心嚮往之。

革命浪漫主義的精靈，還在現代化的進程中飛翔……

難以告別的革命？

浪漫主義的狂歡境界令人神往。可浪漫主義的致命傷卻不容忽視。英國哲人羅素就曾在《西方哲學史》一書中指出：「孤獨本能對社會束縛的反抗，不僅是瞭解一般所謂的浪漫主義運動的哲學、政治和情操的關鍵，

1 〈再說「西體中用」〉，《世紀新夢》，安徽文藝出版社一九九八年版，第一九六頁。

也是瞭解一直到如今這運動的後裔的哲學、政治和情操的關鍵。」「可怪罪的倒不是浪漫主義者的心理，而是他們的價值標準。他們讚美強烈的熾情，不管是哪一類的，也不問它的社會後果如何。……但是最強烈的熾情大部分都是破壞性的熾情：如憎惡、怨忿和嫉妒，悔恨和絕望，羞憤和受到不正當壓抑的人的狂怒，黷武熱和對奴隸及懦弱者的蔑視。……那類人，都是猛烈而反社會的，不是無政府的叛逆者，便是好征服的暴君。」[1]對革命浪漫主義，也不妨作如是觀。美好的理想是如何異化為激進的狂想的？純潔的熱情是怎樣通向殘忍的狂熱的？從蘇聯的「大清洗」到中國的「文革」，革命浪漫主義的迷夢是怎樣與專制暴政相結合的？歷史上那些層出不窮的革命在多大程度上推動了人類追求公正理想的進程，或者是在多大程度上造成了社會的災難、歷史的倒退？許多問題，一言難盡。

「文革」過後，一方面，是「革命」的聲音時隱時現；另一方面，是「告別革命」的聲音也相當流行。思想家李澤厚、文學評論家劉再復在《告別革命》一書中回首了二十世紀的革命歷史，反思了革命「激情有餘，理性不足」的弊端。提出了要改良，不要革命的主張，一時間頗有影響。[2]「告別革命，遠離政治，疏離主流，淡化意識形態」的思潮在一九九〇年代一度十分流行。[3]旅法作家高行健在他的長篇小說《一個人的聖經》中也發出了「啊，別了革命！」的衷心呼喊。[4]這樣的思考與呼喊是建立在對「文革」的反思的基礎之上的，也表達了經過百年動盪以後人心思定的普遍心態。但問題的癥結在於：歷史常常不是按照思想家設計的路線前進的。當由於中國政治改革進展的遲緩而導致腐敗盛行、民怨鼎沸時，當由於中國的經濟改革進退維谷，「三農」問題和工人大規模「下崗」問題已到了勢如累卵的局面時，「告別革命」的想法是否顯得太書生意氣了一

1 《西方哲學史》下卷，商務印書館一九七六年版，第二二一頁。
2 《告別革命——回望二十世紀中國》，天地圖書有限公司，一九九七年版。
3 見《報刊文摘》一九九六年三月十八日〈正確認識近代史上的革命與改良〉、五月二日〈警惕反歷史主義思潮〉等文。
4 見該書，天地圖書有限公司二〇〇〇年版，第四二四頁。

些？有相當一批作家、學者對這種說法表示了質疑。雜文家邵燕祥就認為：「在思想文化領域裏，激進主義也是應該有的一種主義，不能一筆抹煞的。」至於在政治領域，「革命不是人為煽動的。是壓迫者、權力者製造的」，也是無情的歷史事實。[1]作家劉心武一直是人道主義的鼓吹者。他在一九八六年在宣揚「人類應該互相理解」的主張時甚至寫下過「理解敵人」的話。[2]但十年過後，他面對中國社會的尖銳矛盾，又說出了「理解革命」的話：「局部的激進行為可以起到校正、調整社會不公正的作用，都溫和起來也不行。從旁觀者角度說，兩翼扯動是必要的，激進的不可少，新保守主義要求穩健的也不可少。……所有的工人都不鬧事，社會就好了嗎？我不主張大規模鬧事，但一個地區一個單位的行政長官、國營企業的負責人如果不執行上邊政策，貪贓枉法，胡作非為，使那裏的老百姓，那裏的工人，簡直生活不下去，難道也不能反抗嗎？……如果一點點激烈的行為也沒有，也無法制衡。在社會的變革中，有些良性的激進行為究竟怎麼看，是可以探討的。」[3]作家韓少功也認為：「我們清算革命時代的悲劇和罪惡，甚至可以反思革命手段本身，但這並不意味著可以無視當年革命的真實原因。」[4]學者何家棟也指出：「從正當性上說，革命乃至起義的權利，是一種天賦人權。」為此，他援引了美國《獨立宣言》中的論述為革命辯護：「過去的一切經驗也表明，只要邪惡尚可被容忍時，人類總是傾向於默然忍受，而不是為了拯救自己而廢除他們久已習慣的政府體制。但是，當政府長期倒行逆施，一貫實行專政，一意孤行地把人民壓制在絕對的君主專制統治之下的時候，人民就有權利有義務推翻這樣的政府，並為其未來的安全建立新的保障。」[5]上述不同意「告別革命」說法的聲音言之成理。「革命」是一股政治制衡的力

1 見何西來等人的對話錄：〈重說「五四」對話錄〉，《文藝理論研究》一九九六年第二期。
2 〈地球村……審父‧自剖〉，《當代》一九八六年第四期。
3 見何西來等人的對話錄：〈重說「五四」對話錄〉，《文藝理論研究》一九九六年第二期。
4 〈後革命的中國〉，《上海文學》二〇〇一年六月號。
5 〈「革命」辯正〉，見李慎之、何家棟：《中國的道路》，南方日報出版社二〇〇〇年版，第四六一頁。

量。它的難以預料，它的猛烈氣勢，至少能威懾那些怠慢民眾的貪官，迫使政治家注意民眾的呼聲。因此，它其實也是推動現代化進程和社會改革的重要力量。這樣的革命，即使在已經實現了現代化的國度也沒有完全銷聲匿跡——發達資本主義國家經常爆發的罷工、遊行示威就是證明。由此可見，「革命」不是那麼輕易就能告別的了的。中國思想界在「告別革命」還是「理解革命」問題上的各執一辭，既顯示了「革命」的影響深遠，常說常新，也表明了中國社會矛盾的複雜與尖銳。

在經歷了一百多年的戰亂以後，中國需要安寧。但中國存在的許多嚴重問題又亟待解決。而且，許多問題已經不是光憑務實的態度就能解決好的（例如「信仰危機」、「信用危機」等等）。中國在事實上已經告別了革命以後，應該如何在放棄革命方式（暴力革命、群眾運動）的同時繼承革命的某些精神遺產？這一問題迄今為止並沒有得到應有的回答。因為事實已經證明，一般化、簡單化的意識形態宣傳和政治思想工作無助於現實問題的解決。

中國，還在「告別革命」與「繼承革命」的十字路口徘徊……一切，都談何容易！

原載《上海文化》二〇〇六年第二期。

當代民粹主義思潮的流變

共產主義與民粹主義

民粹主義，是產生於俄國十九世紀六、七十年代的一股社會思潮。它最著名的口號是：「到民間去」。這個口號將變革俄國社會的希望寄託在廣大農民身上，要求革命的知識分子與農民相結合。顯然，這是一種兼有民主主義與民族主義傾向的革命思想，正如別爾嘉耶夫指出的那樣：「民粹主義是俄羅斯的特殊現象……斯拉夫主義者、赫爾岑、陀思妥耶夫斯基和七十年代的革命者都是民粹主義者。把人民看作真理的支柱，這種信念一直是民粹主義的基礎」。「全部的俄國民粹主義都起源於憐憫與同情。在七十年代，懺悔的貴族放棄了自己的特權，走到人民中間，為他們服務，並與他們匯合在一起。」[1]儘管如此，儘管民粹主義者在俄國革命史和思

1 《俄羅斯思想》，三聯書店一九九五年版，第一〇二、八十七～八十八頁。

想史上譜寫了感天動地、光耀千秋的篇章，它與馬克思主義的共產主義思想之間的不同，也一目了然。因為馬克思主張通過無產階級暴力革命實現人類大同，而民粹主義卻注重民族特色，主張回歸本土文化傳統。

有趣的是，當共產主義思想傳入中國以後，中國的共產黨人卻似乎沒有注意到共產主義學說與民粹主義思想之間的差異。他們甚至常常將共產主義與民粹主義揉在一起，對共產主義作出了具有民粹主義色彩的解釋。例如李大釗就曾在〈青年與農村〉一文中呼籲：「我們青年應該到農村裏去，拿出當年俄羅斯青年在俄羅斯農村宣傳運動的精神，來作些開發農村的事，是萬不容緩的。我們中國是一個農國，大多數的勞工階級就是那些農民。」「青年呵！速向農村去吧！日出而作，日入而息，耕田而食，鑿井而飲。」[1]青年毛澤東也曾經熱烈嚮往過「半工半讀」的生活，因為「現覺專用腦力的工作很苦，想學一宗用體力的工作，如打襪子、製麵包之類」。[2]他曾經利用假期時間步行考察過農村。投身革命以後，他在《湖南農民運動考察報告》中就熱情謳歌了那些革命的「痞子」，認為「他們最聽共產黨的領導」，是「打倒封建勢力的先鋒，成就那多年未曾成就的革命大業的元勳。」「他們的革命大方向始終沒有錯。」[3]他在土地革命的歲月裏一直保持了開展農村調查的習慣。到了延安時期，他仍然堅持把是否與工農相結合看作知識分子是否革命的最後分界，不無偏激地斷言：「知識分子如果不和工農民眾相結合，則將一事無成。革命的或不革命的或反革命的知識分子的最後的分界，看其是否願意並且實行和工農民眾相結合。他們的最後分界僅僅在這一點」。[4]他還號召革命文藝家「必須到群眾中去，必須長期地無條件地全心全意地

1 《李大釗選集》，人民出版社一九五九年版，第一四六、一五〇頁。
2 《新民學會資料》，人民出版社一九八〇年版，第三十九頁。
3 《毛澤東選集》（一卷本），人民出版社一九六七年版，第二十～二十一頁。
4 〈五四運動〉，《毛澤東選集》（一卷本）第五二三～五二四頁。亦見《青年運動的方向》等文。他也許沒有意識到，這樣一來，魯迅是否算得上一個革命的知識分子，也就成了問題。

到工農兵群眾中去」，「把自己當作群眾的忠實的代言人。」[1]終其一生，無論是打江山，還是搞「文革」，他都依靠工農群眾。在他看來，工農群眾比知識分子偉大、高明得多。他甚至說過這樣的話：「卑賤者最聰明，高貴者最愚蠢。」值得注意的是，儘管他信奉馬克思主義，但由於中國社會的性質所決定，他領導的「農村包圍城市」的「新民主主義革命」卻註定了是一場農民革命。對此，他並不諱言。在《新民主主義論》中，他承認：「農民問題，就成了中國革命的基本問題，農民的力量，是中國革命的主要力量。」因此，在當時的歷史條件下，中國的新民主主義革命只能走一條既不同於歐美式的資本主義道路，也不同於蘇聯式的社會主義道路的路線，他將這種「第三種形式」的政體看作「不可移易的必要的形式」。[2]從「農村包圍城市」的戰略到「新民主主義」的政治設計，毛澤東從中國的實際出發，走出了一條獨特的革命道路。他的成功，與他頗不同於馬克思、列寧的無產階級專政學說的民粹主義思想很有關係。從這個角度看去，毛澤東思想是共產主義理想與民粹主義立場結合的產物。

然而，這種民粹主義的思想在一九四九年以後卻頻頻碰壁。毛澤東一方面過高估計了中國農民走社會主義合作化道路的積極性，脫離實際地去搞「大躍進」、「人民公社」，結果使農民的利益受到了極大的傷害，農村經濟一片蕭條；另一方面，在歷次政治運動中將政治上「犯錯誤」的「右派」、「走資派」和好鬥的「紅衛兵」都下放到農村中，使他們在艱苦的環境中改造思想，「接受貧下中農的再教育」，卻沒有料到農村凋敝的現實、農民麻木的生存狀態反而使那些政治鬥爭的犧牲品從烏托邦的迷夢中驚醒了過來。毛澤東在領導社會主義革命方面遭遇的失敗與他的浪漫主義個性有關，也與民粹主義本身的弱點有關——民粹主義對「民間」、「人民」的詩意美化很容易使人忽略「民間」的實際狀況、「人民」的世俗化品格和某些難以根治的劣根性。

1 〈在延安文藝座談會上的講話〉，同上，第八一七、八二一頁。
2 《毛澤東選集》（一卷本）第六五三、六三六頁。

民粹主義的浪漫宣傳固然有利於革命，卻與現代化建設的無情法則常常牴牾。因為現代化建設更需要「專家治國」、「健全法制」、「優勝劣汰」、「知識經濟」，而不是浪漫地走向民間。

由於毛澤東的大力提倡，民粹主義便成為當代思想潮流中一股相當強大的浪潮。這股思潮影響了幾代人文化品格的形成，其功過是非值得研究。

「右派」作家與民粹主義

一九五〇年代成長起來的一批青年作家是在毛澤東思想的教育和蘇聯文化的薰陶下走上了革命道路的。理想主義的熱情使他們意氣風發，也使他們將革命浪漫化了。他們不僅滿腔熱情地投入革命運動，而且真誠地按照毛澤東思想、共產黨的要求不斷改造自己的世界觀。當他們積極回應共產黨的號召，積極與官僚主義鬥爭，卻在變幻莫測的政治風雲中倒了楣、被打成「右派」時，他們中的許多人都是懷著複雜的心情被拋入民間的。到了民間，他們收穫了不同的思想果實——

王蒙在新疆受到了邊疆人民的同情與鼓勵。他後來在回憶那段生活的系列小說《在伊犁》的「後記」中寫道：「即使在那不幸的年代，我們的邊陲，我們的農村，我們的各族人民竟蘊含著那樣多的善良、正義感、智慧、才幹和勇氣，每個人心裏竟燃燒著那樣熾熱的火焰。……太值得了，生活，到人民裏邊去，到廣闊而堅實的地面上去！」[1]與王蒙有同感的，還有劉紹棠。他在回憶錄《被放逐到樂園裏》中寫道：「儘管五七年對我進行全國批判，在文藝界把我搞得臭名昭著，但是在廣大下層人民群眾中間尤其是在我的家鄉，我不但不臭，反

1 《淡灰色的眼珠》，作家出版社一九八四年版，第三二三頁。

而增加了虛名。」「他們都真誠地勸我：『拳不離手，曲不離口；還是寫吧，別把手藝扔了。』」作家因此而無限感激人民。[1]——這些來自親身體驗的文字，是作家們在苦難中頑強生存下來的精神寫照，也是作家們在新時期個性解放的浪潮中難忘人民的民粹主義情感的證明。王蒙的《蝴蝶》、《在伊犁》、劉紹棠的《蛾眉》、李國文的《月食》、張賢亮的《綠化樹》都是當代文壇上「右派作家」在反思政治悲劇的同時表達感激人民之情的名篇。其中，《綠化樹》因為將感激人民的主題與感謝苦難的主題聯繫在了一起而受到了批評界的質疑。例如黃子平就在《我讀〈綠化樹〉》一文中批評了作家「對苦難的『神聖化』和對農民的『神聖化』」的偏頗。[2]許子東則指出了作家對「苦難的理想化」和「對農民的神聖化」的問題的同時還發現了作家「在玩味苦難時……潛意識裏仍有一種與眾不同甚至超越平民的落拓感」。[3]這的確是個問題：一方面，作家們在苦難中從人民那裏得到了生存的勇氣；另一方面，將苦難詩化是否意味著批判精神的缺席？

與王蒙、劉紹棠等人的感激之情形成了鮮明對照的，是對民間陰暗面的發現與思考。例如叢維熙就在回憶錄《走向混沌》中記述了親眼目睹農民中的落後、荒唐現象後的感慨：「我突然感覺到五〇年代那些寫農民生活的作品，真是太矯飾了。」「生活中的農民，不乏寬厚、真誠，然而，「他們是農民，是地地道道靠修理地球，並從地球上獲取食物而延續生命繁衍後代的農民。」[4]流沙河也在回憶錄《鋸齒齧痕錄》中記錄了回鄉當拉大鋸的「解匠」時對下層百姓的瞭解：「嚴酷的政治運動，閉塞的社會生活，粗俗的文化趣味，天長日久，養成他們怕官怕鬥，知足常樂，休談國事的人生態度。」[5]邵燕祥則在回憶錄《沉船》中記錄了自己在頻繁的批鬥

1 《劉紹棠研究專集》，重慶出版社、貴州人民出版社一九八五年版，第一〇二～一〇三頁。
2 《沉思的老樹的精靈》，浙江文藝出版社一九八六年版，第一五二頁。
3 〈在陀思妥耶夫斯基與張賢亮之間〉，《文藝理論研究》一九八六年第一期。
4 《海南紀實》一九八九年第一期。
5 見該書，三聯書店一九八八年版，第一五〇頁。

中想過的一個問題：「人民在哪裡？」——「人民不置一詞。人民不暇一顧。」奈何！[1]——在這樣的思考與發現中，受難的作家們已經將「人民」這個詞中的浪漫意味淡化了。應該說，這是直面嚴峻人生的必然，是以自己的眼睛（而不是政治家的豪語）、清醒的理性（而不是熱烈的詩情）探索人生的必然。而這一點，恐怕又是出乎「知識分子必須與工農民眾相結合」的設計者意料之外的吧！無情的現實，是迫使「右派作家」走上思想解放之路的開始。

當自己的眼睛和頭腦開始發揮作用的時候，個性就覺醒了。

當個性漸漸覺醒的時候，民粹主義的影響就漸漸減弱了。

那麼，個性主義就是民粹主義的對頭嗎？

「知青作家」與民粹主義

當過「知青」的一代人也是在毛澤東思想和蘇聯文化的哺育下成長起來的。因此，民粹主義註定從一開始就滲透進他們的世界觀中。他們中的許多人都真誠地學習過毛澤東的榜樣，走與工農相結合的道路，從民眾中汲取革命的力量。

張承志是「知青作家」中民粹主義的代表人物。他在個性解放的年代裏，在世俗化的當今社會中，以非凡的勇氣一直堅持著「為人民」的信念。從《騎手為什麼歌唱母親》中「母親——人民，這是我們生命中的永恆主題！」的肺腑之言，到《金牧場》中因為民間聖徒的偉大、「痞子們」的勇敢、「人民的千年苦難給我的真知」而重新思考「革命運動是什麼？人民是什麼？歷史是什麼？」，再到《美文的沙漠》中由對母語的熱愛而

---

1 《江南》一九九三年第四期。

產生的「祖國意識」，直至《心靈史》中對哲合忍耶人民「追求理想、追求人道主義和心靈自由」的謳歌、對「中國那些知識分子廉價拍賣」的人道主義的嘲諷、以及那句「我比一切黨員更尊重你，毛澤東」，都是張承志民粹主義情緒的證明。值得注意的是，**張承志的民粹主義與毛澤東的民粹主義具有不盡相同的思想內涵：毛澤東欣賞民眾的革命性，而張承志則在革命性之外，還讚美了人民的宗教激情、苦難意識乃至粗野行為**（例如《金牧場》中對「痞子們」在「四五運動」中燒汽車的感歎：「痞子們是偉大的」，他們「就這樣粗野地撕下了歷史的舊一頁。」）；毛澤東一直對人民的事業抱著樂觀的信念，張承志卻在世俗化大潮的不斷衝擊下漸漸發出了悲觀的歎息（例如《心靈史》中有關「今天的七百萬回民中，至多只有一半人還堅持著自己的信仰」的議論、「也許我追求的就是消失」的感慨）。張承志在一個民粹主義已不再流行的年代裏堅持著民粹主義的立場，這一姿態使他成為當代理想主義的代表人物。而這樣一來，他不是也就顯示了他與眾不同的鮮明個性麼？他的憤世嫉俗，他的特立獨行，足以使人感悟：民粹主義者在將自己融入民眾之中的同時，並不是一定要以犧牲個性為代價的。

看來，**民粹主義也有不同的人生境界之分**。

只是，為什麼張承志的堅定是與深長的歎息緊密聯繫在一起的？

與張承志心心相印的是張煒。在現代化的浪潮中，他選擇了「融入野地」的立場。他寫道：「歷史上的智者一旦放逐了自己就樂不思蜀。一切都平平淡淡地過下來，像太陽一樣重複自己。這重複中包含了無盡的內容。」「一個知識分子的精神來自何方？他的本源？……那種悲天的情懷來自大自然，來自一個廣漠的世界。」他也對當代知識分子作出了這樣的批評：「將『知識分子』這個概念俗化有傷人心。於是你看到了逍遙的騙子、昏聵的學人、賣了良心的藝術家。……在勢與利面前一個比一個更乖，像臨近了末日。我寧可一生泡在汗水裏，也要遠離它們。」[1]

1 〈融入野地〉，《上海文學》一九九三年第一期。

他的長篇小說《柏慧》、《外省書》中的主人公都選擇了遠離喧嘩的世界，隱居海邊的活法，都因為與時代格格不入而憤世嫉俗。然而，儘管如此，我們仍然能從這兩部作品中的焦灼情緒、絕望歎息中感受到民粹主義者的無限悲涼。《柏慧》記錄了一個為躲避濁流而退守海邊葡萄園的思想者的故事。其中鞭撻了那些蠅營狗苟的知識分子：「即便在所謂『知識分子成堆』的地方，也並沒有太多的知識分子——真正的知識分子。他們在基本的、並不複雜的檢驗面前，很容易就顯露了自己的卑賤。」與那些卑賤的知識分子形成鮮明對照的，是另一部分純潔、正直的「無產者」（書中寫道：「先成個無產者，然後才有決絕的勇敢。」）在《外省書》的結尾，則有這麼一段文字：「人世間真有一塊靜謐之地？史珂現在深表懷疑。深夜他在本子上寫下四個字：『我不相信。』」這種對自己的懷疑與張承志的歎息何其相似！又與王蒙、劉紹棠、張賢亮等人的從容與自信形成了多麼發人深省的對比！

應該說，這種世紀末的懷疑與歎息，這種孤獨感、絕望感，這種憤世嫉俗的焦灼，是「知青」出身的民粹主義者與「右派」出身的民粹主義者的重大不同之處。

應該說，經歷過「文革」的人們中，像張承志這樣堅持民粹主義立場的人畢竟是少數。絕大多數人都在上山下鄉的艱苦環境中認識了中國農村的貧困、落後，認識到改天換地的艱難，從而變得務實起來。一九七九年中國知青的大返城就足以表明廣大知青對上山下鄉運動的強烈不滿，同時也**宣告了民粹主義理想的幻滅**。而大多數「知青文學」作品也都記錄了「知青」在上山下鄉中從理想主義、民粹主義走向務實主義、個性主義的生命體驗（例如徐乃建的《楊柏的「污染」》、王安憶的《廣闊天地的一角》、韓少功的《回聲》、朱曉平的《桑樹坪記事》、史鐵生的《插隊的故事》、鄧賢的《中國知青夢》、李銳的《黑白》等）。民粹主義解絕不了中國的現實問題。後來的農村改革證明：「包產到戶」、「溫州模式」、「農工商聯合體」、鄉村直選、「火炬工程」才是從根本上解決農村貧困的出路。

儘管如此，張承志、張煒的民粹主義仍然成為了這個時代裏一面引人注目的旗幟。而他們痛苦地咀嚼孤獨的神情又使他們的民粹主義與現代主義的孤獨感、絕望感在冥冥中融彙到了一起。——這，恐怕也是他們始料未及的吧。

在巨變的年代裏，民粹主義也發生了巨大的變化。

民粹主義、精英立場與世俗化浪潮

我曾經在一篇文章中指出過一個有趣的現象：儘管張承志與王朔分別代表了當代文化思潮的兩極（理想主義與世俗主義），但「至少在兩點上，張承志與王朔殊途同歸」，一是欣賞「痞子」，將「痞子」看作人民的組成部分；二是鄙視知識分子。[1]這種相似耐人尋味。

值得注意的還有：王朔還說過，「我的作品的主題……就是『卑賤者最聰明，高貴者最愚蠢』。……像我這種粗人，頭上始終壓著一座知識分子的大山。……只有給他們打掉了，才有我們的翻身之日。」[2]——當王朔以毛澤東的名言作為自己的創作主題時，他的坦誠是顯而易見的。當然，不會有人把王朔筆下的那些「痞子」形象與毛澤東心目中的「工農兵」形象聯繫在一起，但王朔對毛澤東語錄的認同、對知識分子的強烈不滿卻顯示了他與毛澤東的精神聯繫。也許，王朔筆下的「痞子」也可以算作人民的一部分，可是，王朔無論

1 〈從吶喊到冷嘲〉，《文藝評論》一九九四年第六期。
2 〈王朔自白〉，《文藝爭鳴》一九九三年第一期。

如何算不上一個民粹主義者，應該是不移之論。很顯然，他一點也沒有民粹主義者的凜然正氣、苦難意識和犧牲精神。

不過，王朔的成功不僅傳達出這個時代玩世不恭情緒高漲的資訊，而且昭示了**世俗主義與民粹主義之間非常微妙的精神聯繫**。民粹主義常常將人民理想化，而世俗主義則坦然面對在滾滾紅塵中生存的人民。這樣，在關注人民這一點上，二者之間有相通之處。

現代化的進程其實也是世俗化的進程。經歷過「文革」的人們對「人民」一詞有了更實際的理解——務實的時代風氣使今天的人們已經習慣於將「人民」還原為「普通人」。從「尋根文學」的《最後一個漁佬兒》、《棋王》、《紅高粱》到「新寫實」作品《狗日的糧食》、《新兵連》、《煩惱人生》，**「人民」與「革命」已經分離**，而與卑微的地位、煩惱的生活甚至粗俗的慾望緊緊聯繫在了一起。甚至民粹主義者張承志不是也在《黑駿馬》中真實描寫了蒙古女人面對災難時的無奈麼？而那篇理想主義的名篇《北方的河》中的上進青年形象不是為了達到考研究生的目的而不惜企圖採用「走後門」的手段麼？——在這樣的時代裏，民粹主義似乎正在變得越來越蒼白。而世俗主義的浪潮則越來越洶湧澎湃了。

這樣，在一九九〇年代，關於精英文化與大眾文化的分野便成了思想界一個「熱門話題」。作家、學者們對一九九〇年代知識分子命運的討論在顯示了知識分子的分化的同時，也昭示了發人深思的歷史玄機——在寫出了《一嚏千嬌》、《堅硬的稀粥》那樣的諷世之作以後，王蒙表示了對王朔的文學觀和世界觀的理解和認同：「他的思想感情相當平民化，既不楊子榮也不座山雕，他與他的讀者完全拉平，他不但不在讀者面前昇華，毋寧說，他見了讀者有意識地彎下腰或屈腿下蹲，一副與『下層』的人貼得近近的樣子。」「他撕破了一些偽崇高的假面。」[1]——這裏，「平民化」顯然已經不再與「崇高」相聯，而是還原為「卑微」的芸芸眾生。

[1]〈躲避崇高〉，《讀書》一九九三年第一期。

劉恒在中篇小說《貧嘴張大民的幸福生活》中表達了對平民百姓「精神幸福」活法（其實是「阿Q精神」的另一種說法）的理解：「精神上的飛簷走壁只是為了減輕自己精神上的負擔……能否得到精神幸福很大程度上也就取決於自己的個性。」「這也是張大民的可愛之處，知足常樂。」[1]——這種對「阿Q精神」的新理解與當年魯迅等人呼喚「改造國民性」的啟蒙主張完全不同。**魯迅等人在世紀之初發出的理想主義吶喊到了世紀末已經被世俗化大潮的喧囂淹沒了**。這是現代化發展的必然結果嗎？

王安憶早在一九八八年就說過：「我們這一代是沒有信仰的一代，但有許多奇奇怪怪的生活觀念」[2]。當年下鄉時，她就感到「很少有農民對我真正好過」。她還發現農民中的「多數人是人窮志短」。她的小說因此而平實、深刻。到了一九九〇年代，她感悟了上海的文化精神：「上海這地方做人的慾望都是裸露的，早已揭去情感的遮掩，有一是一，有二是二」，「理想和沉淪都是談不上的。」在上海，市民是城市的「中流砥柱。那最大群最大夥的，卻都是務實不務虛。……不談對上帝負責，也不談對民眾負責，只說對自己，倒是更為切實可行。」[3]她的長篇小說《長恨歌》、《富萍》都表達了她的平民觀：務實也自私、平凡又堅韌。

王蒙對王朔的認同、劉恒對阿Q精神的理解與王安憶對上海市民精神的理解都顯示了當代作家從世俗化角度認識平民、認同平民的思想潮流。這股潮流與以張承志、張煒為代表的民粹主義思潮的差別昭示人們：人民這個詞對不同的人，具有多麼不同的意義！

另一方面，學者們則在深入思考精英文化衰落的原因時發現：精英文化的衰落與政治災難有關，也與民粹主義本身的問題有關：**民粹主義是否繫於一個虛幻的理想？**

1 〈敢問張大民幸福在哪裡？〉，《北京青年報》二〇〇〇年三月一日。
2 王安憶、陳思和：〈兩個六九屆初中生的即興對話〉，《上海文學》一九八八年第三期。
3 〈尋找蘇青〉，《上海文學》一九九五年第九期。

例如陳平原就指出：「晚清維新志士考慮的是如何使精英文化『通與俗』，以利於改良群治」，可「幾十年宣傳教育的結果，一般民眾對知識分子已經沒有敬畏和信賴之感，有的只是偏見和蔑視。」「現代中國的唐吉訶德們，最可悲的結局很可能不只是因其離經叛道而遭受政治權威的處罰，而且因其『道德』、『理想』與『激情』而被市場拋棄。」[1]從「化大眾」（啟蒙）到「大眾化」（被大眾的世俗化浪潮所同化）的歷史進程迫使人們面對這樣的現實：社會變革需要大眾的參與，可大眾的追求卻與知識分子的設計相去甚遠。因此，他估計：「也許現代化的過程是以人類精神的平庸化為代價的。」[2]

錢理群指出：知識分子的「自我神化」「是以我們自身的被『改造』、扭曲，以屈從於權力意志、大眾意志與時代意志為代價的。」他因此而認同個性主義，在治學、探索真理的道路上走自己的路。[3]——在這一段議論中，他對「大眾意志」的警惕使他與民粹主義者區別了開來。

王富仁也注意到：「學術化與現實性的矛盾加強了，這將對現代文學研究者的世界觀和人生觀都有很大的影響。我們將被放在社會的吊籃裏越來越高地掛起來……而組成社會的則是另外一些人。他們還得為自己現實的追求去做各種形式的鬥爭，身上沾滿泥漿。」[4]

作家韓少功還指出：「小說的苦惱是越來越受到新聞、電視以及通俗讀物的壓迫排擠。小說家們曾經虔誠捍衛和努力喚醒的人民，似乎一夜之間變成了庸眾，忘恩負義，人闊臉變。」因此，他主張文學不必媚俗。[5]他的長

1 〈近百年中國精英文化的失落〉，《二十一世紀》一九九三年第六期。
2 陳平原等：〈人文學者的命運及選擇〉，《上海文學》一九九三年第九期。
3 同上。
4 〈現代文學研究展望〉，《天津社會科學》一九九四年第二期。
5 〈靈魂的聲音〉，《小說界》一九九二年第一期。

篇小說《馬橋詞典》、散文《世界》都充滿了批判國民劣根性的鋒芒。值得注意的是：韓少功對現實的批判是立足於知識分子的基點、因而富於理性的精神的。這與張承志從民粹主義立場出發對現實的批判很不一樣。

與王蒙、劉恒、王安憶的選擇不同，陳平原、錢理群、王富仁、韓少功因為堅持了知識分子的立場而不得不遠離了「大眾」。從這個角度看，一部分知識分子因為走近大眾而在一定程度上融入了世俗化浪潮；另一部分知識分子與大眾之間的隔閡則在加大，這種加大恰恰是當代知識分子的個性意識、使命感增強的重要標誌。

由此可見，民粹主義在世紀末的衰落與世俗化大潮的高漲有關，也與知識分子精英意識的強化有關。**世俗化大潮與知識分子精英意識的對峙是世紀末思想文化界最醒目的景觀之一。然而，在這一景觀的另一面，是兩股思潮對民粹主義的共同擠壓——這一現象似乎不大為人所注意。**

現在的問題是：民粹主義真的不合時宜了麼？

事情並不這麼簡單。

「新生代」中的民粹主義者

儘管「文革」結束以後，務實的政策和個性解放的思潮使人民紛紛走上了世俗主義的道路，但甚至在「文革」後成長起來的一代人中，民粹主義的聲音也時有所聞。

例如張廣天。在一九八〇年代的大學生活中，他曾經熱衷於學習嬉皮士，酗酒、玩戀愛遊戲，直至配製興奮劑。後來，經過三年的勞教農場生活，他變了。他說：「我開始告別與我們的處境無關的各種西方理念，在情感上越來越靠近勞動階層。」他譜寫了一些「肯定了人民的作用和抗議的必然性」的歌曲，流浪、賣唱，「和知識分子的階層告別，為精英的軀體默哀」，「在人民中間，開始了自覺的文藝勞動」，並「下定決心去做一個永遠在人民中歌唱的歌者」。[1] 他參與策劃的現代史詩劇《切・格瓦拉》在世紀末的劇壇引起了聚訟紛紜。他對格瓦拉的懷念與當年的老紅衛兵對格瓦拉的懷念頗有相似之處：「格瓦拉為弱者拔刀為正義獻身的精神在世界各地點燃了一顆顆心靈。剝削壓迫社會的長夜已經在醞釀下一次革命。」[2] 且不談這樣的預言與世俗化的社會怎麼格格不入，它至少表明：民粹主義的精神在「新生代」這裏並沒有被世俗化浪潮窒息。這裏，特別值得注意的還有：**張廣天的深入民間與當年「右派」、「五七幹部」、知識青年的深入民間很不一樣**——他的采風性質的流浪與創作、他在充分利用現代文化傳媒傳播自己的文藝作品方面取得的成功，都是當年在文化專制主義高壓下沈默的「右派」、「五七幹部」、知識青年所不可能做到的。他表達了當代底層人民的不滿情緒，以「新生代」特有的方式。對於他，民粹主義是與標新立異的個性緊密相聯的。在這方面，他與張承志的特立獨行頗有相通之處。而他們之間的區別則在於：他不似張承志那麼絕望。

張廣天是「新生代」中少見的具有革命傾向的理想主義者。這樣的民粹主義者在「新生代」中，顯然是鳳毛麟角。不過，張廣天能在世紀末的音樂界、戲劇界成為一個聚訟紛紜的人物，似乎也隱含了這樣的意義：儘管民粹主義已經式微，但時代還需要這樣的聲音。**在多元化的思想格局中，民粹主義不應缺席**。一方面，民主化的時代潮流呼喚著民眾不斷提高參政意識和自身的素質；另一方面，民主化的時代潮流也呼喚著民眾的代言人。因此，民粹主義具有捲土重來的相當潛力。張承志、張煒、張廣天等人擁有的文化空間就是證明，雖然他們常常顯得不合時宜。

寫到這裏，我想起了毛澤東——他雖然已經故去，卻依然在中國民眾中享有崇高的威望；想起了中國思想家、社會改革家梁漱溟，他的「鄉村建設理論」與實驗是二十世紀中國社會變革的偉大嘗試；我想起了印度的聖雄甘地，他的崇高品德、簡樸生活作風至今令人景仰；我還想起了法國思想家沙特、美國思想家馬爾庫塞，

1 〈行走與歌唱〉，《天涯》二〇〇〇年第五期。
2 〈切・格瓦拉〉，《作品與爭鳴》二〇〇〇年第六期。

他們都將變革社會的希望訴諸人民（沙特甚至在革命的風暴中英勇走上了街頭），成為革命學生的精神領袖；我也想起了阿爾巴尼亞的聖人特萊莎修女，她把全部的愛和財產都獻給了救濟窮人的偉大事業……他們，都是偉大的民粹主義者。他們的精神並沒有因為時代的變遷而黯然失色。這，也是耐人尋味的。

思想潮流的起伏漲落、思想格局的變動不居，常常是出人意料的——這，是為思想史的發展無數次驗證過的真理。

原載《荊門職業技術學院學報》二〇〇四年第四期

當代新道家

關心的不是倫理、政治問題，而個體存在的身（生命）心（精神）問題，這才是莊子思想的實質。

——李澤厚：《漫述莊禪》

當代有沒有「新道家」？

世紀末文化的一大奇觀是「新儒家」成為顯學。一百年的革命風暴（從「五四」「打倒孔家店」的吶喊到「文革」「批孔」的運動再到一九八〇年代的「反傳統」風潮）也沒能阻止「新儒家」的復興；韋伯關於儒家缺乏形而上學、只一味停留於經驗層面的偏頗是導致中國近代以來科技衰落、社會發展緩慢的重要原因的論斷也遭遇到亞洲「四小龍」「儒教資本主義」成功的強有力挑戰。[1]

1 中島嶺雄：〈亞洲的繁榮與「儒教資本主義」〉，轉引自《參考消息》一九九三年四月五日。

——這是傳統新生的奇蹟。也是「理性的狡獪」（黑格爾語）的證明。

現在的問題是：有「新儒家」，有沒有「新道家」？

應該有。「儒、道互補」嘛。

但「新儒家」的旗號下，有強大的學者陣容：熊十力、梁漱溟、馮友蘭、牟宗三、唐君毅、徐復觀、杜維明、李澤厚……[1]相比之下，「新道家」的旗幟卻似乎一直沒在學術界亮出來。這一現象，值得研討。

不過，我們不妨換個角度看問題。

道家文化，源遠流長。有學者認為：「中國哲學史實際上是一系列以道家思想為主幹，道、儒、墨、法諸家互補發展的歷史，而絕不是像一些學者所描述的主要是一部儒家思想發展的歷史。」理由是：「中國哲學中的重要概念、範疇多出於道。」[2]——這是哲學家言。從這個角度去看中國思想史，別是一番景觀。

如果再換個角度看問題呢？

若把目光移向社會思潮、民間文化，把社會思潮的主流不再看作是統治階級的指導思想，不被歷代統治者「獨尊儒術」的口號所迷惑，我們就不難發現：對占人口絕大多數的百姓來說，「達則兼濟天下」是精英們的使命，「克己復禮」、「生於憂患」的活法也太累。他們胸無大志，安於自在，看透了世事反而逍遙自在，經多了風雨反倒豁達從容；能化煩惱為幽默，善變平庸為「真人生」；能以「柔弱勝剛強」，善於「緣督以為經」。在這樣的人生境界中，有相對主義的大智慧，也有玩世不恭的小聰明。雖然在非常時期，柔順的民眾也會揭竿而起、改天換地，但在更多的日常生活中，廣大民眾是奉行著「獨善其身」、「跟著感覺走」的道家哲學的。道理很簡單：儒家哲學講「有為」（「修身齊家治國平天下」），道家哲學講「無為」（「致虛極，守

1 李澤厚願意被稱為「新儒家」。見〈李澤厚答問〉，《原道》第一輯，中國社會科學出版社一九九四年版，第三頁。

2 陳鼓應：〈論道家在中國哲學史上的主幹地位〉，《哲學研究》一九九〇年第一期。

靜篤」）。而人世間，到底是「無為」者居多呵。從這種意義上可以說：道家是百姓的立足之地。儘管為了「改造國民性」，魯迅猛批過「自欺欺人」的「阿Q精神」，胡適猛批過「靜坐澄心」的「懶惰」哲學，[1]林語堂也針砭過「消極避世和超脫老猾」的「惡習」[2]但這一切針對道家的批判並沒能摧毀道家的殿堂。一方面，是「天翻地覆慨而慷」的世紀之變，另一方面則是道家文化在巨變中延續、新生的文化奇蹟——這究竟是怎麼回事？

道家的功過是非，歷史的峰迴路轉，一言難盡。

在當代學術界，重新發現道家精神的積極意義的思潮引人注目——李澤厚、劉綱紀認為：「反對人的異化是莊子哲學的核心。」[3]劉笑敢也認為：莊子哲學與沙特哲學有相同之處，其中最突出的相同之處是「純個人的自由」的人生主張。[4]——這種對莊子哲學的積極評述與魯迅胡適等人對道家文化消極面的批判形成了耐人尋味的對比。同樣是為了「改造國民性」，魯迅胡適等人慾以西方的進取精神喚起民族的猛醒，而李澤厚、劉綱紀等人則在中、西文化的比較中尋找著相通的文化因子和重造民族魂的歷史依據。

在當代文學界，道家精神的復興更是引人注目的思潮。談及世紀末文壇，人們常以「浮躁」二字概括其文化特徵。令人感興趣的問題正在於：在這個浮躁時世，道家精神的復興意味著什麼？

---

1 〈我們對於西洋近代文明的態度〉，轉引自沙蓮香主編《中國民族性》（一），中國人民大學出版社一九八九年版，第九九頁。
2 〈中國人〉，轉引自沙蓮香主編：《中國民族性》（一），第一五〇頁。
3 《中國美學史》（第一卷），中國社會科學出版社一九八四版，第二二八頁。
4 〈莊子與沙特的自由觀〉，《中國社會科學》一九八六年第二期。

溯源「文革」：道家精神的悄悄復歸

對世紀末道家精神復興本源的追溯，把我們引入「文革」。「文革」不是一場浩劫麼？這場浩劫不是一場徹底的「革命」麼？許多資料表明：這場浩劫在埋葬了千百萬人的純潔理想與獻身激情的同時，也促成了道家精神的回歸。

「文革」煽動起「革命」的狂熱，也同時促成了「靜虛」的回歸。還在「文革」中最狂熱的年代裏，畫家黃永玉就顯示出道家風骨。他後來回憶說：「十年浩劫時．我最不老實之處就是善於『木然』。沒有反應，沒有表情（老子不讓你看到內心活動）。」[1]——以「木然」的心態去對抗人身侮辱，不正是莊子所謂「心齋」、「坐忘」、「哀樂不能入」的境界嗎？「士可殺而不可辱」的剛烈人格固然可敬可佩（老舍之死、傅雷之死因此而浩氣長存），「善於『木然』」的柔韌活法又何嘗不是大智大慧的顯示！多少人能熬過黑暗的年代，憑的正是「木然」的韌性。「木然」似乎是「麻木」的近義詞，也何嘗不是「輕蔑」、「高傲」、「堅韌」的等義語！

無獨有偶。作家宗璞也在一九八〇年發表的中篇小說《三生石》中記錄了「文革」中幾位橫遭迫害的知識分子靠莊子的語錄彼此安慰、互相激勵、頑強支撐、堅韌活著的感人經歷，小說中兩次引用了《莊子》的名言：「墮肢體，黜聰明，離形去知，同於大道，此謂坐忘」，「為惡勿近刑，為善勿近名，緣督以為經」，以此作為「苟全性命於亂世」的生存策略。小說還有意凸現了梅菩提等人回歸道家的心理路程：「關心政治，是許多人多年改造的成績呵。菩提曾怎樣重新裁剪自己淡泊的性格，煉鑄自己柔弱的靈魂，使之發生鬥爭的火

1 〈往事和散宜生詩集〉，《讀書》一九八三年第五期。

花。那真是艱苦的歷程呵。可誰也沒有想到，等待她的，竟是『敵人』二字。」這怎能不叫人寒心？「既然是敵人，我又何必再『積極』呢？……我很恨。恨這樣的『革命』！我再也不想改造了。」這叫不叫「逼上梁山」？中國有多少知識分子是在經歷過極其虔誠的「思想改造」以後，在「文革」中大徹大悟，重新選擇了生存的峰頂的？社會學家應該研究這個問題。

黃永玉的「木然」，宗璞的「坐忘」，都證明了道家精神作為「以柔克剛」的力量、精神鎮痛的良方的不朽意義。

「木然」、「坐忘」，都浸透了歷經滄桑的苦澀，是老一代知識分子的選擇。

知青一代的選擇又別有一番天地。

一九七一年，顧城寫下了〈生命幻想曲〉，詩中寫道：「我把希望溶進花香……／睡吧！合上雙眼／世界就與我無關」，「我把我的足跡／像圖章印遍大地／世界也就溶進了／我的生命」。「花香」、「大地」、「生命」……都是極富道家文化意味的意象，顧城還寫過一首〈銘言〉（年代不詳）：「且把擱淺當作寶貴的小憩，也不要去隨浪逐波。」——在這些詩句中，我們都能讀出《莊子》中「獨樂其志，不事於世」的精神來。這種消極的人生觀似乎與青年的心境相去太遠，但在「文革」那樣是非顛倒的歲月中，「擱淺」的消極反而顯示出不隨大流、甚至是反潮流的崇高境界來。「擱淺」，就意味著不狂熱，意味著獨善其身，意味著個性沒有昏睡，意味著超越了亂世。「文革」過後，顧城在談及自己的追求時也說過：「喜歡《莊子》的氣度。」[1]

顧城絕非孤例。楊健在《文化大革命中的地下文學》中也記錄下知青的「童話詩」——在「文革」的低谷期，產生了不少「童話詩」，「這些詩在不知不覺中進入一種「夢」的朦朧狀態。共同的脫離現實生活的夢幻色

1 〈詩話錄〉，引自《黑眼睛》（詩集），人民文學出版社一九八六年版，第二〇六頁。

彩、兒童心態成為這些詩歌特有的標誌。」[1]請看這樣的詩句：「帶我走吧，風／到海和天空的邊緣／去追尋夢境」、「讓我躲在白雲上做一個夢吧／我——想——你……」「秋天悄悄來到我的臉上／我成熟了……」在經歷了迷亂之後，知青們逃向了自然，逃向了夢境，進入了沙龍，也就在冥冥中遠離了動亂、遠離了「危生棄身以殉物」的狂熱，而回歸於道家「獨與天地精神往來」的境界之中了。

瞧，從狂熱到超脫·從「革命」到「靜虛」、從獻身到「全身」，看似相去萬里，其實只一步之遙。

此外，還有「逍遙派」——在「文革」中，這個含有貶義的詞專指那些「革命」熱情不高、超然「運動」之外的人們。這些人生性平和、恬淡，以不變應萬變，在「你死我活」的政治鬥爭中甘當「看客」，並且自得其樂地躲入心造的「象牙塔」中，或學一門手藝，或守一份愛好，或鑽一門學科（例如陳景潤在「文革」中研究「哥德巴赫猜想」）。動亂過後，許多參加者面對一片廢墟，感慨萬千，「看客們」卻絕無大起大落的悵惘。一位當年的「造反派」敏銳地注意到了這一現象：「在人人皆瘋時，唯獨逍遙派沒瘋……於是，他們有條件、有時間走南闖北遊覽名山大川，或者躲在家裏啃書本讀外語，寄託被遺棄被歧視的靈魂。浩劫過後。『兩派都應否定』，唯逍遙派不存在否定問題。因此，一查檔案，他們最清最白。提拔幹部，選派出國，他們成了最理想的人選。」[2]——荒唐的歷史嘲弄了熱血青年，同時成全了「逍遙派」——道家精神的傳人們。在「文革」後期，越來越多的人都學會了「木然」、「坐忘」、「獨樂其志」，「看客心態」迅速蔓延，這究竟是歷史的不幸還是大幸？從狂熱到冷漠的心路歷程，不也正是從蒙昧到覺醒的精神之旅嗎？「文革」後期有一副對子廣為流傳：「世外人法無定法從此知非法法也，天下事了猶未了何妨以不了了之」，正可看作是「文革」的輓聯。政治捉弄了淳樸的人們，人們便當然會遠離政治的陷阱，回歸最平凡的「真人生」。「文革」雖然終結

1 《文化大革命中的地下文學》，朝華出版社一九九三年版，第九七頁。
2 安文江：〈我不懺悔〉，引自周明主編：《歷史在這裏沉思》（五），北嶽文藝出版社一九八九年版，第三一七頁。

於一九七六年，但一個民族的蒙昧與狂熱早已在一九七〇年代初就煙消雲散了。從這層意義上，我們不妨說：中國百姓中根深蒂固的道家精神是「文革」狂熱症的解毒劑。

迷狂終歸會疲倦。柔弱奇蹟般消解了剛強。——道家精神，就是這麼悄悄回歸的呵。

一九八〇年代：道家精神的復興歷程

一九八〇年代，是中國急起直追現代化的年代，因而也是浮躁的年代。人們在打碎了政治運動的牢籠後，又身不由己地捲入了經濟的漩流中。「十億人民九億商，還有一億在擴張」的「順口溜」不無誇張地傳達出時代的傾斜、人心的焦灼。正是在這樣的文化背景中，道家精神的傳人們譜寫出一曲曲返樸歸真的田園牧歌。

先是沈從文的得意門生、作家汪曾祺於「傷痕文學」方興未艾之際的一九八〇年發表了清新可人的懷舊之作《受戒》。他不曾料想：與文學主潮保持了相當一段距離的《受戒》會在文壇上產生轟動效應，談及《受戒》的風格，他說：「有點像《邊城》。」[1]這樣，他就復興了以沈從文為代表的，崇尚自然、崇尚生命的文學傳統。說及沈從文對自己的影響，汪曾祺主要談了兩點：一是愛國，二是淡泊。他特別指出：沈從文先生「是我見到的真正淡泊的作家，這種『淡泊』不僅是一種『人』的品德，而且是一種『人』的境界。」[2]在一個多災多難的世紀裏，在不絕於耳的喧嘩聲中，一九三〇年代的沈從文和一九八〇年代的汪曾祺卻先後開闢出一塊人生與文學的田園，並取得了巨大的成功，由此可見世紀心態的一斑：浮躁不可能淹沒一切，不可能淹沒「淡

1 〈關於《受戒》〉，《晚翠文談》，浙江文藝出版社一九八八年版，第四頁。

2 〈認識到的和沒有認識的自己〉，《北京文學》一九八九年第一期。

泊」、「靜虛」的人生理想。甚至可以說，愈是浮躁的時代，「淡泊」、「靜虛」的理想愈煥發出神奇的光彩。沈從文說過：「我是個對一切無信仰的人，卻只信仰『生命』」。[1]這種人生觀、文學觀正是道家「重生輕利」主張的延續。它在一九三〇年代顯示過「重造」「民族品德」的鋒芒，到了一九八〇年代又與「反異化」的時代精神相契合了。

接著是作家賈平凹。他自號「靜虛村主」，便明確表示了對道家哲學的認同。一九八三年春節，他從心境淡泊的美學家宗白華先生的書中讀到「多與自然和哲理接近，養成完滿高尚的『詩人人格』」的話，便回到了商州故鄉，並很快發表了為人傳頌的《商州初錄》。在那一組筆記中，他讚美了商州人「單純、清靜」、「自然為本，裏外如一」的淡泊人生，同時也就對浮躁時世作出了批判。儘管不久他就發現：現代化進程的喧囂很快也打破了商州的寧靜，他仍不懈地譜寫著《天狗》、《遠山野情》那樣超越浮躁的頌歌。在文學風格的追求方面，他也自道：嚮往「隨心所欲……符合天地自然，也仰天微笑」的境界。[2]——也正是「法天貴真」的當代版。

一九八四年，阿城的小說《棋王》問世，名噪一時。小說浸透了道家精神，從「待在棋裏舒服」的遁世之道到「柔不是弱，是容，是收，是合」的棋道與人道，都顯示出「真人生」的強大感染力，顯示出平民百姓超越瘋狂，「抱樸見素」，「寧靜致遠」的從容氣度。阿城是在知青的流浪生涯中接觸到莊子與禪宗的哲學的。他在莊、禪精神的影響下看破了「文革」的虛妄：「當時人民需要解決的不是路線與階級的問題，也不是主義的問題，而是如何填飽肚子。」[3]小說寫王一生認真對待每一粒飯的精神因此也暗藏了嘲弄「路線與階級

1 《水雲》。
2 〈文學小傳〉，《天狗》集扉頁。
3 王明逸：〈生活經歷和心理經歷——訪阿城〉，《中國青年》一九八五年第八期。

的問題」的機鋒。而阿城本人在談及《棋王》的創作動機時說的那番話（「懷一種俗念，即賺些稿費，買煙來吸」[1]），也在悲涼與平淡交織的心情中開了「作家世俗化」（是返樸歸真，也距玩世不恭很近了）的先河。

在世紀末的一片悲涼寒霧中，道家精神的傳人汪曾棋、賈平凹、阿城卻寫出了「樂以忘憂」的名篇——汪曾祺的「溫柔敦厚」、賈平凹的「靜虛」、阿城的「真人生」（「不做俗人，哪兒會知道這般樂趣？家破人亡，平了頭每日荷鋤，卻自有真人生在裏面，識到了，即是幸，即是福。」——《棋王》中這麼寫道。）都顯示了道家精神的豐厚與雋永，顯示了「任憑風浪起，穩坐釣魚臺」的從容與大度，也顯示了平民百姓遠離塵囂、自得其樂的胸懷與境界。另一方面，汪曾祺、賈平凹的風度顯然更具傳統士大夫的氣質——超然物外，超凡脫俗，阿城則更富於俗人的文化意味——化苦為樂，善於自慰，由此也可見道家精神的玄妙深邃，意味無窮。

一九八五年是「尋根文學年」。「尋根派」的幾員主將多出身知青，耐人尋思：這批從「文革」荒漠中走過來的人卻不約而同地舉起了「文化尋根」的旗幟，正昭示了世紀末人與文化傳統的不解之緣。韓少功尋找到「楚辭中那種神秘，奇麗，狂放，孤憤的境界」[2]，李杭育尋找到吳越文化「幽默、風騷、遊戲鬼神和性意識的開放、坦蕩」的古魂[3]，各有千秋。但他們都尊崇道家精神——韓少功說過「嘆服」莊、老、禪的話，並感到「這種宇宙觀，這種處理世界的思想方法，給我們很大的智慧」，「是整個人類超時間超空間的一種生存狀態，一種生存精神……一種主觀浪漫主義精神」[4]，李杭育也讚歎過「老莊的深邃」[5]。特別值得注意的是：他們都有意將傳統文化分成「規範文化」和「非規範文化」兩支，努力以「非規範文化」（楚文化、吳越文化）的

1 〈一些話〉，《中篇小說選刊》一九八四年第六期。
2 〈文學的「根」〉，《作家》一九八五年第四期。
3 〈理一理我們的「根」〉，《作家》一九八五年第九期。
4 林偉平：〈文學和人格——訪作家韓少功〉，《上海文學》一九八六年第十一期。
5 〈文學的「根」〉，《作家》一九八五年第四期。

浪漫精神去批判、救治「規範文化」（中原文化）的弊端，進而為「對民族的重新認識」，為「重鑄和鍍亮」「民族的自我」[1]提供更富於中國意味、更富於歷史使命感的選擇。這樣，道家文化、浪漫精神便賦有了「改造民族性」的現實意義。李杭育筆下的那些漁佬兒、弄潮兒，活得至情至性、自由自在，比起阿城筆下的「棋王」、「孩子王」，顯然更多些英雄豪氣、浪漫真情。

一九八五年也是「新潮文學年」。知青作家馬原是「新潮文學」的先鋒闖將。他的小說富於神秘主義意味，富於人生哲理，也富於浪漫激情。談到自己的人生信仰和文學觀時，馬原也多次說過：他「信莊子和愛因斯坦先生共有的那個相對論認識論」[2]，他認定「發明『混沌』的漢人是有人類以來最偉大的智者」。馬原的小說寫偶然改變命運，人生神秘莫測，「生活不是邏輯的」[3]，以此表達一位經歷過「文革」的作家「不相信任何一面倒的哲學」的人生感悟。[4]他的作品因此既富於荒誕意味，又顯示出清算「文革」僵化、偏執思維方法的戰鬥鋒芒。由此可見。馬原的新潮小說昭示了道家精神的批判意味：以相對主義質疑絕對主義、以非理性主義詰難理性主義，以天馬行空的氣概超越僵化、偏激的思維。馬原在小說界掀起了一場敘事方式的變革，同時也為道家精神的復興做出了獨特的貢獻。

就這樣，汪曾棋、賈平凹、阿城、韓少功、李杭育、馬原等作家在當代文壇上喚回了道家的精神。因此，儘管他們不曾對道家精神作過深入的研究，也不曾樹起過「新道家」的旗幟，但他們的作品足以令人確認：「新道家」作為一種文化思潮，已在世紀末成其波瀾壯闊之勢。

---

1 〈理一理我們的「根」〉，《作家》一九八五年第九期。
2 〈馬原寫自傳〉，《作家》一九八六年第十期。
3 〈方法〉，《中篇小說選刊》一九八七年第一期。
4 許振強、馬原：〈關於《岡底斯的誘惑》的對話〉，《當代作家評論》一九八五年第五期。

而汪曾棋、賈平凹作為文化尋根思潮的先鋒，韓少功、李杭育、阿城作為「尋根派」的主要代表作家這一現象又極具深長意味：具有「尋根」意向的作家多選擇道家精神作為自由人生的象徵，作為自己的精神家園，這是巧合？還是一種宿命？即便是巧合，巧合中又蘊含著怎樣的時代精神？如果是宿命，宿命中又顯示了怎樣的文化心態？

思考：對道家精神的當代理解

談及莊子哲學賴以生長的土壤。李澤厚曾經指出：「那是一個天崩地坼，『美好』的舊社會徹底瓦解，殘酷的新制度已經來臨的時代。就是說，保存著氏族傳統的經濟政治體制的早期奴隸社會已經崩潰，物質文明在迅速發展，歷史在大踏步地前進，生產、消費在大規模地擴大，財富、享受、慾望在不斷地積累和增加，赤裸裸的剝削、掠奪、壓迫在日益加劇。……人在日益被『物』所統治，被自己造成的財富、權勢、野心、貪慾所統治……」正是在這樣的亂世中，莊子抗議「人為物化」，要求回歸人的「本性」。李澤厚認為：「這很可能是世界思想史上最早的反異化的呼聲。」這呼聲的根本意義在於：「人格獨立和精神自由。」[1]

愈是亂世，呼喚人性復歸的呼聲愈是強烈——莊子的時代是如此，阮籍、嵇康的時代是如此，二十世紀更是如此。唯意志主義、生命哲學、存在主義成為二十世紀具有世界範圍影響的哲學思潮．正顯示了同樣的時代精神。

---

1 〈漫述莊禪〉，《李澤厚哲學美學文選》，湖南人民出版社一九八五年版，第七十二至七十三、七十七頁。

「文革」是當代中國政治史、文化史上影響至深至大的歷史事件。「文革」在幾代中國人心中都刻下了難以癒合的傷痕，同時，也為烏托邦迷夢的幻滅、為現代意識（科學與民主的意識、個性與自由的意識）的復歸、為非理性主義（唯意志主義、生命哲學、存在主義……）的高漲創造了條件。如果說可以對「文革」作辯證的反思，那麼，不妨把「文革」看作新時期思想解放運動的重要源頭——有迷狂才有猛醒，有毀滅才有新生，有理性的幻滅才有非理性的復興。

早在「文革」中，便有了疲倦、迷惘、冷漠的情緒的滋生與蔓延——感傷的「知青歌曲」、絕望的「地下文學」、調侃的「民間笑話」都是證明。個性，就是在這樣的土壤上悄悄地生長起來的。一當「文革」結束，新時期開始，個性的呼聲便匯成了滔天的洪波——以控訴戕害個性為基本主題的「傷痕—反思文學」、以抒發個人心曲為「主旋律」的「朦朧詩」、以探討時代與個性關係，重新估量個性價值為基本立足點的「人生意義大討論」、以「人類需要的是重新找到自己」（沙特語）[1]為宗旨的「沙特熱」的興盛……這一切思潮氣勢磅礡地高漲於一九七〇年代末、一九八〇年代初的中國文化思想界，正昭示了時代的精神。一九八〇年代是「新啟蒙」的十年。而新啟蒙的核心正是清算「文革」的罪惡，張揚個性的旗幟。一直到一九八〇年代中的「新潮文學」、「現代詩」標新立異的風尚、文藝理論界關於「文學主體性」的爭鳴、思想界對於五四文化遺產的再評價（李澤厚關於「啟蒙與救亡」雙重變奏的思考[2]、錢理群、甘陽關於五四的最強音應是「個性自由」的議論[3]等）、理論界關於馬克思《人類學筆記》的研究以及「佛洛伊德熱」、「尼采熱」的如火燎原……我們都不難看出「個性解放」主題的回歸。一切都是時代的迫切需要。

1 〈存在主義是一種人道主義〉，《外國文藝》一九八〇年第五期。
2 〈啟蒙與救亡的雙重變奏〉，《中國現代思想史論》，東方出版社一九八七年版，第二九頁。
3 錢理群：〈試論「五四時期」人的解放〉，《文學評論》一九八九年第三期；甘陽：〈自由的理念：五四傳統之闕失面〉，《讀書》一九八九年第五期。

但當「個性解放」被理解為一個「反傳統」的口號時，當西方文化思潮的洶湧而來導致了時代文化天平的傾斜時，當「全盤西化」再次成為浮躁的吶喊時，「尋根」的思潮卻異軍突起，別開重新認識民族文化、重新塑造民族精魂的新生面。如果說，汪曾祺的「懷舊」小說本意只在復興沈從文的文學傳統、展示傳統文人的淡泊情懷，可它激起的熱烈迴響卻折射出時代精神的微妙：在一個吶喊與浮躁的年代裏，淡泊的情懷更顯可貴。汪曾祺坦言：「我的作品和政治結合得不緊」，「這和作者的氣質有關，倪雲林一輩子只能畫平遠小景，他不能像范寬一樣氣勢雄豪，也不能像王蒙一樣煙雲滿紙。」[1]這一番話中便蘊含著特別的創作個性以及作家歷經滄桑後對自己創作個性的最後確認。

汪曾祺很超脫，很有士大夫氣。與這位老作家相比，賈平凹、阿城、韓少功、李杭育、馬原這一批出生於一九五〇年代，「文革」後崛起於文壇的作家則更具平民風格。他們都在社會底層生活過、奮鬥過，都對民族魂有切身的體驗，因此，他們對道家精神的認同更多傾向於「狂放、孤憤」（如韓少功）、「幽默、風騷」（如李杭育）和「以柔克剛」（如阿城）——這樣，便不再止於「淡泊」，而凸現出「叛逆」、「自由」、「進取」的意味，凸現出民間的自由活法消解正統的僵化說教的意義，以中國文化的多元活力消解中、西文化絕對對立的說法的思想意義。是的，張揚道家精神，就意味著張揚自由之魂、個性精神，意味著拋卻因襲的重負，再造文化的輝煌。這樣，也就顯示出當代作家張揚道家精神的積極品格。當我們注意到汪曾祺強調「有一陣對莊子很迷。但是我感興趣的是其文章。不是他的思想」[2]時，當我們還讀到韓少功的議論——「中國有些很好的思想。然而，它的機制上如果有毛病就會變成很壞的東西。比如莊子的相對思想……在舊社會裏又成了阿Q」[3]時，我們都能感受到當代作家對道家哲學消極面的警惕與批判，進而感受到當代作家對「五四」那一代思

1 《晚飯花集．自序》，人民文學出版社一九八五年版，第四—五頁。
2 〈認識到的和沒有認識的自己〉，《北京文學》一九八九年第一期。
3 林偉平：〈文學和人格——訪作家韓少功〉，《上海文學》一九八六年第十一期。

想家批判道家文化傳統的繼承與延續。而當汪曾祺認定：「我大概受儒家思想影響比較大。……我覺得孔子是個很有人情味的人……『溫柔敦厚，詩之教也。』我就是在這樣的詩教裏長大的」[1]之時，當韓少功確信「真正偉大的人格就是既看透了一切又充滿著博愛」，「比如莊子對事情看得很透，避世，對人世很厭惡。但儒家又有一套，孔子說是『道不遠人』……道家的思想和儒家的思想結合起來體現在一個人身上，這是一種很美麗的東西」[2]時。他們也就不約而同地選擇了「儒、道互補」的傳統立場。這樣，我們也就不難明白：為什麼「尋根派」筆下少有麻木、猥瑣的藝術形象，而多的是粗獷豪放的打魚人、弄潮兒，以柔克剛的棋王，以及自由闖蕩的探險者（如馬原筆下的探險者形象）之類令人感動的形象？一切都不言而喻：繼承道家精神，目的是喚回國人的生命激情與創造熱忱，是以先人的浪漫主義精神照出「種的退化」（莫言語）的當代悲劇來，是在世紀末的荒原上重建理想人性的聖殿，而不是絕望、歎息，不是自欺欺人。當「新潮文學」不斷傾訴著人生的絕望、現實的荒誕、價值的虛無時，「尋根文學」卻喚回了自由自在、豁達灑脫、天馬行空、豪情縱橫的精神——這樣的比較，實在耐人尋味：在「深刻的絕望」這一現代意識與「天行健、君子以自強不息」的傳統精神之間，當代人何去何從？——當我們將「新道家」的自由精神置於世紀末的悲涼之霧背景下觀察時，也就能明顯感受到它的當代性：淡泊、靜虛（如汪曾棋、賈平凹、阿城）也好，曠達、奔放（如李杭育、馬原）也好，都是對浮躁心態和萎縮人生的批判，都是對自由意志和真誠個性的張揚。我覺得，這種浩然正氣正是當代「新道家」區別於莊子哲學中「哀樂不能入」的「坐忘」、麻木、冷漠之氣的根本所在。如果說，「舊道家」以冷漠為基調（莊子的虛無主義與現代西方哲學中的虛無主義頗多相通之處，叔本華就很喜歡莊子；博爾赫斯也崇拜叔本華和莊子），那麼「新道家」卻極富熱情——汪曾棋的「溫柔敦厚」，賈平凹的「熾熱的冷靜」[3]，阿城的「老

---

1 〈認識到的和沒有認識的自己〉，《北京文學》一九八九年第一期。
2 林偉平：〈文學和人格——訪作家韓少功〉，《上海文學》一九八六年第十一期。
3 〈山石、明月和美中的我〉，《鍾山》一九八三年第五期。

老實實地面對人生」，[1]韓少功的「既看透了一切又充滿著博愛」，李杭育的「個性至上」[2]馬原的「以牛頓和愛因斯坦的方式信奉上帝」[3]……都是熱情的證明。這是「文革」的瘋狂不曾葬送的熱情，也是人慾橫流的喧囂吞沒不了的熱情。這種熱情既是作家良知的顯示，也是中國傳統「樂感文化」根深蒂固的象徵。

另一方面，「新道家」又是極富中國文化意味的藝術境界的追尋者。談及當代小說的革命性變化，對此不可不察。雖然「新潮文學」中占了絕大部分的作品，是借鑒、模仿西方現代主義文學的結果，但也有相當一部分是追尋民族藝術境界的成功之作。「新道家」的作品又正好是集中體現了中國傳統藝術精神復興的標本。

汪曾棋自道：「在文風上，我是更有意識地寫得平淡的……我是更有意識地吸收民族傳統的……我追求的是和諧。我希望融奇崛於平淡。納外來於傳統。」[4]於是，淡泊的人格便與淡泊的文風相映生輝了。賈平凹也說：「中國幾千年來的文學，陶淵明、司馬遷、韓愈、白居易、蘇軾、柳宗元、曹雪芹、蒲松齡，儘管他們的風格有異，但反映的自然、社會、人生・心靈之空與靈，這是一脈相承的。空與靈，這是中國文學的一項大財富，……在以中國的傳統的美的表現方法來真實地表現當今中國人的生活、情緒的過程中，我總感覺到在作品裏可以不可以有一種『旨遠』的味道？」[5]韓少功談及「怎麼寫的問題」時認為：楚文化精神值得發揚——那便是「楚文化的主觀浪漫主義精神，不拘泥於形式，主觀的擴張、擴大」的精神，是「打破時空」的精神，是「奇麗，神秘，狂放，幽默深廣」的精神，[6]是「人神合一」[7]的精神。馬原的藝術追求也是「索性順著自己的

---

1 〈一些話〉，《中篇小說選刊》一九八四年第六期。
2 〈小說自白〉，《上海文學》一九八五年第五期。
3 許振強、馬原：〈關於《岡底斯的誘惑》的對話〉，《當代作家評論》一九八五年第五期。
4 《晚飯花集・自序》，人民文學出版社一九八五年版，第五－六頁。
5 〈變革聲浪中的思索〉，《十月》一九八四年第六期。
6 林偉平：〈文學和人格——訪作家韓少功〉，《上海文學》一九八六年第十一期。
7 〈答美洲《華僑日報》記者問〉，《鍾山》一九八七年第五期。

『氣』寫」，「縱橫塗抹」。[1]——不論是「平淡」、「空靈」，還是「狂放」、「縱橫塗抹」，都閃爍著中國傳統藝術精神的光輝。「平淡」、「空靈」，是含蓄的風度，如寫意畫如山水詩；「狂放」，「縱橫塗抹」，則是天馬行空的氣勢，如《楚辭》，如狂草書法，如李白的詩。「平淡」、「空靈」的柔情與「狂放」、「縱橫塗抹」的豪情恰似陰陽之道，互濟互補，在巨變的文壇上顯示出最具民族氣派的光彩，並觸發了一九八七～一九八八年間文壇上的「偽現代派」之爭——那場爭鳴的一個基本出發點正是：中國作家完全不必跟在西方作家的後面亦步亦趨。

這樣，我們便發現了一條當代文藝思潮的紅線：從一九八〇年代初的「汪曾棋熱」、「沈從文熱」到一九八〇年代中的「尋根文學熱」、一九八〇年代末的「偽現代派」爭鳴直到一九九〇年代初的「國學熱」，民族傳統文化精神的回歸與復興也是隨著時代精神的演進而不斷顯出新意的。其中，道家精神的回歸與復興又是格外引人注目的一股大潮。這一現象正是當代思想解放、個性自由的絕妙象徵，也是中國文學與文化在現代化轉型的歷程中難以拋卻自己傳統的有力證明，還是當代作家善於從民間汲取重塑民族精神的力量、守護精神家園的成功範例。於是，「新道家」便自然成為當代人文精神建設的一支重要力量了。

一九九〇年代初：「新道家」的危機

一九八〇年代，「新道家」譜寫了輝煌的篇章。同時，「新道家」也顯露出深刻的危機——

[1] 許振強、馬原：〈關於《岡底斯的誘惑》的對話〉，《當代作家評論》一九八五年第五期。

韓少功去湘西「尋根」，寫出的《爸爸爸》、《女女女》卻悲涼莫名，湘西的封閉、落後、愚昧都令人震驚。於是，他逃去了海南。在世紀末這個「文化的空白時期或者說是文化惡質化的時期」，「我們中國人幾乎任何教條主義的東西都沒有了……歐美人有文明規範以後，覺得許多事情都是天經地義的，不能幹；中國人卻不，什麼事都敢想，什麼事都敢幹」。這樣，自由本身也異化為人慾橫流、胡作非為了。所以，他一方面忠實於「隨心所欲」的人生理想，一方面將這理想定位於「逃到文學中去，逃到心靈中去」，使自由成為「精神的最大自由」。[1]這樣，他便放棄了某些浪漫的設想，同時又超越了人慾橫流的狂潮。

而當李杭育在《最後一個漁佬兒》、《沙灶遺風》、《珊瑚沙的弄潮兒》中就感歎於吳越古魂的衰落（在現代化的喧囂與污染中衰落）時，他也早就退出了「尋根」的行列。

這一切，都昭示了道家精神在當代的困境。

更令人震驚的是：一九九三年，兩位很有影響的「新道家」文人幹出了驚世駭俗的大事——先是「靜虛村主」賈平凹發表了「苦難之作」《廢都》。他想「表現世紀末的情緒……寫傳統文化在當前的不適應性，以及想作為又沒辦法作為，想適應又沒辦法適應的狀態」。結果，他發現：「一部《廢都》把我自身的一切都廢了，家破裂了，身體搞垮了……令人生氣的是非文學的糾纏太多，讓人無法安身。」[2]當年的「靜虛村主」也終於沒能超越煩惱與苦難，這意味著什麼？意味著世紀末的絕望與頹廢情緒難以抗拒？賈平凹以後，是隱居於新西蘭島嶼上的「童話詩人」顧城的殺妻與自盡。顧城一直酷愛道家「無為而無不為」的境界，可乖戾的個性也引他走入「我有時真忍不住，想放火！想殺人！」的絕境，並說過這樣的話：「中國的真人，換一個角度也可

1 〈人的逃避〉，《小說家》一九九三年第三期。
2 治玲：〈《廢都》幾乎廢了賈平凹〉，《今日名流》一九九四年第二期。

被視作魔鬼。」[1] 後來他果然幹出了魔鬼的勾當！一個「童話詩人」墮落為一個殺人犯，再次昭示了道家自由精神蛻變為邪惡的可能性。

賈平凹的頹廢情緒與顧城的魔鬼行徑，是世紀末情緒的兩個典型例證。事實表明：選擇了道家精神作亂世的方舟，絕非一勞永逸之舉。在喧嘩與騷動之潮空前高漲之時，淡泊與靜虛的選擇常常充滿了痛苦。從靜虛到浮躁，其間不過一步之遙。何況道家「無為而無不為」的玄思本身也可用作「為所欲為」的理論依據。這一切意味著：自由不是一切。靜虛不是一切。在世紀末的荒原上建一座根基穩固的精神家園，絕非易事。汪曾棋在執守「淡泊」的同時還忠實於「溫柔敦厚」，韓少功在「逃到心靈中去」的同時依然不忘「與全人類相通」[2] 的使命，都顯示著「儒、道互補」、中西文化互補的胸懷。也許，在這個多元、困惑的時代裏，建設精神家園也絕不可失於偏頗的選擇。歷史已經證明：人世間沒有包醫百病的萬靈藥方。當今思想文化界，「新儒家」、「新道家」、佛教、基督教、伊斯蘭教……都在為重建人類的精神家園而殫精竭慮、奮鬥不止。可以預言：未來的中國新文化只能是多元的結構。剩下的問題是：「新道家」在新的挑戰面前會做出怎樣的回應呢？

這個問題，只好留待未來回答了。

原載《文藝評論》一九九六年第二期

1 趙毅衡：〈死亡詩學〉，引自虹影、趙毅衡編：《墓床》，作家出版社一九九三年版，第三九六頁。
2 〈靈魂的聲音〉，《小說界》一九九二年第一期。

從吶喊到冷嘲

知識分子問題，是二十世紀中國文化思潮史上一個基本問題。從「五四」時期知識分子開創新文化運動史到戰爭年代知識分子的大分化、大改組再到運動年代（一九五七～一九七六）知識分子「改造世界觀」的苦難歷程直至世紀末中國知識分子命運的大討論——一切都令人百感交集，如果說，農民問題是中國革命的基本問題，因為它關係到中國社會最大多數人的切身利益，那麼，知識分子問題就應該是中國現代化的基本問題，因為：它關係到人的現代化的前景。

現在，讓我們看看：當代文化人在探索知識分子出路、思考知識分子命運方面走過的奇特旅程吧。

一九七〇年代末——一九八〇年代初：含淚的頌歌

一九七六年「文革」結束後，中國再次向科學進軍。知識分子在經歷了漫長的屈辱歷程後，再次揚眉吐氣。一批歌頌知識分子的作品在一九七〇年代末至一九八〇年代初不斷產生轟動效應，最早是徐遲的報告文學《地質之光》、《哥德巴赫猜想》，接著是張揚的小說《第二次握手》、靳凡的小說《公開的情書》重見天日。此後，話劇《丹心譜》、小說《天雲山傳奇》、《人到中年》、報告文學《大雁情》、《小木屋》、《祖國高於一切》……這些作品既是對知識分子的歌頌，又是對知識分子苦難悲劇的控訴。今天回過頭再去重讀那些作品，我注意到：除去《地質之光》、《公開的情書》，絕大部分作品都浸透了冤屈的血淚。這種「含淚的頌歌」之所以成為一種普遍現象，絕非偶然，它記錄了知識分子的屈辱歷程——與世紀初知識分子的浪漫旅程相比，這一代知識分子活得多麼窩囊。不要說魯迅式的吶喊、郭沫若式的熱狂、林語堂式的閒適已湮沒在歷史的記憶中，就連郁達夫式的浪漫、周作人式的歎息也十分少見，有的多是逆來順受——但在那政治高壓的時代，不逆來順受又如何？多少人甚至逆來順受也沒換來那份可憐的安寧！

作家們的出發點也許只是「為知識分子請命」，但「含淚的頌歌」已在冥冥中導向了知識分子的「自我審判」。

一九八〇：張賢亮打開「潘朵拉之匣」

一九八〇年，張賢亮發表《土牢情話》，小說還原了知識分子在高壓下淪為「苟活者」的生存本相。石在的卑怯、懦弱直接導致了喬安萍的毀滅，也使自己的靈魂註定不得安寧。由此產生了當代文學史乃至思想史上的「懺悔」主題。當時的張賢亮對此未必有著充分的自覺（否則，他就不會在稍後的《綠化樹》中流露出應該在血水中浴三遭的病態心理）。令人欣慰的是，即使沒有張賢亮的《土牢情話》，「懺悔」的主題也必將敲響知識分子危機意識的警鐘。證據是：青年批評家們的犀利文論——我一直以為：那些富於思想鋒芒的文論對於當代思想史，具有十分可貴的思想史資料的意義。顯然，從「文革」中跋涉出來的青年學者不可能對知識分子的悲劇歷程視而不見。對知識分子命運的研究與沉思不僅是反思歷史的必要，也直接關係到後來人的前途。因此，當張賢亮的名作《綠化樹》作為優秀的心理分析小說、人民的頌歌而洛陽紙貴時，青年批評家們都不約而同地在小說的主題毛病上大做文章。在一九八四～一九八六年間，黃子平、季紅真、許子東、王曉明都著文批評了《綠化樹》的病態主題。黃子平批評：「對苦難的『神聖化』和對農民的『神聖化』」是值得懷疑的，是誤把「目的論的東西引入歷史哲學」。[1]季紅真則進而分析了當代知識分子的文化構成：十九世紀人道主義的影響和中國當代文化教育「形成了他們精神的內在矛盾。前者使他們在嚴酷的時代活動中軟弱無力，後者則使他們習慣於自我否定。」[2]許子東在深入探討了中國近現代文學中知識分子的「懺悔」主題後指出：「這種根植於啟蒙意識的慚愧變成尊敬變成崇拜甚至再變成某種『恐懼』，『懺悔』也就由內心觀照上升為反省上升為自我批判再上升為精神自殺」。[3]王曉明也指出：深入的「自剖」必須要在先清除了自身從地獄帶來的「鬼氣」才能實現。[4]——這樣的批評對張賢亮具有重要的意義。一九八五年發表《男人的一半是女人》以後，他走出了「謳歌苦難」的誤區，而成為深入解剖知識分子病態心理和苦難根源的聖手，《習慣死亡》、《煩惱就是智慧》都是震撼人心的記錄。

這一切發生在一九八四～一九八六年之間，僅僅是因為《綠化樹》的緣故嗎？不完全是。

請看趙園的專著《艱難的選擇》。這部書完成於一九八五年。這是一部通過分析現代知識分子題材小說中人物形象與形象創造的知識分子的心靈史思考知識分子命運的力作。書中閃爍著批判與反思的光芒。餘論〈關於中國知識分子的隨想〉更是一篇寶貴的思想史資料，其中激蕩著這樣的哲思：「該按照何種『模子』來改造

1 〈我讀《綠化樹》〉，《「沉思的老樹的精靈」》，浙江文藝出版社一九八六年版，第一五二～一五三頁。
2 〈兩個彼此參照的世界〉，《讀書》一九八五年第六期。
3 〈在陀思妥耶斯基與張賢亮之間〉，《文藝理論研究》一九八六年第一期。
4 〈所羅門的瓶子〉，《上海文學》一九八六年第二期。

一下中國人，使我們自身，使我們的知識分子性格更臻完善呢？」[1]「改造國民性」的世紀文化主題至此進一步具體落實為「改造知識分子性格」的話題。但這已是完全不同於「改造世界觀」的文化命題了。

正是在一九八六年，《中國青年報》發起組織了《兩代知識分子對話錄》的討論，具有現代意識的青年知識分子向被扭曲了的知識分子人格模式發起了衝擊。青年知識分子在討論中展示了中國知識分子真誠、坦蕩、瀟灑、不再委瑣、不再懦弱，不再逆來順受的新風貌；也正是在一九八五年左右，老作家巴金發出的泣血之聲──「我懺悔！」──在知識分子中激起了空前的反響，這是良知的呼聲，是甩掉歷史重負的吶喊，是直面慘澹的人生、絕不像懦夫那樣自欺欺人的心聲；也是在一九八五年左右，青年作家趙玄在長篇小說《紅月亮》中深刻反思了「文革」的悲劇：「全體中國人──每個人都是這場悲劇中的角色，也都是導演。我們自己捉弄自己，自己毀滅自己……要責怪，只能怪自己，因為，首先，我們自己沒有當好自己的領袖。」[2]也正是在一九八五年左右，一貫溫柔敦厚的王蒙發表了寒氣逼人的長篇小說《活動變人形》，劉心武稱之為「審父」之作：這一代人敢於對父輩吶喊──「父輩啊！你們走過怎樣的路，你們的心靈不管怎樣掙扎也畢竟不能清白，你們有那麼多不好意思說出來不好意思承認的隱秘的卑微、卑鄙、卑瑣，你們是多麼艱難，多麼痛苦，多麼不幸！」[3]儘管在倪吾誠的時代與石在的時代之間，隔著千山萬水，隔著不同的社會歷史背景，儘管《活動變人形》與《土牢情話》的藝術風格、文學觀念大不一樣，但倪吾誠與石在卻有著令震驚的相似──都委瑣、都可憐、也都卑鄙！

也還是在一九八五年左右，一批青年學者推出了影響極大的《走向未來》叢書。在這套旨在介紹當代最新成就的綜合性叢書中，知識分子問題的探討占了不小的比重──《大變動時代的建設者》、《搖籃與墓地》、《儒家文化的困境》、《梁啟超與中國近代思想》……等等。一九八六年以後，《讀書》雜誌以醒目位置相

1 〈艱難的選擇〉，上海文藝出版社一九八六年版，第三五三頁。
2 載《中國作家》一九八六年第五期，第七十頁。
3 〈地球村、審父、自剖〉，《當代》一九八六年第四期。

繼推出青年學者許紀霖、黃克劍、黃子平、劉小楓、吳方、汪暉、錢理群、趙一凡等人在中西文化碰撞的背景中沉思知識分子命運、研究知識分子心態、展望知識分子前途的書評，這些書評也以深沉的情感、睿智的哲思而具有思想史資料的意義：它們不僅是這一代學人總結歷史的心得記錄，也體現了這一代學人達到的歷史高度——在世紀末的低谷，回首幾代人的坎坷歷程，提出一系列古老而常新的思想命題：從中國士大夫的矛盾心態到近世知識分子的寶貴探索；從知識分子的困惑分析到「現代化與終極關懷」的沉思；從審視前輩的人生缺憾到展示當代學子的遠大抱負……相對於創作中「含淚的頌歌」，這些思想評論更富於「理想的激情」。「含淚的頌歌」令人歎息，「理想的激情」則催人奮起。

對中國知識分子命運的討論，就這樣在八〇年代中期風雲際會，與同時期關於現代化建設、關於「球籍」與「危機感」的議論、關於文化轉型與「世紀末回眸」的放言的一系列討論一起，構成了當代思想史上最激動人心的篇章！

從控訴到自首、從「含淚的頌歌」到「審父意識」——中國當代知識分子在一九八〇年代再次完成了一次偉大的「自我否定」，也是一次偉大的「自我重新設計」。

一切似乎正在巨變，天翻地覆慨而慷……

一九八〇年代末——一九九〇年代初：走入文化低谷、走向自嘲

就在知識分子在歷史舞臺上擺出了雄壯的陣勢、打起向現代化進軍的先鋒旗幟，「文化低谷」卻猝然出現在他們的面前。這究竟是怎麼回事？「尊重知識，尊重人才」的喧嘩音猶在耳，卻何曾想個體戶、「大腕」轉眼間以「經商熱」吸引住了全社會的目光！

《讀書》雜誌在一九八八年第九、十一、十二三期均以頭條位置分別推出三篇長論：許紀霖的〈商品經濟和知識分子的生存危機〉、盧中原的〈迎接中國的「企業家時代」〉、周彥的〈我們能走出「文化低谷」嗎？〉——這一切似乎純係偶然，但也於冥冥中昭示了時代精神的變遷：文化精英走入了「文化低谷」。這是當代中國特有的奇怪現象。如果說一九八五年以後「文壇失去轟動效應」也可以解釋為文學發展與文化的必然，那麼，「教育危機」則使人仰天長嘯，欲哭無淚。

儘管一九八六年還產生了陳祖芬的報告文學《理論狂人》那樣的「含淚的頌歌」，但一九八八年以後，連這樣的頌歌也越來越少了，創作界中似乎除了張承志的《金牧場》中那個獨往獨來的青年學者還使人感受到一些理想主義的陽剛正氣以外，已沒有了「含淚的頌歌」，甚至連「懺悔」的吶喊也再也激不起回聲了，於是，「冷嘲」的主題登場，並很快風靡文壇。

事實上，早在一九八五年，劉索拉的《你別無選擇》已以黑色幽默的筆法嘲弄了僵化的賈教授，但那還只是在思維方式的層面上。到了一九八七年，陳世旭發表《校長、教授、助教和紅房子》，已從生存困境的層面嘲弄了校長的無能、教授的懦弱、助教的窩囊（為了分房先是溜鬚拍馬，後是老拳相向）；一九八八年，劉恒發表《白渦》，一九八九年，陳村發表《張副教授》，立意都在鞭撻、嘲諷知識分子的虛偽、猥瑣。而教授出身的湯吉夫在一九八〇年代初曾寫出過那麼多「含淚的頌歌」（例如《心》、《歸》、《同志》等），可到了一九八四年，他的《朋友》已轉為冷嘲，章學純的刁鑽、刻薄、虛偽令人感慨。如果說，石在的懦弱還可以令人同情，那麼章學純的卑劣則只能使人鄙棄。一九八七年以後，湯吉夫以《小城舊夢》、《蘇聯鱈魚》、《本系無牢騷》、《新聞年年有》、《上海阿江》……等一批小說不斷刻畫知識分子一窮二酸的眾生相，那誇張的漫畫筆法盡情嘲弄了知識分子的尷尬生存狀態。一九九〇年代以後，劉心武的《風過耳》、方方的《行雲流水》、《無處遁逃》、《祖父在父親心中》也與湯吉夫一樣，致力於揭示知識分子的卑污靈魂或者生存困境。他們的作品使人不禁聯想到《儒林外史》……

就這樣，罩在知識分子頭上的「精英」光環被作家們無情地消解了。在中國文化日益走向世俗化的進程（這一進程與走向現代化的進程同步）中，知識分子的「自審」與「自嘲」具有深遠的意義——它一方面打破了「精英」的神話，另一方面也昭示了這樣的事實，在政治的高壓已被驅散的新時期，經濟的困境逼使知識分子繼續在墮落、沉淪的下坡路上急速滑行……「拿手術刀的不如拿剃頭刀的，造導彈的不如賣茶葉蛋的」、「窮得像教授傻得像博士」、「碩士生不如狗，博士生滿地走」這樣一些新的俗語和「孔雀東南飛」、「新『讀書無用論』流行」之類熱門話題，都表明：知識分子的苦難歷程仍未有窮期。

歎息歸歎息，自嘲歸自嘲。更不可思議的是：如今竟輪到王朔那樣的「痞子」出來嘲弄知識分子了。王朔在一九八〇年代末的獨領風騷、轟動文壇，具有很複雜的社會原因。而「王朔熱」風靡不衰這一現象本身也足以耐人尋味：玩世不恭、放浪不羈、「過把癮就死」已成為新的時代時尚。王朔有他的「歷史哲學」——「痞子創造歷史」（「改革開放的所有動力，來自痞子。是痞子作生意、經商、辦工廠、開商店，是他們的瘋狂推動社會運轉」。[1]）他更以一個成功者的口吻大談：「中國的知識分子可能是現在最找不著自己位置的一群人。……他們已經習慣於受到尊重，現在什麼都沒有了，體面的生活一旦喪失，人也就跟著猥瑣。」至此，他陳述的是一種可悲的事實。但接下去，他又說：「像我這種粗人，頭上始終壓著一座知識分子的大山。他們那無孔不入的優越感，他們控制著全部社會價值系統，以他們的價值觀為標準，使我們這些粗人掙扎起來非常困難。只有給他們打掉了，才有我們的翻身之日。」[2]——這才是王朔的真心：嘲弄知識分子，為的是出一口惡氣。

來自知識分子內部的歎息、自嘲與來自王朔式「痞子」的興災樂禍，足以彼此印證：知識分子的苦難歷程遠未終結。

1 香港《鏡報》一九九三年第二期。轉引自《文藝報》一九九三年五月二十二日。
2 〈王朔自白〉，《文藝爭鳴》一九九三年第一期。

既然知識分子如此窩囊，那麼，誰來充當現代化的先鋒？王朔的回答是：痞子。然而所有現代化國家的歷程卻證明：知識分子，只有知識分子，才是現代化的旗手、「上帝的選民」。「痞子」創造歷史？不錯。但恐怕只是在一個「初級階段」的國度、一個處於失序狀態的「過渡時期」。未來的風流人物，必將是知識分子，尤其是文化精英。

不信，咱們走著瞧。

知識分子中的民粹主義情緒面面觀

如果說，作家對知識分子的歎息、「自審」與冷嘲還有「哀其不幸」的意味，那麼，當作家中也有人從冷嘲走向了王朔式的鄙夷而毫無憐憫之心時，那就更令人震驚了。

我說的是張承志。

張承志與王朔，代表了當代文化思潮的兩極：張承志是九死不悔的理想主義者，是歷史學家，知識精英；王朔則是「一點正經沒有」的世俗主義者，是「頑主」、「痞子」。「要麼張承志，要麼王朔」——一位評論家將這種兩極的抉擇擺了在了時人的面前。張承志與王朔，不可同日而語。我歷來喜歡張承志的理想主義及其充溢著陽剛正氣的作品，不論是小說、散文還是評論。

但我終於發現：至少在兩點上，張承志與王朔殊途同歸——

第一，在《金牧場》這部小說中，張承志記下了他對「四五」天安門事件的思考：是那些「胡同串子」燒汽車的行動「粗野地撕下了歷史的舊一頁。……他覺得他從此和北京痞子之間建立了不能割斷的情誼。那一頁又黴又爛，可是從來沒有人敢掀，更不用說撕了它。……你只敢用小裹小氣的傷感來發洩。……然而痞子們是偉大的……」瞧，這不是「痞子創造歷史論」麼？而且，比王朔的哲學提出得更早，不過當時（一九八七年）沒人注意罷了。但張承志的思考卻立足於這樣的基點：「革命運動是什麼？人民是什麼？歷史是什麼？」「四五運動」的答案與教科書上的介紹相去甚遠。張承志由「胡同串子」燒汽車頓悟了革命的複雜內涵、人民的複雜成份、歷史的複雜意義。聯繫到張承志的粗獷個性、生命激情、革命理想，我們不難發現他在「痞子創造歷史」這一點上與王朔的同中之異。

第二，張承志作為知識分子中的一員，在《金牧場》中，就記載了歷盡苦難的大學教授周先生在日本人面前哭訴苦難的卑瑣，儘管周先生等人德高望重、思想自由，但卻沒有一根「自由的骨頭」！因此，他不願意成為周先生那號學者，他甚至說：「再見吧學者。」他因此真的就離開了學者的隊伍，成為一個自由作家，去西海固那片貧瘠而神聖的土地上去尋找精神的家園了。此後，他不斷地嘲弄、指責、批判著中國知識分子的世紀病：「中國文藝痞子們不會懂，為什麼『愛』首先是一個宗教概念。」「『家』意識……知識分子們在這個問題上表現得那麼蠢笨和遲鈍。」[1]「十九世紀知性的象徵——實證主義，與二十世紀末迷茫混亂的現代思潮，都無法拯救這些惶惶無路的智識者。」[2]「在中國穆斯林中間，特別是在他們的知識分子中間常有一種現象，那就是信仰膚淺、責任感缺乏，往往樂觀而且言過其實。」[3]——這些偏激的言辭擊中了知識分子的要害：缺乏陽剛正氣，被世紀末情緒所裹挾，迷惘、猥瑣。與王朔不同的是：張承志的出發點不是「暴發戶」的出惡氣，而是為這個時代缺少「聖性」而不滿、憤激。當整個時代都朝著世俗化的方向狂奔時，張承志卻狂熱地走向了神聖的理想國——哲合忍耶。

---

1 〈禁錮的火焰色〉，《收穫》一九八八年第二期。
2 〈心靈模式〉，《讀書》一九九〇年第十期。
3 《心靈史》，花城出版社一九九一年版，第一一二、六十七頁。

張承志一直恪守著「為人民」的宗旨。對於世俗的人們，「為人民」早已是一個過時的口號。在競爭的時代，個性、個人主義勢必風行。但張承志凜然不屈，他因此而成為當代民粹主義的代表人物。

「為人民」，是一個內涵極其複雜的口號。它曾經是革命理想的象徵。也曾異化為騙子們欺世盜名的工具。而對於張承志，它意味著一種信念，一種民族自尊心，一種絕不媚俗的使命感。張承志之所以能在世紀末的世俗化大潮的衝擊下巍然不動，高舉著理想之旗，與此有很大關係。

民粹主義在一九二〇年代至七〇年代幾十年的跨度中，曾是許多熱血青年的精神支柱。在戰爭年代，他們像他們的俄國先驅一樣，走向民間，從民眾中汲取改造世界的力量，到了動亂年代，他們之所以能逆來順受地熬過漫長歲月，也與這種情感的支撐有關。從這種意義上說，張賢亮的《綠化樹》中把苦難和民眾神聖化的傾向，具有相當的真實性、典型性。與《綠化樹》在主題上頗相似的，是先於《綠化樹》問世的王蒙的系列小說《在伊犁》。在這部紀實性頗強的作品中，王蒙歌頌了在最困難的歲月裏保護了他、哺育了他的邊疆人民：「我們的各族人民竟蘊含著那樣多的善良、正義感、智慧、才幹和勇氣，每個人心裏竟燃著那樣熾熱的火焰。……太值得了。生活，到人民裏邊去，到廣闊而堅實的地面上去！」[1]——這裏不也是歷經磨難、無愧無悔的樂天情懷麼？

不僅僅張承志、張賢亮、王蒙，還有張煒（《古船》的結尾，隋抱樸說：「要緊的是和鎮上人一起。」）、矯健（《河魂》的主題是：民族之魂、集體的力量，永遠是生命的根本源泉），還有「尋根派」（他們多從民間汲取信念與力量）——都或多或少是當代的民粹主義情緒的代言人。儘管他們中有些人後來離開了民粹主義，走向新潮，走向世俗化，但民粹主義作為一種思潮卻一直不曾中斷過——直至一九九二年，張承志的《心靈史》還在文壇上掀起過一陣狂風呢。

---

1 《淺灰色的眼珠・後記》，作家出版社一九八四年版，第三二三頁。

民粹主義是一種聖潔的情感。儘管它同時也是一種文化上的保守主義，但耐人尋味的是，當代正氣激蕩的作品，獨鍾民粹主義者，反而是那些最富現代意識的作品，浸透了令人迷惘沮喪的世紀末情緒。王朔的小說瀟灑輕鬆，讀後仍使人感到迷惘，癥結恐怕亦在於此罷。

然而，民粹主義情緒又實在是對現代意識的挑戰，對思想啟蒙、「改造國民性」歷史課題的消解。張承志之所以倍感孤獨、苦悶，張賢亮、王蒙之所以後來也悄悄離開了民粹主義的旗幟，「尋根派」們後來也漸漸分化了、沉寂了，都是耐人尋味的。可以斷言：在現代化的進程中，民粹主義作為一種思潮，其聲勢只能走向衰落；但作為一種抗拒世紀末情緒侵蝕的信念，甚至作為一種中國熱血知識分子的「集體無意識」，它還會延續下去，並在歷史發生傾斜的時刻，充當某種平衡的砝碼。

二十一世紀：知識分子向何處去？

控訴也罷，懺悔也罷；自審也好，冷嘲也好；——都有道理。全部問題在於：既然現代化的先鋒非知識分子莫屬，那麼，中國知識分子該如何擺脫掉苦難的重負、心理的疾患，以現代文化精英的面貌成為「上帝的選民」？（這似乎是一個富於理想化色彩的課題。）

魯迅之所以成為許多當代青年學子的人生楷模、精神寄託，不是偶然的。他們一方面還魯迅以「現代中國最痛苦的靈魂」的本來面目，並借此表達自己的痛苦靈魂，另一方面仍以魯迅為榜樣，在「絕望中抗戰」，「於無所希望中得救」，繼承了魯迅的人格與事業。魯迅精神在世紀末思想界大放異彩，是希望的象徵。（錢理群通過「對二十世紀中國知識分子歷史動向的剖析」，發現「絕大多數的中國現代知識分子的人生態度都是積極進取的……真正的知識分子『隱士』是不多的」。[1]許紀霖也認為：「在中國五四的知識群中，在虛無中沉淪下去的人畢竟不多，大部分人仍在積極尋找新的信仰，渴慕著重新安置自己的終極關懷。」[2]）

魯迅的精神註定不會「與光陰偕逝」。

魯迅的道路是「鬥士」的道路。即使在發達國家，也仍然有許多「鬥士」承擔著「批判現代化」的使命，這一事實似乎表明：知識分子批判社會的角色，永遠為社會進步所需要。

還有「聖徒」的道路可供選擇：劉小楓、史鐵生、張承志繼承了周作人、許地山、李叔同（弘一法師）的事業，在「精神迷失」、「信仰危機」的現代化進程中，力圖以宗教的神性療治「世紀病」。他們「堅決拒斥任何形態的虛無主義」；[3]劉小楓、史鐵生從基督教中汲取愛的希望、自救的希望，張承志則從伊斯蘭教中「追求高於公道冤直的絕對真理」。[4]誠然，宗教可以使俗眾迷狂，但思想者卻從宗教中獲取了堅定的生存信念。據說，在臺灣走向現代化的進程中，大批知識分子在基督教中找到精神的歸宿。這一過程會不會在大陸重演？不妨拭目以待。

還有「學者」的道路：做學問本也是一種活法，一種自救。在這方面，一九八〇年代末悄然興起的「胡適熱」、「錢鍾書熱」（需要指出的是：「錢學」的興起絕非因為《圍城》被搬上螢屏之故。《錢鍾書研究》第一輯出版於一九八九年，就是明證，而電視劇《圍城》的播出則是一九九〇年的事）和「陳寅恪熱」，對於當代讀書界、學問界同仁的人格塑造，具有不可低估的意義。甘於淡泊，以求知為樂事，以做學問為精神寄

1 《心靈的探尋》，上海文藝出版社一九八八年版，第六十一頁。
2 〈終極關懷與現代化〉，《讀書》一九九一年第一期。
3 《拯救與逍遙》，上海人民出版社一九八八年版，第五三三頁。
4 《心靈史》，第六七頁。

託，相信「吾儕所學關於意」，相信治學也能「維繫這已微的『人心』與已危的『道心』」，[1]——這便是以陳平原、葛兆光、陳來以及《學人》雜誌所選擇的人生寄託。用陳平原的話說：「首先是為學術而學術，其次是保持人間情懷——前者是學者風範，後者是學人（從事學術研究的公民）本色。」[2]——「為學術而學術」，正如同「為藝術而藝術」、「為詩而詩」一樣，也是一種聖潔的選擇。從這層意義上說，置身學問的熱忱是一種「準宗教情感」（姑妄名之）。

當然，還有很多別的活法：或者「下海」經商，走「文化大款」之路以自救；或者像阿城筆下王一生那樣「待在棋裏舒服」，活個自在；……只要不再逆來順受、自暴自棄，只要不再提心吊膽、唉聲歎氣，只要不被世紀末的悲涼之霧吞沒，就是希望。

從西方知識分子階級走過的現代化之路來看，現代化對知識階級最大的威脅是「在失去意義的世界裏不帶信仰地生活」[3]——在專注於技術完善、個人升遷、物質消費中迷失了知識階級應有的信仰。事實上，這樣的威脅已在「文革」後成長起來的青年知識分子中出現。中國知識階級在向現代化的進程中怎樣以其特有的優勢，「以其強大的文化釋謎能力和廣泛社會責任感，為人類歷史打出最有希望的一張王牌？」[4]——這也許是二十一世紀擺在中國知識介面前的頭號重大課題。

原載《文藝評論》一九九四年第六期

1 葛兆光：〈吾儕所學關於意〉，《讀書》一九九二年第六期。
2 〈學者的人間情懷〉，《讀書》一九九三年第五期。
3 韋伯語，引自趙一凡：〈白領・權力精英・新階級〉，《讀書》一九八七年第十二期。
4 趙一凡：〈白領・權力精英・新階級〉，《讀書》一九八七年第十二期。

一九〇年代的思想裂變

新時期文化思潮呈現多元化格局，已是當代人的共識。不過，多元化是否意味著多元思潮平分天下？似乎又難一概而論。事實上，在不同的歷史條件下，不同的文化思潮會有不同的命運——有的一呼百應，風雲際會，一時成為「熱門話題」；有的一時寂寞，命運多艱，歷盡磨難才絕處逢生。前者如一九八〇年代的啟蒙主義思潮，後者如大陸「新儒家」。以這樣的眼光看去，一九九〇年代的文化思潮也有主潮與支流、顯學與冷門之分的。因篇幅所限，我只能在此對幾股影響巨大的思潮及其之間的互動關係略作勾勒。

後現代主義思潮及其反響

一九八三年，美國北卡羅萊那州杜克大學的弗雷德里克・傑姆遜教授來華講學。傑姆遜是當代西方著名的馬克思主義批評家，「一般認為，詹姆遜（即傑姆遜）在理論上有巨大貢獻：發展了對馬克思主義的解釋；創立了後現代主義概念；提出了『第三世界文化』的理論。」[1]耐人尋味的是，他在中國的講學卻使他以「後現代主義」大師而聲名顯赫，而他對馬克思主義的解釋倒不那麼為人所知。這一方面是因為「後現代主義」更富於「新潮」意味，更能適合熱衷於追逐西方新潮的浮躁心態；一方面也因為八〇年代後半期商品化、世俗化大潮的洶湧澎湃為後現代主義的引進提供了適宜的氣候。

這樣，當《讀書》雜誌在一九八六年第三期上刊發了唐小兵的訪談錄《後現代主義：商品化和文化擴張》時，「商品化和文化擴張」便恰到好處地點明瞭中國部分青年學者接受後現代主義的價值取向。在那篇訪談錄中，傑姆遜表達了他的後現代主義文化觀：後現代主義是「多國化資本主義」年代裏資本擴張、滲透到自然和無意識領域的產物。「在後現代主義中，由於廣告……由於注重形象的文化，無意識以及美學領域完全滲透了資本和資本的邏輯。」「後現代主義所推崇的恰恰是被斥為『低級的』一整套文化現象，如電視連續劇、《讀者文摘》文化、廣告模特、大眾通俗文化以及謀殺故事、科學幻想等等。」「如果說現代主義時代的人感覺到異化，需要表達的話，在失去了深度、追求平面性的後現代主義社會裏，主體更多的是零散化了……」；「新的全球性的後現代主義文化，包括美國的後現代文化實際上是美國在世界範圍內軍事和經濟占主導地位的新浪潮的表現，是這一浪潮內在的、上層建築方面的表現，從這一意義上來講，正如貫穿整個階級歷史一樣，文化的另一面就是血腥、壓榨、死亡和恐怖。」從這樣的論述中，我們不難讀出一位當代美國文化批評家對後現代主義文化的批判意識。正是這種批判意識，與中國後現代主義闡釋者的立場形成了意味深長的對比。

我注意到中國的後現代主義闡釋者的立場大致可以分為兩種：

1 王逢振《今日西方文學批評理論》，灕江出版社一九八八年版，第三頁。

一種是從學理上汲取後現代主義的新思路，有所批判，有所利用。例如趙一凡〈後現代主義探幽〉一文中的觀點：「提出後現代主義絕非要以此來完全取代我們積年的基礎建設和戰略全景觀。這種新潮理論本身的矛盾危機性質已證明了它的局限——只不過作為眾多的應變發展型理論中較有影響的一支，它或可有利於我們調整觀念，填平裂豁，聯合新老兩代學者，儘快確立一種堅持本色而又積極進取的發展大戰略。」文中，趙一凡介紹了「後現代先知尼布林」的「神靈辯證法」、馬爾庫塞、貝爾對後工業社會的批判，斯金納、哈貝馬斯對粘合文明的沉思，提出了調整知識結構的建設性構想。[1]再如王寧在〈中國九〇年代文學研究中的若干理論課題〉一文中「從多種視角入手」研究後現代主義的評述：「一、一種後現代社會特有的思維方式或世界觀（漢斯・伯頓斯）；二、一種不再局限於西方世界，而是已涉及到東方國家的國際性泛文化現象和文學運動（王寧）；三、一種後現代氛圍和膨脹經濟時代的文學（查理斯・紐曼）；四、當代資訊制度下的一種總的知識狀態（利奧塔德）；五、一種敘事風格或話語（卡利內斯庫、大衛・洛奇等）；六、一種從現代主義到後現代主義的文學的主流嬗變（麥克里爾）；七、一種文學史的分期概念或晚期資本主義的文化邏輯（詹姆遜）；八、一種用於文學批評和文本分析的代碼（佛克馬）；九、一種反叛現代主義文學等級制度的文學藝術思潮（萊斯利・費德勒）；十、一種自文藝復興以來西方文化中業已存在的一股智性反叛的潛流在當代的全面復興（伊哈布・哈桑）；十一、一種後現代表述或詩學（林達・哈琴）；十二、一種以反諷為其特徵的修辭（文倫・王爾德），等等。」[2]分得雖然過於瑣細，一些分析也明顯有交叉、重複之感，但其學術立場還是一望而知的。王寧還在〈繼承與斷裂：走向後新時期文學〉一文中注意到「雖然後現代主義文學在西方已成強弩之末，但在東方諸國卻剛剛興起並產生了不同的變體。」[3]表明他對後現代主義思潮在西方與東方的差異有清醒的認識。不過，

1 見《外國文學評論》一九八九年第一期。
2 見《天津社會科學》一九九二年第五期。
3 見《文藝爭鳴》一九九二年第六期。

當王寧與陳曉明在合作的〈後現代主義與中國當代先鋒文學〉一文中斷言「後現代主義這個概念也有它地理學的、年代學的和社會學的界限。……中國大陸是不可能出現後現代主義文學的」時，[1]他似乎又顯示出了某種猶疑（對「偽後現代主義」的猶疑？）。

另一種立場則是從文化觀念上以後現代主義取代啟蒙主義。例如張頤武就認為：「海子之死加上（一九八九年中國美術館的槍擊事件構成了整個時代的背景：新時期那套話語的合法性終結，不僅因為政治變動，而是時代本身發生了轉變。啟蒙的、現代性的話語原來的意義已經枯竭。『後新時期』是一個在商業化和大眾傳媒支配下多元話語形成的時期……精英文化既喪失政治合法性，又喪失文化合法性」，因此，他主張「放棄整體目標，放棄啟蒙的任務」。[2]與此相應的文學觀是：「文學不再扮演社會先鋒的角色，而越來越多地與現實的話語與文化機器保持和諧和一致。文學成了夢的滿足，成了安樂而舒適的躺椅，成了大眾文化的一個組成部分。」[3]這方面，他舉了汪國真的詩，曹桂林、周勵等人的「留學生文學」為例。還有陳曉明，也在〈歷史轉型與後現代主義的興起〉一文中認為：「八十年代後期中國社會的『中心化』價值體系失去創造功能，『一體化』的社會秩序處於嚴重破損的狀態。經濟過熱發展激化了隱藏的文化矛盾，市民社會在逐步形成……一邊是強大而嚴格的制度體系；另一方面卻是隨機應變的日常生活。……錯位的文明情境洋溢著無邊的荒誕與詩意……充塞著不置可否的喜劇精神……中國當代文學（特別是先鋒派文學）最大可能切近後現代主義。」但陳曉明也有意與西方的後現代主義保持一定的距離。他注意到「當代中國的後現代主義有著非常特殊的本土含義。……『後現代時代』並不像列奧塔德構想的那樣——是一個充斥著『稗史』的時代，也並不是一個僅有著各種並列排法、反論和背理敘述的時代。後現代時代也有某種歷史的真實感……」，「晚生代」作家們「沉醉

1 見《人民文學》一九八九年第六期。
2 轉引自袁幼鳴〈詩人何為〉，載《鍾山》一九九四年第二期。
3 〈後新時期文學：新的文化空間〉，載《文藝爭鳴》一九九二年第六期。

於無邊無際的幻覺，沒有終結的語詞遊戲，無法遏止的表達慾望，莫明其妙的暴力行徑，失去家園而沒有歸宿的任意逃亡和隨遇而安的死亡」都是當代現實生活的真實寫照。[1]

由一個主義、兩種立場這一現象，使人又一次領略了思想裂變的景觀：不同的接受者有不同的眼光，不同的思路通向不同的境界。現在的問題是：後現代主義作為一種文化思潮對於世紀末的中國產生了怎樣的複雜效應？中國的後現代主義顯示了哪些特色？

在文學界，一九八六至一九八八年「王朔熱」的風行影響深遠。王朔筆下那一個個玩世不恭的「頑主」形象以「京油子」腔嘲弄著正統的說教，消解著人生的無奈，在「痞」中透出了民間社會中虛無主義與享樂主義結伴而行的資訊。在王朔那兒，沒有現代派的絕望，只有世紀末的狂歡情緒。連王蒙那樣曾深受俄蘇理想主義薰陶的文學家也終於理解了王朔乃至肯定「王朔現象」「是非常中國非常當代的現象」，其意義在於「對橫眉立目、高踞人上的救世文學的一種反動」，在於「多幾個王朔也許能少幾個高喊著『捍衛江青同志』去殺人與被殺的紅衛兵。王朔的玩世言論尤其是紅衛兵精神與樣板戲精神的反動」。「他撕破了一些偽崇高的假面。」[2]——這樣，王朔抹平「崇高」與「痞」之間的界限的寫作便不僅僅具有「商業化」的意味，也不一定是出於超越現代主義絕望境界的意識，而具有了十分濃厚的中國特色——中國的後現代主義作品有著十分深廣的思想背景：「文革」記憶。「文革」中的是非顛倒、黑白混淆是因，「文革」後的玩世不恭、躲避崇高是果。另一方面，現實生活中至今綿綿不絕的「偽崇高」現象，也使王朔式的玩世不恭天然賦有了反「偽崇高」的意義。「正氣」與「痞氣」與「調侃」、「玩世」與「諷世」、「自大」與「自賤」……一切都被王朔揉成了一團。王朔在一九八〇年代末、一九九〇年代初成為中國大陸最走紅的作家，絕非偶然。王朔對於世紀末的文化

---

1 見作者提交一九九二年武漢「中國當代文學國際研討會」的論文。

2 王蒙：〈躲避崇高〉，載《讀書》一九九三年第一期。

心態，產生了相當深遠的影響，是不容否認的事實。但王朔、王蒙等人恐怕也未曾料到：他們調侃崇高、躲避崇高的作品和言論會成為引發一九九三年「人文精神大討論」的一根導火線。

在藝術界，「行為藝術」的興起也顯示了後現代主義的精神：一九八九年發生在中國美術館的開槍事件是「行為藝術家」超越行為與藝術、想像與現實、遊戲與嚴肅的一次著名嘗試；一九九四年尹吉男在《讀書》第九期上發表〈有關配豬的文化搶答〉介紹了藝術家徐冰策劃的一場「表演」：身上印滿拉丁字母的公豬與身上印滿漢字「天書」的母豬在一大堆書上交配，這場「表演」被解釋為「西方文化對中國文化的強姦」——於是，一部近代以來西方文化衝擊中國文化的痛史、哀史、悲壯史便被「藝術化」為一場「鬧劇」了。這場「表演」是可以使人浮想聯翩的：關於人與動物的相似、關於歷史與性行為的相通、關於文化價值的可疑……等等。一九九七年，張抗抗在《鍾山》第三期上發表〈閉上眼睛讀王晉〉的特寫，介紹「行為藝術家」王晉及其表演：從在故宮城牆磚上繪美鈔圖案（以喻傳統被解構）到娶頭騾子作「新娘」。「有人說，王晉這個作品（指後一作品——筆者注）揭示了人類潛意識中獸性部分的某種真實；有的說，這個作品體現了大自然對於人類的拯救方式；還有人說，這是作者對現實的逃避……」，「甚至，有人讀出了計劃生育的基本國策。」「王晉卻說他不為什麼。只要這個作品能讓人們去問什麼，他就達到了目的。」這樣，思想與行為、行為與藝術之間的界限便被抹平了；「行為藝術」的不確定性與多義性也互相解構；策劃者的任人評說態度又恰好印證了後現代主義理論家關於「主體的消解」的論述。「行為藝術」固然有其新奇之處，但當行為與藝術之間的界限也被抹平之時，「藝術」還成其為藝術嗎？

在文學界，對歷史的重新反思也導致了後現代主義史學觀的流行，如「告別革命，遠離政治、疏離主流，淡化意識形態」的思潮。設想如果晚清的改良主義思潮獲勝，則中國或許會避免激進主義革命，「中國的現代化建設一定會快得多」；認為「辛亥革命後出現軍閥混戰的局面就是因為推翻了清朝皇帝」等等。[1]歷史上的確充滿了偶然事變。但這一命題不一定意味著後來人的假設才是人間正道。

在更廣闊的日常生活中，大眾文化的日益繁榮也為商品化、世俗化的後現代主義流行營造了適宜的氣候。正如曠新年在〈作為文化想像的「大眾」〉一文中指出的那樣：「大眾文化……粘附了龐雜眾多、紛亂無序、既相互敵對、又充滿共謀的不同語流。它是一種意識形態的蒙昧狀態，它給予我們一種『眾聲喧嘩』，『撲朔迷離』的感覺」。「如果說在八十年代作為大眾文化的港臺流行歌曲、言情小說、武俠小說帶有『走私』的性質的話，那麼，在九十年代大眾文化就以消費性和娛樂性在後現代主義對啟蒙主義和主流話語的雙重挑戰中曖昧而又堂堂地正式出場了，並且在一場全民性的卡拉OK中完成了九十年代巨大的文化轉型。」「大眾文化為社會敘述提供了豐富的能指：大款／白領階層／工薪階層／外來妹／打工妹／下崗女工／民工……。差異性代替階級對抗形成了一種親和的日常生活意識形態。」「以電視、報紙為主要媒體的大眾文化給予我們一種從心到身的深度撫慰」。[2]一份關於《廣州市初中學生文化探討》的調查報告在評述廣州初中生的文化特質時，也指出了「多向交匯的價值觀念」、「追求實惠的人生理想」、「對港臺淺層文化認同較強」和「道德觀念取向雜糅」等現象。[3]——後現代主義的狂歡節消解了世紀末人的信仰危機，功不可沒。同時，它不是也常常導致了「主體的放蕩和瘋狂」[4]嗎？它不是也導致了主體的破碎與庸俗化傾向嗎？

---

1 轉引自《報刊文摘》一九九六年五月二日〈警惕反歷史主義思潮〉，《報刊文摘》一九九六年三月十八日〈正確認識近代史上的革命與改良〉二文。

2 見《讀書》一九九七年第二期。

3 見《中國社會科學》一九九〇年第五期。

4 〔美〕弗雷德里克・詹姆遜：《快感：文化與政治》，中國社會科學出版社一九八八年版，第一三六頁。

中國的「後現代」文化思潮有自己的特色：商品化、世俗化大潮的高漲繼思想解放運動之後再一次猛烈衝擊了「假正經」、「偽崇高」的「土圍子」；「紅牆文學」、「知青文化」（從電視連續劇《孽債》、《年輪》到「知青酒家」、「知青老照片」）、「樣板戲重演」顯示了當代中國人「懷舊情緒」與「歷史記憶」的根深蒂固；「京劇熱」、「《易》經熱」、「氣功熱」，是「國粹」命不該絕的象徵；吳天明、張藝謀、陳凱歌、吳子牛、張元導演的電影走向世界，也意味著中國電影乃至中國平民生活富於人類意義；「留學生文學」是當代中國學子在中、西文化的夾縫中苦鬥的心態證明；「打工妹文學」則是當代青年在城鄉文化的夾擊中掙扎的心聲寫照……匆匆一瞥，我們會感悟許多文化的奧秘：中國的大眾文化，並不只是粗俗、膚淺的同義語。當代中國人生存的不易、當代中國人記憶中的苦難，不可避免地在當代大眾文化中打上了深深的烙印。也許，這正是「知青文化熱」的內涵絕難被「狂歡」二字所概括的癥結所在；是《活著》、《陽光燦爛的日子》之類電影和《反右派始末》（葉永烈著）之類歷史紀實、《白鹿原》之類小說命運多舛的關節所在；也是一九九〇年代中國大陸的大眾文化不同於港臺乃至西方大眾文化的特質所在。如果這樣的思考可以成立，那麼，就因為中國產生了「後現代主義」文化現象就匆匆忙忙宣佈了精英話語的終結，似乎中國也跨入了一個「後現代主義」的新時代，是否過於武斷了呢？

事實上，正是在大眾文化高歌猛進、後現代主義理論家大談「後學」之時，中國大陸的精英文化也展開了對大眾文化的理性審視與批判。這種審視與批判具體體現在以下兩個方面：

一是由文學家發起，持續數年，影響廣及思想理論界、文化藝術界的「人文精神大討論」。討論興起於一九九三年——正是商品化、世俗化大潮再度高漲、「後現代主義」理論風靡一時、「王朔熱」也又一次盛行之際。討論的發起者與參與者們由對世俗化大潮的批判而追問人文精神的價值，思考知識分子的使命，顯示了精英文化難以被大眾文化消解的精神性、批判性。這次討論的一個理論成果是關於「民間社會」、「市民社會」的研究。「人文精神大討論」的發起人之一陳思和於一九九一年發表的兩篇宏論〈民間的沉浮〉、〈民間的還原〉在開拓了文學史研究新格局的同時也觸及到民間文化的社會意義：「民間是與國家相對的一個概念，民間文化形態是指在國家權力中心控制範圍的邊緣區域形成的文化空間」、「自由自在是它最基本的審美風格」，同時，它也有某些「藏汙納垢的形態。」[1]這樣的思考既不同於民粹主義的理想，也不同於後現代主義狂歡節的格調，而與現代西方馬克思主義對「公共空間」與「日常生活」的研究相近。許紀霖也在〈崇高與優美〉一文中論述了市民社會「不再關心與個人利益無關的形而上的『主義』」，而「更注重個人的實際生活」的文化特點，同時也指出；「市民的情趣並非必然是『優美的』，它可以很平庸，很枯乏，甚至惡俗」。因此，「話語的顛覆也不一定意味著新話語的誕生。……如今所呈現的更多的倒是一種仿『優美』的膚淺文字，無文化的平庸敘述。」[2]在這樣的批判中，他指出了大眾文化繁榮下面的危機。徐友漁也在〈民間社會和文化問題〉一文中倡導「應該堅持社會批判和文化批判」，他還進一步揭示了「社會和生活環境的不同造成了知識分子心態和對文化時局看法的不同」的地域差別現象：「關於人文精神討論觀點的分野也有地域差異在起作用：京城的文化人易於感受到政治意識形態的『左』傾餘毒，而商品經濟更發達的南方對俗文化、拜金主義的醜惡現象會觀察更多，感受更深。」因此，「純粹站在精神、文化價值立場進行批判從來都是站得住腳的。」[3]有歷史責任感的作家、學者對現實的批判從來都不會停止——無論是對政治上的僵化教條，還是對世俗化中的喧嘩與騷動。

二是作家中超然於大眾文化之外的三股思潮——一股是直面下層民眾生存困境的創作思潮、也可看作是當代的批判現實主義思潮。梁曉聲的小說《翟子卿》、《激殺》、大散文《一九九三——一個作家的雜感》，劉醒龍的小說《鳳凰琴》、《挑擔茶葉上北京》，李佩甫的小說《學習微笑》，畢淑敏的小說《紅處方》，方方的小說《定數》，李銳的小說《黑白》，鬼子的小說《被雨淋濕的河》，陳建功的小說《耍叉》等篇都是。這批作品或燃燒著為民請命的義憤，或宣洩著難以言傳的悲哀，或瀰漫著欲說還休的悲涼，都展示了狂歡不起來

1 陳思和：〈民間的浮沉〉，載《上海文學》一九九四年第一期。
2 見《上海文學》一九九五年第十二期。
3 《上海文學》一九九五年第十期。

的另一種人生。另一股是追問人生的終極意義、文化的不朽價值的創作思潮。史鐵生的大散文《我與地壇》、《隨筆十三》、小說《務虛筆記》，張承志的教史《心靈史》，余秋雨的大散文《文化苦旅》、《山居筆記》，馬麗華的大散文《西行阿里》、《靈魂像風》，韓少功的散文《世界》、《性而上的迷失》，張煒的散文《懷疑與信賴》，陸鍵東的傳記《陳寅恪的最後二十年》、散文《學者的晚年》……都是當代人追求信仰、守衛崇高、弘揚正氣、超越喧嘩的良知的證明。這部分作品或肅穆，或激烈，或絢麗，或樸素，或深沉，或感傷，都與通俗文化的膚淺與俗豔形成了強烈的對比。顯示出智慧的魅力、思想的光輝。還有一股是「為藝術而藝術」的創作思潮，由一批藝術至上主義者推動。例如作家魯羊反對「作家平庸化」現象，鄙棄「那種花哨的、紛亂的、同樣與心靈無關的假面炫示」[1]。朱文也相信；「對一個嚴肅認真的寫作者來說，寫作本身就是一種有效的修養手段。越寫你的目光越明澈，越寫你的目光會越具穿透力」[2]。韓東一直堅持這樣的立場：「把小說的全部責任集於自身。」「自覺的小說家必須對小說有某種與其說新的不如說更個人化的理解」，「必須有他的固執己見和堅定不移」，為此，他「尤其反對中國文人式的玩世不恭。」[3]陳染也說過：「我始終堅持在主流文學之外的邊緣位置上一筆一劃地寫作。」「我的創作的確更多地體現出先鋒文學的品質。比如，厭倦重複也無法重複，強調內容與形式的雙重創新、背叛與革命，『永遠破壞讀者已經熟悉的閱讀習慣』，『過猶不及、顛覆文本的秩序』等等。」[4]這批以寫作為宗教、以個性為宗教的作家的「個人化寫作」，是一九八〇年代的先鋒文學在一九九〇年代的延伸與發展。他們在價值取向上雖然迥異於批判現實或追求人文理想的作家，但在堅持個人立場這一點上，他們也成了大眾文化的批

1 見對話錄：〈文學和它所處的時代〉，載《上海文學》一九九三年第十期。
2 林舟：〈在期待之中期待——朱文訪談錄〉，載《花城》一九九六年第四期。
3 〈小說的理解〉，載《作家》一九九二年第八期。
4 陳染、蕭鋼：〈另一扇開啟的門〉，載《花城》一九九六年第二期。

判者；在篤信藝術至上這一點上，他們造成了自己精緻的「象牙之塔」。他們的突出成就也使有關一九九〇年代的先鋒文學已經衰敗的說法不攻自破。

不妨將上述思潮看作一九八〇年代知識精英話語在一九九〇年代的迴響與延伸——「人文精神大討論」是知識精英使命感與憂患意識的延伸；批判現實主義文學是一九八〇年代批判現實主義文學（如「傷痕文學」、「反思文學」、「改革題材文學」等）的延伸；追問精神價值的文學是一九八〇年代理想主義思潮與文化反思思潮的繼續；而「個人化寫作」則是一九八〇年代「先鋒文學」的後浪。當人們努力要在一九八〇年代與一九九〇年代之間劃上一道分界線的時候，他們也不應忘記；一九九〇年代是一九八〇年代的繼續。而那種以為「後新時期」就是後現代主義狂歡節的見解，也顯然因忽略了一九九〇年代中國思想界、文學界那些向著思想的縱深不斷挺進的精英話語而顯示了偏狹與膚淺。

一九八〇年代是多元化的年代，一九九〇年代也是多元化的年代。多元文化思潮的此起彼伏，彼此激蕩，多元文化格局的變動與重組，都要求思想史家的研究視野必須開闊，眼光必須深入。一九八〇年代末至一九九〇年代初中國文化關於「後現代主義」的討論不過是多元化文化格局中的一個部分。它在世紀末中國文化產生的複雜效應還有待於進一步的梳理：「中國的後現代主義文化」已成為過眼雲煙？還是已經融人了當代人的生活方式與思維方式？

民族主義思潮的意義

一九九二年，鄧小平南巡。改革開放再掀熱潮。

一九九三年，就在中國的思想界「人文精神大討論」方興未艾之時，西方思想界響起了「遏制中國」的呼聲。當年，美國戰略思想家撒母耳・亨廷頓發表了〈文明的衝突〉一文，預言冷戰結束以後，「西方文化與非西方文化的衝擊，以及各個非西方文化之間的互動，成為新的焦點。」這位思想家一面為西方敲響了警鐘，一面呼籲「這些文化必須學習共存與共榮。」這篇文章很快由臺灣《中國時報》譯載，兩個月後，又為大陸《參考消息》轉載。[1]這篇文章在中國思想界激起了深遠的反響。而對於中國的廣大老百姓來說，一九九三年秋天國際奧會投票表決二〇〇〇年奧運會主辦國的最後結果，等於給「申辦奧運熱」兜頭澆了一桶冷水。民族主義情緒因此事的刺激而反彈起來。思想界對「文明衝突論」的敏感與民間因「申辦奧運熱」受挫而激起的民族主義情緒彙成了一九九〇年代民族主義思潮的高漲。

讓我們先來看看民間的反應——這反應最集中體現在《中國可以說不》一書的暢銷上。《中國可以說不》是幾位青年作家宋強、張藏藏、喬邊等對冷戰後時代政治與情感抉擇的思考。他們都是「文革」後長大的「新生代」，都在一九八〇年代感受過美國文化的誘惑。然而，一九九〇年代以美國為首的西方國家「遏制中國」的一系列事實使他們「厭煩、反感到了極點」。他們很快由「國際主義者」立場轉向了「民族主義者」立場。[2]

我看重這本書的思想史意義——它是「新生代」、「中國意識」再度高漲的一個標誌。從「親美情結」到樹立民族自尊心，是具有深遠意義的一次轉變：它昭示了中國民族主義情感的根深蒂固；它昭示了「新生代」在商品化、世俗化大潮中憂患意識的猛醒；它還昭示了民間聲音的強大力量——書中有一節「中國：民間的覺醒」，其中寫道：「民間的覺醒在中國的現代化進程中，勢必會成為中國的另一種聲音。」[3]「我們現在說不的聲音還不夠洪亮，但畢竟開始了。」[4]——一批小人物敢於對美國說不，並使自己的聲音在國內乃至西方都產生

---

1 見《參考消息》一九九三年八月二十～二十六日。
2 見該書前言，中華工商聯合出版社一九九六版，第二頁。
3 見該書，第二一二頁。
4 該書，第二一五頁。

了震撼與不安，這件事情本身就了不起。這本書引發的轟動效應與「中國民間對日索賠運動」一樣偉大：都是中國百姓登上國際講壇的壯舉。

另一方面，也不能不注意到民族主義情緒發展到極端時產生的一些錯誤口號，諸如重複毛澤東的話「我們要準備打仗」[1]，武斷地預言「下個世紀……中國的怒吼將成為多數，中國思想、中國經營能力的當量將深刻影響世界，並將成為領導未來人類思潮的唯一動力。」[2]以及「好逸惡勞是這個國度（美國）裏最瀰漫的氣息」[3]之類與事實不符的表述。——這一類情緒大於理性的議論不僅失之輕率，也與書的宗旨（「中國說不，不是尋求對抗，而是為了更平等的對話」[4]）不合。

於是，這本書留下了明顯的缺憾。對此《今日名流》雜誌一九九六年第十一期刊發的座談紀要〈我們應該怎樣說不〉中有理性的分析。學養的不足，理性的缺乏，思維方式的偏激，都表明了浮躁之氣猶存，同時，也妨礙了這本暢銷書進入大器的境界。

於是，這本書也給中國學者留下了問題：何時，中國會產生出成熟的政論暢銷書？

讓我們再來看看學者的思考。

一種思考建立在理解乃至欣賞的立場上。例如河清就在〈民族主義與世界主義〉一文中勾勒了西方啟蒙運動以來「民族精神」與「世界主義」兩股思潮交織與互為消長的歷史。文章發表於《讀書》一九九六年第九期，文中雖未提及亨廷頓的思想，但若將文章後半部分對世紀末西方「非殖民化」、「非西方化思潮」的介紹看作冷戰結束後西方人文主義思潮進一步走向多元化的一個重要的標誌，則中國的民族主義思潮也在事實上與

---

1 《中國可以說不》，第二十四頁。
2 見該書第五十一頁。
3 見該書第一二九頁。
4 見該書封面。

這股新潮相吻合了——這是非常有意思的文化現象：西方的「非西方化」思潮與中國的「反遏制」思潮殊途同歸。「民族主義與種族有關，但並不必然走向種族主義。民族主義確實會導致對其他民族的敵視甚至戰爭，但它也促使對本民族歷史文化價值的認同和肯定，促進本民族人民的凝聚力，表現為一種愛國主義。尤其在二十世紀下半葉，民族主義（民族精神）是以『文化個性』的名義出現，其中『種族』的意義逐漸淡化，人們是以高揚自己的『文化精神』來高揚自己的『民族精神』的。」這段論述的重要性在於：強調了種族主義與民族主義的區別，強調了世紀末民族主義的文化性。是的，以弘揚文化精神為特質的民族主義絕不同於以法西斯暴力為標誌的種族主義和以閉關鎖國、盲目排外為特點的封建主義。以這樣的眼光去看，一九八〇年代後半期中國思想界、文化界的「新儒家熱」、「尋根熱」、「偽現代派」爭鳴和一九九〇年代「國學大師熱」（如百花文藝出版社的《國學大師叢書》系列、上海文藝出版社的《世紀回眸・人物系列》、上海遠東出版社的《中國近現代思想家論道叢書》、《學術集林叢書》、國際文化出版公司的《大師名家・思想文化・名著系列》、中國廣播電視出版社的《二十世紀中國文化論著輯要叢書》、華東師範大學出版社的《二十世紀國學叢書》……等等）、貫穿其中的，正是一條文化民族主義的線索。這條線索從八〇年代到九〇年代，一直在發展著、壯大著，顯示了民族魂的強大與堅韌。同時，這條線索與情緒化民族主義的區別，也是一望而知的。民間的情緒可以大起大落（如從國際主義到民族主義、從「出國熱」到「準備打仗」），精英的思考卻自有從容的氣度。這，恐怕也是民間話語與精英話語之間的差別難以抹平的又一證明吧。

石中也在〈中國的民族主義和中國的未來〉一文中認為，「所謂九〇年代『中國的民族主義』只不過是中國知識界從八〇年代的自虐狂熱向正常的、較為平和、較為多元化的心態的回歸。」同時，「也表明了中國人對於真實西方的瞭解有了加深，因而西方的光環逐漸消褪，中國人自己國家利益意識逐漸覺醒。」「中國人應該理解『中國威脅論』自有它存在的堅實基礎，中國人如果以為做些『永遠不稱霸』之類的聲明就可以消除它實在是太天真了；另一方面，對它進行憤怒聲討也不會起太大作用。……中國人必須做好忍受一個後發展強國必須經歷的那種磨難的準備。……一方面清楚地意識到自己的國家利益，另一方面又能以冷靜和理性的方式處理對外關係，即是建設性的民族主義與感情衝動的民族主義的分界線。」文章還展望了中國未來發展的幾種可能性，期待著中國的民主建設和現代化建設的成功——這樣，作者就將民族主義與民主主義結合成為一體。[1]將一九九〇年代的民族主義看作一九八〇年代「逆向種族主義」（即民族文化虛無主義）與未來強大現代化國家之間的一個過渡環節，是一種富於辯證意味的思考。

而張旭東則在〈民族主義與當代中國〉一文中指出：「民族主義的普遍觀念內部的抽象性和含混性及其外在化的相對偶然性甚至武斷性從反面迫使我們為民族主義尋找具體的情境、問題、型態和內容。」他運用現代西方民族主義理論家的觀點，將現代性看作「理解民族主義問題的關鍵」，「於是我們面對的問題不是民族主義對不對、合法不合法，也不是中國人有沒有資格談民族主義，而是誰的民族主義建立在更為深厚、廣泛的國民意識和政治參與的基礎上，誰的民族主義具有更豐富的經濟、社會、文化資源；在內部更為堅實柔韌，在外部較多開放性和包容性、較少排他的文化或種族自我中心主義，從而在全球性競爭中佔據道義上、理論上、意識形態上和輿論方面的優勢和主動。」「真正的大問題在這裏剛剛開始，這就是：被現代性普遍潮流啟動的當代中國社會能否從自身歷史的具體性和差異性中創造出不同於經典資產階級民族主義的新型國家。」[2]——這樣的思考也突顯了民族主義話語的現代性問題。

對民族主義思潮的批判與否定也不是沒有思想史意義和學術價值的。例如余英時的文章〈飛彈下的選舉〉就注意到民族主義與民主之間的矛盾，由中國人潛意識中對西方「羨憎交織」的情結分析入手，參考俄國民族主義與德國民族主義的發展模式，質疑了「新民族主義」的含混性：「『中國』……它是地理名詞呢？政治名

1 見海外《華夏文摘》電子版一九九六年一二a期。
2 見《讀書》一九九七年第六期。

詞呢？文化名詞呢？還是種族名詞呢？」對於當代「新民族主義」的情緒發洩，余英時是否定的。[1]李澤厚也認為：「羨慕和憎恨互相交織，確實是落後國家很典型的文化心理現象。羨慕心態占上風時就盲目崇洋；憎恨心態占上風，就盲目排外。……所以，我主張要研究文化心理結構問題。並且，今天應適當地以近代自由主義來化解和反對民族主義。」[2]

將兩種對立的觀點放到一起來比較，令我感興趣的已不是簡單的是非判斷。而是這樣兩點啟示：一是面對一種思潮，當代學者或理解，或質疑，都已能在開闊的理論視野和自覺的現代意識中進行理性的辨析，得出獨到的結論，從而為當代思想史與學術史的發展不斷提供新的思想、新的思路；二是關於一九九〇年代民族主義問題的爭鳴既是一九八〇年代文化反思的延續，又是在新的歷史條件下當代知識精英話語的進一步分化與深化，與一九八〇年代中、西文化衝突中，「啟蒙與救亡」、「全盤西化」、「偽現代派」、「球籍」等話題有所不同的是，一九九〇年代的民族主義問題是與「現代性」、「全球化」、「自由主義」、「非西方化」之類新話題、新思維密切相聯的。——一九八〇年代與一九九〇年代的文化精神就是如此緊密又如此多樣地聯繫在一起的。

談及一九九〇年代的民族主義，不能不提到一九九〇年代學術界的「薩伊德熱」。

早在一九九〇年，《文學評論》就在第一期上刊載了張京媛介紹薩伊德的《東方主義》一書的文章〈彼與此〉。文章是作為外國文藝理論的評介被推出的，但文中已展示了薩伊德對「東方主義」（「東方主義」分為三個部分：東方學、思維方式、文體）的批判與再思考。作為一個在西方長大、卻深懷有東方人情感的學者，薩伊德揭露了西方人「東方主義」話語深處的文化霸權：東方主義視野中的東方只是西方意識和帝國權力的表達方式，而沒有把東方看作人類經驗的重要組成部分。張京媛指出：「《東方主義》一書提出的問題是每個研

---

1 見《中國時報》一九九六年三月二十九日。
2 〈李澤厚、劉再復新對談〉，載《民主中國》第四十九期。

究別的文化的人都會遇到的：知識與權力之間的話語是什麼？什麼是另一個文化？如何表述別的文化？什麼屬於現代知識分子的背叛行為？方法論上的自我意識可以使我們擺脫意識形態的束縛嗎？我們能夠把人類現實整整齊齊地切割成不同的文化、歷史、傳統、社會和種族而不承受其苦果嗎？這些問題尚且有待於進一步的探討。」——對於張京媛，「東方主義」是開啟學術新思路的一把鑰匙。

到了一九九三年，張寬在〈歐美人眼中的「非我族類」〉一文中從「東方主義」談到了「西方主義」。「西方主義」「是指中國的學術界在西方強勢文明衝擊下，產生出來的一種浮躁的、盲目的、非理性的對待西方文化的態度。它包括了中國學者對西方文化一廂情願的認同、誤解和有意的歪曲，包括情緒化的對西方的拒絕，還包括了華夏文明優勢失落後知識界不服氣卻又無可奈何的心態。」在他看來，「如果西方和東方真正的對話還不可能，如果公正的敘述還未到時機，那就各說各話好了。中國的學者們，切切不要一窩蜂去加人『東方主義』[1]的大合唱。」——在張寬這兒，超越「東方主義」或「西方主義」的關鍵不在「對話」，而在「各說各話」。這既是一條學術思路（不過，當代中國學人中不曾受西方文化思想影響者，幾乎沒有），又是一種文化立場。

潘少梅則在〈一種新的批評傾向〉中進一步思考：「要探討的問題將是：那種西方文化霸權在中國的存在形式是怎樣？那種文化壓力在何種程度上在中國存在？運作機制和內化機制為何？存在的物質基礎是甚麼？」更重要的是：「被壓迫者如何創造一種新的文化空間？」[2]到了一九九六年，劉禾也在〈理論與歷史・東方與西方〉一文中更進一步指明；「真正的挑戰是：中國學人處在當今劇烈變動中的全球文化格局裏，應承擔何種角色？或不承擔何種角色？在跨語言、跨文化的學術和學科史研究中，中國學人能做出怎樣的獨特貢獻？」[3]

1 《讀書》一九九三年第九期。
2 《讀書》一九九三年第九期。
3 《讀書》一九九六年第八期。

張寬、潘少梅、劉禾都是海外學人。他們由「東方主義」反思中國學人重新定位的話題，堪稱「文化民族主義」在海外的迴響。他們倡導中國學術的思路，從本質上，與當年馮友蘭、潘光旦、陳寅恪、錢鍾書等人留洋回國後潛心中國學術、研究中國問題的立場一脈相通。

而大陸學者則有另一番思索。孫津就擔心提出「東方主義」也許會導致「逆現代化文明而動」的反動性；陶東風也在憂慮「它可能會重演以民族化壓現代化的悲劇」的同時認為：「對他者話語的依賴性是無可奈何之事，……五四之後，中國知識分子就陷入了『失語』狀態，……要擺脫這種狀態怕一時做不到，能做的只是在堅持開放的前提下慎重地選擇他者話語。」[1]這樣的擔憂也許不是杞人憂天。但這樣的思考又顯然忽略了二十世紀中國知識精英在研究中國問題、開創中國新學術、建構中國新文化方面做出的不朽成果（從「新儒家」到「文化尋根文學」，從陳寅格、錢穆等人的新史學到錢鍾書的比較文化研究）。當孫津等人將「民族性」與「民族化」問題混為一談（二者的區別值得研究）時，實際上也是把文化問題、學術問題與政治問題、經濟問題不合適地等同了起來。而事實上，中國二十世紀的新文化運動成就與中國政治民主化、經濟現代化的坎坷歷程，是不可同日而語的。中國經濟現代化，還有一段不短的歷程要走，但當代中國學術已經產生了一批具有重要意義的成果。而中國經濟現代化進程中產生的「溫州模式」、「蘇南模式」、「廣東模式」其實也顯示了現代化的民族道路的可能性。經濟尚且如此，又何況學術？

跳出情緒化的民族主義口號，走出「東方主義」或「西方主義」的圈套，在世紀之交文化多元主義的世界性思潮中，在發揚光大五四新文化運動「學貫中西」傳統的基礎上，腳踏實地做好中國學術，正是當代學人的崇高使命。當代學人應該在當代學術史、文化史、思想史上留下自己探索的足跡、事業的豐碑。

---

1 王一川等：〈邊緣・中心・東方・西方〉，載《讀書》一九九四年第一期。

國外的壓力、民間的情緒、西方學者的憂患、世紀末政治多極化、文化多元化的大潮——這一切的合力，催生出一九九〇年代民族主義的話題。關於這個話題的討論，仁者見仁，智者見智。但這一思潮顯然要比後現代主義思潮具有更廣泛的感召力，也勢必對未來中國文化的走向具有更長遠的影響力。因為民族主義情感是二十世紀中國人最強烈的情感。無論中國現代化進程的前景如何，民族主義思潮都不會平息。無論中國與西方之間的關係是對抗、還是對話，中國的民族主義思潮都不可能平息。

結語：思想裂變的玄妙

一九八〇年代後半期至一九九〇年代初風行一時的後現代主義思潮，是「西風東漸」的又一股新潮。一九九〇年代方興未艾的民族主義思潮，則是「中國意識」的又一次凸現。兩股思潮乍看起來似乎不大相干，卻在世紀末的思想界、文化界都激起了持久的迴響。後現代主義思潮的狂歡聲浪與民族主義思潮的憂患之聲彼此激蕩，不是再度顯示了世紀末的中國人上下求索的浮躁不安嗎？

後現代主義思潮激起了「人文精神大討論」，是啟蒙話語並未被後現代主義思潮吞沒的證明。如此說來，「啟蒙的終結」是否是個誇大其辭的命題？甚至在今日的西方，思想家們對社會的批判、對意義的追問也從沒中止過。這種批判與追問的話語已與十八世紀的啟蒙話語相去甚遠，但從精神實質上看，不是仍富於警醒世人的啟蒙意義嗎？十八世紀已成歷史煙雲，但盧梭、孟德斯鳩、伏爾泰的遺產為什麼至今常說常新？一九八〇年代早已隨風而逝，可一九八〇年代留下的好些話題不是至今仍聚訟紛紜嗎（從「啟蒙」到「新儒家」，從「民主」到「世紀末回眸」，從「二十世紀中國文學」到「重評五四」……）？如何在一九八〇年代與一九九〇年代之間尋找文化思潮的多重關係？——既相聯又相異，既相克又相成——這個問題也許比空談「後新時期」更有意義。

民族主義思潮並沒激化為排外的狂熱。政治家的務實態度、民眾對西方文明的熱衷（從「出國熱」持續不衰到「進口大片」的衝擊波）都昭示了重返閉關鎖國年代的不可能。這樣，民族主義才更加顯示出其文化意義來。這，恐怕也是《中國可以說不》的作者們和余英時、李澤厚等人所不曾預料到的吧。

一九九〇年代的文化思潮因此而再一次顯示了文化思想裂變的奇妙魅力。

一九九〇年代的文化思潮因此而再一次證明了黑格爾關於「理性的狡黠」的論斷。

到了二十一世紀，再回首今天的文化思潮，又會使人產生怎樣的妙悟和感慨呢？

原載《華中師範大學學報》一九九九年第一期

世紀末的流浪與求索

上篇：流浪作為一個文化主題

流浪，是二十世紀的一個文化主題。

中國人歷來講「安土重遷」、「小國寡民」、「淡泊明志」、「寧靜致遠」。可列強的大炮終於轟毀了古老的理想。於是，中國人開始了漫長的流浪旅程：從嚴復、梁啟超、孫中山到魯迅、胡適、周作人再到周恩來、蔡和森、李富春……一代又一代民族精英走上「西天取經」之路，對於他們，流浪為的是求索救國救民之路；另一方面，從一八四〇到一九四九年的一百多年歷史，充滿了戰爭，戰爭大量製造著難民，對於一代又一代的難民，流浪是被迫的大逃亡。

流浪就這樣成為二十世紀的一種基本生存形態。這種生存形態必然決定了相應的文化心態：浮躁不安，上下求索，病篤亂投醫，有奶就是娘。這樣的文化心態又創造出了風雲多變，滄海桑田的文化景觀：「三十年河東，三十年河西」。甚至常常不需三十年，三年五載就會有一次思潮巨變、江河改道。魯迅不就是在一九二七年完成了從進化論到階級論的蛻變的嗎？[1]而紅衛兵們從一九六六年的狂熱到一九七一年「林彪事件」後的猛醒，也只不過走過了五個年頭。當代文學從一九八五年的鼎盛跌入一九八七年的「文化低谷」，也只是兩年的一瞬間。

一九四九年戰火平息。誰會想到流浪的旅程仍未有窮期？政治運動不斷製造著新的難民：從一九五七年「右派」被放逐到一九六八年知識青年被逐向廣闊天地。「右派」的流浪充滿了冤屈，知青的流浪則是殉道精神的體現（多少知青是狂熱地立志鐵心務農、甘願到最艱苦的地方去的呵）——由此開出了「自我放逐」的新路。只是，從一九六八年的上山下鄉熱潮到一九七九年知青大逃亡，其間斗轉星移，僅只十年！在政治運動的「流浪」中，產生了「自我懷疑」、「懷疑一切」、「自我否定」的文化精神，產生了「信仰危機」的著名話題。

新時期的開始，標誌著政治時代的終結和經濟時代的開始。流浪結束了嗎？沒有。成千成萬的學子掀起了「出國潮」——到異域去流浪，而且自嘲為「洋插隊」、「闖關東」。似乎是先驅者舊夢的重溫？可為什麼又被稱為「新猶太人」？留學生蘇煒曾在〈鄉愁的滋味〉一文中記錄下美國佬對猶太人和這一代中國留洋者的評述：「一個能幹卻沒有國土容納的民族，一個在世界上流浪，為自己斂財的民族……在這裏，中國人的地位遠遠比不上猶太人，至少猶太人比中國人要團結得多……」[2]——這種心態與當年先驅者為救國而留洋的心態隔若天淵。是因為先驅者們生活於世紀初，對二十世紀充滿了改天換地的朝氣，而這一代留洋者生逢世紀末，因飽覽了二十世紀的苦難而無奈地沉淪於悲涼之霧的緣故？

[1] 有趣的是，到了新時期，又有了進化論的吶喊。在關於「代溝」的爭論中，青年人充滿了超越老年人的自信。例如張永傑、程遠忠著《第四代人》一書中就認定：「各種未來觀衝突的過程，常常是以青年人勝利為終結的。」（該書，東方出版社一九八八年版，第三九七頁。）

[2] 見蘇煒《遠行人》，十月文藝出版社一九八八年版，第二四五頁。

無緣出國的學子就「孔雀東南飛」，闖海南、闖浦東；甚至百萬農民也拋棄了「兩畝半地一頭牛，老婆孩子熱炕頭」的舊夢，走南闖北，為了發財，為了看看外面的世界……背井離鄉，不算可悲；「自我放逐」，竟成時髦！中國，在無數流浪者的推動下，走向小康，走向二十一世紀。

下面，我想通過對世紀末文學思潮流變歷程的粗略勾勒，透視當代思想史的某些奧秘。

經歷過一九七六～一九八五年的人們，都會對「四人幫」倒臺後萬眾歡騰的熱狂記憶猶新。也會記得思想界、文藝界為反思「文革」教訓而開展的一場又一場熱火朝天的大討論——從「實踐是檢驗真理的唯一標準」到「改革題材文學」激起的一陣又一陣喝采——從小說《喬廠長上任記》、《沉重的翅膀》、《新星》，電影《血，總是熱的》、電視劇《新聞啟示錄》到系列報告文學《挑戰與機會》。儘管也有潘曉「人生的路呵，怎麼越走越窄……」的悲歎，也有「朦朧詩」的詠歎，也有《在社會的檔案裏》、《假如我是真的》、《黑玫瑰》、《苦戀》的無比悲涼，但一九八五年以前文化思潮的基調是激昂、高亢的。那時，似乎很少聽見流浪的悲歌。而這種情況在一九八五年以後，卻發生了根本的變化。

對於作家們來說，一九八五年是文學多元化新紀元開始的里程碑。那一年各路好漢風雲際會，現代主義文學凱歌高奏——今天回首往事，在「文學的熱鬧」的後面，我們似乎明顯感到某種文化思潮的變遷：「世紀末情緒」的寒霧是在一九八五年以後才大規模瀰漫開來的。

一九八六年，農業滑坡；一九八五年，有了「改革家紛紛落馬」的議論——伴隨著改革的艱難，「改革題材文學」也盛極而衰。《喬廠長上任記》的電閃雷鳴變成了《喬廠長後傳》的欲哭無淚；《新星》中的改革家李向南到了《京都》就只有當旁觀者的份了（柯雲路終於沒能寫完《京都》三部曲，大概不是因為江郎才盡，而是因為現實的制約）……這些現象耐人尋味。評論界為了重振「改革題材文學」的雄風千呼萬喚，作家們卻再也拿不出《沉重的翅膀》那樣的叱吒風雲之作——這一切絕非偶然。

一九八五年以前，大部分作家都能聚集在「改造國民性」的大旗下，向著閃光的目標進發。一九八五年以後，作家們卻各奔前程，開始了各自的流浪旅程——有的走向西方現代派（如馬原、劉索拉、徐星、殘雪）；有的走回古道尋夢（如「尋根派」韓少功、李杭育、阿城、鄭義、莫言）[1]；而那些在一九八五年以後仍然沿著「干預生活——暴露傷痕」的道路前行的作家（如劉震雲、劉恒、方方、余華等）也全無當年的王蒙、劉紹棠，稍早幾年成名的劉心武、孔捷生那樣的滿腔激情，以至於「冷漠」、「冷酷」、「零度情感」成了評論界對他們創作特色的一個基本評語。

僅僅是西方現代主義思潮的消極影響？

可為什麼一九八六年的思想界終於發出了「危機感」的吶喊？為什麼一九八七年的文化界終於發出了「文化低谷」的驚呼，而且六年過去了，「文化低谷」仍不見盡頭？為什麼一九八七～一九八八年間，以劉心武、麥天樞、賈魯生等為代表的一批作家在「文學失重」的情勢下再度呼喚「作家的使命感」，以《西部在移民》、《亞細亞怪圈》、《千古荒墳》、《活祭》、《海葬》等為代表的一批「社會問題報告文學」再次獲得了「轟動效應」，但熱血之士的泣血之聲終於還是被「王朔熱」所激起的一陣陣雅俗共賞的喝采聲所淹沒？

畢竟是「換了人間」。

「傷痕文學」的先鋒劉心武終於說出了這樣的話：「原有的思路轟毀，不足惜」；「我不可能為任何人代言」；「為我自己高興，並樂於自嘲」[2]。

---

1 需要指出的是：韓少功的《爸爸爸》、《女女女》仍然是「改造國民性」的主題；但阿城的《棋王》已明顯回歸了道家文化傳統。

2 〈劉心武的規箴〉，見《報刊文摘》一九九三年六月十日。

《花園街五號》的作者李國文也悟得了新的文學觀：「文學是一門應時手藝，給同時代人飯後茶餘消遣的。」[1]

「知青文學」的代表作家梁曉聲也痛苦地宣告：「一九八八年，現實導我告別理想主義。」「一九八八年，現實導我重新審度我一向很自我欣賞過的一往情深的『知青情結』；並且決定應該像理髮一樣，理掉『知青情結』這一滿頭蓬鬆的髮捲。」「沉重的現實生活為我們每個人規定了宿命的角色。」「自我正在死亡」[2]。

信手拈來幾例，足以證明；一代曾以天下為己任的作家已從理想主義走向了務實，走向了輕鬆、瀟灑，或者憤世嫉俗，悲觀失望。

這種心緒的轉換是時代大勢的裹脅所致，也是一種「自我放逐」。有趣的是，對於劉心武、李國文，「自我放逐」意味著卸下重負的解脫，意味著從容自在，而對於梁曉聲、張承志，卻是無法擺脫的大痛苦。

而更年輕的一代人則幾乎是一登上歷史舞臺，就認定了流浪的使命——

《第四代人》確認：他們是「精神上的流浪兒」；作者「真誠地勸告你：別相信那些哲學教科書，那些看起來深奧的語言其實只不過是某種感覺抽象（罷）了，假如你願意，你也會找到這種感覺，你可能沒有能力抽象這種感覺。可是這有什麼關係呢——你又不想做哲學家？」[3]——「跟著感覺走」，而不是像李澤厚所倡導的那樣為「重建理性」而奮鬥，不是像七七級、七八級大學生那樣迷戀哲學，是新生代的一大特質。

高曉岩、張力奮更以〈世紀末的流浪〉作為《中國大學生自白》一書的正標題。在這部口述實錄體作品集中，「流浪」的主題此起彼伏——「生命就是嘗試」；「對世上的一切不願輕信」；「我想尋找一塊淨地。」

1 韓小蕙：〈李國文：悟出一己的文學主張〉，《作家報》一九九三年四月一七日。
2 〈龍年一九八八〉，《鍾山》一九九〇年第一期。
3 見該書第二一四、三一八頁。

「生活需要我怎麼樣就怎麼樣！」「我討厭目的……我真想去荒原流浪。」「我最終選擇的將是自由職業者。我很想過一種沒有航向的生活。我什麼都想嘗試一下……」「我的生活方式就是流動。……只有在流動這個過程中，才能找到一個特別的自我，或者說是自信。」——不要目的，不要設計，不要安寧，以「自我放逐」為樂事，在世上瀟灑走一回：這便是新生代的生命之旗。

一九八六年以後，由於種種漩流的衝擊，大學生中的厭學現象劇增。一篇關於「當代大學生流浪現象剖析」的報告文學〈誰是雇主？〉（作者：陳中華）中也寫道：「大學生為什麼逃亡？大學生為什麼要流浪？」因為「不滿意畢業分配，不滿意工作環境，不滿意上司，不滿意周圍」而去「追求自由——創造的自由、擇業的自由和人格的自由。」[1]——當年潘曉的悲歎到了新生代的眼前已演變為抗爭，而流浪則是抗爭的一種常見形態。

一九八七年以後崛起的青年作家蘇童在追溯楓楊樹故鄉的往事時，也從先輩的故事中提煉出了「逃亡」的主題——《一九三四年的逃亡》中寫道：「有一顆巨大的災星追逐我的家族……我家祖輩難逃奇怪的性的誘惑。」《逃》中的陳三麥一次次逃亡，「你就不知道三麥除了想逃還要什麼」……「三麥就是活不安穩」，他的遺言卻是：「我逃到天際也逃不掉了」；《飛越我的楓楊樹故鄉》中的麼叔像一條野狗瘋瘋癲癲，「不思歸家」，「麼叔古怪可惡的靈魂將永生野遊在外」；《故事：外鄉人父子》也刻畫了外鄉人「流浪的靈魂」；《米》中的五龍也是一個逃亡者，然而「多少年的漂泊和沉浮如夢似煙，他的楓楊樹人的血液依然粘稠」；……楓楊樹人都在逃離災難，然而流亡的旅程也最終通向深淵與幻滅。又豈止是楓楊樹人？蘇童寫大學生活的一批小說中，也不斷強化著「逃亡」的主題：《你好，養蜂人》中有這樣的句子：「我獨自在陌生的城市裏遊蕩，就好像一個饑渴的水手在海裏尋找自己的船，但是船卻無影無蹤。」「事情就是這樣，你總得離開一個地方再去另外一個地方。他想不出其他生活的方法。」「我永遠不回家，因為我發過誓。」《平靜如水》

---

1 《芙蓉》一九九二年第四期。

中寫道：「一九八七年我又無聊又煩躁。」「我情願做出無家可歸的樣子在街上亂走。」《井中男孩》中也這麼傾訴；「我覺得世界變得虛無至極……但是最要命的是我不知道要去什麼地方」，「我懷疑這個倒楣的季節將置我於死地，不如逃走……逃到世界的角角落落，拋掉城市拋掉人群拋掉性慾拋掉氣泡般漂浮的虛榮的夢想。」《雲陣》也有這樣一句：「我們的青春將是天空的雲變幻不定。」還有《已婚男人楊泊》的死因也是：「我情願逃避，可是我能逃到哪裡去呢？」——蘇童無數次地強化了「逃亡」的主題。但這兒全無瀟灑與自信。逃亡，是出於對滅頂之災的極度恐懼。可逃亡者最後都驚訝地發現：逃亡之路通向無路可逃的深淵！這樣，蘇童便將「逃亡」確認為這個騷動不安的世紀（從一九三〇年代的楓楊樹人到一九八〇年代末的大學生）的一種帶有宿命意味的生命形態。「無路可逃」——這是世紀的悲劇。是對「世紀末情緒」的最形象的概括。

新生代是在新時期和平建設的環境中成長起來的一代。然而，偏偏是他們把「世紀末情緒」渲染到了極致。這與當年的北島在絕望中「重新選擇生存的峰頂」，顧城在黑夜中睜大了黑眼睛「去尋找光明」，與當年的「知青族」在苦難的歷程中追求理想的「金牧場」的心態形成了多麼強烈的對比！我無意貶低「世紀末情緒」的歷史意義，我甚至認為：在「知青族」的理想主義與新生代的幻滅情緒之間，既存在著「代溝」，也顯示了某種悲涼的必然性。事實上，蘇童、余華、呂新、格非這些新生代作家和韓東、于堅、海子這些新生代詩人作為一代人的形象崛起於當代文壇，體現了某種歷史的意志：歷史正在迫使當代人去經受「世紀末情緒」的洗禮，去從非理性主義的角度體驗人生的悲涼無奈，咀嚼世紀的無限蒼涼。儘管，是北島、顧城、馬原、陳村（其中，馬原、陳村都屬「知青族」）這一代人最早感受到了「世紀末的悲涼」，並以他們的悲涼之作敲響了世紀末的警鐘，但只有當新生代作家、詩人以魯迅式的絕望把人生無路可逃寫到了冷酷的極致，中國的「世紀末情緒」才最終賦有了成熟的品格。唯有這種品格才能傳達出當代人喧嘩與騷動的典型心態，才能使人對這個世紀的悲涼有刻骨銘心的體驗。甚至連劉心武、李國文、梁曉聲、張承志那樣擁有過成熟的人道主義世界觀和堅定的人格的作家，經歷了漫長的苦難歷程而癡心不改，也都在一九八〇年代末至一九九〇年代初宣告了「原有的思路轟毀」，這是很值得研究的思想史現象。曾熱切呼喚過現代化的如今卻被現代化的進程逐入了「文化低谷」；曾熱烈讚美過人道主義的如今卻不得不正視人道主義的困惑；曾深情謳歌過理想主義的如今也不得不直面世道澆漓的現實——時代就這麼在捉弄著善良的人們。「信仰危機」就這樣一再發生。現實逼迫著原來對現代主義不大感興趣的人們一步步走向現代主義的悲涼之霧。新生代思潮正是在這樣的背景下崛起並最終在一九八〇年代末期的文壇上扮演了主角的。

從理性走向非理性，從希望走向幻滅——這，便是世紀末文化人的流浪旅程。

「世界上的動亂和我們意識的紛亂是同一回事，如同所有的事物之間都具有關聯性一樣，迷惘也便由此產生。」[1]

下篇：尋找精神家園

當詩人在「四五」運動中寫下「如果陸地註定要上升／就讓人類重新選擇生存的峰頂」這詩句時，他當時是否意識到他已以一個詩人的敏感和卓識預見到了世紀末的另一個基本主題：與「信仰危機」、「自我放逐」對峙的主題——「尋找精神家園」？

古希臘哲人赫拉克利特認為：「互相排斥的東西結合在一起，不同的音調造成最美的和諧」。他還說過：「上升的路和下降的路是同一條路。」[2]以這樣的眼光去看「自我放逐」與「尋找家園」兩大主題的對峙與互補，我們又會發現怎樣的時代精神呢？

---

1 榮格：《探索心靈奧秘的現代人》，社會科學文教出版社一九八七年版，第二〇一頁。
2 引自《古希臘羅馬哲學》，商務印書館，一九六一年版，第十九、二十四頁。

最早是汪曾棋走回童年的記憶。接著是賈平凹走回商州山區尋夢，既是自覺地逃離廢都的喧嘩騷動，又力圖以古風的淳樸療治「世紀末情緒」的浮躁。稍後的「尋根派」走的大致都是這個路子——韓少功呼喚楚魂、李杭育呼喚吳越古風、莫言呼喚先人的酒神精神，都意在重返家園。值得注意的是，賈平凹在一九八三年的《商州初錄》中美化的商州古風到了一九八五年的《商州世事》已被「現代的醜的東西」沖蝕了許多；韓少功的初衷是尋找「絢麗的楚文化」，可他的《爸爸爸》、《女女女》卻寫成了對文化劣根的無情暴露；李杭育欣賞漁佬兒、弄潮兒的坦蕩人生，卻又不能不為他們「最後一個」的宿命而長歎息；莫言不也在謳歌祖輩自由生命的同時為「種的退化」、後人的不肖而扼腕痛惜嗎？……作為一種文學運動，「尋根派」取得了輝煌的成功；但作為一種「尋找精神家園」的嘗試，「尋根派」註定了難以成功。一個現成的事例是：韓少功終於逃離了湘西，去了海南。他終於發現：「在這個世界上，人是無處可逃的。但作家有一個特點，他可以逃到文學中去，逃到心靈中去。」[1]他後來辦《海南紀實》，譯昆德拉的小說，依然出手不凡。「尋根夢」破滅了，但文學仍是他安身立命的家園。

將文學視為精神家園的，還有史鐵生。他在一九八六～一九八七年間提出了這樣的命題：「寫作就是為了不致於自殺。」[2]「只有在模糊不清的憂鬱和不幸中，藝術才顯示其不屈的美。」[3]到了一九九二年，這一思考進一步昇華為下面的思想：「生命的終極價值和意義是美……生命原本就是無用的激情，就是無目的的過程，就是無法求其真而只可求其美的遊戲。」「小說只給我們提供一個機會，一個擺脫真實的苦役，重返夢境的機

1 〈人的逃避〉（對話錄），《小說家》一九九三年第三期。
2 〈答自己問〉，《作家》一九八八年第一期。
3 〈隨想與反省〉，（人民文學）一九八六年第十期。

會：欣賞如歌如舞如罪如罰的生命之旅吧。由一個亙古之夢所引發的這一生命之旅，只是紛紜的過程，只是斑斕的形式。」[1]——寫作，就意味著逃避煩惱，就意味著超越苦悶，也就是說：寫作就是自救的一隻方舟。[2]

小說史專家陳平原近來提倡「為學術而學術」，基本取向也是這一路。他「認定這一百年中國學術發展的最大障礙是沒有人願意並且能夠『脫離實際』、『閉門讀書』。」他主張「允許並尊重那些鑽進象牙塔的純粹書生的選擇。」[3]——「脫離實際」可讀作「逃離現實」；「閉門讀書」、「鑽進象牙塔」則意味著營造自救的方舟。

——以上是部分作家、學人的選擇。

當過知青的小說家洪峰則賦予了「重返家園」以「平常心」的含義。洪峰也許是當代作家中對「重返家園」這一主題具有最自覺的意識的一位。他於一九八七年因中篇小說《瀚海》成名。小說的主題是：「生活就是生活，一切就是一切。」「沒有詩意。」「我看不出有什麼『根兒』可尋。胡扯淡。」似乎頗有點兒玩世不恭。但他在一九八九年發表的兩部中篇《重返家園》和《走出與返回》卻真切感人至深。青春是美好的又充滿了缺憾。人只有嚐夠了人生的苦澀才會頓悟：「沒什麼可埋怨的，所有這些都怪我們自己。或者說在來到這個世界之前我們缺乏充分的準備。」「細細想來其實沒什麼了不得。我們大家不都是活過來了麼？對我們四周的生活，你還能要求它什麼呢？該給的都給了，得不到怪不得生活，只能說運氣不好。我們的選擇只能是心平氣和加上滿足。」——「重返家園」意味著接受現實：「一切現實的都是合理的。」正如梅特林克所揭示過的「日常生活中的悲劇性」一樣：「在日常生活中有一種悲劇因素，它比偉大的冒險事業中的悲劇因素真實得

1 〈隨筆十三〉，《收穫》一九九二年第六期。

2 寫到這兒，我想起了索爾仁尼君在諾貝爾文學獲獎辭中引述過的陀思妥耶夫斯基的一個重要思想：這世界唯有美才能拯救。注意：陀思妥耶夫斯基強調的是唯美可以救世，而史鐵生更關注的是：自救。

3 〈學者的人間情懷〉，《讀書》一九九三年第五期。

多，深刻得多……它的本分是向我們指出生命在接近或偏離真、美或上帝時，其步伐是多麼搖擺不定，多麼憂慮重重。……上帝的神秘聖歌，靈魂和上帝的不祥沈默，永恆存在於天邊的低語，我們意識到的自身命運或宿命，雖然誰也說不清這是怎麼來的……」[1]如果人生註定是悲劇，那麼，除了達觀、淡泊，人還能指望什麼呢？不僅如此。洪峰一再奏響「重返家園」的主題，以過來人的眼光審視青春的浮躁與悔恨，似乎也標誌著飽嚐憂患的「知青族」最終告別了青春期的浪漫，來到「卻道天涼好個秋」的中年時期。這又豈止是「知青族」的宿命。這也是每一代人的宿命：人總在中年時期才知道什麼是真人生，才會為青春的失誤追悔。（值得注意的是，洪峰在一九九三年發表的散文〈尋找家園〉中卻悲歎：「我已經不知道去哪裡尋找家園。」「只是夢想。人為夢想活著不是挺好嗎？現代人的根本標誌是接受。接受你喜歡的和不喜歡的所有東西。依戀什麼都行。你活著不需要太充分的理由。」[2]）——說到底，還是淡泊、達觀。就如同阿城的《棋王》滿足於有飯吃、有棋下的「真人生」，如同馬原接受一切偶然與神秘一樣。這是許多平民百姓的活法。這的確是一種很不錯、很明智的活法：返樸歸真。

洪峰的頓悟極有普遍意味。他是能從人生的體驗悟得了「重返家園」的意味的。而另一位小說家何士光卻是經由另一條路達到了同樣的境界。這位以《鄉場上》、《種包谷的老人》飲譽文壇的中年作家近年來又寫出了非常漂亮又極富智慧的散文。例如《黔靈留夢記》追述了二十五年前的失意，失意中冥冥來到黔靈山上宏福寺，使命中註定停留在了這麼一幅對聯前：「大慈大悲靠菩薩現身說法，救苦救難在眾生自己求心」。那時，他便認了緣份：「何以在那臨行之際，你會見到這幅對聯呢？……是什麼在支配著我們呢？……似乎一切該發生的都發生了，一切不該發生的則不會發生，有什麼在掌握著我們的命運？」二十五年過去了。「歲月愈是澱

1 〈卑微者的財富〉，伍鑫甫主編：《現代西方文論選》，上海譯文出版社一九八三年版，第四十一——四十二頁。
2 見《小說家》一九九三年第二期。

積，你就愈是覺著這心不可捉摸。」「為了我們不斷衍生出來的心意，天空已不再湛藍，林木正在萎縮，土地也變得貧瘠，湖水也不再清澈見底。儘管我們能不斷地讚美自己，但所有自己對自己的讚美又顯然是靠不住的。」只是在經歷了人生的磨難與沉思以後，在研讀了佛老的典籍以後，才徹悟，心靈應似那湖水：「任山林映在其間，任歸舟蕩起漣漪，儼然一個繽紛的世界，而湖水依舊為湖水，任其自生自滅，任其來來去去，卻是不曾沾染的。」[1]——這便是淡泊、豁達的「平常心」，便是「佛即是心」、「返求諸己」的真義。再如《夏天的途程》：「你始終看不見這生命存在的理由，同時也找不到要擯棄這存在的依據」，「我們的算數永遠是微小的，以致對因果的尋求倒反而像是對自己的愚弄。……一切都存在著，一切也都會揭示出來，卻永遠不是現在。……讓念頭來選擇吧，然後再承擔由這念頭帶來的結果，這或許就是我們能做的。……浮沉在天地間的人們並不能擁有什麼，有的則不過是經歷。」[2]——塵世茫茫，光陰匆匆。人的安身立命之處只在對自己負責。

就這樣，何士光從平凡中悟得了佛理，在浮躁時世尋得了寧靜的家園。何士光的探索與回歸佛理，在當代文壇極有代表性。汪曾棋、賈平凹、禮平、范小青、阿城筆下那些淡泊明志的士大夫、淳樸善良的山民、靜虛自守的青年人，都於溫柔敦厚、堅韌豁達中顯示了佛性、他們以不變應萬變，以達觀化解苦澀。他們都在普通平凡的人生中擁有一塊超越塵世煩擾的家園。寫到此，我想起了為人所熟知的「世俗化」話題。論者都注意到了世紀末文學的「世俗化」傾向，注意到了這一傾向形成大潮的合理性。王朔的玩世不恭、莫言的粗野狂放、余華的冷酷無情、池莉的瑣碎煩惱……這一切是「現代迷信」破產後的必然產物，是「世紀末情緒」的象徵。然而，以粗鄙、調侃、冷漠為主要特徵的「世俗化」傾向只是對平民中的「酒神精神」的表達，而且這一傾向

1 《收穫》一九九二年第二期。
2 《鍾山》一九九二年第六期。

除去宣洩煩惱和不滿以外，顯然缺乏「自救」的因素。相比較之下，汪曾棋的《釣魚的醫生》、賈平凹的《天狗》、禮平的《晚霞消失的時候》、范小青的《瑞雲》、阿城的《棋王》……這些作品中所顯示的平常心中的佛性，卻是平民中的「日神精神」才具有「自救」的方舟和精神家園的意義所在。只是因為這是一個「酒神精神」占上風的時代之故吧，這種佛性、「日神精神」不大引人注目。儘管這樣，「日神精神」作為一種文化精神，仍活躍在、常駐在民間。那些虔心敬佛的人們，那些將凡庸人生過得有滋有味的人們，也是社會的支柱。

尋找精神家園的路途漫漫，驀然回首，它卻就在「平常心」中。這一點說說容易，真正徹悟卻不易。人似乎一定要經過「尋找」才能實現這種「回歸」。這大概也就是為什麼「平常心」只躍動在那些歷盡磨難的作家，那些中、老年作家的胸中，而少見於新生代的筆下的緣故吧。青春期的躁動總是不會理睬「平常心」，情有可原。甚至連賈平凹那樣執著於靜虛的作家也終不免捲入煩擾（《廢都》的〈後記〉便是證明），也不足為奇。人生的定律是：青春期的浪漫情緒總會被中年的平常心所取代。對於一個人是如此。對於一代人是如此，對於一個民族又何嘗不是如此？西方發達國家在經歷了浮躁的一九六〇年代以後，現已平靜地進入「繭居生活」的時代，便昭示了這一人生的定律。

那麼，青年就一定要到中年才會獲救？或者說：佛性是唯一的精神家園麼？

似乎也不儘然。

美國評論家馬爾科姆·考利在《流放者的歸來》中就記述過一九二〇年代的一種活法：「通過流放而獲得拯救。」[1]為此，有的「逃進藝術之中」；有的「逃向原始」；有的「逃向基督」；還有的逃離祖國——「他們到國外去首先是為了追求某種東西——悠閒、自由、知識以及古老文化所提供的某種品質。」儘管多數人的結局是「逃避不了」，不斷的逃避與冒險換來的卻是「惰性，道德墮落，遭受迫害和宏偉壯觀的錯覺，烈性酒，

1 見該書，上海外語教育出版社一九八六年版，第六五頁。

麻醉劑或自殺」，所以才有了最終的回歸——「冒險生活結束了，他們又成了平凡生活的一部分。」[1]但至少，那個尋找的過程是充實的，是具有「自救」的意味的。

類似的逃亡也在八〇年代的中國發生著。圓明園藝術村的畫家們是「逃向藝術」的典型；「旅遊熱」、去青藏高原探險的熱情，類似於「走向原始」；「宗教熱」的興起就是「逃向基督」、逃向真主、逃向佛祖的證明；還有「出國潮」……不斷的尋找本身就意味著「自救」。所以，一九八七年以後，「跟著感覺走」才會成為流行歌曲的主題，成為青年人的典型心態。只是，感覺常常捉弄人，狂熱過後是虛脫，是疲憊。如何尋找一種雋永的、可靠的感覺？我注意到：幾乎在一九八六年「尼采熱」（尼采是「酒神精神」的象徵）的同時，也興起了「瓊瑤熱」——瓊瑤的純情故事，從文學的角度看，是「言情小說」對「純文學」的衝擊，從文化心態的角度看，則是一部分天性溫柔、善良的少男少女逃離喧囂的旅程中發現的象牙塔。「瓊瑤熱」，連同「三毛熱」、「港臺流行歌曲熱」、「席慕蓉熱」，將一種溫馨的夢、一種心造的自我小天地、一種舒適的情人包廂式的精神家園帶給了純情的少男少女。到了一九九二年，中國也有了《阿溶的新感覺》這樣的書。「清淡隨意的語氣，清純的氣質，但心中自有自己的信仰。……表現了一代不願在這個越來越商業化的時代隨波逐流的青年，守衛自己心靈境地的努力。」你似乎不用再去教導這些通信的少男少女們怎樣去做人，怎樣去面對生活。[2]他們似乎靠著自己青春的純潔，獲得了一種自我平衡的能力，一種在喧囂的世界保持自己心靈純潔的品性。這部通信集與《世紀末的流浪》一書同屬新生代，但格調卻迥然有別：《阿溶的新感覺》使人想起了當年的冰心、宗白華、汪靜之、周作人、林語堂；而《世紀末的流浪》則再次使人感到魯迅、郭沫若、郁達夫那「狂飆突進」的浪漫情緒。是的，純潔並不是必然要被時世濁流污染的。有的人躁動不安，有的人天性好靜。人的命

---

1 《流放者的歸來》，第二〇七、二一一、二一四、二五五、二五七頁。
2 努爾小哈：〈阿溶的新感覺〉，《文彙讀書週報》一九九二年十一月七日。

運常常繫於機遇，有時也完全取決於天性。「阿溶的新感覺」給人以溫馨的希望，在廣大純情青少年中也頗有知音。這與文壇上的新生代作家幾乎清一色認同「世紀末情緒」形成了極有趣的對照。可以說，「阿溶的新感覺」就是少男少女中的「日神精神」的自然結晶。人，不一定非要飽經滄桑才能進入「日神精神」的聖殿。只要命中沒有大災大難，純潔就是柔情似水的人們的「精神家園」。這種天然的純潔也許與佛性的大智慧還相距遙遠，但它足以自救。

最後，該走向最古老、最神聖的精神家園了——我指的是劉小楓、史鐵生、張承志走向宗教情感的輝煌足跡。

一九八六年，劉小楓完成了《詩化哲學》一書。在這本研究德國詩學的專著中，作者已注意到德國浪漫美學傳統的根本主題是：「有限的，夜露消殘一般的個體生命如何尋得自身的生存價值和意義，如何去超逾有限與無限的對立去把握著超時間的永恆的美的瞬間。」[1]為此，詩哲們上下求索，最終選擇了「柏拉圖的詩意般的理想世界，轉向基督的上帝之邦。」[2]「施勒格爾說，每一個有善的意願的人都要逐漸成為上帝。」[3]諾瓦利斯的說法更明確：「上帝就是愛。愛是最高的實在，原始的根基；愛的理論是最高的科學。」[4]施勒格爾的話使人想起中國的一句名言：「人皆可以為堯舜」。而諾瓦利斯的說法也使人聯想到那首在一九八〇年代曾唱徹中國的歌《讓世界充滿愛》。劉小楓選擇這樣的研究課題似乎不僅僅是出於純學術的興趣。緊接著在風雲多變的一九八七年，他又寫成了《拯救與逍遙》一書。他特意聲明：「本書根本就不是比較詩學。」[5]這部才氣橫溢的

1 《詩化哲學》，山東文藝出版社一九八六年版，第十一頁。
2 《詩化哲學》，山東文藝出版社一九八六年版，第十二頁。
3 《詩化哲學》，山東文藝出版社一九八六年版，第五十九頁。
4 《詩化哲學》，山東文藝出版社一九八六年版，第五十六頁。
5 見該書〈後記〉，上海人民出版社，一九八八年版，第五三八頁。

書是有感於「世紀末情緒」的發憤之作。作者說：「每一時代都有糾纏著這一時代的整體靈魂的基本問題。有太多的事實表明，糾纏著我們這個時代的中心問題之一即是虛無主義。」[1]「作者的態度表明，他堅決拒斥任何形態的虛無主義。」[2]「歷史的磨難和苦澀使我們懂得，神聖的愛的意向才是人的存在的終極根基。」[3]——只有博愛的情懷，才能最終拯救人類。純潔的平常心，善良的天性是「自救」的方舟。唯有博愛，才是「救世」的根本出路。從此，他編輯《基督教文化評論》（已出三輯），成為當代學人中傳播「救世」之聲的代表人物。

史鐵生也是在一九八六年由思索「人類與生俱來的困境」而走向宗教的。在《隨想與反省》的宣言中，他認定：「我們不能指望沒有困境，可我們能夠不讓困境扭曲我們的靈魂。」「中國文學正在尋找著自己的宗教。」他認同了羅素的話，「現在，人們常常把那種深入探究人類命運的問題，渴望減輕人類苦難，並且懇切希望將來會實現人類美好前景的人，說成具有宗教觀點，儘管他也許並不接受傳統的基督教。」[4]而他那兩篇極華美、極壯麗的小說《禮拜日》、《我之舞》也都寫於一九八六年。這些小說在焦灼的一九八六至一九八七年，沒有引起轟動效應。一直到一九八九年寫下的《我與地壇》在一九九一年發表，才在疲軟的文壇掀起了澎湃的海潮。一切都是命中註定，上帝把人生的奧秘藏了起來，誰也甭想找到。活著，就意味著接受差別、忍受苦難，又在苦難中去尋找一片溫馨與寂寥，尋找一份安詳與豁達。史鐵生就這樣從平常心步入了聖境，又使聖潔的情感自然地融入了平常心中。他似乎不敢奢望「救世」而只是滿足於「自救」。但《我與地壇》引起的轟動效應就不正好表明了「自救」的感悟之路也通向「救世」的天堂麼？是的。當「世紀末情緒」經過一九八五

1 見該書第五三一頁。
2 見該書第五三三頁。
3 見該書第五三六頁。
4 《人民文學》一九八六年第十期。

至一九八九的盡情宣洩而呈疲軟之勢時，「自救」與「救世」的聖樂便奏響了——那兒是人類的「精神家園」。

張承志是在一九八九年的《殘月》中第一次感悟到宗教的必要的。而在一九八七年他在《金牧場》中將聖潔的宗教信仰視作理想的同義語。張承志也憤激地拒絕了虛無主義。他在從《綠夜》開始的許多作品中都勇敢地向「世紀末情緒」挑戰，尖刻地嘲弄知識界和同齡人的虛無主義。他說：「我的血驅使我流浪。」[1]他終於在西海固找到了他的「精神家園」——哲合忍耶教。他感慨地說：「天道，確實是存在的。信仰是可以賴以為生的。」[2]在二十世紀這個「難以理喻而且缺乏聖性」的陌生世紀，他發現了：「宗教不是一個閒聊的話題。……信教不是卸下重負，而是向受難的追求。」[3]——甚至不只是忍從苦難，而是渴求苦難。也不是為了標新立異，而是因為苦難和犧牲中別有一種壯美。是的，「這傷殘和犧牲是那麼美麗」！犧牲，也具有獲救的意義嗎？要不然，那些多斯達尼為什麼認為為真主而犧牲可以「甩手直直地進天堂」呢[4]！史鐵生從宗教中汲取的是寧靜與坦蕩。張承志從宗教中獲取的則是激情與剛強。對於張承志這樣的人物，宗教不是鴉片，而是驅散悲涼之霧的火炬。

劉小楓、史鐵生、張承志都是在一九八五年以後開始了走向宗教的求索，是巧合，還是時代精神使然？一九八五年，是「改革題材文學」一蹶不振之年，又是現代主義的「世紀末情緒」風雲突起之年，還是「尋根派」呼喚民族精魂之年，現在我們發現：一九八五年，也是宗教精神為「世紀末文學」注入「世紀末情緒」解毒劑的一年。

---

1 〈金牧場〉，《昆侖》一九八七年第二期。
2 《心靈史》，花城出版社一九九一年版，第一三七、一九〇、二五八頁。
3 《心靈史》，花城出版社一九九一年版，第一三七、一九〇、二五八頁。
4 〈金牧場〉，《昆侖》一九八七年第二期。

至此，我們便飽覽了當代人尋找精神家園的壯麗圖景——寫作也好，寧靜淡泊的平常心也好，純情也好，宗教精神也好，種種的求索都指向一個偉大的目標：「重新選擇生存的峰頂」。

原載《當代作家評論》一九九四年第一期

「酒神精神」高揚之後

一

一九六〇年代，西方興起「女權運動」。這運動衝擊了男性本位文化傳統，推動了婦女的解放，也產生了性解放潮流。

一九七〇年代，前蘇聯社會學界、文學界有過「雌性雄化」、「雄性雌化」的「熱門話題」。這意思，與中國的「陰盛陽衰」一說差不多。

到了一九八〇年代，中國也有了「尋找男子漢」的話題。當思想界、文學界在那兒嚴肅地探討「改造國民性」的時代主題時，新的女性們卻在苦苦尋求男子漢。高倉健那樣的男性，是渾厚、剛毅、勇敢的象徵。「尋找男子漢」，似乎是個擇偶標準的話題，但劇作家沙葉新卻在一九八六年創作的幽默話劇《尋找男子漢》中洞悉了擇偶標準深層的思想主題。劇中有這麼一段臺詞：

以革命的名義發動的、過幾年總是又來一個運動，把男人們都整怕了。從兩性的比例上看，歷次運動中受迫害的，總是男性多。週期性的政治病疾，長久的壓抑、扭曲，男子漢的脊樑骨缺鈣，棱角磨平了，陽剛之氣消失了。我擔心整個民族素質的降低。

——這樣，「尋找男子漢」的話題便有了「改造國民性」的思想意義。

也是在一九八六年，《文藝研究》雜誌第二期發表了署名遠帆的文章：〈中國傳統藝術中的柔性精神〉，其中論及傳統藝術中的「正面領袖人物」如劉備、唐僧、宋江等俱是講仁義的典範，體現出中華民族的「尚柔」精神。這樣，便揭示了缺少男子漢的歷史文化根源。

也正是在浮躁的一九八六年，「性文學」震撼文壇。王安憶的《小城之戀》、《荒山之戀》，鐵凝的《麥秸垛》這樣的著名小說風靡一時。一九八六至一九八九年間，王安憶又有《崗上的世紀》、《神聖祭壇》，鐵凝也有《玫瑰門》、《棉花垛》等「性文學」力作不斷產生著轟動效應，令衛道士們瞠目。儘管王安憶否認自己是「女權主義者」，上述名作也都是在探討作為人性奧秘的性倫理、性心理，具有深刻的哲理意義，但這也並不妨礙評論家們從中讀出「女權主義」的意味來。

而莫言的《紅高粱》不也誕生於一九八六年麼？余占鼇敢愛敢恨、敢做敢當、敢殺人敢野合，活得痛快、活得瀟灑。誰說中國人沒有「酒神精神」？莫言寫《紅高粱》，就意在為中國老百姓的「酒神精神」招魂！

偏偏「尼采熱」也陡漲於一九八六年。尼采宣告「上帝已死」，正好表達了當代中國人「現代神話已經終結」的心聲；尼采倡導「狄奧尼索斯式的狂暴」，也恰好迎合了當代中國人生命豪志覺醒、物慾膨脹、情緒浮躁的心態。於是，搖滾樂震耳欲聾地響徹雲天，詩人們像李白一樣狂歡縱慾，作家們以粗鄙化為新的時尚，科學家們跑出寧靜的書齋，爭先恐後下海，偷情、離婚不再是千夫所指的罪惡，青少年犯罪率也直線上升……

中國人吃夠了禁慾的苦頭，如今要嚐嚐縱慾的滋味了！從前是提倡「嚴格要求自己」，如今是時興「跟著感覺走」了！中國的民族性就這樣在新的寬鬆氣氛中、在新的生活方式中發生著悄悄的同時也是巨大的變化。一九八〇年代十年間的巨變，超過了歷史上任何一個歷史時期。

二

一切現實的都是合理的。黑格爾是深刻的。

從一九六〇～一九七〇年代的禁慾到一九八〇年代的人慾橫流，是歷史發展的必然。當年義大利從中世紀的禁慾到文藝復興時期的人性解放，美國從一九五〇年代的沉悶到一九六〇年代的喧嘩，都是循著同一條路走過來的。

然而還有一條歷史的定律也總是與這一文化現象如影隨形：人性的解放與人性的沉淪互補共生。「酒神精神」是療治「國民性」的一劑猛藥。然而，它本身也有致命的弱點：狂熱宣洩了苦悶，也勢必導致疲乏；縱慾滿足了肉體的需要，卻無法使靈魂獲救。尼采為什麼最後瘋了？除去生理方面的因素以外，狂熱的「酒神精神」是否也是把他推入深淵的一隻黑手？正如喝酒的最佳狀態是將醉未醉之時一樣，過了那個臨界點，醉了，樂事便成了苦果。

事實上，「世紀末情緒」已在蔓延——「端起飯碗吃肉，放下筷子罵娘」的牢騷、「讓我一次愛個夠」的瘋狂、「外面的世界很無奈」的空虛、「一點正經沒有」的玩世不恭、「十億人民九億侃，還有一億在發展」的冷漠、「哀莫大於心不死」的歎息……時時處處可見可聞。也許，這便是為什麼當代思想家在為思想解放運動搖旗吶喊以後，面對一九八六年呼喚非理性主義的挑戰，提出「中國現在更需要理性」，「我們迫切需要把那種實用的、經驗的理性變為科學的、嚴格的分析理性和思辨理性」的主張的緣故吧。這的確是個問題：「情緒發洩完了又能怎樣？它對改變現狀並無幫助。」[1]

當代理性主義思想者有一批。只是，一個社會中，文化精英永遠只是少數。他們領導著思想的潮流，設計著未來的藍圖。但他們的哲學註定了與芸芸眾生、與大眾文化無緣。

三

作家們尋找著療治「世紀末情緒」的新藥。

為當代作家的獨特經歷（他們大多與民眾一起共過患難）所決定，他們努力從民眾中汲取著健康的力量。阿城的《棋王》是一支寧靜理想的歌。無欲則剛。柔能克剛。淡泊可敵喧囂（只是阿城本人已遠去異國謀生了）。賈平凹的《商州初錄》、《天狗》讚美了古樸的理想（但一九八五年寫《商州世事》時也終於悲涼地發現：古樸終不敵現代生活方式的誘惑）。

「尋根」，顯然不僅僅是尋找文化傳統。如果將「尋根」運動置於當代國人「重新選擇生存的峰頂」的大背景中看，不難發現尋找精神支柱這層深意。

但「尋根」到了一九八六年，還是《紅高粱》的「酒神精神」風靡了文壇。「酒神精神」衝破了淡泊、寧靜的夢想，掀起了更合當代潮流的風暴。一九八六年以後，是寫世俗人生煩惱、寫粗俗的人間悲劇與喜劇、寫冷酷的性與死主題的文學匯成了所謂「新寫實」的主流。池莉的《煩惱人生》、方方的《風景》、劉恒的《伏羲

---

1 李澤厚：〈中國現在更需要理性〉，見《文藝報》一九八七年一月三日。

伏羲》、余華的《現實一種》、王朔的《玩的就是心跳》、劉震雲的《官場》……就是在這樣的精神氣候中產生的。敢於直面慘澹的人生，勇氣可嘉；有意走下「人類靈魂工程師」的聖壇，真情可感。而且，「新寫實」的世俗化傾向、冷漠格調，也恰是最能體現時代心態的文學品格。尤其是一九八八～一九九二年間「王朔熱」一再漲高，讓那幫「頑主」領盡風騷。在那「一點正經沒有」的瀟灑與快活中，「世紀末情緒」得到了最典型的表達。那種「千萬別把我當人」的主題，那種面對空虛率性而活的痛快勁兒，算不算「酒神精神」？至少我在余占鼇和頑主們之間是感覺到了某種相似的氣息的。

我欣賞余占鼇和頑主們的灑脫人格。也欣賞莫言與王朔對於當代文學的獨特貢獻。不過，一旦跳出文學的話題，我也做過這樣的設想：如果我周圍生活著余占鼇和頑主式的人，一定是件可怕的事情。

四

也許是長期在書齋裏過慣的緣故吧，我更偏愛一種寧靜和精神的充實。因而我也格外關注更具古典色彩的當代作品。我之所以特別偏愛靳凡的《公開的情書》、禮平的《晚霞消失的時候》、譚甫成的《荒原》、張承志的《金牧場》、史鐵生的《禮拜日》、賈平凹的《商州初錄》、范小青的《瑞雲》這樣一些作品，原因便在於：這些作品中對至善至美境界的禮讚、對精神自足的追求，極合我心。

這樣，當一九九一～一九九二年間，史鐵生的《我與地壇》和張承志的《心靈史》在文學世俗化的熱鬧話題之外屹立起兩座精神的豐碑時，我又一次被古典的精神深深地打動了。

人生的意義是什麼？如果人生註定是苦難的宿命，還有沒有靈魂獲救之路？

其實，早在一九八八年，在「文化低谷」猝然出現、商品大潮陡然高漲的一九八八年，當代學者劉小楓在他的著作《拯救與逍遙》中就表達了借基督教的拯救精神療治絕望情緒的哲理沉思。與此同時，署名默默的系列札記《二十世紀西方基督教神學一瞥》也告訴人們：即使在現代化的西方，對人類生存終極價值的關懷依然是一個重大的課題。許多的優秀思想家拒絕了尼采的「酒神精神」，以博大的愛心去作救世和自救的悲壯努力。劉小楓（默默）的著述在思想界、讀書界引起了頗為可觀的反響，這種反響表明了時代精神的另一面：這時代仍然需要精神的支柱、需要博大的愛心。

應該說，在任何時代，都有一批文化精英以堅韌不拔的努力捍衛著、發展著人類最美好的理想。然而，一直要到一九九一年，《我與地壇》和《心靈史》才會再一次在知識分子中喚起久違的激情。是因為文學世俗化的大潮終於無法滿足靈魂的渴求之故？還是一種新的文化主題註定要在九〇年代奏響最強音，作為當代精英文化拒絕「世紀末情緒」的一面旗幟？

史鐵生在荒蕪的古園中沉思：「誰又能把這世界想個明白呢？……假如世界上沒有了苦難，世界還能夠存在麼？……看來就只好接受苦難」。於是，便坦然。便安於現狀。便從寧靜中體味自然的合理，聽取那亙古不散的蒼涼嗩吶聲。

誰說這種智慧只屬於思想者？《瑞雲》中那位身患殘疾也無怨無恨、只把愛和寧靜帶給鄰居的女孩不也具有同樣的魅力麼？瑞雲的寧靜與淡泊似乎更多的是來自於吃素好婆的薰陶。

中國百姓中，瑞雲式的人也從來不少。

韓少功讀過《我與地壇》後，深受感動，在小說為大眾文化排擠、小說的寫法也似乎已到山窮水盡地步之時，史鐵生的這部作品證明：「包括小說在內的文學能使人接近神。如此而已。」[1]

---

1 〈靈魂的聲音〉，《小說界》一九九二年第一期。

而張承志也是在最貧窮的西海固找到了他的哲合忍耶教──「關於心靈和人道的原理」。忠於崇高的信仰，才能最終立於不敗之地。一部《心靈史》，是熱血與激情的證明。

張承志是狂熱的。他執著地擯棄了一切誘惑，在自由的長旅中一路高歌，無疑具有超人的意志──這，也是「酒神精神」的一種形態吧。但這又顯然是與余占鰲、頑主們截然不同的一種「酒神精神」。張承志崇高的宗教精神和理想主義品格，常常使人想起當年的俄國十二月黨人和老紅衛兵。

當許多作家常常為只領風騷一二年而苦惱時，張承志、史鐵生卻能在長達十多年的時間裏把唯一的理想主義主題不斷奏出感人肺腑的最強音──這不能不說是一種奇蹟。這奇蹟，也是偉大靈魂的永恆魅力的證明吧。

難怪解放軍藝術學院的兩位教官張志忠、朱向前告訴我：他們要求「軍藝」的學員們人人必讀《心靈史》！

理想主義者永遠是少數。

但任何時代都少不了理想主義者。

以劉小楓、默默、史鐵生、張承志為代表的當代理想主義，是療治「世紀末情緒」的一劑良方。

五

當「新寫實」把人生的骯髒與空虛寫到極致時，他們贏得了評論家們的激賞，但也失去了一部分執意要從文學中尋覓詩意的讀者。

許多嚮往純情、嚮往童話、嚮往象牙之塔的青年學生紛紛走向瓊瑤、走向三毛，也許與此有關。

直面慘澹的人生，是一種活法：魯迅式的活法。

走進象牙之塔，是另一種活法：瓊瑤式的活法。

當代散文熱的興起，顯然是嚮往象牙之塔的人愈來愈多的一個旁證吧——周作人、林語堂、梁實秋、豐子愷、汪曾棋、賈平凹、黃裳、余秋雨……這些散文名家用他們充滿詩意的筆，在二十世紀為自己、也為讀者營造了閒適人生、幽然人生、精緻典雅、古風超然的象牙之塔。

於是，在卡拉OK、搖滾樂、舞會和宴會之外，我們還有一片寧靜的天地——這兒有苦茶，有童心，有書林掌故，有名士風度……真好，儘管這兒少有對終極價值的關懷話題，但這兒有喧囂攻不破的寧靜、自在，這兒有一種陶淵明的情懷。從這種意義上說，周作人們與史鐵生又是殊途同歸了（何況周作人當年也欲藉基督教改造國民性呢。詳見《雨天的書・山中雜信》）。

是的，經歷了太多的苦難，這個時代還需要詩意。不是自欺欺人的粉飾現實。而是反求諸己，在人間尋求真善美，同時也完善自己。「躲進小樓成一統，管他冬夏與春秋」。

這樣，便有了「女兒性」的話題。

《上海文學》一九九三年第一期發表了顧城的對話錄：〈「浮士德」、「紅樓夢」、女兒性〉。顧城是當代最早營造象牙之塔的詩人。他為什麼一直忠實於童心？為什麼「要把世界輕輕推開」[1]？為什麼選擇了隱居荒島的活法和「永恆女性的光輝」？什麼是「女兒性」？

「女兒性最重要的一個特點，就是淨……佛教也是講淨的，它沒有天國，只有此刻單純的微笑，它唯一的神就是心和身體的和諧，所謂天人合一」。「潔淨、無求」，寧靜、自在。這便是顧城的選擇。

1 〈青鳥〉，《作家》一九八七年第三期。

無獨有偶。《作家》一九九三年第二期發表的作家劉慶邦的創作談〈關於女孩子〉中也寫道：「美好的藝術品本身，就是一個『女孩子』。」「一些優秀的男性作家，或多或少都有一點女孩子的心理素質……多情、善感、細心、脆弱、羞澀和溫柔。」此言不虛。

女兒性，就這樣成了至善至美的代名詞。

女兒性，就這樣作為佛理、詩意、美德、純情的象徵，成為當代文藝思潮流變中的新話題。

這，便是「日神精神」——寧靜、聖潔、天真、愉悅的人文主義精神的回歸吧！

現代意識，就僅僅意味著開拓、競爭、瀟灑、玩世不恭、頹唐放浪嗎？現代意識，為什麼就不能包容寧靜、淡泊、優雅的紳士風度、樂觀情懷？海德格爾不就是現代隱士嗎？梅特林克的《青鳥》、赫爾曼·黑塞的《納爾齊斯與歌爾德蒙》、帕斯捷爾納克的《日瓦戈醫生》、艾特瑪托夫的《白輪船》、《花狗崖》不都是二十世紀的「日神精神」禮讚麼？當福克納在接受諾貝爾獎的演講中宣告「我拒絕接受人類的末日」時，當他提醒二十世紀的作家們關注「精神的問題」，「作家的天職在於使人的心靈變得高尚，使他的勇氣、榮譽感、希望、自尊心、同情心、憐憫心和自我犧牲精神——這些情操正是昔日人類的光榮——復活起來」時，他便在二十世紀的迷茫寒霧中點亮了一盞燈。

「酒神精神」是對於苦難的抗爭。是絕望中的抗戰。

「日神精神」才是最終的自救之路。

儘管在當今之世，它註定了不會成為主潮。但在粗鄙化、冷漠風，「悲涼之霧，遍被華林」的當代文壇，它無疑是絕望與空虛的解毒劑。

六

真有趣：我從「尋找男子漢」的起點出發，漫遊過一段路程後，卻走入了「女兒性」的象牙之塔。

我不知道一九九〇年代的文學會去向何方。不知道一九九〇年代還會有哪些風雲變幻。不知道眼前的「文化低谷」何時是盡頭。也不知道文學是否真如黃子平、韓少功、葉兆言諸君憂心忡忡預言過的那樣正在走向消亡。

我知道的只有一點：我已經拯救了自己的靈魂。而且，我並不孤獨。

在「日神精神」的旗幟下，還有不少的理想主義者同志呢！

原載《當代作家評論》一九九三年第四期

當代「反智主義」的嬗變

一

一九七六年，余英時發表了〈反智論與中國政治傳統〉的思想史論，鋒芒直指大陸的「評法批儒」運動。文中指出：「中國的政治傳統中一向瀰漫著一層反智的氣氛」——道家是反智的。但「中國政治思想史上的反智論在法家的系統中獲得最充分的發展。」「在法家政治路線之下，只有兩類人是最受歡迎和優待的：農民和戰士」。（這議論很自然會想起當時大陸政治生活中那個取代了人民的詞——「工農兵」）。[1]在該文的餘論〈「君尊臣卑」下的君權與相權〉一文中，他進而指出：「現代中國的反智政治當然有很大的一部分是來自近代極權主義的世界潮流，並不能盡歸咎於本土的傳統。但是潛存在傳統中的反智根源也絕不容忽視。」[2]這樣

1 余英時：《歷史與思想》，臺灣聯經出版事業公司一九七六年版，第一、二十、二四頁。
2 余英時：《歷史與思想》，臺灣聯經出版事業公司一九七六年版，第四八頁。

的議論足以使人產生這樣的思考：在中國這麼一個歷來有著「崇文」傳統，連普通老百姓也堅信「萬般皆下品，唯有讀書高」的國度，為什麼「反智」的傳統也根深蒂固？在「崇文」與「反智」這水火不容的雙重傳統深處，顯然體現出了中國文化的尖銳矛盾——一方面，打天下常常靠的是武力和陰謀，因此，狂妄的武夫常常看不起甚至羞辱文化人，以至於「秀才遇到兵，有理說不清」的常言不脛而走；另一方面，「崇文」的讀書人常常以為「知書明理」就可以「修身齊家治國平天下」，卻在進入仕途後發現，正氣、才華常常不敵昏君的暴虐、佞臣的無恥，因此知難而退隱，感歎「百無一用是書生」；還有，許多讀書人皓首窮經，卻屢試不第，到頭來發現自己甚至不如沒有上進心的農夫、小販那樣散淡度日，於是自暴自棄，悲歎「科舉誤我」……由此可見，中國社會的專制主義、混亂世事是滋生「反智」思潮的深厚土壤。

現代社會是尊重知識、尊重知識分子的社會。但中國進入現代社會的方式也十分奇特：一邊是皇權崩潰以後，群雄逐鹿，形形色色的軍閥（從北洋軍閥到蔣介石那樣的新軍閥）「亂哄哄你方唱罷我登場」，在相當長的戰亂歲月中，軍人成了歷史舞臺的主角；另一邊是隨著西學東漸而湧現出來的一代優秀知識分子因為傳播現代文明而開創了中國歷史的新紀元，他們學貫中西的氣象和比較優越的生活質量都深刻地影響了後人，以至於到了二十世紀末，政治地位和經濟地位都有了明顯改善的當代知識分子還以十分欽羨的口吻嚮往著那一代先驅者的經濟收入和生活品質。[1] 儘管如此，我們不難發現，在那一代作家筆下，知識分子的形象卻多顯得可憐、猥瑣、無能，從魯迅筆下的《在酒樓上》、《傷逝》、郁達夫的《沉淪》、葉聖陶的《倪煥之》到茅盾的《動搖》、巴金的《家》、《寒夜》、沈從文的《八駿圖》、錢鍾書的《圍城》……多是病態人生。像茅盾的《虹》那樣欣賞知識分子革命熱情的作品，實在太少。平心而論，這些作品真實地反映了相當一部分「小知識分子」（他們的經濟地位和政治影響當然無法與那些大知識分子相比）困窘的生存狀態，也深刻地揭示了知識

1 參見陳明遠：《文化人的經濟生活》，文彙出版社二〇〇五年版。

分子的某些「劣根性」，體現了那一代作家呼喚「改造國民性」的現代意識。但這些知識分子題材的作品也在冥冥中為「反智」思潮提供了新的佐證：即使是現代知識分子，也難免在劇烈變動的社會和生計的擠壓下無所作為。中國的現代化靠知識分子去開拓道路，可許多知識分子脆弱、懦弱，難以承擔起自己應該承擔的重任。於是，事實上，是武裝起來的農民成了中國社會變革的主力軍。

而共產主義運動的倡導者也常常是將共產主義的理念與民粹主義的主張聯繫在一起進行宣傳的。從李大釗關於「要想把現代的新文明，從根底輸到社會裏面，非把知識階級與勞工階級打成一氣不可」的論斷和「青年呵！速向農村去吧！日出而作，日入而息，耕田而食，鑿井而飲」的呼喊，[1] 到毛澤東關於「知識分子如果不和工農群眾相結合，則將一事無成。革命的或不革命的或反革命的知識分子的最後的分界，看其是否願意並且實行和工農民眾相結合」的說法，[2] 都可以證明這一點。雖然毛澤東也知道：「嚴重的問題是教育農民」，[3] 他在社會主義合作化運動中一直想將農民的小農經濟思想改造成為社會主義的新思想（這無疑是五四「改造國民性」思潮的延續和嬗變），但只要是將知識分子與工農放在一起比，他就會說：「拿未曾改造的知識分子和工人農民比較，就覺得知識分子不乾淨了，最乾淨的還是工人農民，儘管他們手是黑的，腳上有牛屎，還是比資產階級和小資產階級知識分子都乾淨。」[4] 在「文革」中，毛澤東思想深入人心，這樣的價值觀念自然也為人信奉。「文革」是知識分子被貶為「臭老九」的時代，是「知識越多越反動」的時代，是「讀書無用論」流行的時代，因此，「文革」也是「反智」思潮空前高漲的時代，是中國的現代化進程不僅停止，甚至大倒退的年代。

1 李大釗：〈青年與農村〉，《李大釗選集》，人民出版社一九五九年版，第一四六、一五〇頁。
2 毛澤東：〈五四運動〉，《毛澤東選集》（一卷本），人民出版社一九六八年版，第五二三頁。
3 毛澤東：〈論人民民主專政〉，《毛澤東選集》（一卷本），人民出版社一九六八年版，第一三六六頁。
4 毛澤東：〈在延安文藝座談會上的講話〉，《毛澤東選集》（一卷本），人民出版社一九六八年版，第八〇八頁。

從「紅衛兵」焚「四舊」書到大、中、小學生一律「停課鬧革命」，從大學一度停辦，許多大學淪為武鬥的堡壘到「工宣隊」、「軍宣隊」入駐學校、「工農兵上大學」，文化、教育的全面倒退駭人聽聞。

二

「文革」結束，經過一段時間的撥亂反正，崇尚知識的風氣重返神州。按說「反智」的思潮應該壽終正寢了吧，其實不然。與「崇尚知識」的風氣並存的，是知識分子的相對貧困化。

一九八〇年，諶容的中篇小說《人到中年》因為在謳歌知識分子敬業和奉獻精神的同時也真切刻畫了中年知識分子的清貧生活而產生了「轟動效應」。

到了一九八七年，蘇曉康、張敏的報告文學《神聖憂思錄》披露了教育的危機，而這危機的重要原因是：「教師的身份跌得太低了」，因為「教師的地位……名曰升，實則降」，「就是中教一、二級的老教師，月薪也不過百十塊，還不抵大賓館裏的服務員。這到底是怎麼個事？」教師的待遇之低，使得師道不再尊嚴。

到了一九八八年，霍達的報告文學《國殤》還在繼續講述了多名高級知識分子英年早逝的悲涼故事——菲薄的收入、貧困的生活、生活的重壓，使得數學家張廣厚這樣的英才也沒能逃脫病魔的打擊。作品中關於張廣厚生活條件的交代在那個年代是很有典型意義的：

> 在京城北郊馬甸的兩間低矮簡陋的小平房裏，張廣厚和他的妻子帶著兩個女兒一起生活了二十多年。這是張廣厚自己動手用磚頭隔成的「兩間」房，這邊放一張雙層木床，住著妻、女，那邊放一張單人木床，一張破舊的兩屜桌，一把木椅，權作他的臥室兼工作室，這些就是他們的全部家當，連同不可或缺的蜂窩煤

爐子和鍋碗瓢盆。每天，他騎著自行車繞過大半個北京到遠在西郊的「科學城」去上班。回到家裏，還要買菜、捅爐子、做飯、哄孩子。……六十九元工資一直延續了十幾年，卻從未間斷奉養雙親。

知識分子的貧困是一九八〇年代最觸目驚心的社會悲劇。那年月裏，「拿手術刀的不如拿剃頭刀的，造導彈的不如賣茶葉蛋的」，「窮得像教授，傻得像博士」，「博士不如狗，碩士滿地走」的風涼話到處流傳。知識分子的貶值已經成為有目共睹的現實。知識分子隊伍中，「出國潮」、「下海熱」此起彼伏，很大程度上也與知識分子的貧困有關。知識分子之間為了評職稱、分房子、爭獎金而反目成仇者，大有人在。在整個一九八〇年代，教師隊伍的流失十分嚴重。

知識分子在長達二十多年的時間裏飽受了政治上受打擊的煎熬以後，又在一九八〇年代到一九九〇年代初期飽受了經濟上被壓抑的折磨。這一切，為「反智」主義的繼續擴散提供了社會基礎。所以，連王朔這樣的「痞子」也以不屑的口吻談論知識分子了——「中國的知識分子可能是現在最找不著自己位置的一群人。……他們已經習慣於受到尊重，現在什麼都沒有了，體面的生活一旦喪失，人也就跟著猥瑣。」王朔成名於一九八〇年代末。他的成功使得調侃正經、玩世不恭的風氣在文學界和社會上迅速流傳開來。在談到自己的成功時，他這麼說：「我的作品的主題……就是『卑賤者最聰明，高貴者最愚蠢。』因為我沒念過什麼大書，走上革命的漫漫道路受夠了知識分子的氣，這口氣難以下嚥。像我這種粗人，頭上始終壓著一座知識分子的大山。他們那無孔不入的優越感，他們控制著全部社會價值系統，以他們的價值觀為標準，使我們這些粗人掙扎起來非常困難。只有給他們打掉了，才有我們的翻身之日。」[1] 王朔的這番自白，非常坦率地道出了中國一部分「反智

[1] 王朔：〈王朔自白〉，《文藝爭鳴》一九九三年第一期。

者」的複雜情感：因為自己不得躋身於知識分子的行列而怨恨知識分子。在這樣的心態中，我們不難感受到「崇文」與「反智」的奇特雜糅。

然而，不應忽略的是，一九八〇年代畢竟是中國的文化事業迅猛發展的年代。從一九八〇年代初的「沙特熱」（此熱潮雖經「清除精神污染」運動批判反而更加流行）到一九八〇年代中的「尼采熱」、「佛洛伊德熱」，還有聲勢浩大、波瀾壯闊的「新啟蒙」運動（這一運動中產生了影響了一代青年學子的重要思想家李澤厚）、「文化熱」，彼此激蕩，蔚為大觀。在貧困的經濟條件下，無數心憂天下的知識分子、莘莘學子熱烈地關心政治，積極參與改革，在撥亂反正和「新啟蒙」中，創造出了至今令人緬懷的文化奇蹟。因為「文革」而蹉跎歲月的一代青年在新時期爆發出了持久的（雖然也難免浮躁）的求知慾望；大學生、研究生一度被稱為「天之驕子」；「沙特熱」、「尼采熱」和「佛洛伊德熱」的此起彼伏為他們提供了強大的思想武器；「李澤厚熱」和「文化熱」又開啟了研究中國問題的新思路；……在短短幾年的時光裏，一批思想解放、胸懷寬廣、知識結構新穎、政治抱負遠大的青年學者脫穎而出。那令人感動的一幕毫不遜色於「五四」那一代有作為的青年。從這個角度看，一九八〇年代又的確是「崇文」風氣迅速高漲的年代。在那個年代，好像沒有「學術腐敗」，也沒有「知識分子邊緣化」的歎息和「學術何為」、「文學何為」的迷惘。

是在現代化進程重新開始的一九九〇年代，才有了世俗化思潮的迅猛高漲的。也是在這樣的時代洪流中，「知識分子邊緣化」的歎息和「學術何為」、「文學何為」的迷惘才成為引人注目的問題的。一九九三年，由上海一批學者發起的「人文精神大討論」，是知識分子反抗絕望的一次漂亮出擊，但它並沒有，也很難從根本上力挽狂瀾。一方面，是熱衷於追趕西方文化新潮的學者們積極引進「後現代」思潮，為世俗化、狂歡化提供理論依據；另一方面，是「王朔熱」在一九八〇年代末和一九九〇年代初的兩度迅速擴散，在文壇上和社會上興起了調侃、「躲避崇高」、玩世不恭的風氣，也在相當程度上促成了許多知識分子心態的巨變——從「新啟蒙」到「自我調侃」；從憂患深重到及時行樂。還有知識分子經濟待遇在一九九〇年代後期的明顯改善也進一步加速了知識分子世俗化的進程。在貧困中憂患、進取的知識分子已經在小康的社會環境中選擇了自己的位置——為教育和文化事業發展中越來越多應接不暇的任務（從爭相入選「二一一工程」[1]到爭相申報「博士點」、「國家級科研基地」，從為了評職稱而著書甚至編書到為了「上檔次」而評「博導」、特聘教授、「兩院」院士，從辦各種各樣旨在「創收」的學位班到在海外辦「孔子學院」……）而疲於應付。在這樣的激烈競爭中，許多知識分子都領教了「體制」的強大，發現了學校和科研結構「衙門化」進程的勢不可擋，也體會到了學術的實用價值，從而看輕了學術。

讓我們再看看事情的另一面。

與「崇尚知識」的口號相伴隨的，是應試教育對於青少年學生的摧殘，還有「混文憑」之風的盛行（從專為幹部「混文憑」而辦的各種「速成班」到市場上買賣「假文憑」的屢禁不絕）。這些陰暗面，催生了青少年的叛逆情緒。於是，「反智」的思潮繼續在擴散。這股思潮因為世俗化浪潮的高漲而更加迅速傳播開來。

在新時期文壇上，「反智」有了一個新的標籤——「反文化」。

一位當年的青年詩人就宣稱：「文化革命……直接為第三代人詩歌運動打下了良好的基礎。」「毛澤東以先哲的目光，意味深長地指出——教育要革命！這一指示的魄力，恰好是為一個將至的新世紀和它的新文化奠定了基礎。」「白卷又有什麼交不得的呢？我們為什麼一定要接受一種固有經驗的檢閱呢？面對世界，我們為什麼必須選擇一種方式呢？」因此，他們重新舉起了毛澤東的旗幟：「革命不是請客吃飯。」他們將當年農民革命和「紅衛兵」造反的粗獷風格融入了自己的詩歌風格中：「第三代人詩歌運動，已經粗暴極了。橫掃一切牛鬼蛇神的戰鬥精神，貫穿到了每一個標點符號裏面。」[2]他們的詩歌散發出「反文化」的氣息——從韓東的

1 教育部關於在二一世紀創建一百所國家級重點大學的規劃。
2 楊黎：〈穿越地獄的列車〉，《作家》一九八九年第七期。

《有關大雁塔》那樣的「反崇高」之作到李亞偉的《中文系》那樣寫盡高等學府世俗圖景的「反文化」之作，廖亦武《雜種》那樣粗俗不堪的作品（「在現代詩壇上廖亦武也許是唯一一個自身生命力強大到可以不讀書、拒絕文化的詩人」，「他依靠原始的生命力進行破壞」）……李亞偉等人將自己的風格定位於「莽漢」，就有鮮明的「反文化」色彩。但，他們畢竟不同於「紅衛兵」那一代人了。「紅衛兵」還高舉著「崇高」的旗幟，為了「捍衛毛主席的革命路線」而衝鋒陷陣，而「莽漢」們已經遠離了崇高，在粗鄙的泥潭裏盡情地狂歡了！[1]

更由於一九九〇年代以後，隨著人口就業壓力的迅猛增強，旨在緩解社會就業壓力而產生的大學「擴招」引發了教育的「大躍進」。而這樣的「大躍進」必然導致的大學生素質的下降和最終無法迴避的大學生就業難也使得大學生不再有「天之驕子」的優越感。

「反智」的浪潮就是這樣在種種社會因素的「合力」作用下漸漸激盪成強大的洪流的。這個時代的「反智」已經不再是愚民時代「知識越多越反動」的喧囂了，而是現代化進程中由於生存競爭的激烈、大眾文化的熱鬧、狂歡之風的盛行的必然結果。從這個意義上可以說，「反智」是與「知識經濟」並存的現代文化思潮。

三

還有什麼比知識分子「反智」更具有諷刺意義的呢？

當代作家中，張承志是不遺餘力的「反智」鬥士。他在自己的小說中痛貶了知識分子的懦弱——在長篇小說《金牧場》中，有一段描寫幾位中國教授在日本時向日本人訴苦的文字，特別寫了一位思想解放、德高望重

1 開愚：〈中國第二詩界〉，《作家》一九八九年第七期。

的周教授在批判了「封建主義遺留的悲劇……官僚主義的『知識性土壤』」以後也會在日本突然地向日本人哭訴，對此，作家不以為然：「一生坎坷並沒有使你變成個有悟性的人。……你們沒一根自由的骨頭」。他曾經在〈聽人讀書〉一文中表示：「我接受了農民的觀點——寧無文化，也不能無伊瑪尼（信仰）。中國回族知識分子和幹部們有一種口頭禪……喜歡廉價地議論回民教育。而廣大回民區的老人們卻多是笑而不答」，就因為他們固執地認為：「書嘛唸上些好是好哩，怕的是唸得不認得主哩。」作家因此相信：「這是中國穆斯林反抗孔孟之道異化的一步絕路。……真的，寧願落伍時代千年百年，也要堅守心中的伊瑪尼（信仰）——難道這不是一條永恆的真理嗎？」[1]這種視信仰高於知識的觀點固然有強烈的現實針對性，卻又顯然與現代文明發展的潮流相違背。在他為哲合忍耶寫的教史《心靈史》中，也有一段這樣的一段文字：「在中國穆斯林中間，特別是在他們的知識分子中間常有一種現象，那就是責任感缺乏，往往樂觀而且言過其實。」[2]他對於知識分子的批判當然不會僅僅限於穆斯林。在〈無援的思想〉一文中，他憤怒抨擊了當代知識分子的崇洋心態：美國正對中國虎視眈眈，「而中國智識階級還在繼續他們吹捧美國的事業，中國電臺的播音詞也操著一股盎格魯·撒克遜的腔調。」「龐大的中國知識分子陣營，為什麼如此軟弱、軟弱得只剩下向西方獻媚一個聲音？」值得注意的是，在同一篇文章中，他呼喚「應當有拼死的知識分子」。[3]他崇敬魯迅，[4]就表明他對知識分子有時也並沒有一概而論。由此可見，張承志的「反智」主要是不滿於知識分子的軟弱（缺乏信仰和崇洋心態都是軟弱的表現）——在這一點上，他倒是與一九八〇年代知識分子深刻的自我反思（從張賢亮的小說《土牢情話》到巴金的散

1 張承志：〈聽人讀書〉，《綠風土》，作家出版社一九九二年版，第二八二頁。
2 張承志：《心靈史》，花城出版社一九九一年版，第一一二頁。
3 張承志：〈無援的思想〉，《花城》一九九四年第一期。
4 張承志：〈致先生書〉，《中國作家》一九九三年第三期。

文〈十年一夢〉有共鳴之處。但他偏激的情緒和民粹主義的立場畢竟在一定程度上偏離了時代的主流思想——從呼喚「科學的春天」到呼喚民主與法制的「新啟蒙」！

再來看看充滿「反文化」野性的藝術。旅美藝術家徐冰以詭譎的「新潮」風格馳名藝壇，他有一個奇特的宣言：「讓知識分子不舒服」。他有意以誰也看不懂的自己設計的作品和行為藝術《天書》、《文化動物》、《鬼打牆》挑戰知識分子的傳統理念。[1]這樣的風格正是一九八五年以後「新潮」美術家、詩人、小說家不約而同競相追逐的——從形形色色創意怪誕的行為藝術到詩歌和小說的溢惡之風（從渲染變態性慾的「下半身」詩歌到追求「原生態」的「新寫實」小說）。對於銳意求新的青年藝術家來說，宣洩慾望、製造驚世駭俗的「轟動效應」成為他們創作的主要衝動。

旅美學者薛湧以「反智的書生」自命，並宣稱自己是中國「反智主義」「最鮮明的倡導者」。[2]他在〈從中國文化的失敗看孔子的價值〉一文裏，竟然聲稱「知識分子代表了中國文化傳統中最醜惡的成分」，認為知識分子「本質上都是韓非理想中的法術之士，自以為掌握著某種國家理性，總想著獲得超越共同體自治的權力、干預老百姓的生活」，魯迅《阿Q正傳》等反思國民性的作品在他看來代表了知識精英「冷血」的「現代中國專制主義意識形態」，是對底層的妖魔化論述。[3]他認為復興中國文化之路不在這些知識分子身上，而在於向保存著中國文化最質樸精神的小共同體裏的「最基層的小民百姓學習」。他痛恨「中國知識分子習慣憑藉自己對知識的壟斷佔據道德高地」，並將自己攻擊的矛頭直指「中國主流知識階層」，尤其是「主流經濟學家」：「他們以為是他們設計的改革，他們像『法術之士』那樣掌握了稀缺的專業知識，能夠為大眾規劃生活」，然而，在他看來，他們的種種設計常常「背叛了市場經濟的基本原則。」他為此而宣揚「反智主義」的基本信

---

1 楊子：〈徐冰：讓知識分子不舒服〉，《南方週末》二〇〇二年一一月二八日。
2 薛湧：〈「反智主義」思潮的崛起〉，《南方週末》二〇〇八年三月一三日。
3 薛湧：〈從中國文化的失敗看孔子的價值〉，《隨筆》二〇〇八年第一期。

念：「最健康的制度，其公共決策是建立在最廣泛的參與之上，而未必是最專業的知識之上。」他呼籲「把我們的市場經濟建立在憲政的框架之中，建立在一人一票的遊戲規則之上。」[1]這樣的「反智主義」在一定程度上反映了人們對主流經濟學家面對錯綜複雜的經濟困境無力應對的不滿。

這樣的「反智主義」遭到了知識分子的反擊。經濟學家吳稼祥就指出：「一，反智主義並不必然導致平民主義，更不必然趨向民主主義，它更可能是獨裁主義的侍婢，說到反智主義，居然想不到秦始皇，並不說明他不懂中國歷史，只說明他眼中沒有中國歷史；第二，中國歷史的主流確實是主智主義，但並非沒有反智主義傳統。值得深思的反而是，主智主義占主導地位時，往往天下治平，反智主義成為主流時，不是天下大亂，就是暴政虐制。」「美國社會可以反智，因為它是一個高度開放，高度教育化的社會，反智第一不會形成固定的官方意識形態，或暴烈的革命意識形態，第二不會妨礙人們受教育。當前的中國，則要警惕反智主義。我們的基礎教育還沒有完全普及，像盲山那樣的遠離現代生活的村莊還在愚昧中掙扎，許多失學兒童還在渴望回到課堂，我們的政治體制還沒有開放到可以隨機吸納各種社會思潮……這種情況下的反智主義，無異於大規模殺傷性武器，會把更多的人滯留在初級勞動水平上，會誘發社會對立，激化社會矛盾，會把個別事件和零散的不滿情緒彙聚為社會群體意識，這對於處於脆弱平衡狀態中的改革社會來說，是抱薪救火，而不是普降甘霖。」[2]平心而論，這樣的反擊是切中肯綮的。

在部分知識分子中興起的「反智主義」思潮無疑具有深刻的文化意義：它既昭示了現代世俗化浪潮和民粹主義思潮對知識分子的衝擊與影響，也在一定程度上進一步暴露了知識分子的劣根性——軟弱，迂腐，虛偽，言過其實，等等。問題在於：「反智主義」的激進姿態除了引發思想的交鋒以外，未必有助於問題的解決。知

1 薛湧：〈「反智主義」思潮的崛起〉，《南方週末》二〇〇八年三月十三日。
2 見二〇〇八年一月二十三《中國青年報》「冰點週刊」。

識分子由於歷史原因形成的劣根性絕非「反智主義」的激烈言論能夠消除。還需要指出的是，「反智主義」的立場其實顯示了當代思想的困境：在缺乏強有力的思想武器去回應現實問題的挑戰的時代，在偏激的議論越來越成為在眾聲喧嘩的年代裏引起人們注意的策略的社會上，這些只好回歸「反智主義」的知識分子除了極盡諷刺、嘲弄之能事以外，別無可行的改良之策。需要指出的是，在當代社會，這樣的困境相當普遍。二十世紀初一度振聾發聵的時代強音「改造國民性」為什麼後來漸漸銷聲匿跡了？除了倡導者（主要是思想家、文學家和政治家）的設計理想主義色彩未免太濃以外，複雜的現實問題常常也制約了改造的可能。到了世紀末，在思想解放、價值觀多元的時代，人們的活法越來越不拘一格，率性而為。尤其對於生活在社會底層的人們，活著已經不易。活著的巨大壓力已經迫使「改造國民性」的理想設計顯得不合適宜。另一方面，那些倡導「改造國民性」的人們未必意識到：許多國民的劣根性其實是人性的弱點。愚昧、專制、「窩裏鬥」……這些劣根性常常也是人類的弱點。而人性的弱點常常也不是那麼容易改造的。如果承認這一現實，那麼，對於知識分子劣根性的改造也就不是那麼容易的了。因為，國民性也好，人性也好，知識分子的劣根性也好，都很難臻於完美。在各種宗教、哲學、文學、社會學、政治學專家絞盡腦汁，設計了汗牛充棟的改革方案以後，人類面臨的難題依然如故。因此，「解構」而不是「建構」漸漸成為時代的主流。

然而，換個角度看問題，「反智主義」的一再流行，也在一定程度上反映了當代知識的困境和當代知識分子的窘境。

說到當代知識的困境，是因為當代知識在爆炸的同時反而不能解決當代人的困惑：無論是主流意識形態，還是形形色色的「新思想」，都不能應對當代人的重重困惑。在思想越來越晦澀、理論越來越蒼白的當代，在思想與文化的裂變與更新已經越來越迅猛的年代，知識和思想已經越來越成為知識分子紙上談兵的煩瑣設計。就像德國哲學家雅斯貝爾斯早就指出過的那樣：「哲學在今日的處境，有下列三項不明確的特徵。第一、我們這個時代造就了大批沒有任何信仰的人。第二、宗教雖然有崇高的教會組織來代表，在面對當前的時代卻似乎喪失了創造力。第三、在這一個世紀中，哲學似乎變得愈來愈像一種純理論與歷史的事業，也因此逐漸喪失它真正的功能。」[1]這一現象反映了知識的蒼白和異化：知識越來越成為「象牙之塔」中的陳列品和知識分子出名、晉升的敲門磚。

而說到當代知識分子的窘境，也有當代學者以「猥瑣」二字概括之：這些人「四體不勤，五穀不分」，他們的著書立說其實常常如同「鬼畫符」，「他們吆喝叫賣自己知識產品的誇張口吻與商人相仿——甚至不顧廉恥。」「許多盛年的知識分子染上了不少江湖氣。」[2]還有一位作家也尖銳地指出：對於許多「精英」而言，「學位論文是他們身份的證明而不代表他們的興趣，滿房藏書是他們必要的背景而從不通向他們的感情衝動。他們好談文化，準確地說只是好談關於文化的知識，更準確地說是好談關於知識的消息，與其說是知識分子，毋寧說更像是一些『知道分子』。」「他們是一些什麼知識都能談的知識留聲機……他們最內在的激情其實只是交際。」[3]這些批判，連同那些生動描繪了當代知識分子蠅營狗苟生活的長篇小說（如張煒的《柏慧》、閻真的《滄浪之水》、張者的《桃李》、閻連科的《風雅頌》等等），都是知識分子世俗化的見證。

問題在於：這樣的批判與嘲諷不應該建立在「反智」的立場上，而應該建立在不斷審視知識的誤區、不斷追問知識分子精神危機的立場上，而這樣的立場不同於「反智主義」的根本點就在於：它沒有從根本上否定知識和知識分子。因為，從根本上否定知識和知識分子是埋藏著蒙昧回潮的危險的。

一方面，是知識在現代傳媒的傳播下迅速普及；另一方面，是知識分子陣營中的「反智主義」與社會上「無知者無畏」、「我是流氓我怕誰」的心態的交彙；一方面，是知識在被人們用作改變自己命運的「敲門磚」（從高考到「混文憑」之風）方面空前異化；另一方面，「反智主義」也因為難以抵擋「知識經濟」、

1 〔德〕雅斯貝爾斯：《當代的精神處境》，三聯書店一九九二年版，第一四〇頁。
2 南帆：〈素描：學院知識分子〉，《天涯》二〇〇二年第四期。
3 韓少功：〈暗示〉，《鍾山》二〇〇二年第五期。

「高等教育普及」的現實而成不了多大的氣候——這，便是世紀之交中國思想的又一奇觀。在空前複雜的社會矛盾呈現膠著狀態，空前多元的價值觀念競相爭鳴、常常難以在對話中獲得共識的當代，許多思想都處於左支右絀、進退唯谷的尷尬境地，也正是多元化時代的突出標誌。換個角度看問題，「反智主義」對於知識異化、知識分子庸俗化的激烈批判又未嘗不是一劑猛藥。它提醒人們注意：在一個「尊重知識，尊重人才」的年代裏，知識和知識分子的異化必然導致人文精神的危機。

原載《華中師範大學學報》二〇一一年第三期

第二輯

三代人的思想分野

代際文化意識的覺醒

每個新的一代都有自己的感情，自己的象徵，這些象徵能感動他們，使他們產生憐恤或自我憐恤。

——〔美〕馬爾康姆·考利：《流放者的歸來》

二十世紀，是代際文化意識空前覺醒的世紀。那麼，代際文化意識的凸現意味著什麼？

從海明威在二〇年代因為《太陽照常升起》一書而成為「迷惘的一代」的代言人到六〇年代以金斯堡、克魯亞克、伯羅斯為代表的「垮掉的一代」成為美國「文化史上的分水嶺」[1]，再到八〇年代「X世代」（「出生於一九六三至一九八一」的人們，他們的文化品格是：「擁抱現實主義」，「最相信的是變化和不穩定」，「與生俱來的脆弱性」，以「對新科技的靈活掌握」去「面對不確定世界」，等等。[2]）的崛起，美國人代際文化意識的自覺顯然體現了美國文化不斷求變的活力。而美國文化人類學家馬格麗特·米德關於「代溝」的理論

1〔美〕Morris Dickstein：《伊甸園之門》，上海外語教育出版社一九八五年版，第八頁。

2〔美〕布魯斯·塔爾根：《第X世代》，內蒙古文化出版社一九九七年版，第十四—十六頁。

則揭示了人類社會矛盾中的一個基本矛盾：老年與青年因為價值觀念的不同而產生的矛盾。這是與階級矛盾頗不相同的一種矛盾。

在中國，儘管早在一九〇〇年，思想家梁啟超就在《少年中國說》中將中國的問題認定為「握國權者皆老朽之人也」，而把中國的希望寄託在「少年中國」的身上。[1]二十世紀的中國現代史似乎應證了梁啟超的預言。一代又一代的青年為救亡而奮鬥，為改天換地而努力。從「五四」那一代人到「一二九」那一代人再到「五七年」那一代人、「知青」那一代人直至「文革」後的「新生代」，一部現代風雲史就是一部青年譜寫的文化史。然而，在一段相當漫長的時間裏，「階級」意識取代了「代際」意識。激烈的階級鬥爭成為那個年代裏的人們簡單理解社會問題的重要背景。一直要到人為的階級鬥爭擴大化隨風而逝，人們才又開始重新認識代際文化對於推動文化發展的重要意義。

於是，關於「代際文化」的議論便成了當代思想史研究的一個重要話題。

二十世紀七〇年代末——八〇年代初：代際文化意識的覺醒

新時期開始於一九七〇年代末。一九七〇年代末其實也是世紀之末了。思想家李澤厚是在重新提及魯迅作為啟蒙思想家的歷史意義時論及百年中國現代史上的七代知識分子的命運的。他在《中國近代思想史論》（一九七九年）中寫道：「辛亥的一代，五四的一代，大革命的一代，『三八式』的一代，……再加上解放的一代（四十年代後期和五十年代）和文化大革命紅衛兵的一代，是迄今中國革命中的六代知識分子。（第七代

[1] 見《飲冰室合集》文集第二冊。

將是一個全新的歷史時期。）每一代都各有其時代所賦予的特點和風貌，教養和精神，優點和局限。」[1]其時在一九七八年。後來，在《中國現代思想史論》一書中，他多次論及六代知識分子的不同文化品格。例如收入書中的〈二十世紀中國文藝一瞥〉一文就成功勾勒出百年來幾代「知識分子心態變異」的發展軌跡。李澤厚因此成為當代代際文化研究的開拓者。而當他將代際文化的研究視野帶入了新時期思想史研究的天地時，他實際上也就在人們普遍厭倦了「階級鬥爭理論」的時代背景下開拓了新的思維路徑。[2]

與李澤厚不謀而合的，是一批新詩人。在那個思想已經解凍的年代裏，渴望自由表達自我的詩人們寫出了以「一代人」的身份發言的動人詩句——顧城寫過一首〈一代人〉（一九七九年），全詩只有兩句：「黑夜給了我黑色的眼睛，／我卻用它尋找光明。」卻極其傳神地表現了一代人的艱苦歷程和堅毅品格。舒婷也寫過一首題為〈獻給我的同代人〉（一九八〇年）的詩，其中有這樣的句子：「唯因不被承認／才格外勇敢真誠」，「為開拓心靈的處女地／走入禁區，也許——／就在那裏犧牲／留下歪歪斜斜的腳印／給後來者／簽署通行證」。在這樣的詩句中，表達了「不被承認」的一代人敢闖禁區的悲壯豪情。今天讀來，依然能使人回想起在思想解放的春潮剛剛開始湧動的年月裏，被「文革」耽誤了的一代人努力發出自己的聲音，創造自己的文化，並常常因此而被指責、被批判、被禁止的那些往事（從民間刊物《今天》的創刊到「朦朧詩」的崛起，從電影文學劇本《在社會的檔案裏》的被批到大學生文學刊物《這一代》的被禁，從小說《晚霞消失的時候》的被批到「星星美展」的聚訟紛紜……這一代人探索的道路坎坎坷坷）。徐敬亞也寫過一首〈一代〉（一九八五

1 見該書，人民出版社一九七九年版，第四七〇頁。

2 需要特別說明的是，新時期的人們普遍厭倦階級鬥爭理論，情有可原。但這並不意味著階級理論本身的錯誤。事實上，中國社會科學院於二〇〇一年十二月十一日正式公佈出版的《當代中國社會階層研究報告》就表明了「階級」的劃分法正在被「五大社會等級」、「十大社會階層」的劃分所取代。而該報告的立足點也是為建立合理的社會階層結構，使各階層通過廣泛妥協和合作來實現共同利益提供一些積極的思考。（見《南方週末》二〇〇一年十二月二十日頭版報導。）

年），其中有這樣的詩句：「我是慈善如火的人／我是無法預測的人」，「以前額注視死亡／從火裏走向水／多麼令人誘惑呀／還沒有來得及死／就誕生了」，「苦難挽留我！／唯有你能夠把我支撐」。在這些詩句的字裏行間，則生動表現了這一代人的自由心態、潑辣品格和苦難意識。想想也是，新時期哪一次思想解放、人性解放、求新求變的浪潮，不是由這批不安分、不隨波逐流的人們掀動！（從百萬知青大返城到圍繞潘曉的信開展的人生意義大討論，從文藝創作的新潮此起彼伏到奔赴深圳建設特區的熱潮……）

還有青年小說家的聲音——張辛欣的中篇小說《我們這個年紀的夢》（一九八二年）是具有很強概括力的篇章：這一代人做過許多的夢，從改天換地的集體夢想到個人的事業之夢、愛情之夢，一個一個都幻滅了。張辛欣代表了「知青」一代人中虛無主義的思潮。（這股思潮在新時期文學的整體格局中顯得相當醒目。）而張承志則在中篇小說《北方的河》（一九八四年）的開篇直抒胸臆：「我相信，會有一個公正而深刻的認識來為我們總結的：那時，我們這一代獨有的奮鬥、思索、烙印和選擇才會顯露其意義。但那時我們也將為自己曾有的幼稚、錯誤和局限而後悔，更會感慨自己無法重新生活。這是一種深刻的悲觀的基礎。」他還在〈美文的沙漠〉（一九八五年）中寫下了這樣的話：「我們這一代年輕（？）作家由於歷史的安排，都有過一段深入而艱辛的底層體驗。由於這一點而造成的我們的人民意識和自由意識，也許是我們建立對自己的文學審美和判斷的重要基礎。」[1]——張承志是「知青」作家中理想主義的代表人物。（這股思潮在新時期文學的格局中則顯得比較勢單力薄。而且，張承志作品中的理想主義明顯帶有先是感傷、後是憤世嫉俗的色彩，因此又與十七年革命文學中樂觀、熱烈的理想主義區別了開來。）

還有那些青年評論家。黃子平就在《沉思的老樹的精靈》一書（一九八六年）的「後記」中寫道：「人們常常無法理解這一代人何以那樣早就產生一種『老橋』意識，那樣清醒地意識到自己的局限。……這一代人，

[1] 見《文學評論》一九八五年第六期。

儘管人們已經使用了這樣多各各不同的形容詞來描述他們：迷惘的、思索的、奮爭的、被耽誤的、崛起的，等等，然而，他們的形象最終將由『歷史的風』來雕刻。……表面的泥垢終將剝落，而露出他們真誠堅毅的面容，連同他們的全部傷痕。」[1]趙園也曾在《艱難的選擇》一書（一九八六年）的〈跋語〉中談到了「我個人，以及我所屬的一代人的認識局限。」但她還發現了這種局限的另一面：「也許只有我自己所屬的這一代人，才能以這樣的眼光看取文學史，以這樣的方式描述文學史的過程。這種眼光和方式不僅出於訓練，而且由於特殊的人生道路。我們只能在不可克服的局限性中思考。」——這裏，關於這一代人的局限性的感慨與前面所引述的張承志的有關議論心心相印。這種局限性意識使他們既與前輩普遍自認為掌握了歷史發展的必然規律的充分自信區別了開來，也與後來的「新生代」因為個性意識的空前強化而普遍自我感覺良好的心態區分了開來。比起前輩學者，他們的文學研究顯然遠離了許多上一輩學者（這裏特指的是那些有延安文藝和蘇聯革命文藝背景的學者）所有的「從革命理論出發、以文學作品去應證革命理論」的路數，也明顯不同於八〇年代後期成長起來的「新生代」學者「從最新的西方理論出發，以西方理論去統攝文學現象」的基本特徵。他們明顯將自己對複雜人生的體驗與思考融入了自己的研究中，將讀作品、做學問與評論時代風雲、質疑權威定律、探索新的人生哲理的思想活動緊密結合在一起。在這一點上，他們與「五四」那一代人很像。

儘管如此，這一代人也常常給人以很難一概而論的感覺。舒婷的悲壯就不同於徐敬亞的狂放。張辛欣的虛無主義也不同於張承志的理想主義。「這一代人」顯然是由形形色色個性的人組合而成。作家王安憶也在談到「知青」時區別了「老三屆」與「六九屆」的不同：「我們不如老三屆。他們在『文革』以前受到的教育已經足以幫助他們樹立自己的理想了……可六九屆沒有理想。」「我們這一代是沒有信仰的一代，但有許多奇奇怪

[1] 見該書，浙江文藝出版社一九八六年版，第二四八——二四九頁。

怪的生活觀念」。[1]然而問題的複雜性還在於：「老三屆」中也有許多虛無主義者。例如趙振開（北島）的中篇小說《波動》（一九七四年）、詩《一切》（一九七七年）就充滿了虛無主義的情緒。《波動》中有這樣的句子：「咱們這代人的夢太苦了，也太久了，總是醒不了，即使醒了，你會發現準有另一場惡夢在等著你。」小說中對知識分子的後代蕭凌、平民子弟白華與幹部子弟楊訊之間因為社會地位的差異而產生的隔閡有十分真切的刻畫，這種刻畫深刻揭示了同齡人中存在的階級矛盾。而《一切》中流露出的「一切都是命運／一切都是煙雲」的歎息不是也觸發了舒婷的異議麼？在題為〈這也是一切〉（一九七七年）的詩中，舒婷寫道：「不，不是一切／都像你說的那樣！」「不是一切呼籲都沒有迴響；／不是一切損失都無法補償；／不是一切深淵都是滅亡；／不是一切滅亡都覆蓋在弱者頭上」。希望與絕望的搏鬥、虛無主義與理想主義的搏鬥，不僅常常在同齡人中展開，而且也常常在每個人的心中進行著。

然而，「這一代人」仍然常常習慣於以集體的面目出現。在這樣的姿態後面，又有這樣的複雜心態呢？——一面張揚個性解放的旗幟，另一面又在個性的聲音中顯示一代人的意志。

不妨將這種個性意識與一代人意識重疊的聲音看作「過渡的一代」的一個顯著標誌。這一代人，一方面在學生時代接受了集體主義、共產主義的教育，另一方面又在無情現實的教訓下發現了生存的不易、競爭的殘酷、自我設計的必要，從而在自學的過程中通過西方思想家、文學家的著作接受了從個人主義（例如路遙的小說《人生》中表現的主題）、社會達爾文主義（例如張辛欣的小說《在同一地平線上》中表現的主題）和存在主義（例如史鐵生在小說《山頂上的傳說》中對卡繆的「西緒福斯精神」的認同）的複雜影響；一方面，他們中的強者通過個人奮鬥或者考上了大學，或者成為了成功的作家、企業家、幹部（應該說，大部分老紅衛兵和

---

1 王安憶、陳思和：〈兩個六九屆初中生的即興對話〉，《上海文學》一九八八年第三期。

「知青」其實都成為時代的犧牲品），另一方面，他們又有革命、下鄉、回城、受騙上當、受苦受難受壓抑的共同經歷，因此，他們就同時兼有了個性意識和「一代人」意識。

換個角度看，這一代人在思想禁錮的堅冰剛剛解凍的年代裏開始了自己的探索，並因此而遭遇了形形色色的壓抑（例如鄧賢在紀實文學《中國知青夢》中披露的知青為了回城而遭遇的重重阻攔、廖亦武主編的《沉淪的聖殿》一書中收入的關於趙一凡和《今天》雜誌經歷過的坎坷道路的回憶文章、訪談錄，以及那些不斷發生的對有爭議的電影劇本、話劇劇本、小說的「封殺」），共同的命運勢必促使他們產生某種認同感。渴望突破陳舊的價值觀念、僵化的思維模式的激情使他們以「一代人」的名義的發言具有了向權威挑戰的更大感召力。事實上，他們在各條戰線的同時出擊也的確顯示了青年文化的某些共同特點：敢於向習俗與權威挑戰，銳意求新、求變。

而在他們為了創造自己的文化卻付出了巨大的代價這一現象的後面，我們不是也可以明顯感覺到經過將近一個世紀的奮鬥，「少年中國」的夢想實際上遠遠沒有變為現實的悲哀麼？

一九八〇年代：兩條「代溝」的形成

在付出了巨大的代價以後，具有自由、開放、務實品格的青年文化終於以不可阻擋的氣勢掀開了新時期文化史的新一頁。僵化的「左傾」勢力雖然還常常能通過「清汙」之類運動顯示自己的權威，但由於在文化上缺乏創造的活力，不能適應開放時代人們日益豐富、日益多變的精神需要，便不能不眼睜睜看著多元化的青年文化發展、壯大起來。於是，關於「代溝」和「對話」的新思維就從八〇年代中期起漸漸流行了開來。承認「代溝」的存在，實際上就意味著承認青年文化的崛起。

「代溝」一詞在一九六〇年代出現於西方的文化生活中，意味深長。一九七〇年，美國文化人類學家瑪格麗特・米德出版了《文化與義務》一書（該書中譯本名為《代溝》，一九八八年由光明日報出版社出版）。在那本書中，米德指出：存在著一條「世界性的代溝」。她將一九四五年第一次原子彈的爆炸看作從根本上改變了世界、改變了人們的價值觀念的重大事件。六〇年代崛起的青年文化使世界開始明白：「在兩個十年中（一九四〇年至一九六〇年），世事風雲已無可挽回地改變了人與人之間和人與自然之間的關係。……代與代之間的激烈的、不可逆轉的分裂」已經成為「全球性的、帶有普遍性的」現象。在這樣的世界中，企圖「建立某種能夠垂之久遠的理想生活方式的途徑就是作排外主義者、革命者的追隨者，或依靠那種試圖建立封閉社會的烏托邦式的狂熱」。而現代世界的一個特點正在於：「承認各代之間的斷裂」，同時努力「找到一種互相溝通的方法。」[1]她的這一思想，在一九八〇年代中國的思想文化界產生了久遠的回聲。只是，在很多情況下，有深刻隔閡的兩代人已經很難找到溝通的渠道。他們之間的對話常常是在各說各話、彼此都說服不了對方的情境下匆匆展開又草草結束。

例如《中國青年報》一九八六年九月二十五日和十月八日上的兩篇報告——在〈怎樣看待這一代青年知識分子，且聽中老年知識分子如何評說〉的報導中，十一位大型企業的負責人對「小字輩」的評頭論足，「在整體上他們感到失望」，因為「小字輩」「政治上缺乏遠大理想」，「業務上急功近利，輕視實踐，懼怕艱苦」，「為事業獻身的奮鬥精神日趨萎縮」，「在個人發展上以『我』的得失為前提，社會責任感淡薄」。而在〈當代知識分子素質究竟如何，一批青年坦露襟懷直陳心曲〉的報導中，「小字輩」為自己作出了這樣的辯護：「很多企業中的青年知識分子沒有用武之地，他們為事業獻身的精神不是萎縮，而是向各個不同方向發展。」「當代青年知識分子富有政治理想，大多數都要求進步，只不過表現形式與過去不同，希望各界領導

[1] 見《代溝》一書（中譯本），光明日報出版社一九八八年版，第九六、六四、六六、六三、八四各頁。

多具慧眼。」他們的問題是：「個人努力、個人前途和企業命運難以聯繫，怎麼能激發青年人的獻身精神？」「考研究生熱、學外語熱、人才流動都是好事，為什麼常常受到責難？」此後，《中國青年報》組織了《兩代知識分子對話錄》。從編發的一系列稿件來看，編輯部是有意讓老一輩瞭解新一代的新觀念、新思維的。在張作義〈和老師們談談心〉一文中，出現了這樣的質疑：「和三、四十年代的知識分子相比，五、六十年代的知識分子的色彩單調了些」。[1]這樣的思考表現了新一代對知識分子命運的反思。他們欣賞的，是三、四十年代的知識分子的多彩風貌；他們不滿的，是五、六十年代的知識分子的單色調。曾廣達也在〈社會的進步與歷史的反思〉一文中指出了老一輩知識分子的「三項基本弱點，即盲信『真理』，屈從權力和知識面窄」。[2]在這裏，已經出現了當代知識分子「審父」的聲音（這一聲音一直到了一九九〇年代，還在「顧准熱」、「陳寅恪熱」中迴響）。而在陳新人、侯建剛〈發展自我是一種社會進步〉一文中，則揭示了「發展自我」的理念流行的深刻時代背景：「『文革』……青年一代忘記自我、獻身社會的崇高情感不是蛻變為現代宗教神龕前的祭品嗎？經過這場劫難，青年一代當然會對我們這個民族長期將個人價值淹沒於社會價值中的虛無主義產生出強烈的歷史性反叛。……他們既追求社會價值的自我化，同時也不放棄自我價值的社會化。」[3]這樣的分析是切中了問題的要害的。當代中國人一切價值觀念的顛倒與翻新，都是建立在對「文革」的深刻反思上的。如果說，對於西方人，第二次世界大戰是價值觀念巨變的分水嶺，那麼，對於當代中國人，價值觀念巨變的分水嶺無疑是「文革」。當代中國人的自由理念，來自於對「文革」專制主義的極度憎惡；當代中國人的務實觀念，來自於飽嚐了「文革」狂熱的「革命浪漫主義」的恐怖記憶；當代中國人的虛無主義思潮，也深深植根於「文革」帶來的大幻滅中。一切，都是歷史造就的。另一方面，楊東平在〈我看青年知識分子的弱點〉一文中也指出了「陳腐

1 見《中國青年報》一九八六年十月九日。
2 《中國青年報》一九八六年十月一日。
3 《中國青年報》一九八六年十月十四日。

的傳統教育思想和價值觀念」在青年知識分子中的影響——從「重道輕藝」、「六十分萬歲」中體現出的「以『混』為特點的『制度文化』的侵蝕」到「很不通曉『人情練達』這門學問」[1]的缺陷。應該說，這樣的批評也是中肯的。它開啟了青年自我反思（亦可稱作「自審」）的思路，指向理想的人生境界。

接著，是一九八八年的「蛇口風波」。當年，思想政治工作的先進人物李燕傑（在八〇年代初一度以「青年的導師」聞名一時）、曲嘯（在一九八〇年代初一度以「牧馬人」的事蹟報告聞名一時）和彭清一在深圳蛇口的報告會上滿腔熱忱地鼓勵開發特區的青年的創業浪潮，努力賦予他們的奮鬥以崇高的意義，試圖將深圳青年與「淘金者」區別開來，卻沒有想到引起一片質疑聲：「淘金者有什麼不好？……創業和享受這二者是不能分開的」；「僵化地劃分姓『社』還是姓『資』，不利於改革的深入發展」。[2]這次思想交鋒的結果是可想而知的。在特區那個青年人占了多數的地方，「小字輩」是以挑戰的姿態（而不是希望老一輩理解的態度）去回答善意的說教的。

這，便是新時期出現的第一條「代溝」：在思想正統的老一輩與思想解放的新一代之間的隔閡與難以溝通。

當然，在大變動的年代裏，也有思想開放的老一輩知識分子迅速完成了跨越「代溝」的行動。例如文學評論家謝冕、孫紹振就是最早為「朦朧詩」和「新的美學原則」叫好的中年知識分子。而中年作家王蒙也是早在一九七九年就開始了「現代派」風格的寫作（《夜的眼》），從而成為最早的「新潮文學」的弄潮兒之一。這樣的事例表明：「代溝」的存在實際上主要是不同價值觀念的衝突。而對於那些思想通達的人們，是並不存在與青年隔閡的「代溝」的。

另一方面，就在第一條「代溝」還在擴大的同時，第二條「代溝」也隨著更年輕的一代人的嶄露頭角開始出現。這，便是在思想解放的兩代人之間發生的不同價值觀念的交鋒。

1 《中國青年報》一九八六年十月一日。
2 參見馬立誠：〈「蛇口風波」始末〉，《文彙月刊》一九八九年第三期。

例如「新生代」詩人在一九八〇年代中期發出的「別了，舒婷、北島」的聲音。程蔚東就這麼劃清了後起的詩人與「朦朧詩人」的區別：「你們發出的聲音是奇特而勇敢的，也許在沙龍裏有你們的市場，或者在不諳市面的學生中能夠再朦朧下去，一進入了現實生活，我們便發現你們太美麗了，太純潔了，太浪漫了，……別了，舒婷、北島，我們要從朦朧走向現實。」「我們不僅想告別你們的詩意識，而且想告別你們的詩形式。你們這個意象，那個具象，這個象徵，那個浪漫，是不是寫得太累了？你們月亮呀，船呀，溪呀，窗口呀，花呀，雪呀，風呀，淚呀，是不是寫得太玄了？……我們不追求刻意，……文學總是在老百姓中活著，我們寧願做平民詩人，也不要成為貴族作家。」[1]在這樣的表白中，顯示出「第三代詩人」的世俗化傾向。而楊黎則在〈穿越地獄的列車〉（寫於一九八六年，發表於一九八九年）一文中進一步宣告：「第三代詩人」最突出的特點，就是「反對權威」，其基本風格則是「粗暴」。他將「第三代詩人」出現的時間上限劃在一九八三年問世的韓東的詩《有關大雁塔》，認為「八十年代開始，韓東就以對英雄的懷疑和嘲弄，繼承了文化革命的精神（而不是陰謀），開啟了第三代人詩歌運動的先河。活著就是活著，死去就是死去，無論怎樣爬上高高的大雁塔，依然改變不了自身的價值、命運和夢想。……它的價值，就是使所有英雄的詩篇失去光彩。」「否定英雄其實就是否定一種生活方式。第三代人是誠實的……他們只是覺得，在這個世界上，除了說幾句俏皮話外，就沒什麼有意義的事情了。坦率點說，他們是一群無賴。他們活著，自以為無聊，裝出一副不願受任約束的樣子來。」楊黎用「從否定英雄到否定自我」這句話概括了「第三代詩人」的精神旅程。[2]在這樣的描述中，表達了「新生代」詩人嘲弄一切的虛無主義傾向。

1 原文載《文匯報》一九八七年一月十四日，《文摘報》一九八七年一月二十九日轉載。
2 見《作家》一九八九年第七期。

這裏，需要特別指出的是，「第三代詩人」中的佼佼者的確寫出了具有世俗化特色的「大白話」詩。韓東的《有關大雁塔》、于堅的《尚義街六號》（一九八四年）、李亞偉的《中文系》（一九八四年）都具有獨特的人生韻味和藝術特色。其中，有對於平庸人生的悲涼歎息（如《有關大雁塔》），有對平凡往事的妙趣橫生的追憶（如《尚義街六號》），也有對大學生活另一面的生動刻畫（如《中文系》）。然而，粗鄙化的風氣仍然在很大程度上敗壞了詩歌的聲譽。在一九八六年十月由《深圳青年報》和安徽《詩歌報》共同推出的「現代詩群體大展」中，許多充滿焦躁情緒、粗鄙語言、毫無藝術感的「詩歌」及其作者空洞無物、故弄玄虛的「宣言」就成為粗鄙風氣的證明。另一方面，當徐敬亞這樣的「朦朧詩人」也認同了「第三代詩人」的世俗化傾向，並且成為「現代詩群體大展」的代言人時，我們不是再次看到了另一種跨越「代溝」的努力嗎？在〈歷史將收割一切〉一文中，徐敬亞寫道：「崇高和莊嚴必須用非崇高和非莊嚴來否定——『反英雄』和『反意象』就成為後崛起詩群的兩大標誌。」「大動亂後，中國人的真實生存、日常瑣事、雞毛蒜皮、七情六欲四處流淌了」，「貴族和英雄氣漸次消退，代替它的是冷態的生命體驗。」[1]在那次「現代詩群體大展」中，他發表了又一首〈一代〉，其中寫道：「我註定永恆失敗／註定以後退的方式步步前行／……用前額親吻牆壁／從熱火之中走向燃燒之水／殘酷一次／狂妄一次／……在中彈之前我已經倒下」，這首〈一代〉與他一九八五年發表的那一首〈一代〉相比，果然已經有了不小的變化：沒有了「慈善如火」、「以前額注視死亡」、「苦難挽留我」之類英雄主義的感人話語，而突出了「失敗」的主題。

一直到一九九〇年代末，以朱文、韓東等人發起的《關於「斷裂」的部分答卷》也以偏激的姿態表示了與前輩傳統（甚至包括魯迅的傳統）的決裂。在那份主要由六、七十年代作家參與的活動中，韓東自道

---

1 見徐敬亞、孟浪、曹長青、呂貴品編：《中國現代主義詩群大觀（一九八六——一九八八）》，同濟大學出版社一九八八年版，第一、二頁。

「五十、六十、七十、八十年代登上文壇的作家沒有一個人與我的寫作有繼承關係。他們的書我完全不看。」並說「魯迅是一塊老石頭。他的權威在思想文化界是頂級的，不證自明的。即便是耶和華人們也能說三道四，但對魯迅卻不能夠。因此他的反動性也不證自明。對於今天的寫作而言魯迅也確無教育意義。」朱文也說，「讓魯迅到一邊歇一歇吧。」[1]這種在文化傳統上的虛無主義態度雖然在文壇上引起了一陣議論，但是除了顯示他們的偏激與狂妄以外，不可能動搖已經形成的新文學傳統。（需要特別提到的，是並非全部的參與者都表現出偏激的姿態。例如述平就自道「北島那一代詩人曾經深深地影響過我。」刁斗也表白自己受到過馬原的影響。邱華棟坦言「魯迅一代、王蒙一代、張承志莫言蘇童一代對我有歷時性的影響。」在這些自白中，我們可以看到「新生代」中承認自己與前輩之間的精神聯繫的人為數不少。這是「代溝」割裂不斷的精神橋樑。）

應該指出的是，「新生代」並不總是以粗鄙的姿態出現的。例如在老愚、馬朝陽編選的「當代中國大陸學院詩選（一九七九至一九八八）」《再見，二十世紀》中，就比較集中地表現了「新生代」偏離世俗化的傾向。在該書的「序言」中，老愚寫道：「學院詩表達了我們對生命中不可企及的事物的真摯態度，因此，清新、自然、純淨、唯美便賦予它以常讀常新的魅力。」「人在夢境裏才更接近自己。」「藝術只與從事藝術創造的個人品質相聯繫。……藝術是我們在精神中可能的樣子，而不是我們表達現實的深廣度的結果。」[2]在這本詩集中，就收入了韓東風格凝重的《無題——獻給張志新》（一九八〇年）和清新、唯美的《女孩子》（一九八〇年）。這些作品與《有關大雁塔》一起，顯示了韓東詩歌創作的多面性。又如在高曉岩、張力奮的《世紀末的流浪》（一九八九年）這本「中國大學生自白」中，也充滿了「自然、純真、健康、瀟灑、深沉、博大、迷狂、柔情、理性」的活力，表達了「二十一世紀人」希望「從我們的生命歷程中生長起來的健全的理

1 見《文論報》一九九八年十月一日。
2 見該書，北方文藝出版社一九九一年版，第一——二頁。

智」的追求，[1]卻偏偏沒有粗鄙的氣息。在老愚選編的「最新中國校園散文選萃」《親愛的狐狸》（一九九二年）和「最新中國校園隨筆選萃」《膜拜的年齡》（一九九二年）中，也顯示了「最純潔也最騷動的靈魂的顫慄」、「最高貴的詩意」、「最精彩最親切的表述」、「最優美的天籟」，[2]也沒有粗鄙的位置。

而在張永傑、程遠忠的理論著作《第四代人》（一九八八年）這本描述出生於一九五〇年代末到整個一九六〇年代的人們文化品格的書中，也顯示了「新生代」客觀、中肯地分析自我的態度。在他們眼中，「第四代人」價值體系的核心是「自我設計、自我實現、自我負責」，因此，他們是「『自我崇拜』的一代」。不過，在這裏，「『自我』並不是指『個人』」，而是「指被『我』所意識到的和現實生活中表現出來的獨立的主體」。所以，「他們成了我們這個社會中的獨特的一群：沒有切實的社會責任，然而使命感很強；超越於社會發展和自身實踐能力，但無疑確實在某種程度上集中體現著和導引著我們這個社會的發展方向，至少引導著社會在可能的發展方向上的想像。」另一方面，他們「心理上的依賴性強，獨立性差；養尊處優，很難吃苦；集體意識不強，利己主義嚴重」，而這些問題的產生，應該歸咎於「封建思想」的影響。[3]在這樣的分析中，實際上也蘊涵了「自審」的主題。

上述事實足以證明：「新生代」的文化品格也呈現出多元、多變的格局。有的人喜歡粗鄙，有的人喜歡唯美；有的人狂放不羈，有的人理性清明；有的人以驚世駭俗為能事，有的人以平常心處世，生活因此而豐富多彩，文化因此而不拘一格。但值得注意的是，在一九八〇年代末「王朔熱」風靡全國、一九九〇年代初「《廢都》熱」轟動一時以後，粗鄙的浪潮迅速高漲。在一九九〇年代的「行為藝術」中，在一九九〇年代的「美女作家」中，粗鄙之風呈現出越來越強勁的勢頭。「粗鄙」這一元的格外醒目是世紀末中國文化中最值得研究的

1 見該書，工人出版社一九八九年版，第二頁。
2 見西馬：《九〇年代校園文化新潮叢書總序》，北京師範大學出版社一九九二年版，第二、五頁。
3 見該書，東方出版社一九八八年版，第二六五、二二九、二〇五——二〇六、一二八、一二六各頁。

現象：那審醜謚惡、玩世不恭之風的空前盛行說明了什麼？難道整個一九八〇年代幾代人為人道主義的回歸、為人文精神的重建而作出的全部努力只是為了讓粗鄙地自由宣洩的風氣敗壞當代人的精神生活嗎？

面對「新生代」文化思潮中的這股粗鄙之風，前輩們產生了截然不同的反應。有的表示理解（例如王蒙在〈躲避崇高〉（一九九三年）一文中對王朔的理解；出生於一九五〇年代的評論家吳亮也在研究「新生代」的文學創作時這麼描述了「他們和我們之間」的區別所在，「這就是當下日常生活中正在盛行的輕的美學：無根、冒險、什麼都要、圖像、節日氣氛、情調至上、有用、好奇以及隨時可以到來的厭倦。」他對此持理解的態度：「他們正在填補上一代寫作者精神逃亡後留下的臨時真空。……新一代的寫作者對未來抱有膚淺的樂觀和同樣膚淺的悲觀，但他們不會像我們這樣沉重，並且在沉重之後還要勉為其難地表演。」[1]），有的則表示憂慮（例如一九九〇年代中由王曉明、陳思和等人發起的「人文精神大討論」就是針對王朔作品中體現出的「調侃一切」而做出的立足於知識分子立場的批判）。由此可見粗鄙之風也產生了廣泛的影響，具有十分複雜的文化意義。至少，它已經成為當代中國的世紀末情緒的集中體現。

「粗鄙」，正在成為「新生代」（無論是「一九六〇年代出生的作家」還是「一九七〇年代出生的作家」）的一個重要標誌。無論是電影《北京雜種》（一九九三年）中對「一個充滿著髒話、胡同、垃圾桶、搖滾樂、性愛、工作、掙錢、酗酒、打架、討帳並且一切活動都缺乏某種中心和明確目標的現場」[2]的反映，還是「搖滾樂中的後崔健群以一種嘲弄和無所謂的情緒替代了崔健的濃厚參與意識和政治情緒」[3]，也不管是「美女作家」披露個人性愛生活隱私的驚世駭俗小說《上海寶貝》（一九九九年）、《糖》（二〇〇〇年），還是

1 〈這一代的生活和寫作〉，《小說界》一九九七年第二期。
2 于堅：〈影壇殺出一匹黑色馬——張元〉，《滇池雜誌》新版試刊號（一九九三年九月出版）。
3 栗憲庭：〈當前中國藝術的「無聊感」——析玩世現實主義潮流〉，香港《二十一世紀》一九九二年第九期。

《下半身》詩刊（二〇〇〇年問世）「為性而性」、「為色情而色情」的風格，[1]或是「行為藝術」展示性、手淫的表演（例如馬六明的《芬・馬六明說》，一九九三年）[2]，都共同烘托了粗鄙的氣氛。這種氣氛在顯示著「新生代」叛逆與狂歡心態的同時，也對「五四」以來追求健康人性的人文傳統構成了有力的衝擊。雖然「新生代」中也有作家、藝術家成功地接續了人文精神的傳統（例如張廣天等人對「人民戲劇」的追求[3]），但其影響似乎不似粗鄙之風那麼強大。這不能不說是耐人尋味的。

「代溝」的意義：「審父」與「自審」意識的增強

「代溝」問題的提出，豐富了我們對於社會與文化的理解。隨著社會的加速發展，一茬又一茬新人不斷成長起來。由於大家都渴望創造自己的文化，因此，許多與「代溝」相關的概念也相繼湧現——例如「新人類」、「新新人類」、「e時代」……等等。甚至，連大學生中也有了「級溝」的說法[4]；甚至，在當代作家的筆下，還有了描寫兄弟（同一代人）之間的隔閡的作品——例如畢飛宇的中篇小說《哥倆好》（一九九七年）中關於圖北的心理刻畫：「圖北不情願步大哥的後塵，他要從頭開始。只有從頭開始他才可能成為另一個大哥」。而他的大哥圖南則這麼感歎圖北：「你們這一代，廢了，指望不上了。」「這一代人真他媽走得快，他

1 馬策：〈詩歌之死〉，《芙蓉》二〇〇一年第二期。
2 參見吳文光：〈藝術家現場：馬六明〉，《芙蓉》二〇〇〇年第五期。
3 見張廣天：〈行走與歌唱〉，《天涯》二〇〇〇年第五期。
4 見高曉岩、張力奮：《世紀末的流浪》第二三頁。

們只用了幾個月就把老子的一生走完了。」……透過這些五花八門的命名、這些對人與人之間的隔膜越來越精細的感覺，我們不難感受到時代飛速發展、生活日新月異的呼嘯聲。

也有人不同意「代」的說法。例如青年電影編劇唐大年就認為：關於電影界「第五代」的提法是合適的，因為他們經歷相似，「他們面對的現實和傳統是比較接近的」。但「第六代」則不同。他們面對的是一個多彩的世界，他們的選擇和思想也都是多元化的。[1]這樣的說法當然也言之成理。但可以肯定的是，無論後來的人們個性意識多麼突出，每一代人都會創造出與前人有所不同的文化，每一代人創造的文化都會或多或少有某些為時代風氣所決定的代際文化品格。因此，關於「代溝」的話題是可以常說常新的。這裏，關鍵也許在於通過對「代溝」的研究，尋找、發現代際文化之間那些永恆的人生主題：人們如何在努力超越一種傳統文化的同時又於冥冥中承襲了另一種傳統？人們怎樣在超越傳統的同時努力超越著自我（個性的、乃至同時代人的局限性）？

先看看「反傳統」中的兩種因襲。一種，是出生於一九五〇年代的「尋根派」對於正統文化的批判和對於民間「非規範」文化的繼承。例如韓少功關於「規範文化……依靠對不規範文化的東西進行批判地吸收來獲得營養，獲得更新再生的契機」的議論，[2]李杭育關於「我們民族文化之精華，更多地保留在中原文化之外。規範的、傳統的『根』，大都枯死了。……規範之外的，才是我們需要的『根』」的言論，[3]莫言關於「只有和下層人民保持廣泛的、深厚的聯繫，深感他們的痛苦，作品才有力度」的經驗之談，[4]都表明了他們的民間立場。（值得注意的是，出生於一九六〇年代的作家中，也有人是從「反文化」的角度理解民間的，例如青年評論家葛紅兵就說過：「我寧可和那些毫無知識的人交往：他們的腦子裏……沒有聖人的條條

---

1 見周慧：〈激情浮動——第六代影人群像〉，《鍾山》一九九四年第一期。
2 〈文學的根〉，《作家》一九八五年第四期。
3 〈理一理我們的「根」〉，《作家》一九八五年第九期。
4 見〈幾位青年軍人的文學思考〉，《文學評論》一九八六年第二期。

框框，因而他們的行事依靠自己的本能。他們的身體保留著鮮靈靈的活力，他們用自己的身體來思考這個世界，在這個世界中用他們身體的行動證明自己，實現和這個世界的有血有肉的物質的聯繫。他們沒有知識，可是擁有比知識更為寶貴的本能……」[1]這樣的民間立場與「尋根派」的民間立場有所不同——前者強調「本能」、「反知識」、「反文化」的意義，後者則更看重「精神品格」和「苦難記憶」。）還有一種，是「新生代」「反文化」立場對「文革」傳統的認同。例如「非非主義」詩人楊黎就將「第三代人詩歌運動」的精神之源上溯到了「文革」「橫掃一切牛鬼蛇神的戰鬥精神」、「教育要革命」的粗暴傳統中，他寫道：「文化革命……直接為第三代人詩歌運動打下了良好的基礎。」[2]他崇拜毛澤東[3]，這一事實足以表明：「反傳統」本身也是一種傳統。而韓東關於「我們關心的是詩歌本身，是詩歌成其為詩歌，是這種由語言和語言的運動所產生美感的生命形式」[4]的主張其實也是西方現代主義文學傳統和中國新文學運動中現代主義傳統的回聲。由此可見，傳統與當代人的聯繫是十分複雜的。任何一種新的文化主張，都是複雜的傳統中的某一支脈在新時代的延伸與發展。

再來看看超越傳統與自我超越的主題。這一主題也主要表現在兩個方面：一是「審父」意識。一九八五年，王蒙發表了長篇小說《活動變人形》。劉心武在讀過這部批判知識分子劣根性的作品後指出：「今天有越來越多的作家開始用審視的目光注視著父輩。」「超越出孝順與忤逆，尊敬與褻瀆，那是一種更高層次的情感和思考，那是一種審父意識。」「父輩啊！你們走過怎樣的路，你們的心靈不管怎樣掙扎也畢竟不能清白，

1 〈身體管理學〉，《花城》二〇〇〇年第一期。

2 〈穿越地獄的列車〉，《作家》一九八七年第七期。

3 開愚在〈中國第二詩界〉一文中披露了楊黎崇拜毛澤東的內幕。楊黎的詩〈對話〉以毛澤東關於「凡是敵人反對的，我們就要擁護；凡是敵人擁護的，我們就要反對」的論述作為題敘，也十分特別。

4 見「他們文學社」的〈藝術自釋〉，徐敬亞等編《中國現代主義詩群大觀（一九八六——一九八八）》，第五十二頁。

你們有那麼多不好意思說出來不好意思承認的隱秘的卑微、卑鄙、卑瑣，你們是多麼艱難，多麼痛苦，多麼不幸！」「審父意識也即是人類的自省意識。這是一種悲壯的自省。人類時刻意識到自身的惡，自身的醜，自身的不完善，自身的卑鄙與齷齪，人類便有希望處於最善最美最新最潔的境界中。」[1]從那以後，方方的紀實體小說《祖父在父親心中》（一九九〇年）、王安憶的小說《叔叔的故事》（一九九〇年）、王蒙的小說《躊躇的季節》（一九九七年）都一再觸及這一沉重的主題。這裏，需要特別強調的是，「審父」不同於「罵父」、「弒父」。《活動變人形》等作品都既揭示了父輩的可憐與可悲，也將對父輩的審視與對黑暗社會現實的批判緊密相聯。在這樣的審視中，就體現出作家對人性與命運的深刻理解，體現出與人為善的良知。這裏，需要特別強調指出的是，當代作家對那些思想自由、人格獨立的前輩是保持了崇敬之情的。新時期思想文化界幾度高漲的「魯迅熱」，九〇年代的「錢鍾書熱」、「陳寅恪熱」、「顧准熱」都曾經喚起過當代文化人對知識分子的良知與使命感的歷史記憶。學者朱學勤甚至在〈愧對顧准〉（一九九六年）一文中寫下了這樣的話：「八十年代養成的一代新人，今天已經學會以點數海外新學理新概念為能事。但是，無論就知識規模的全幅氣象，還是見識兼膽識的銳利目光，乃至為走出蔽障承當了那樣深重的犧牲，我們當中又有誰敢於說——『我超越了顧准』？」[2]在這樣的思考中，「自審」意識已經凸現了出來。對思想解放先驅者的敬仰必然導致對當代人思想與知識缺陷的深刻反思與追問。二是「自審」意識。當代人在七〇年代末就已經開始了對自身問題的深刻反思。詩人雷抒雁就對照張志新烈士的事蹟檢討自己在「文革」中的問題：「我慚愧我自己」——「專制下，嚇破過膽子，／風暴裏，迷失過方向！」（《小草在歌唱》，一九七九年。）小說家張賢亮也在一九八一年發表的小說《土牢情話》中深刻解剖了一個「安於自己卑微的地位，甘於逆來順受，甘於放棄自己的獨立思考」

---

1 〈地球村……審父・自剖〉，《當代》一九八六年第四期。
2 見《東方》一九九六年第二期。

的知識分子的靈魂，觸及了知識分子深刻自省的思想主題。同時，巴金老人也在〈十年一夢〉（一九八一年）一文中深刻反省自己的悲劇：「我明明做了十年的奴隸！」「我完全用別人的腦子思考」，「沒有自己的思想，不用自己的腦子思考，別人舉手我也舉手，別人講什麼我也講什麼，而且做得高高興興，——這不是『奴在心者』嗎？」他還在《探索集・後記》（一九八一年）中進一步自省：「不能把一切都推在『四人幫』身上，我自己承認過『四人幫』的權威，低頭屈膝，甘心任他們宰割，難道我就沒有責任！難道別的許多人就沒有責任！」[1]他的這一番痛切陳詞將「自審」的主題深化為「『文革』與一代人的責任」的思考，可謂真切之至、痛切之至。他的《隨想錄》因此而在思想界激起了強烈的回應。劉再復就在〈論新時期文學主潮〉（一九八六年）的講話中高度評價了巴金老人的「自審性反思」，並呼喚「與民族共懺悔的懺悔意識和自審意識」的高揚。[2]與此同時，作家趙玄也在長篇小說《紅月亮》（一九八六年）中深刻表現了一個當年的紅衛兵對於「文革」中「本該由我們擔負的罪責」的「痛悔」：一方面，「這個世界的人幾乎都是我的債主」！另一方面，「全體中國人——每個人都是這場悲劇中的角色，也都是導演。我們自己捉弄自己，自己毀滅自己……要責怪，只能怪自己，因為，首先，我們自己沒有當好自己的領袖。」在這樣的反省中，有著與巴金、劉再復的思考不謀而合的深刻思想。當代人也有當代人的過失。當代人也有當代人的歷史局限性。從這個意義上說，「自審」是通向靈魂昇華的重要思想之路。它與嚴肅的「審父」意識一道，證明著當代人思想建設達到的高度。

「審父」與「自審」，都訴諸嚴肅的理性和真誠的責任感。因此，「審父」是不同於偏激的「罵父」、「弒父」，「自審」也是不同於矯情的妄自菲薄的。

1 見《隨想錄》，三聯書店一九八七年版，第三七七—三八〇、三二三頁。
2 見《文匯報》一九八六年九月十日。

在一個充滿了喧嘩與騷動的年代裏，在人們的感覺普遍顯得浮躁的社會裏，「審父」與「自審」似乎遠遠不如「罵父」、「自大」那麼具有「轟動效應」。也正因為如此，「審父」與「自審」的素質才顯得更加難能可貴。它們應該成為當代人文精神建設的一個重要基點。

「五七族」的命運

人類在本性上，也正是一個政治動物。

——亞里斯多德《政治學》

我們所感覺興趣的「政治」，只是眾人之事——國家的進步和民生的改善，而非一己的權勢。同時，我們對於政治感興趣的方式，只是公開的陳述和公開的批評，而非權謀式煽動。

——儲安平《觀察・卷首語》

一九五七年，中國有一大批文化人被「陽謀」誘入了「右派」的陷阱。這批人中，既有儲安平、費孝通、陳企霞、蕭乾這樣的自由主義知識分子傳人，更有王蒙、白樺、公劉、李國文、劉紹棠、陸文夫、鄧友梅、叢維熙、高曉聲、流沙河……這樣的社會主義文學青年。這樣，當代思想史上便有了「五七族」這麼一個專有名詞，它不僅永遠銘刻在那一代人的記憶中，像一道永難癒合的傷痕，更註定要以某種特有的文化品格在當代思想史、文化史的演進中發揮影響深遠的作用，像一座紀念碑。

因為有了他們，一九五〇年代才有過那麼一小段思想活躍、文化繁榮的時光（當時「鳴放」中的許多觀點都經受住了時間的磨洗，在一九七〇年代末的思想解放運動中再放光芒，基於這種認識，我覺得：一九五七年的「鳴放」是一九七九年「思想解放運動」的一次預演），因為有了他們，良知、熱血、天真、理性才再一次與屈辱、苦難、犧牲、叛逆緊緊聯繫在了一起；也還是因為有了他們獨特的文化品格與人生軌跡，才使我們從一個獨特的角度洞悉了當代思想史風雲變幻的壯觀氣象、人心玄奧難測的奇詭風景……

政治情結

「五七族」最突出的一個文化品格是根深蒂固的政治情結。

「在中國傳統文化中，政治佔有很重要的地位。」[1]「修身齊家」這樣的「私事」也與「治國平天下」的「大業」緊密相聯。近代以來，在中國走向現代化的坎坷歷程中，政治鬥爭一直是焦點所在。「思想啟蒙」常常落實到政治運動上；「教育救國」、「科學救國」、「實業救國」的呼聲在一百多年的歷史上一直無法與「武裝鬥爭」、「政治運動」的主題相抗衡，直至一九七九年以後，中國才漸漸走出「政治時代」，進入「經濟時代」。在這樣的歷史背景中，連丁文江那樣的科學家也認定「政治是我們唯一的目的，改良政治是我們唯一的義務。」[2]在這樣的歷史背景中，像儲安平那樣忠實於「自由思想」的文化人也終逃脫不了被政治擊倒的厄運；在這樣的歷史背景中，甚至連王蒙式的「少共熱情」也成了「左派」懷疑與打擊的對象。政治風波的險惡

1 鄒讜語，見訪談錄：〈政治與文化〉，《讀書》一九八六年第八期。
2 胡適：《丁文江傳》，海南出版社一九九三年版，第五十四頁。

終於使吃盡苦頭的人們猛醒了——「林彪事件」以後，「突出政治」的口號被廢止；「文革」過後，實踐成為檢驗真理的唯一標準，經濟建設成為新時期的頭號主題，與此同時，「文藝是階級鬥爭的工具」、「政治標準第一」的說法也被時代拋棄。

但，記憶卻難被時間的流水沖走。時代變了，「干預生活」的口號沒變。而且由於苦難的洗禮，由於思想解放春雷的召喚，「干預生活」的口號也得到了昇華——當王蒙在一九七九年宣佈：「絕不允許發生在我們身上的事情重演」[1]時，當白樺在一九七九年指出：「中國現代封建主義比辛亥之前的封建主義還要厲害」[2]時，當公劉在一九七九年警告：「來之不易的一點公民權仍然存在著再度被剝奪的危險」[3]時，當年「干預生活」的熱忱已昇華為「反封建」的憂患意識了。這是歷史的進步，也是歷史的悲哀：「五四」過去了六十年，「反封建」的口號還未「與光明偕逝」。

難怪王蒙一邊銳意求新、求變，寫出大量的「意識流」小說和「先鋒小說」，一邊頻頻回首，寫下了針砭時弊的批判現實之作——從一九八〇年代初的《說客盈門》、《悠悠寸草心》、《風息浪止》到八〇年代後半期的《夏之波》、《要字八六七九號》——這些作品無疑是《組織部新來的年輕人》的繼續，但憂患意識、悲涼氛圍已明顯濃郁了許多。一九八七年，正值文學多元化格局已定之際，王蒙還在〈文學三元〉一文中確認：「文學具有它的社會性、歷史性、階級性、政治性、新聞性。」[4]一九八八年，針對文學的失重現象，他又指出：「中國的現當代史是嚴肅的也是嚴峻的」。「重建理想！這是我們文藝家的神聖使命！」[5]——正是這樣的

1 〈我們的責任〉，《文藝報》，一九七九年第十一至十二期合刊。
2 〈五點和詩有關的感想〉，《詩刊》一九七九年第三期。
3 〈在學習寫詩的道路上〉，《文學：回憶與思考》，人民文學出版社一九八〇年版，第七十八頁。
4 《文學評論》一九八七年第一期。
5 陽雨：〈自由與失重〉、《文藝報》一九八八年四月十六日。

立場使他與「新生代」的「先鋒小說」作家們區別了開來。王蒙的人生境界之所以顯得寬廣、高遠，顯然與他既賦有使命感、又具先鋒意識的氣質有關。

白樺在新時期的創作也貫穿了「反封建」的激情。他的詩《陽光，誰也不能壟斷！》、小說《啊，古老的航道！》、話劇《曙光》、詩劇《槐花曲》、歷史劇《西楚霸王》……或針砭「國民劣根性」的痼疾，或反思「左禍」的教訓，都產生了深遠的影響。儘管他的作品常給人主題直露的印象，但他無意改弦更張。一九八七年，他在〈我們的自信〉一文中指出：「文學在中國思想大潮的不斷衝刺中一直是最美麗、最鮮明的浪花。」談及外國漢學家關於「中國新時期文學不少有價值的作品，但它們更多的只具有文獻價值」的說法時，白樺直言：「這反映了一個歷史的真實。這是中國作家長期以來所處的壓抑環境造成的……我並不認為這是一個缺陷。」[1]直至一九九三年，面對思想界的困惑，白樺還堅持自己的主張，反對「與中國人心靈中的大悲歡相距甚遠，甚至與最大多數中國人的思考若即若離」的種種文學主張。[2]

美學家高爾泰也是思想家。他一直以火一般的激情鼓吹「美是自由的象徵」，同時也堅信「一切真正的審美評論都無不包含著社會學的評論」，堅信「如果不聯繫我們經驗到的人生，不聯繫當代最刺心的社會問題，不聯繫中國人民與極左勢力進行的艱難困苦而又百折不撓的鬥爭中形成的價值觀念，任何理論體系都無助於我們。」[3]正是基於這樣的文學觀，他才寫出了〈願將憂國淚，來演麗人行〉那樣為人傳誦的評論力作。在那篇評論中，他關於祖國概念與政治概念不可同日而語的精闢分析閃爍著思想的光芒。而他的著作《論美》也是一部在學術界、思想界影響深遠的人論。

---

1 《當代》一九八七年第一期。
2 〈困惑的年代〉，《上海文學》一九九三年第三期。
3 〈關於文學評論的隨想〉，《中國》一九八六年第三期。

還有張賢亮。他一直不諱言他的小說是「政治小說」。一九八六年，他坦言自己的文學觀：「真正的作家（不一定是好的作家）在本質上總是關心社會，關心政治的。……《男人的一半是女人》……其實卻是一本疾聲呼喚政治、經濟、道德全面改革的書。」[1]到了一九九二年，他還堅持自己的文學觀：「我已經沒有那樣的閒心為文學而文學；也不想遠離政治而在藝術上攀什麼高峰。使作品傳之久遠。」[2]直至一九九四年，他照樣宣稱：「我的所有小說都是政治小說。」[3]他在《河的子孫》、《綠化樹》中讚美了普通農民抵抗「左禍」的政治免疫力，又在《土牢情話》、《男人的一半是女人》、《習慣死亡》、《我的菩提樹》中展示了極左政治扭曲人性的罪惡強力。他寫政治的主題是那樣地得心應手，相比之下，《龍種》那樣寫改革的小說卻顯得魅力不夠。若問政治是如何決定了作家的命運與文風的，張賢亮的小說是絕對的標本。儘管他的文學成就絕不止於「政治小說」。

上述事例充分說明：「五七族的」的命運是怎樣與政治密切難分的。他們的成就與此相聯——這種成就不僅體現在他們真切記錄下了極左暴政的罪惡，從而使他們的作品具有「文獻價值」，而且還體現在每當文學倒向失重的時刻（一次是伴隨著一九八五「新潮文學」而來的失重；還有一次則是一九八〇年代末、一九九〇年代初期「王朔熱」為代表的「玩文學」思潮），他們便不約而同地挺身而出，為捍衛文學的崇高感、使命感而吶喊。同時，他們的某些失誤也與此相關——這些失誤有時體現在政治意識過強、以致傷及藝術（直至索性拒絕藝術高峰）的偏頗上，有時又顯示在企圖走向更廣闊的人生天地、藝術世界卻力不從心上。關於這一點，陸文夫的自白發人深省：「我們這一代人太過憂國憂民，一看到現實社會有什麼問題，就在作品中反映……其實我對蘇州各式各樣的民間行業很熟悉，也很有興趣……我也想向民俗這方面發展，寫出真正的文學。」[4]從

1 〈社會改革與社會繁榮〉，《文藝報》一九八六年八月二十三日。
2 〈告地狀〉，《小說界》一九九二年第五期。
3 《報刊文摘》一九九四年八月一日。
4 施叔青：〈陸文夫的心中園林〉、《人民文學》一九八八年第三期。

一九八八年說過這番話以來，六年過去了。從陸文夫的近作《享福》來看，他仍未走出「揭露問題」的老路子。在他的《小巷人物志》中，只有一部《美食家》散發著較濃的民俗氣息。

然而，如果換一個角度看問題：如果我們承認文學世界中本來就有「政治小說」這一門類（拉美小說《總統先生》、俄國小說《死屋手記》、《紅色車輪》、英國小說《一九八四年》、日本小說《金環蝕》均為「政治小說」），如果我們承認政治生活也是社會生活的一個重要組成部分，而「政治小說」的使命就在於研究政治生活、提示人與政治的關係、剖析人的政治生活體驗，那麼，過多責備「五七族」的政治意識不是也顯得太輕率了嗎？

何況「五七族」作家曾寫出過那麼多轟動過文壇的名作。甚至在中國的政論尚欠發達的條件下，他們的一些創作談、回憶錄和雜文也寫出了政論的水平。請看——

一九八六年，正值「文革」爆發二十周年、結束十周年之際，是邵燕祥率先在《文滙月刊》當年第四期上發表了〈建立「『文革』學」芻議〉一文，倡導「對『文革』做多層次系統性研究、比較研究、綜合研究」，使「『文革』學」「成為囊括政治學、經濟學、社會學、文史哲法以至民俗、『官僚』各門的跨學科的科學。」邵燕祥是當代中國倡導建立「『文革』學」的第一人。

一九八七年，公劉訪德，在回答德國學者關於「文革」與中國知識分子的關係的提問時說：「文革」的要害在於「中國知識分子的軟弱和無能為力」，在於「以假理想主義開始，以真法西斯主義告終。」[1]

而一九八九年發表的叢維熙「反右」回憶錄《走向混沌》中也多層次解剖了知識分子的可憐與可悲：「中國知識分子不用指引，都知道從哪兒下刀最為方便，多數直指政治立場這根命脈……儘管他們心裏不那麼認為……接連不斷的政治運動，造就出一批批真假難辨的演員……」「就是在右派群體中，由於都想表現這種虔

1 〈關於「文化大革命」與中國知識分子〉，《文學報》一九八八年十月六日。

誠，爭取早點摘掉右派帽子，歸還人民隊伍，因此常用自己的虔誠詆毀別人的虔誠，或把別人的虔誠當成墊腳石，以羊群裏跑駱駝來顯示他超人的改造虔誠。所以，『窩裏反』的事情層出不窮……」「在右派的改造學習會上，人人都是神態嚴肅地說要老老實實改造自己的右派思想、立場、觀點。這種虔誠也並非矯飾，好像一到這樣的會場上，自己當真犯了什麼罪似的……可是一到現實生活裏去，親眼目睹的現實，又支持自己右派思想氾濫……我發覺自己成了一個兩面人。」[1]——字裏行間，提示了多少政治心理的怪誕與險惡！

此外，白樺〈五點和詩有關的感想〉、張賢亮〈社會改革與文學繁榮〉也都閃爍著政論的鋒芒。日後若有人寫七〇年代末以來的政治思想史，它們都是極好的思想史料。

該怎樣評說這樣的文化現象、這樣的心態呢？一方面，滿腔熱忱地關心政治、參與政治，卻被政治運動所陷害、所捉弄，大好青春蹉跎於艱難時世中；另一方面，一旦重新獲得發言的機會，仍然念念不忘政治、不忘憂國憂民……中國的政治文化就是這樣在培植出大量政客、陰謀家的同時也薰陶出了一代又一代「家事國事天下事事事關心」的志士仁人。

民本情懷

民本情懷，是「五七族」的另一個突出品格。

中國文化精英素有「為民請命」的傳統。

---

1 《海南紀實》一九八九年第一期。

這一傳統到了現代，與西風東漸中俄國平民知識分子「到民間去」的民粹主義思潮相融合，演變成現代革命知識分子的民本主義精神。這種民本主義精神主要由兩大要素凝聚而成：一是「與民眾相結合」的集體主義情感。（啟蒙也好，「發動群眾」也好，「到民間去」是先決條件）；二是「做民眾代言人」的精英意識（「與民眾相結合」絕不只意味著使自己變成一個普通人，而意味著「兼濟天下」的抱負和「為民請命」的犧牲精神）。現在，讓我們來看看這兩大要素是怎樣融化在「五七族」作家的人生觀和文學觀之中的。

政治風雲將他們拋入了社會底層。他們苦悶過。但一九五〇年代人的淳樸情感和「改造世界觀」的真誠願望卻使他們承受住了厄運的打擊，而底層民眾對他們的關懷和愛護更激起了他們熱愛生活、熱愛民眾的無限真情。他們中的很多人對「左禍」的認識經歷了一個漫長的過程，但他們對人民的感激和愛卻始終不渝。這，便是為什麼他們歷盡苦難仍然對歷史、對未來、對人生充滿信心的根源所在，便是他們在講述自己的苦難歷程時常常一往情深地追懷民眾之愛的根源所在。也正是這種不知不覺將「控訴苦難」的主題寫成「歌頌苦難」的主題的傾向招致了「知青族」出身的批評家直言不諱的針砭。這方面最典型的例子是張賢亮的《綠化樹》觸發的爭鳴。

在黃子平看來，《綠化樹》中「對苦難的『神聖化』和對農民的『神聖化』」的思想主題「既崇高又蒙昧」。他不懷疑張賢亮的真誠，但反對「把這種心理學上的真實性當作歷史哲學或人生哲學上的真理性」。[1]季紅真也揭示了那一代人的歷史悲劇：（他們）「大都受過十九世紀人道主義的影響，以後又接受了中國當代文化教育。這種文化構成形成了他們精神的內在矛盾。前者使他們在嚴酷的時代生活中軟弱無力，後者則使他們習慣於自我否定。」[2]許子東也指出了章永璘式的「懺悔」通向「精神自殺」的危險；[3]陳思和進一步深刻辨析了

1 〈我讀《綠化樹》〉，《沉思的老樹的精靈》，浙江文藝出版社一九八六年版，第一五三頁。
2 〈兩個彼此參照的世界〉、《讀書》一九八五年第六期。
3 〈在陀思妥耶夫斯基與張賢亮之間〉，《文藝理論研究》一九八六年第一期。

「人的懺悔」（「以人的缺陷〈或所謂惡行〉為對象的懺悔」）與「懺悔的人」（「充滿著愚昧與迷信的懺悔」）的根本區別。[1] 王曉明也深刻論述了在懺悔之前先要消除了「那股從地獄裏帶來的『鬼氣』」的重要性。[2] 這些青年評論家的警告終於發揮了作用——到了《男人的一半是女人》、《習慣死亡》、《我的菩提樹》中：「歌頌苦難」的主題終於被「控訴苦難」的主題所取代。

但張賢亮的《綠化樹》在當代文壇絕非孤例。另一個例子是王蒙的系列小說《在伊犁》。在這個明顯帶有作家情感體驗的系列小說中，王蒙禮讚了新疆的土地與人民：「這塊在我孤獨的時候給我以溫暖，迷茫的時候給我以依靠，苦惱的時候給我以希望，急躁的時候給我以慰安，並且給我以新的經驗、新的樂趣、新的知識、新的更加樸素與更加健康的態度與觀念的土地」使作家收穫了堅定的信念：「即使在那不幸的年代，我們的邊陲，我們的農村，我們的各族人民竟蘊含著那樣多的善良、正義感、智慧、才幹和勇氣，每個人心裏竟燃著那樣熾熱的火焰。那些普通人竟是這樣可愛、可親、可敬，有時候亦復可驚、可笑、可歎！即使在我們的生活變得沉重的年月，生活仍然是那樣強大、豐富、充滿希望和勃勃生氣。……太值得了，生活，到人民裏邊去，到廣闊而堅實的地面上去！」[3] 由此可見，王蒙的體驗與張賢亮有相通之處，都真誠感人。我甚至由此產生了如下的猜測：王蒙在流放中不僅沒被苦難壓倒，反而養成了豁達、樂觀、幽默的氣質，根本的原因或許正在於邊疆民眾的慰藉、邊疆民風的薰陶。《在伊犁》中那些以「文革」為背景的故事非但不凝重、悲涼，反而充滿了幽默的色調，足以使人省悟：「文革」的黑雲並沒有、也不可能籠罩全部大地。民間文化具有無比強大的生命力——有時，它巧妙地與強權周旋（《淡灰色的眼珠》中的隊長以走過場的馬虎作風應付大批判，平時總保持著維吾爾人「性格溫柔，手也是軟軟的。不像你們漢族那麼嚴格」的品質）；有時，它也勇敢地向強權挑戰

1 〈中國新文學發展中的懺悔意識〉，《上海文學》一九八六年第二期。
2 〈所羅門的瓶子〉，《上海文學》一九八六年第二期。
3 〈淡灰色的眼珠〉，作家出版社一九八四年版，第一、三二三頁。

（《虛掩的土屋小院》中的穆敏老爹就敢於直言：「這些打人罵人造反有理的人早晚會沒有理的，他們會受到懲罰……」）。民間文化永遠以「以柔克剛」的方式消解著強權的霸道，維繫著世道的平穩、人道的神聖。

此外，劉紹棠也多次談到他被打成「右派」後回到故鄉的懷抱、從民間汲取了生存信念和創作養分的體驗。李國文的《月食》、叢維熙的《風淚眼》也都迴響著同一個主題：感激人民。（這樣的主題在「知青族」作家那兒也一再出現——張承志的《騎手為什麼歌唱母親》、史鐵生的《我的遙遠的清平灣》、陳村的《給兒子》、莫伸的《沉寂的五岔溝》、陶正的《女子們》、葉延濱的《乾媽》……）

苦難就是這麼既折磨著人又成全著人的。因此而喪失對苦難的反思與批判固然不妥，可那無比真誠、無比深厚的情感體驗又該如何表達呢？當代文壇產生了大量的控訴苦難、暴露陰暗之作，篇篇使人悲從心來，欲哭無淚；而這一批回首往事、感激民眾之作，篇篇感人至深，催人淚下——一切都是真誠的。也只有對這兩大相反相成的主題、兩種對立統一的情感都予以容納、進行研究，才可能更深刻地理解「五七族」獨特的人生體驗、獨特的文化品格。

歷史，真實，一切的一切，都是偉大的混沌；一切的一切，都恐非語言所能說清於萬一的吧！

現在，讓我們再來看看「五七族」民本情懷的另一面——「做民眾的代言人」、「為民請命」的一面。因為他們與民眾共過患難，所以當然會「先天下之憂而憂」。

高曉聲的《「漏斗戶」主》、《李順大造屋》浸透了農民的血淚。反覆的折騰，長期的貧困，忠厚農民拼命幹活仍不得溫飽，三十多年也造不起一間屋，他們「窩囊得血液都發黴了」！「為什麼從來沒有一個人替農民算算這筆帳」。

張賢亮是「五七族」中對「左禍」抨擊最猛的一位。他在《男人的一半是女人》中寫道：「『文化大革命』，首先搞壞的倒不是國家，而是敗壞了我們中華民族的道德。這可是要遺禍好幾百年的事！」「我們被欺負了十幾年，被愚弄了十幾年，被當作試驗品試驗了十幾年，難道我們在試驗失敗而致我們於死地的時候連一聲『疼』都喊不出來嗎？」他還在《習慣死亡》中指出：「中國的政治運動之所以能一個接一個不停地搞，就是因為每一個運動都有新的花樣，新的『必然性、必要性和緊迫性』……而它的魅力卻在於你一直要跟著它唱完才發現那不過是老調重彈。」這裏的字裏行間，都凝聚著知識分子的血淚與憤怒。

王蒙則一再追問著革命的代價、革命者的惶惑：《相見時難》中的翁式含熬過了最艱難的歲月後，為什麼「會突然現出一種如悲如癡的呆呆的神情」？——「那是一種迷惘，一種濃重的痛苦」。「他把自己獻給了政治，卻不是通常意味上的政治家」。因此，他顯得「迂」，並為此而痛苦。而《名醫梁有志傳奇》中那位聰明、才華橫溢的梁有志是如何從一名幹部「變」成一名醫生的？為什麼他的生命會有一種「『拖』的痛苦」？「如果他的聰明和積極性都少一點，也許他會是一個更好的幹部。」這番議論的深處，有多少欲說還休的悲涼？「如果這樣庸俗下去，……中國會亡嗎？」王蒙這是在為那些不甘平庸的人才請命，也是在針砭平庸埋沒人才的文化環境。

……正因為胸懷著「做民眾的代言人」的凜然正氣，這一批作家才無所畏懼，敢於向一切黑暗開戰——從清算「左禍」到針砭時弊，正因為胸懷著「做民眾的代言人」的凜然正氣，這一批作家才對世紀末的孤獨感、絕望感具有某種天然的免疫力，從而成為八〇年代啟蒙主義的鬥士、人文精神的傳人。

但話也要說回來：民眾又豈可一概而論？將民眾理想化，也是一種偏頗。不承認這一點，便無法解釋何以「改造國民性」會在八〇年代再次成為啟蒙運動的一個基本主題、何以產生了那麼多批判民眾中蒙昧、殘忍、奸猾劣根性的力作（白樺的《啊，古老的航道》對「出頭的椽子先爛」的處世哲學的批判、陸文夫的《井》對封建禮教、「人言可畏」的控訴、高曉聲的《陳奐生上城》對「阿Q精神」的嘲諷、王蒙的《活動變人形》對「吃人又自食」的變態文化心理的清算……）。而在「做民眾的代言人」的同時又不能不痛苦地正視民眾的劣根性，這又是多麼難以忍受的靈魂分裂？另一方面，明知民眾有許多難以治癒的精神痼疾也依然癡心不改地去「做民眾的代言人」，這又需要有多麼博大的胸懷、多麼堅強的神經、多麼崇高的情操？

無論如何，中國永遠需要「為民請命」的鬥士。

「五七族」的分化

從來就不會有鐵板一塊的社會階層、文化群落。不同的個性氣質，不同的命運遭際，不同的知識結構……一切的一切交互作用，演成了層出不窮的社會分化、文化蛻變的活劇。「五七族」自然不能例外。

其實，「五七族」當年被打成「右派」的原因，本來也是五花八門的：儲安平是因為「黨天下」的議論、王蒙是因為「干預生活」的創作、王任叔是因為鼓吹「人情味」、鄧友梅則是在剛批過「大右派」劉紹棠之際被莫名其妙地也扣上了「右派」的帽子……出發點不一樣，結局也千差萬別——儲安平「失蹤」了；王蒙卻幸運地被拋入了熱情的邊民之中……

二十多個漫長的年月過後，「五七族」們終於揚眉吐氣了。在經歷過一個短暫的調節期後，他們走上了不同的新旅途。而他們大不相同的抉擇也足以表明：思想解放運動的春風如何使他們重新發現了自我，多元化的文化思潮如何成就了他們各有千秋的事業……

白樺、張賢亮、叢維熙一直高舉著「干預生活」、清算「左禍」的旗幟，顯示了不曾被苦難壓垮的錚錚鐵骨，然而，張賢亮又因其在「心理分析小說」和「性文學」方面的獨特成就而在藝術層面上超越了一般的「政治小說」；而張賢亮的《綠化樹》和叢維熙的《雪落黃河靜無聲》在文壇上引起的爭鳴似乎也暴露了他們思想深處的某些理性誤區。張賢亮在《綠化樹》以後寫出了震撼人心的《男人的一半是女人》、《習慣死亡》，叢維熙也在《雪落黃河靜無聲》之後寫出了別開生面的《走向混沌》，不也標誌著他們思想轉變的過程還在向縱深延續嗎？

王蒙則一手高舉著「干預生活」、「反思革命」的旗幟，寫下了《蝴蝶》、《相見時難》、《活動變人形》那樣的力作，另一手高舉著「先鋒小說」的旗幟，在批判現實主義思潮占絕對優勢的文壇率先寫出了探索性的「意識流」小說《夜的眼》、《春之聲》、《海的夢》、《風箏飄帶》，後來又寫出了「先鋒小說」《來勁》、《鈴的閃》、「寓言小說」《冬天的話題》、《堅硬的稀粥》……王蒙堪稱「五七族」作家中最具「先鋒性」的代表作家，也是他們中唯一一位被青年「先鋒小說」作家引為同道和知音的人（一九九四年，三聯書店出版《今日先鋒》叢刊，王蒙欣然應邀出任名譽主編，也很能說明問題）。而王蒙從熱忱（《組織部新來的年輕人》）到溫馨（《在伊犁》）再到冷峻（《活動變人形》）和調侃（《來勁》、《一嚏千嬌》）的心路歷程也頗能體現出當代文學思潮流變的某種典型軌跡。王蒙藝術風格的多變堪稱當代文化思潮多變的一個縮影。[1]

鄧友梅、林希、劉紹棠走上了向通俗文學靠攏的路子。在寫出了《話說陶然亭》那樣的嚴肅文學作品後，鄧友梅傾心於張恨水的創作，並很快發表了《那五》、《煙壺》那樣風味醇厚的通俗體「京味小說」，為雅俗所共賞。林希先是以長詩《無名河》控訴了苦難，後也轉向了通俗體「津味小說」的創作，發表的《相士無非子》、《高買》、《神仙扇》、《蛐蛐四爺》、《天津胖子》……均是極富韻味的人生傳奇。劉紹棠一直鼓吹「鄉土文學」，並將他的「鄉土文學」主張確認為以下五條：「一、堅持文學創作的黨性原則和社會主義性質；」「二、堅持現實主義傳統；」「三、繼承和發揚中國文學的民族風格；」「四、繼承和發揚強烈的中國氣派和濃郁的地方特色；」「五、描寫農村的風土人情和農民的歷史和時代命運。」[2]堅決反對「不瞭解農民的心情，不考慮農民的需要，金雞獨立在塔尖上異想天開，舞文弄墨，還口口聲聲自稱是代表人民利益，為人民

---

1 王蒙在一九八二年說：「到現在為止，我的多數作品有一個共同的主人公：革命。我試圖寫出一點革命的必然，革命的神聖和偉大，革命的曲折、代價和艱難。」引自《一九八一——一九八二年全國獲獎中篇小說集》（上），海峽文藝出版社一九八三年版，第九〇九頁。

2 〈關於鄉土文學的通信〉，《鴨綠江》一九八二年第一期。

而寫作」的主張。[1]他的《蒲柳人家》、《蛾眉》、《漁火》、《花街》……都充滿了豪俠仗義的主題、曲折動人的故事、通俗易懂的語言。在金庸、梁羽生的通俗武俠小說和瓊瑤的通俗言情小說尚未流行於大陸之際，鄧友梅、劉紹棠的通俗市井小說、通俗鄉土小說創作率先掀動了雅俗共賞的文學潮汐，同時，他們的俗文學創作也是當代文壇上與「先鋒文學」分道揚鑣的一支力量，是文學民族化、大眾化主張在八〇年代文壇的成功範例。

在此，需要特別強調指出的，是「五七族」文學觀念的巨變。一九八二年，正值「干預生活」的主流高漲之時，鄧友梅就提出了消閒的文學主張，他說：文學作品「是供別人休息時讀的，……不一定是要解答什麼社會問題，或解決自己思想上的什麼疙瘩，更不一定是為了提高政治覺悟……看小說，就是想休息，解解悶兒。……我不把咱們小說家的位置看得多麼高……總的說來，就是要起個『勸善懲惡』的作用。」[2]這樣的文學觀，直接導致了《那五》、《煙壺》的產生；這樣的文學觀，也直開八〇年代末隨著「文化低谷」、「文學世俗化」浪潮而高漲起來的「玩文學」之說的先河。鄧友梅因此而復活了張恨水的小說傳統，同時也就遠離了魯迅和俄蘇批判現實主義的文學傳統。（這無可厚非。）由此可見，「文學世俗化」的源頭早在八〇年代初已濫觴於鄧友梅的文學觀中。到了一九九三年，連寫出過《花園街五號》的李國文也坦然宣告：「文學是一門應時手藝，給同時代人飯後茶餘消遣的。」[3]與鄧友梅殊途同歸。這一切，都昭示了「五七族」中的一部分作家對文學消遣性的重新發現，對「玩文學」思潮的認同。

——以上便是「五七族」作家分化的大略景觀。不妨將三股思潮略歸納為：「干預生活派」、「先鋒派」和「玩文學派」。這三派不恰好是當代文壇上社會文學、純文學與通俗文學三大板塊的代表麼？而在這三派文學主張差異的深層，則是三種人生觀的分野——社會文學是憂患意識與使命感的象徵；純文學是先鋒意識與荒謬感的象徵；而通俗文

1 〈鄉土與創作〉，《人民文學》一九八一年第七期。
2 〈短篇小說創作〉，《山東文學》一九八二年第五期。
3 韓小蕙：〈李國文：悟出一己的文學主張〉，《作家報》一九九三年四月十七日。

學則是大眾意識（有的批評家也偏激地斥之為「媚俗」）與閒適感的象徵。三派文學各有千秋，三種人生各有風采。它們共同成就了當代文學色彩斑斕的景觀，也超越了當年小心翼翼探索「現實主義——廣闊的道路」的一般化水準。

每一種文化都在不斷的裂變中更新著生命。第一個人都在不斷的變化中超越著自我。而「五七族」的分化又能給我們以怎樣的啟示呢？

當年，他們心懷真誠，莽撞地走上了政治的祭壇。在經歷了政治的無情教訓以後，有的痛苦地懺悔、自虐，有的看破了紅塵、收斂了鋒芒，有的則癡心不改，矢志不移。從這種意義上說，一九五七年中國知識分子的受挫事實上已隱隱萌發了幻滅或新生的契機。一九五七年，是中國知識分子的大劫之年，也是鳳凰涅槃的開始之年。劫難使人消沉，劫難也使人深沉。「左禍」在扼殺了知識分子發言權的同時，也為自己掘好了墳墓。從這種意義上說，「反右」、「文革」均為一九七六年以後的思想解放運動鋪平了道路、做好了準備。

一當思想解放的閘門打開，「五七族」作家們便成為新思潮的弄潮兒，便為當代文化多元化格局的形成建立了功勳。

又正因為他們親自體驗過民眾的苦難、民間的溫馨，人們的創作才富於獨特的魅力——一種閱盡人間滄桑的渾厚感、一種世事洞明、人情練達的深邃感。同樣是寫苦難人生，《綠化樹》、《男人的一半是女人》在「傷痕—反思文學」中就顯得格外深沉，格外豐厚[1]；同樣是學習「意識流」手法，王蒙的《蝴蝶》、《雜色》就獨以「東方化」品格而迥異於許多模仿之作；同樣是寫市井人生，鄧友梅的《煙壺》、陸文夫的《美食家》、林希的《蛐蛐四爺》也明顯高於一般的流俗之作……除去個人才分方面的因素而外，上述名作中洋溢著的渾厚感、滄桑感，是否獨鍾飽經滄桑的智者？與此形成鮮明對照的是一部分青年作家刻意摹仿西方新潮作品，雖唯妙唯肖終不免失之單薄。

1 宋耀良：〈意識流文學東方化過程〉、《文學評論》一九八六年第一期。

也就是說，飽經滄桑，是一種巨大的精神財富。青春是充滿生機，也是浮躁不安的。成熟的智慧卻只能是中年以後的收穫。

那麼，又該如何解釋「五七族」作家的過渡性特徵呢？——這種過渡性有時體現為「干預生活」時的直露（例如白樺的某些作品），有時體現為情緒的彷徨（例如張賢亮的《綠化樹》中既控訴苦難又讚美苦難的彷徨、如陸文夫想另闢新路卻力不從心的彷徨），有時又體現為某種模式化傾向（例如劉紹棠某些小說的傳奇化模式、叢維熙某些小說的情節模式化傾向）……畢竟是跨時代的一代人：人已經跨入了新時期的天地，可一部分思維定勢、情感波瀾還停留在舊時代的屋子裏。在他們的創作、他們的文學觀與人生觀中既有新時期的活力，又有舊時代的痕跡。對於少數作家，舊時代的影響甚至大到妨礙他們容納新觀念、新情感的可怕程度，以至於雖創作力不減當年，而事實上已被新的文學思潮所淘汰（或者說一直未能走出五〇年代的窠臼）。

也許，在這個多變無常的世紀，每一代人都難以擺脫掉這種過渡性特徵？早有思想家預言：中國思想文化界的輝煌，將在下個世紀中葉。而今的一切奮鬥，都是「為王前驅」。這樣的預言足以令人百感交集地感慨中國文化在本世紀多災多難的坎坷歷程！為了中國的文化事業，「五七族」和「知青族」兩代人相繼走上了時代的祭壇。他們的全部悲愴和全部輝煌，都是時代的饋贈。但這無情的事實不應成為當代作家自我安慰的藉口。中國沒有帕斯捷爾納克和索爾仁尼琴式的文化巨人，原因何在？同樣飽經憂患，有的中國作家收穫了碩果，而有的卻一無所獲，原因何在？恐怕不僅僅是才分上的高下之分所能解釋得了的吧。

在即將告別二十世紀之際，一切的一切，都值得認真思索、細細掂量。

原載《文藝評論》一九九五年第二期

這一代人的犧牲意識

這一代人——我指的是出生於一九五〇年代，在「文革」中度過了青少年時代的一代人。從一九五〇年代的純真到一九六〇年代的狂熱到一九七〇年代的沉淪到一九八〇年代的分化，他們走過了一段苦難的歷程。他們是「文革」的參與者，也是「文革」的受難者；他們是「世紀末文學」的主力軍，又對新生活的浪潮表現出迷茫或拒斥或努力適應的複雜心態。對他們的研究，應該成為當代思想史和當代文化史的重點課題。在此，我將就手頭搜集到的一點資料，通過對他們的「渴望犧牲」的情結的分析，透視他們獨特的文化品格。

是的，「渴望犧牲」！

佛洛伊德不是說過嗎？——「人生的目的主要還是由享樂原則（Pleasure principle）又譯作「快感原則」）所決定。」[1]但這一論斷顯然無助於說明為什麼許多宗教徒都有「渴求苦難」的悲壯情感！為了體驗一種超凡脫俗的崇高情感，宗教徒們甘願自虐，革命者們甘願「把牢底坐穿」、思想家們甘願清貧自守……看來，對於凡夫俗子而言，享樂是人生的基本原則；而對於「上帝的選民」來說，受難是人生的崇高選擇？

1 《圖騰與禁忌》，中國民間文藝出版社一九八六年版，第九頁。

而當年的紅衛兵們，正是具有極強烈的殉道精神的熱血少年。長期受到理想主義和犧牲精神的薰陶。使他們賦有了「毛主席的紅衛兵」的優越感（這種優越感與「上帝的選民」的優越感在精神實質上沒什麼差異）。毛澤東，是紅衛兵的領袖和偶像。毛澤東當年的豪言壯語成為「文革」中紅衛兵們的戰鬥吶喊：「天下者，我們的天下；國家者，我們的國家；我們不說，誰說？我們不幹，誰幹？！」於是他們掀起了革命的狂風，衝鋒陷陣。為此，他們毅然放棄了學業，犧牲了愛情（如金河的小說《重逢》、鄭義的小說《楓》中的悲劇在紅衛兵中相當普遍），直至大義滅親（如盧新華的小說《傷痕》中的悲劇）——「為了保衛毛主席的革命路線，我們刀山敢上，火海敢闖！」當年，多少紅衛兵用鮮血和生命實踐了他們的誓言！「在需要犧牲的時候，要敢於犧牲。包括犧牲自己在內，完蛋就完蛋，完蛋就完蛋！嘿，上戰場，槍一響，老子下定決心：今天就死在戰場上了！……」筆者當年就親眼目睹了一車一車的紅衛兵唱著根據副統帥林彪的語錄譜成的戰歌悲壯地走上了浴血的武鬥戰場……那些死去的紅衛兵，他們如今魂在何方？——多年後，我只在顧城的一首詩〈永別了，墓地〉的序中得知：在重慶沙坪壩公園的荒草和雜木中，有一片紅衛兵之墓……

武鬥，並沒有打出一個紅彤彤的世界。紅衛兵的厄運隨之降臨。有的自暴自棄，在瘋狂中毀滅；也有的賭氣偷越困境，為了「解放全人類」倒在了異國的戰場上（秦曉鷹的紀實之作《偷越國境的紅衛兵》是一份記錄）；更多的為了「接受貧下中農的再教育」上山下鄉，但死的陰影仍然籠罩在他們的頭上——梁曉聲的小說《這是一片神奇的上地》、孔捷生的小說《大林莽》寫了知青被激情和狂妄驅向悲壯死亡的歷史一頁，陳村的小說《我曾在這裏生活過》、陸天明的小說《啊，野麻花》寫了知青的平凡而凄涼之死。死亡，使狂熱者清醒了，也使更多的普通人看淡了人生，早早地就習慣了苦難，習慣了死亡。

當歷史出現了轉機的時候，他們中的一部分再度挺身而出——「四五」英雄中就不乏當年的紅衛兵。北島、顧城也是「四五」的積極參與者。北島的詩〈回答〉中就宣告了他的使命感與犧牲精神：「如果海洋註定要決堤，就讓所有的苦水注入我心中」。而顧城，也在被暴力撞倒在廣場時頓悟了畢生的使命。後來，在一九七九年發表的詩作〈白晝的月亮〉（不知為何，這篇佳作沒被收入顧城的詩集《黑眼睛》）中，他發誓：「終生忠於——／一月八日的悲慟，／四月五日的嚮往……」也即是說：無論新時期的豔陽天多麼溫暖，詩人的心已經永遠地留給了「四五」天安門廣場。

其實，對犧牲的渴望，對苦難的執著，一直就深深鐫刻在他們的心上。在寫於一九七五年的詩篇〈結局或開始〉中，北島就寫下了這樣的句子：「如果鮮血會使你肥沃／明天的枝頭上／成熟的果實／會留下我的顏色」；「在我倒下的地方／將會有另一個人站起／……也許有一天／太陽變成了萎縮的花環／垂放在／每一個不同的武士／森林般生長的墓碑前」。這裏值得注意的是「絕望中的希望」的主題。正是這一主題使得犧牲放射出光芒，而毫無頹唐的黑色。同樣，顧城也在「歷史的長片」中，發現了「這樣兩組慢鏡頭」：〈犧牲者・希望者〉。犧牲者面對死亡坦然而笑；希望者面對「沒有路，沒有軌道／沒有任何啟示或暗示／這寂靜的恐怖足以壓倒一切」也發出了「巨人的微笑」！就這樣，犧牲的主題才使我們深受感動。

歷史翻開了新的一頁。開放代替了封鎖，改革驅趕著保守，浮躁戰勝了寂靜，縱慾嘲弄了禁慾，但這一代人都難以從「文革」的記憶中掙脫出來。一代知青作家寫下了「傷痕—反思文學」中最悲壯、最淒涼的篇章：那裏面記錄下那些當代的清教徒、苦行僧走上祭壇、走入煉獄、在自虐中體驗崇高、於苦難中尋求真理的苦難歷程。趙玄在小說《紅月亮》中書寫了紅衛兵「一堆堆隆起的黃土埋葬了那麼多生命，卻埋葬不了歷史，埋葬不了我的罪孽和痛悔」的錐心之痛和「往事，記憶，還有人的情感，如果也能一筆勾銷，該有多好」的虛無哀歎。《中國知青部落》的作者郭小東在一九八四年還和《世界》的作者曉劍一起跪倒在西雙版納的多座知青墳前，再度體驗那下一代人未必能理會的激情。郭小東發誓：「永不懺悔。」因為，「我們的一切過錯，一切罪惡都是那個時代給予的……我們的一切苦難，幾乎都產生於利他的意願的（和？）理想。我們的一切憧憬，都與渺小的猥瑣的人生目的無關。」[1]我無意在此評判上述兩種反思的是非。懺悔是深刻的，拒絕懺悔同樣也是深刻的。而不論是懺悔還是自豪，我們不都可以感受到一種偉大的真誠麼？

新時期為這一代人提供了傾訴的條件。他們盡情地傾訴過了，然而，他們似乎無意從「渴求犧牲」的情結中走出。

詩人舒婷一再為犧牲的悲壯而歌唱：「為開拓心靈的處女地／走入禁區，也許——／就在那裏犧牲／留下歪歪斜斜的腳印／給後來者／簽署通行證。」（〈獻給我的同代人〉）「現在，讓他們／向我射擊吧／我將從容地穿過開闊地」。（〈「？。！」〉）甚至在夏日的海島上，也產生了這樣的生命體驗：「站在海灘中喪生的無名墓地，你的胸中漲滿了豪情，你渴望出海。」（散文〈海魂〉）這裏的「渴求犧牲」當然已不再是為了什麼「革命路線」了，而是為了「開拓心靈的處女地」，為了探索新的天地。儘管是這樣，我們仍然不難在殉道的精神實質上感受到二者之間某種相通的情感。

小說家張承志是最早為「紅衛兵」命名的人，也是當代最痛苦的理想主義者。他清醒地意識到：青春已一去不復返，「英雄主義的風，熄滅了多少年了／你還那樣苦苦懷念英雄」。（〈錯開的花〉）因此，他憤世嫉俗。他渴望殉道。《西省暗殺考》、《海騷》、《心靈史》都是殉道者之歌。《金牧場》中也記下了那條殉道者的血河給他的刺激：「那個時辰是禮邦達的時辰，滿川滿灘的人們都盼著死給呢。那時辰殉了教門能甩手直直地進天堂！」「我不能殉了主道，我只有守在紅河灘灘邊上受苦，……主啊！」「生命，你將要開始怎樣的旅程呢？……你難道不怕你最終也將犧牲、最終也將成為你理想的殉物麼？」他無法忍受世俗的潮流，為此，他寧可選擇殉道。這裏，是一種高傲的人格，是一種偏執的激情。作家在渴求犧牲的熱狂中拯救了自己的靈魂。

1　《中國知青部落•自序》，花城出版社一九九〇年版，第二頁。

相對於張承志的熱狂，評論家黃子平則更執著於品味悲涼。他曾談到過「先鋒的倒下」，藉以表達對文學進步所需付出的代價的深刻認識，正與舒婷「走入禁區」的詩句相合。在《沉思的老樹的精靈》一書的後記中，他以一位同齡人之死寄託了對這一代人命運的某種悲涼理解：「儘管我已經經過那麼多，聽到同齡人的逝去總是令我感到震驚和悲涼。」[1]一九八九年，他寫了〈千古艱難唯一死〉一文，記錄了讀過幾篇寫老舍、傅雷之死的作品的感想：「探討死也就是探討生。……人若不怕死，他便自由了。」[2]對「作家之死」的格外關切，不恰能映照出評論家的憂患襟懷麼？這兒，更多的是對人類生存意義的終極詰問和沉思。因而，這種悲涼之思似乎更具有二十世紀的色彩。從慷慨赴死的渴望到追問「死，可是要理由的麼？」這是一條由多少生命鋪成的苦難歷程呵。

就如同第二次世界大戰在西方人心上籠罩了無法驅散的陰霾一樣，「文革」在這一代人的心上也刻下了難以平復的傷痕。無數同齡人的死使活著的人體驗了生之殘酷。「渴望犧牲」、「不怕犧牲」的意志已經作為一種生命的情結，永遠積澱在了一代人的記憶中。苦難使他們早熟，也使他們的心過早地蒼老了。

應該說，不僅僅是這一代人，一九六〇年代出生的一代人也給人以早熟、早衰的印象。余華、蘇童、格非、呂新……這些「新潮小說」作家也寫了許多的死亡故事，使人感受到徹骨的寒冷——《一九八六年》、《現實一種》、《河邊的錯誤》、《一九三四年的逃亡》、《罌粟之家》、《妻妾成群》、《米》、《迷舟》、《大年》、《雨季之甕》、《黑手高懸》……那些瘋狂之死、神秘之死、絕望之死，既是人生悲劇的寫照，又表達了作家對生存荒誕的感悟。然而，僅僅「徹骨的寒意」就足以使他們與北島、顧城、舒婷、張承志、黃子平等人「渴望犧牲」的激情區別開來了。這也是筆者用「犧牲意識」、「殉道精神」而不只是「死

[1] 《沉思的老樹的精靈》，浙江文藝出版社一九八六年版，第二五一頁。
[2] 《讀書》一九八九年第四期。

亡意識」來界定這一代作家的生死觀的原因所在。雖然「犧牲」也是「死亡」，但在「渴望犧牲」中卻充滿著「鐵肩擔道義」的使命感，而「死亡意識」中則是荒謬感。

對於當代文壇，使命感並不是一個陌生的話題。從「傷痕—反思文學」「為民請命」的吶喊到一九八七年一批思想家、評論家、報告文學作家因為「新潮小說」遠離現實人生而再度發出對作家使命感的呼喚，顯示了生活在二十世紀末的理想主義作家對文學的真誠期望、以及他們與魯迅那一代人「心事浩茫連廣宇」的光榮傳統的血肉聯繫。賈魯生、麥天樞、錢鋼等一批最優秀的報告文學作家也都是一九五〇年代出生的人，這似乎並非一種巧合。他們的作品中既浸透了對民族與人類悲劇命運的悲涼之思，也燃燒著對民族與人類的真摯之愛，在一九八五年以後失去轟動效應的文壇上寫下了最輝煌的一頁。

當然，對這一代人也不可作一概之論。阿城、劉索拉、徐星、馬原、洪峰、王朔……也都出生於一九五〇年代。阿城、馬原、洪峰也都是知青出身。但他們與理想主義、與使命感、與殉道精神無緣。各人有各人的選擇，各人有各人的經歷。馬原曾說過：他「好像什麼都幹過」——打架、偷雞摸狗……這一切是他喜歡的「遊戲」。[1]也許，父親的出身問題是他早早看破世事的契機。再看王朔的自白：「從一開始，我就不是出類拔萃的。」打過架，進過公安局；也在「四五」運動中扔過一個警察的帽子。[2]一些優秀人才的夭折也許是促使他走上玩世不恭之路的動力。有相當一部分人因為看不到前途而憤世嫉俗、沉淪墮落，過著如喬瑜在小說《孽障們的歌》中所描繪的那種可憐又可悲的生活。玩世不恭這種情緒早在「文革」中就已瀰漫了開來，如「世紀病」一樣極富傳染性。在玩世不恭的深處，是對荒唐世事的抗議、對正統說教的嘲弄，是心中無法癒合的創傷，是對人生悲劇宿命的歎息。應該說，這種玩世不恭憤世嫉俗的情緒（張承志們的憤世嫉俗是鄙視庸俗、鄙視虛無

---

1 〈馬原寫自傳〉，《作家》一九八六年第十期。
2 《我是王朔》，國際文化出版公司一九九二年版，第六——十頁。

主義和拜金主義；王朔們的憤世嫉俗則是鄙視假正經、嘲弄虛偽和做作。雖然都是叛逆者，但旨趣不可同日而語），對於瓦解「文革」的社會基礎、對於促使沉睡國人的猛醒、對於啟迪人們換一種活法、「重新選擇生存的峰頂」，具有不可低估的意義。理想主義者張承志不就在《金牧場》中讚美了那些在「四五」天安門事件中燒汽車的胡同串子麼？「也許小痞子、楞頭青、小胡同串子們就這樣粗野地撕下了歷史的舊一頁……那一頁又黴又爛，可是從來沒有人敢掀它，更不用說撕了它……你只敢用小裏小氣的傷感來發洩……然而痞子們是偉大的」。他由此開始重新思索「革命運動是什麼？人民是什麼？歷史是什麼？」這些似乎早有定論、而其實卻遠非定論的問題。當我從《北方的河》中讀到那位理想主義者為了改變自己命運不惜想方設法弄張假證明的情節時，當我從《糊塗亂抹》、《黑山羊謠》這些強悍、悲愴的作品中再難尋覓到《白泉》、《綠夜》的溫馨，我發現張承志也會用粗言惡語宣洩不滿和煩躁時，我便猜測這種情緒也許與小痞子們的壯舉給他的影響有關。

但無論如何，玩世不恭終究是一股消極的力量。玩世不恭自有其存在的合理性，但對於肩負有追求偉大文化目標的人來說，他們更應選擇使命感和殉道精神。雖然世俗化是當今文化的強大潮流，但精英文化也應清醒地意識到自己不可替代的使命。即使是在完成了世俗化進程的西方，也仍有一代一代的文化精英為保存、延續宗教、文學、哲學、史學，為人類生存的終極價值而頑強地、卓有成效地奮鬥著。

至此，我已觸及到了「這一代人的分化」這一極有研究意義的文化課題。限於論題和篇幅，我將另有專文闡述。這裏我想強調的只是：這一代人的位置是當代文化的分水嶺，是歷史通向未來的一座橋樑。張承志們和王朔們，雖然是同一代人，但張承志們對傳統的使命感和殉道精神的執著與王朔們對現代潮流的認同，各有千秋地顯示出了這一代人承前啟後的文化意義。

「文革」記憶在這一代人心上刻下了永生難忘的傷痕。但「渴望犧牲」的情緒又不僅僅是苦難人生體驗的結晶，它還是一種悲壯的文化觀念——對中國歷史的沉重反思使得這一代人的歷史觀充滿宿命的色彩。

對這一代人的人生觀、文化觀、歷史觀影響最大的思想家，無疑是魯迅。他們中的許多人都是從讀魯迅的書開始探求人生真諦、思考民族命運的。這似乎與下面這一歷史事實有關：在「文革」的荒漠中，除了「紅寶書」，就只有魯迅的書可以鑽研了。魯迅與這一代人有緣。然而，到了新時期，許多的禁區都被衝破了，許多思想家的書都擺在那兒可以供人選擇了，這時，為什麼這一代人仍執著於從魯迅的書中汲取智慧？答案只有一個：「大家同是二十世紀的中國人，面臨著同樣的歷史任務，面對著同樣的文化背景，肩負著同樣的歷史使命，我們必然有類似的追求、探索、思考，類似的矛盾與痛苦。」[1]一九八一年，在紀念魯迅誕辰一百周年之際，學者錢理群激動地寫道：「魯迅早就期望他的、以及同類的『改造民族靈魂』的文學，隨著民族的新生，『和光陰偕逝』，然而，直到今天，卻依然如此『新鮮』。這是怎樣的一種歷史現象與文學現象？是我們民族與文學的幸與不幸？……」[2]這段文字中已浸透了對歷史的沉重思考。

魯迅的遺產是豐富的。值得注意的是，這一代人對「絕望中抗戰」這一精神的強烈認同。錢理群（儘管他出生於一九三九年，但他在精神上和治學道路上，與這一代人相同）、王曉明都對此做過精闢的表述。錢理群認為：「這『絕望而反抗』的『悲壯』精神，是《野草》、也是魯迅作品的基本精神。」[3]王曉明也認為：魯迅的精神就是「不期速勝，甚至不期必勝的戰鬥精神，用他自己的話說，就是『絕望的抗戰』精神。」「當理性思考不足以支撐自己的時候，他就更多地依靠自己的人格，動員起全部的感情、氣質和精神習慣，以整個靈魂來鑄造吶喊的文字。這就是『絕望的抗戰』的真正涵義」。[4]「絕望的抗戰」，凝聚了魯迅研究中國歷史與社會

1 錢理群：《心靈的探尋》封面語，上海文藝出版社一九八八年版。
2 〈「改造民族靈魂」的文學〉，《十月》一九八二年第一期。
3 《心靈的探尋》，第五十七頁。
4 〈現代中國最苦痛的靈魂〉，《所羅門的瓶子》，浙江文藝出版社一九八九年版，第二十五、三十頁。

的全部感慨。為什麼魯迅以「改造國民性」為己任卻少有意氣風發的吶喊，更多的是深重的歎息？太多的悲劇教訓他：只能做「絕望的抗戰」！

所以，錢理群、王曉明都注意了魯迅的犧牲意識。魯迅曾在《野草・復仇》裏，把「死亡」描寫為「生命的飛揚的極致的大歡喜」。也對許廣平說過「希望生命從速消磨」的話。錢理群一方面注意到了：「魯迅的『自我犧牲』意識，從根本上說……具有道德的崇高性」，另一方面也認定：這種意識「顯然帶著某種病態的自虐傾向。」[1]何況他目睹了那麼多的鮮血與黑暗！王曉明也注意到：「他從來就有一種犧牲精神，為了換得民眾的覺醒，他願像《死火》中的火那樣，哈哈笑著墜下冰谷。但隨著靈魂裏『鬼氣』的日益瀰漫，他這犧牲的熱情卻大大減弱了。群眾自己寧願忍受嚴寒，他又何必向冰車做自殺式的突擊？他當然不會就此罷戰，仍然勉力去背負黑暗的閘門，但同時，他卻必須要找到一種依據，來強制自己繼續去充當犧牲。」[2]正視慘澹的人生，使許多人頹唐了、麻木了。魯迅卻執著於「絕望的抗戰」！這是理性也無法解說的意志力、崇高情感。

小說家韓少功也這麼評說魯迅精神：「他看透了許多事情，有時裝糊塗，有些事情看起來沒有意思，可他還是去辦。」並讚歎道：「真正偉大的人格就是既看透了一切又充滿著博愛。」[3]韓少功從《回聲》到《爸爸爸》，著力剖析著阿Q不死的幽靈，表達著他對一種悲劇宿命的無可奈何的理解：「《爸爸爸》的著眼點是社會歷史，是透視巫楚文化背景下一個種族的衰落，理性和非理性都成了荒誕，新黨和舊黨都無力救世。」[4]

還不僅僅是魯迅的啟迪。還有面對歷史的沉思。王曉明的《追問錄》就是他讀史的筆記。他從歷史中讀出了一系列發人深思的問題：為什麼先秦諸子都習慣於從人心的陰暗面去理解世事？「在他們對人心的這種過

---

1 《心靈的探尋》，第一〇八、一〇九頁。
2 〈現代中國最苦痛的靈魂〉，《所羅門的瓶子》，第二十頁。
3 林偉平：〈文學和人格——論作家韓少功〉，《上海文學》一九八六年第十一期。
4 〈答美洲《華僑日報》記者問〉，《鍾山》一九八七年第五期。

份重視背後，是否正隱藏著某種有關中國思想史起源的秘密呢？」「那些越來越溫良的君子風度，那些越來越謙和的打躬作揖的笑臉，恐怕大多數都是別有用意，是被周圍的險惡人心逼出來的吧？」[1]一九八〇年代中期，「知識分子的獨立人格」曾是思想界的一個熱門話題。巴金的《隨想錄》發出了「我懺悔」的痛切之聲，王蒙的《活動變人形》則被看作是「審父意識」的結晶。[2]在他們之前，張賢亮於一九八〇年就最先在《土牢情話》這部力作中拷問了知識分子的懦弱靈魂，展示了這種懦弱的全部悲劇力度。但似乎只是到了王曉明的《追問錄》這兒，才將痛切的反思一直突進到了中國知識分子的「集體無意識」深層。太邪惡的現實擠扁了知識分子的靈魂，是歷史最沉痛的啟示之一。

又不僅僅是歷史的啟迪。最真切的感受必來自現實的無情教訓。

這裏有昨天的教訓：「一部五四以後的中國思想文化史，就是中國知識分子互相殘殺的歷史……結果如何呢？一大批民族的精英被『消滅』了，劫後倖存者也都大傷元氣（這才是真正的『自毀長城』！），我們的民族因此而一再失去了『騰飛』的大好時機」！因此有了這樣的「隱憂」：「知識分子真的掌了權，實現了『專家治國』，又怎樣呢？會『一切都好起來』麼？我看（不如說擔心）未必。」[3]

還有今天的悲涼。王富仁（他與錢理群一樣，在精神上與這一代人相通）指出：「中國現代知識分子這種深層心理的自傲和淺層心理中的自卑的畸型結合的心理特徵，還將維持相當長的一個歷史時期……中國是一個人口眾多的落後國家，知識分子地位的每一次實際的提高，都會有更大的社會成員湧進這個社會階層，並很快會超過中國社會對它的實際的需求，這時，知識分子階層與政治、與廣大社會群眾的固有矛盾便會重新變得顯豁起來，知識分子在這種矛盾面前的軟弱無力便會再一次表現出來，並且這種軟弱感一定會轉移成知識分子階層內部

1 《上海文學》一九九〇年第十一期。
2 劉心武：〈地球村・審父・自剖〉，《當代》一九八六年第四期。
3 錢理群：〈由「歷史」引出的「隱憂」〉，《上海文論》一九八九年第三期。

矛盾的加劇，構成知識分子階層內部的自耗性鬥爭（非學術性的或實質上非學術性的鬥爭）。知識分子的實際地位又會出現暫時下降的趨勢。」[1]這一點，即為一九八五年以後「文化低谷」的猝然出現所證實，以致於「窮得像教授，傻得像博士」成為廣為人知的順口溜，又為近年一些藉文學評論作整人大棒的嚴峻事實所證實。

應該指出的是目前對文化人構成的最大挑戰來自「文化低谷」。這種挑戰不僅僅是商品經濟鐵的定律對文史哲這些古老學科生存的嚴重威脅，還來自作家和評論家對「嚴肅文學」、「純文學」自身生命力的悲觀展望中。兩年前，黃子平就悲觀地預言：文學將從大眾文化、紀實作品和哲學幾個方向流失。最近，韓少功也悲歎：「小說似乎在逐漸死亡。」「小說的苦惱是越來越受到新聞、電視以及通俗讀物的壓迫排擠。小說家們曾經虔誠捍衛和竭力喚醒的人民，似乎一夜之間變成了庸眾……但小說更大的苦惱是怎麼寫也多是重複……小說的真理是不是已經窮盡？」[2]評論家劉納在一篇追懷唐弢先生的文章中也坦率地寫道：「我不可能成為唐老師那樣的人。這不單因為我無法獲得他那樣深厚廣博的學識，也在於我已經不能像他那樣體認文學研究工作的崇高性質……『專家』二字對我已經沒有什麼吸引力了。」[3]黃子平、韓少功、劉納，這些在新時期的文壇上曾經意氣風發、激揚文字的文化精英，才過了幾年，就對自己為之奮鬥了多年、並將整個青春年華都為之奉獻的事業表示了絕望：既是對它的生命力的懷疑，也是對它的價值的懷疑。當前的文壇上，已經很少讀到他們的作品了。如果說韓少功還從史鐵生和張承志的作品中發現了文學存在的最終的、也是唯一的理由是「使人接近神」（從文學走向宗教——我想起黑格爾在《美學》第一卷中的斷言：「最接近藝術而比藝術高一級的領域就是宗教……這種從藝術轉到宗教的進展可以說成這樣：藝術只是宗教意識的一個方面。」而「絕對心靈的第三種形

---

1 〈中國知識分子的文化心態〉，《上海文論》一九八九年第三期。
2 〈靈魂的聲音〉，《小說界》一九九二年第一期。
3 〈落帆的印象〉，《收穫》一九九二年第五期。

式就是哲學……藝術和宗教這兩方面在哲學裏統一起來了」。[1]這種進程，連同黃子平所關注的文學流失於哲學中的進程，實際上似乎仍然是文學消亡的進程）。人們辛辛苦苦創造了文學，可到頭來卻疑惑：在現代消費社會中，在「速食文化」的喧囂聲中，文學有什麼用？許多作家下海經商去了，無論他們怎麼解釋，也無法不使人感受到文人經商這一事實本身帶給人的悲涼意味。這一代人當初為文藝正名、為人道主義之魂復歸、為思想啟蒙的神聖事業吶喊、搏擊，卻不想突然間衝到了一條絕路（？）上！一代人的奮鬥，終於得到的只是一個虛無的「了」字麼？青春被「文革」埋葬了，但希望的火種還不曾熄滅。到了中年，奮鬥獲得了成功，卻與幻滅感不期而遇！

難怪季紅真會在一篇散文中長歎：「今生已勞累得夠了，何必再要來世？」[2]難怪顧城會在離群索居的海島上寫下這樣的詩：「我本不該在世界上生活／我第一次打開小方盒／鳥就飛了，飛向陰暗的火焰／我第一次打開」！[3]

凡夫俗子縱慾到極點，會厭世，會瘋狂。文化精英思考到極點，也會厭世——叔本華、尼采、沙特、陀思妥耶夫斯基、魯迅……都走過這麼一條歷程。宿命的力量呵！

不過，也許，世界永遠不會像思想家們憂患得那麼糟，正如世界也永遠不會如理想主義者們期望的那麼美好。「絕望中抗戰」不僅僅是一種與生俱來的使命感的驅使，不僅僅是意志強力的顯現，也是一種心理平衡的需要。

1 《美學》第一卷，商務印書館一九七九年版，第一三二——一三三頁。
2 〈瀟湘之旅〉，《芙蓉》一九九二年第四期。
3 〈失誤〉，《香港文學》一九九一年第十一期。

張承志的信念是：「真正高尚的生命簡直是一個秘密。它飄蕩無定，自由自在，它使人類中總有一支血脈不甘於失敗，九死不悔地追尋著自己的金牧場。」（《金牧場》）

史鐵生也認定：「純文學是面對著人本的困境……這一層面的探索永無止境，就怕有的人一時見不到它的社會效果而予以扼殺。」[1]「不是讓這樣的火就是讓那樣的火耗去我們的生命。……這預言，總在靈驗。世世代代這預言總在應驗總在應驗。一輪又一輪這個過程總在重演。」[2]永恆的問題對人類已不新鮮，可對每一個人卻永遠具有新的意義。無論如何，只要你活著，「該幹什麼還得幹什麼」。（《來到人間》）——這也是一種宿命、一種前定！現代哲學已由對「目的」的關注轉向對「過程」的思考。既然生命只是一個過程，歷史也只是一個過程，與其被虛無窒息，何如做「絕望的抗戰」？！

這是一種信念，一種別無選擇的選擇。

柳蘇先生告訴我們，多年前，香港一位小說家就引述了許多西方作家的見解，認為：「小說開始在世界各國衰微了」，「小說在垂死中」。可十多年過去了，小說仍未死去。[3]也許，十多年這個時間段並不能最終使人拒絕「小說的末日」的預言。但有一點可以肯定：只要這世上還有生存的困惑，還有傾訴的慾望，還有筆墨和稿紙；還有層出不窮的作家，文學便不會壽終正寢。

正是在這種意義上，我想說；那些至今固守著文學的陣地、並已決心把一生奉獻給文學的作家，他們的奉獻也是一種犧牲，一種殉道。

四十多年前，美國作家威廉·福克納在接受諾貝爾文學獎的講壇上，莊嚴地說：「我拒絕接受人類的末日。……人之所以不朽，不僅因為在所有生物中只有他才能發出難以忍受的聲音，而且因為他有靈魂，富於同

1 〈答自己問〉，《作家》一九八八年第一期。
2 〈《務虛筆記》備忘〉，《小說界》一九九二年第三期。
3 〈雜花生樹的香港小說〉，《讀書》一九九二年第十期。

情心、自我犧牲和忍耐的精神。詩人、作家的責任正是描寫這種精神。作家的天職在於使人的心靈變得高尚，使他的勇氣、榮譽感、希望、自尊心、同情心、憐憫心和自我犧牲的精神——這些情操正是昔日人類的光榮——復活起來，幫助他挺立起來。」[1]

二十年後，蘇俄作家索爾仁尼琴也在同一個講壇上缺席宣讀的題為〈為人類而藝術〉的演講辭中重申了陀思妥耶夫斯基的一句話：「世界將由美來拯救」。他堅信：文學和藝術能拯救多災多難的二十世紀。「在藝術中蘊藏著一股奇異的力量；它能教人不局限於一己狹窄的經驗而排拒他人經驗的影響。在人與人之間，在人生短暫的旅途中，藝術使他得知他人在生活經驗中所遭受的一切；它重創他人肉體忍受的經驗和痛苦並容許此種經驗為人們所吸取」。而且，「文學……能夠把人類經驗濃縮了的精華傳諸後世，使成為民族底活的記憶。它真實地保存了民族過去的歷史。是以文學和語言保持了民族的靈魂」[2]。因此，文學的消亡是不可想像的。即使在現代化高度發達的西方，文學的生命力依然強大。

這一代人把青春奉獻給了文學。他們的作品已作為當代民族靈魂的探險記錄鐫刻在了史冊中——這一事實本身就是令人欣慰的。

應該有人總結這一代人的奮鬥，寫出這一代人的心靈史。

這一代人的犧牲將永放光芒！

原載《文藝評論》一九九三年第三期

---

1 《美國作家論文學》，三聯書店一九八四年版，第三六七——三六八頁。

2 陳映真主編：《諾貝爾文學獎全集》第四十四卷（之一），臺灣遠景出版事業公司一九八二年版，第九、一六——一七頁。

這一代人的分化

新時期思想溯源：叛逆的星火

新時期思想解放風潮的源頭何在？即使在世人的記憶中，它似乎是一場突如其來的燎原大火，但任何燎原大火也都來自星星之火。所謂「風起於青蘋之末」。

儘管由於種種條件的限制，我們一時還不可能飽覽當代中國思想巨變的全景，但從現有的思想史料來看，至遲在一九七〇年代初林彪出逃的「九・一三事件」前後，懷疑「文革」、懷疑「假馬克思主義」、對封建法西斯專制不滿的地火已在運行了。

張志新、遇羅克的事蹟早已為人熟知了。他們只是憑著樸素的良知，還在「文革」之初就表示了對「打倒一切」和「血統論」的懷疑，並為此而犧牲。李九蓮也是在「文革」武鬥、整人的血泊前因恐懼而猛醒的，並開始思考「既然是搞社會主義，為什麼人們逐漸陷入痛苦和貧困」、「活著有什麼意義」之類問題。[1]

---

1 參見胡平的報告文學：〈中國的眸子〉，《當代》一九八九年第三期。

在「現代迷信」的瘋狂中，樸素的良知是覺悟的星星之火。

但只是在「九・一三事件」之後，當代人的覺悟才發生了某種飛躍——從樸素的不滿走向深刻的思索和理論的探討。小說家鄭義回憶道：「……特別是九・一三事件，三叉戟的爆炸像驚雷一樣震撼著我們，任何辯解和記詞都掩蓋不住那使人靈魂顫慄的閃光！一場深刻的精神危機降臨了！」他開始了流浪，隨身帶著馬克思、費爾巴哈、赫胥黎的書。[1]也正是在這樣的「精神危機」背景中，產生了一批「地下沙龍」。楊健的「長篇紀實報告」（也是一部文學史料）《文化大革命中的地下文學》記述了他們的活動。從書中披露的史料來看，有兩點特別具有叛逆的定義：一是傳閱「內部讀物」（從「蘇修文學」——具有人道主義精神的文學——到政治、哲學方面「供批判用」的「異端著作」）——這一行為與「大學毛澤東思想」的時尚形成強烈的對比，並具有傳播西方文化的歷史意義。正是在「內部讀物」的薰陶下，產生了「地下文學」（「地下文學」有兩點格外引人注目：一是回歸批判現實主義的傳統，如畢汝協的《九級浪》、趙振開的《波動》等；二是營造現代主義的「象牙之塔」，如北島、顧城、芒克、多多的「朦朧詩」。——這兩點恰好成為後來的新時期文學主潮的先鋒：「傷痕—反思文學」、「新寫實小說」實際上都是批判現實主義的碩果；「朦朧詩」、「新生代詩」、「新潮小說」則是現代主義的碩果），為新時期文學開闢了道路；二是探討「中國未來的命運」——從「社會主義應該怎麼搞」這樣的政治課題（這課題直至一九九〇年代還是一個「摸著石頭過河」的問題）到「合理的利己主義」這樣的倫理課題（令人想起一九八〇年代初《中國青年》雜誌組織的人生意義大討論中的有關命題），這樣的理論探討顯示出「歷盡苦難癡心不改」的使命感（這種使命感又是現代主義不能包容的）和「重新選擇生存的峰頂」（北島詩句）的悲壯情懷。

1 〈感謝你！大地和海洋〉，《中國青年》一九八〇年第七期。

甚至在四川萬縣那樣僻遠、閉塞的地方，也產生了「馬列主義研究會」那樣的組織。成員之一的牟其中在一九七四年寫下〈中國向何處去？〉一文。十八年後，已成為中國著名「大款」的他回首往事：「那是我與生俱來的對於自己國家命運的一種關心和關懷。我這個人富於挑戰性，不怕，什麼都不怕。……我開始認識到：這個社會在根本上出了問題……我們貓在屋裏專心研讀馬列原著，最後得出的一個結論是：『一個文化大革命的發動者和一群御用文人，用假馬克思列寧主義在欺騙中國人民。』」他因此而被捕入獄。[1]

在「紅色司令部」的權力鬥爭陷入僵局，世人也都以「看透了」的目光坐等「文革」這齣鬧劇如何收場時，一批熱血青年、「民間思想家」卻開闢了新的道路：走出「現代迷信」，走向思想解放的新時期。由此可見，「四五運動」的爆發就絕非偶然了。後來的思想解放運動驟然燎原也是絕非偶然的了。

就這樣，這一代人翻開了當代思想史上嶄新的一頁，那上面赫然寫著兩個大字：

叛逆。

這是良知向強權的挑戰。

這是個性向專制的衝擊。

這是世紀末的希望之光。

---

1 呂明方：〈苦難的力量：他從四川中部走來〉，《海上文壇》一九九三年第二期。

叛逆的三種姿態：「地下文學」啟示錄

叛逆，是這一代人的旗幟。聚集在叛逆的旗幟下，他們才完成了「四五運動」和「新時期思想解放運動」兩項偉業。然而，事實又表明：這一代人的叛逆幾乎是從一開始就呈現出各不相同的個性形態。不言而喻，不同的個性是不同的心理素質、不同的人生道路、不同的文化背景……種種複雜因素結構而成。通過對「地下文學」部分作品的實際研究，我們不難悟得思想的奇蹟、文化的啟迪。

先來看看靳凡的小說《公開的情書》（《文化大革命中的地下文學》一書中沒有記下這部名作，是個缺憾）。這部小說初稿完成於一九七二年。小說的作者是北大學生，「文革」初期即因「白專問題」挨批。他由此而尋找批判的武器，並與友人一起一邊研讀哲學，一邊討論中國的前途。《公開的情書》正是對那段讀書生活的回憶結晶。小說中寫道：「儘管我們被封閉著、被束縛著、被剝奪著、被種種勢力包圍著，我們仍然要拼命睜大眼睛去觀察、尋找和發現世界上我們同時代人在自然科學和社會科學各個領域裏所取得的有歷史意義的進展。其次，我們要有繼承和利用人類幾千年積累的知識文明的魄力和能力。」他們的強烈信念是：「在我們這一代人中間將會產生出無愧於我們時代的政治家、思想家、科學家和藝術家。」他們一面看量子力學、仿生學、控制論的書，一面「從現實的痛苦追溯到理論……熱烈地討論著黑格爾和存在主義。我們深知理論的危機植根於一個時代的哲學之中。」「我們追求的永遠是一代人的命運。一代人的出路，實質上就是尋找祖國和社會的出路。」[1]——這裏燃燒著現代青年理想主義的激情火焰。他們用現代科學和哲學的成果豐富了自己的頭腦，又將自己的探討與祖國的前途緊

[1] 《十月》一九八〇年第一期。

密相聯。他們的理想是崇高的，但已與那個時代官方的要求大相徑庭。他們的追求富於現代意味，又足以使人想到中國傳統儒家「士不可以不弘毅，任重而道遠」的偉大精神：憂國憂民，積極進取，「自強不息，終日乾乾」。

再來看看趙振開（北島）的小說《波動》。這部寫於一九七四年的作品具有多方面的現代意味：從思想主題上對荒謬感、非理性思潮的確認到藝術上的探索性。「咱們這代人的夢太苦了，也太久了，總是醒不了，即使醒了，你會發現準有另一場噩夢在等著你。」「意義，為什麼非得有意義？沒有意義的東西不是更長久一些嗎？比如：石頭……」「哼，偉大的二十世紀，瘋狂、混亂、毫無理性的世紀，沒有信仰的世紀……」「納粹執政期間，大多數德國知識分子都拒絕合作。關鍵是中國老一代知識分子從來沒有形成一個強有力的階層，他們總是屈從政治上的壓力，即使反抗，也是非常有限的。」「而對所謂正常的生活來講，瘋狂則是一種對立，對立則是美的。」[1]——主人公蕭淩這些痛苦的思想句句切中了世紀病的要害，令人想起魯迅的話：「人生最痛苦的是夢醒了以後無路可走」，想起雅斯貝斯的話：「歷史不時表現為一團烏七八糟的偶然事件」[2]，想起拉美特里的話：「理性是大多數人所不能把握的……社會的根本基礎是偏見和謬誤」[3]，想起莎士比亞的名言：「人生不過是一個行走的影子……它是一個愚人所講的故事，充滿著喧嘩和騷動，卻找不到一點意義。」（《馬克白》）……《波動》是迷惘與絕望情緒的結晶，是作者心靈的創傷永無痊癒之日的證明，也是當代中國「信仰危機」、「世紀末情緒」的悲涼預言，同時，也使人感受到道家精神的復歸：苟全性命於亂世，從憤世嫉俗走向玩世不恭……

最後看看顧城的詩作。顧城也參與過「四五運動」，並寫過不少「直面人生」的詩（如〈兩個情場〉、〈眨眼〉、〈遠和近〉等等），但耽於尋夢的童心和安徒生的影響卻使他選擇了這麼一種活法：「且把擱淺當作寶貴的小憩，／也不要去隨浪逐波」（〈銘言〉），「把我的幻影和夢／放在狹長的貝殼裏／……沒有目的／在藍天

1 《長江》一九八一年第一期。
2 〈人的歷史〉，《現代西方史學流派文選》，上海人民出版社一九八二年版，第三十七頁。
3 〈心靈的自然史〉，《十八世紀法國哲學》，商務印書館一九六?年版，第一八八頁。

中蕩漾／……睡吧！合上雙眼／世界就與我無關……」（〈生命幻想曲〉），從《文化大革命中的地下文學》中「知青『幼稚病』與童話詩」一節中披露的史料來看，這種具有濃郁的唯美主義傾向的「童話詩」曾為不少文學青年所迷戀。無力與邪惡抗衡，就營造心靈的「象牙之塔」，在心造的幻影中尋覓詩意與夢境。這是別一種「為人生而藝術」的姿態：無意「干預生活」，只是「慰藉心靈」。這種姿態有點像莊子的「逍遙游」，像陶淵明的「桃花源」，又與林語堂的「人生藝術化」追求、與荷爾德林、海德格爾「人詩意地居住」的境界悠然神通。

以上，便是叛逆的三種姿態：入世、憤世抑或遁世？

作家和詩人們似乎只是偶然地表現了自我。然而思想史的發展表明：三種姿態都是對知識分子文化傳統的繼承，也於冥冥中開闢了新時期思想史的基本路向——

靳凡的理想主義後來在張承志、梁曉聲、柯雲路、朱蘇進那兒得到了延續：《北方的河》、《今夜有暴風雪》、《新星》、《炮群》都是當代理想之歌的名篇。

趙振開的批判現實主義則在「傷痕—反思文學」（以《傷痕》、《回聲》、《在社會的檔案裏》為代表）和「新寫實小說」（以《風景》、《虛證》、《故鄉天下黃花》為代表）中得以發展——需要提請注意的是：批判現實主義文學思潮在新時期文壇上的聲勢明顯大於理想主義思潮。如果撇開藝術風格的差異不談，「新潮小說」中絕大部分作品依然是批判現實主義思潮的延續：《爸爸爸》、《上下都很平坦》、《黃泥街》、《死》（陳村）這一類作品的主題情緒依然是憤世，是幻滅。

而顧城的遁世之念則在汪曾祺的《受戒》、賈平凹的《商州初錄》、阿城的《棋王》、李杭育的《最後一個漁佬兒》、史鐵生的《我與地壇》那樣一批「尋夢」之作中繼續發揚光大。值得注意的是：隨著一九八〇年代「港臺文學熱」的興起，遁世傾向迅速贏得了廣大文學青年。在社會走向現代化、世俗化的大趨勢中，人們日益遁入詩意和夢幻的境界，在「武俠熱」、「言情熱」、「散文小品熱」、「卡拉ＯＫ熱」中尋覓慰藉，堪稱文化奇觀。

三種姿態，都是對黑暗時代主流文化的背叛，都是對「假馬克思主義」的背叛。同時，三種姿態本身又構成互為矛盾的發展態勢，體現了天差地別的價值取向：在積極入世與冷峻憤世之間，在積極入世與悄然遁世之間，在冷峻憤世與悄然遁世之間……是儒家思想與道家風度的碰撞，是理性與非理性的衝突，是傳統道德與現代觀念的分野。

不同的個性選擇了不同的活法。誠如費希特所言：「你是什麼樣的人，你便選擇什麼樣的哲學。」[1]因此，亦如威廉·詹姆士所言：「哲學史在極大程度上是人類幾種氣質衝突的歷史」[2]。

這樣一來，我們便明白了：這一代人的分化早就是命中註定的了。新時期文化思想多元的格局早在「文革」中就有了雛形。

人生意義大討論：「自我」再次登上歷史舞臺

個性解放，曾經是「五四」的主題。後來，由於歷史的原因，這個主題似乎消失了。然而，個性並沒有泯滅，它不過是從歷史的前臺退入了後臺。隨著社會矛盾的激化和「信仰危機」的出現，個性的火種在一顆顆青春的心中復燃了，在一個個「地下沙龍」中昇華了，但只有到了新時期，個性解放才在適宜的精神氣候中彙成燒荒的野火。

1　引自〔蘇〕阿爾森·古留加：《康德傳》，商務印書館一九九七年版，第四十五頁。
2　《實用主義》，商務印書館一九七九年版，第七頁。

談到思想解放運動，人們不會忘記「實踐是檢驗真理的唯一標準」的大討論。這場發生於一九七〇年代末的大討論是當代思想解放運動的第一聲春雷。它為人們早就開始了的「懷疑假馬克思主義」的一系列疑問提供了理論的武器。只是，人們在高度評價那場大討論的歷史意義時，卻忽略了另一次大討論的歷史意義——我指的是《中國青年》雜誌一九八〇年組織的「人生意義」大討論。如果說「真理標準」的大討論是思想解放的春雷，是為改革開放開闢新路，具有政治上的偉大意義；那麼，「人生意義」大討論則是為個性招魂的吶喊，是為個性解放打開了閘門，具有倫理學方面的轟動效應。沒有政治上的改革，就不會有思想解放運動風雲際會的壯觀；同樣，沒有倫理觀的變革，也不會有文化多元化格局的形成。政治改革，是政治家高瞻遠矚的決策；而倫理觀念的變革，則是社會青年痛苦求索的結晶。

《中國青年》於一九八〇年第五期刊發了署名潘曉的來信〈人生的路啊，怎麼越走越窄……〉。信中傾訴了一個普通青年理想被無情的現實擊毀的苦悶和迷惘：「我眼睛所看到的事實總是和頭腦裏所接受的教育形成尖銳的矛盾……周圍世界並不像以前看過的書裏所描繪的那樣誘人……社會達爾文主義給了我深刻的啟示……人都是自私的……都是主觀為自我，客觀為別人。」這樣的想法在當時無異於「異端」，又的確是許多青年的真切體驗。如果說，遇羅克的抗爭還是捍衛馬克思主義的行為，那麼，潘曉的苦悶卻有明顯的「異端」傾向：接受冷酷的社會達爾文主義。

潘曉的信如一石激起千層浪。一場「人生的意義究竟是什麼？」的大討論也全面展開。《中國青年》連續七期編發了五十餘篇來稿來信，其中，相當大一部分的基調是：理解潘曉，同時又曉之以積極奮進的道理，鼓勵潘曉自強不息。這一部分稿件多以自己的親身經歷證明人生的意義在於將自己的奮鬥與國家的前途聯繫在一起，至今讀來，依然感人至深。這一部分稿件繼續了《公開的情書》的人生觀。

而最引人注目的則是兩種「異端」：一種是趙林的主張——〈只有自我才是絕對的〉。他認為：「自私首先是一種自我發現：個人意識到自己的價值，意識到『我』的重要意義。」「狂熱產生於遺棄自我，悲觀失望也產生於對自己估量不足。……快去發現自己吧，快去讓個體的能量全部釋放出來吧！」這種人生觀，既是他人生痛苦求索的結論，也是西方文化思潮影響的結晶——趙林在文中特別提及了存在主義、社會達爾文主義、叔本華和尼采的哲學給予他的巨大教益。趙林的見解理所當然地受到了尖銳的批評。然而，從思想史研究的角度來看，趙林的文章是當代「自我中心論」的第一篇公開宣言。「自我中心」一直被認為是醜惡的思想，但趙林卻闡發出「發現自我」、「硬漢性格」的積極內涵。（而趙林本人也通過個人奮鬥成為學有所成的青年學者。）一九八〇年代初思想界、文藝界「沙特熱」的興起和一九八〇年代中期「尼采熱」的高漲，以及「發現自我」、「自我設計」、「自我完善」成為廣大青年的熱門話題，也似乎無意中證明了趙林的見解具有相當的代表性。從討論的情況看，趙林的見解似乎是孤立的，然而，從時代精神發生巨變的角度看，趙林的見解又頗具典型意味。

還有一種「異端」便是「公私兼顧」的主張：雪華認為：「應當肯定『合理為己』的道德觀……這種道德觀的主要要求就是不損人」；常謝楓提出「在利他中利己，在利己中利他」的口號；馬定榮認為：「『人活著是為了使別人生活得更美好』固然不失為一種理想的人生觀，但目前大多數人做不到。」曠洋、鄭寧也主張：「請不要用未來局限現在。」——這種主張力圖走一條折衷的道路，似乎也更具有務實的色彩。這種「公私兼顧」的倫理觀與車爾尼雪夫斯基的「合理的利己主義」是相通的。（事實上，在「文革」中的「地下沙龍」裏，「合理的利己主義」已經為那時的文學青年所接受。對此，《文化大革命中的地下文學》第八十六頁上即有記錄。）在當代中國，這種「公私兼顧」的倫理觀實質上仍然是為個性的回歸提供理論依據。因此也已普遍為當代人所接受。一個最明顯的例子便是：「大公無私」的口號已從現實生活中慢慢弱化，「兼顧國家、集體、個人三者利益」已成為現行政策的一個基本立足點。

潘曉的悲觀頗有點憤世的意味。而大討論的基調則是積極的——無論是以鄭義為代表的理想主義、還是以趙林為代表的「自我中心主義」抑或是以雪華為代表的「合理利己觀」，都充滿了建設新人生觀、新倫理觀的思想活力。

那麼，文藝界又是怎樣一種景觀呢？

在詩歌界，北島、顧城等青年詩人在七〇年代末颳起了「朦朧詩」的旋風。他們的主張是：「詩必須從自我開始。」[1]由此產生了「新的美學原則」——「不屑於做時代精神的號筒」，「不屑於表現自我感情世界以外的豐功偉績」。[2]這樣的美學遭到了猛烈的抨擊。可詩歌創作卻勢不可擋地沿著「表現自我」的航道衝向了新詩創作的新時代。

再看看小說界。早在一九七〇年代末的「傷痕—反思文學」中，人道主義的思想主題就主要是通過一曲曲個性的悲歌而得以展示的，從《李順大造屋》、《啊！》到《我愛每一片綠葉》；到了一九八〇年代初，《迷亂的星空》、《新來的教練》、《赤橙黃綠青藍紫》、《在同一地平線上》等一批作品則從凡人小事中發現個性的閃光，為真誠而殘缺的個性唱一曲理解之歌。

——就這樣，在一九八〇年，在「人生意義」大討論、「朦朧詩」大論戰和小說界「個性歸來」的創作思潮之間，我們看到了新的時代精神：一九八〇年代，是個性張揚的年代，是自我重新登上歷史舞臺呼風喚雨的年代。

---

1 引自宋耀良：《十年文學主潮》，上海文藝出版社一九八八年版，第五十三頁。
2 孫紹振：〈新的美學原則在崛起〉，《詩刊》一九八一年第三期。

當代個性主義面面觀

個性的復歸，使新時期文化充滿了活力。文化與文學發展的多元化，從思想史的角度看，是各種觀念的百家爭鳴，而從心理學的角度看，其實是各種個性的百花齊放。理論家們從國外拿來了沙特和尼采，尼采的名言「上帝死了」和沙特的名言「決定論是沒有的——人是自由的，人就是自由」[1]廣為流布。文學青年們傳誦著《紅與黑》和《老人與海》——評論家許子東曾在〈當代中國青年文學中的三個外來偶像〉一文中描述了中國青年作家從當年崇拜保爾・柯察金到新時期迷戀於連・索黑爾的精神旅程：「一九六六年以後中國紛亂的現實，給保爾式的英雄主義以絕大的諷刺和打擊（先是學雷鋒的標兵紛紛成為保皇派，後來各派紅衛兵又都成了社會的『處理品』），與此同時又給于連式的『以惡抗惡』的個性主義抗爭以合適的溫床……後者居然漸占上風……這是當代中國青年文化思潮發展的第二階段，是以人道主義個性解放觀念檢討反思乃至拋棄集體主義犧牲精神的一個階段，是從信仰古典主義英雄走向模仿現代主義的一個中間階段。」[2]《人生》中的高加林、《在同一地平線上》中的「孟加拉虎」、《赤橙黃綠青藍紫》中的劉思佳、《迷亂的星空》中的顧志達、《新來的教練》中的谷中，這一批多多少少具有于連氣質的當代青年形象集中湧現於一九八〇～一九八三年的中國文壇，似乎偶然，又絕非偶然。他們或不擇手段，只要成功；或孤傲不群，我行我素；他們的胸中，激蕩著躁動的熱血；他們的性格，充滿了誘人的魔力。耐人尋味的是：這些形象都引起過爭議，而他們的結局也和他們的

---

1 〈存在主義是一種人道主義〉，《外國文藝》一九八〇年第五期。

2 《文藝研究》一九八八年第三期。

先驅于連差不多——失敗。按理說，于連式的悲劇該具有警世的意義吧？然而，當代青年偏偏喜歡海明威的名言：「一個人並不是生來要給打敗的，你盡可把他消滅掉，可就是打不敗他。」（《老人與海》）成敗繫於天定，繫於運氣，但冒險、奮鬥的過程卻充滿了魅力。當代人不以成敗論英雄，他們只欣賞「硬漢」。指責？讓人們去說吧！于連式的形象依然層出不窮——從張承志的《北方的河》到朱蘇進的《絕望中誕生》直到一九八○年代末興起的「留學生文學熱」（查建英的《到美國去！到美國去！》中的伍珍最典型，還有曹桂林的《北京人在紐約》、劉觀德的《我的財富在澳洲》、周勵的《曼哈頓的中國女人》、俞黑子的《柏林的跳蚤》等作品中的主人公），都可以作證。

（我知道，《北方的河》、《柏林的跳蚤》與《絕望中誕生》、《到美國去！到美國去！》在人生境界方面不可同日而語——前者富於使命感、自尊心，而後者則多一些「惡魔」的氣質。然而，另一方面，它們也都是「個人奮鬥」的歌，都是孤獨而高傲的個性與命運抗爭的歌，這也是灼然可感的。）

個性、奮鬥，是當代青年的人生信條。然而，高加林、「孟加拉虎」式的不擇手段畢竟為公德所難容。這些憤世者是「馬基雅維利主義」的傳人。他們，還有《浮躁》中的雷大空、《絕望中誕生》中的孟中天，命中註定要失敗，也許不僅僅是作家良知的有意安排，也是現實人生的必然結局——社會不會容忍個性的惡性膨脹。

那麼，理想主義者的命運又如何？

《北方的河》、《金牧場》是理想主義的壯歌。面對著一九八○年代多變的風雲、多變的新潮，張承志堅守著「為人民」的陣地。但他為什麼會發出這樣的浩歎：「已經沒有等待你的空白，沒有空白了／該是一支靜歌，路已經不復存在」！（《錯開的花》）儘管他終於在西海固找到了他的精神歸宿——哲合忍耶教，但他的悲哀是無邊無際的：他與世紀末的世俗化潮流格格不入。除了尋找生命中輝煌的「美麗瞬間」，他看不到理想主義者的出路。

柯雲路呢？他筆下的李向南憑藉堅強的後盾，在古陵縣施展了青年改革家的抱負，可一回到京都，就只有做一名旁觀者的份兒了。從《新星》的大快人心到《京都》（三部曲只完成了兩部，第三部的出版似乎仍遙遙無期）的惶惑蒼涼，也足以耐人尋味。一九八九年，柯雲路出版了《大氣功師》，宣佈了他新的理想：「想創立一種新的宇宙——人生觀」，想超越現有的一切（從財產關係到社會秩序、從倫理道德到思維方式）。到了一九九一年，又出版了《新世紀》，仍在宣傳佈道他的啟示錄。可以把《大氣功師》、《新世紀》看作《新星》精神的變相承襲，同時又何嘗不可以視之為《新星》精神的某種終結？——李向南由改革者到旁觀者的心靈旅程其實也是從成功走向幻滅的歷程吧。

還有朱蘇進。他塑造了一批理想主義的軍人形象，從《引而不發》中的西丹石到《炮群》中的蘇子昂，都具有極好軍人素質，渴望在戰爭中施展才華、建功立業。可他們偏偏窩在和平年代裏。聽聽蘇子昂的喟歎吧：「唉，還沒有開始，就已料定會失敗。……我明知會失敗，還是要開始，開始進入『慢慢地消失』這條道路。」時代就是這樣嘲弄了他的英雄氣質的：「路盡頭，只有家。」奈何！

張承志、柯雲路、朱蘇進不約而同地書寫了《公開的情書》的續篇，又不約而同地在續篇中注入了悲涼之霧，值得注意。「文革」的鬧劇嘲弄了一代人天真的理想。世俗化的年代則不動聲色地為最後的理想主義者佈設了沉沒的泥潭。

對「尋根派」的興衰也不妨作如是觀。「尋根派」有感於「種的退化」，要從歷史的雲煙中尋回祖先的精魂，可結果呢？韓少功的《爸爸爸》、《女女女》浸透了對文化的絕望；李杭育的《最後一個漁佬兒》、《珊瑚沙的弄潮兒》、《沙灶遺風》寫的全是「最後一個」浪漫主義者的幻滅情懷；阿城的《棋王》何等淡泊，又何等蒼涼；賈平凹的《商州初錄》中那份追尋古風的陶然到了兩年後的《商州世事》中已演變為人心不古的感慨；莫言的《紅高粱》多麼瀟灑、多麼酣暢，可到了《狗道》中，英雄一世的余占鼇不也發出了「乏透了」的悲鳴麼？

原來激情總有退潮時。「尋根」的式微看來不僅僅是文學觀念急劇變化的必然，也是生命意志、個性定律的註定，是世俗化的時代風氣消磨英雄氣概、理想主義的必然。如果說，「尋根熱」的退潮也意味著從歷史中尋找英雄夢的幻滅，那麼，「粗鄙風」在一九八〇年代後期的風靡文壇則是英雄夢幻滅以後在絕望中縱慾狂歡的絕妙象徵。

最後，讓我們來看看遁世者。

從顧城的「童話詩」到汪曾棋的「憶舊小說」，從賈平凹的筆下那些古樸的山民、道士形象到阿城筆下「待在棋裏舒服」的王一生，從王安化筆下那些在精打細算中有滋有味過著小日子的「庸常之輩」到池莉筆下那些「熱也好冷也好活著就好」的小市民……還有散文界中「周作人熱」、「梁實秋熱」、「林語堂熱」、「豐子愷熱」的長盛不衰，詩歌界中追求「純詩」的「新生代詩」追求悠然境界的詩作（如韓東的《明月降臨》、柯平的《車至剡溪下游突然想起李白》、牛波的《不碎的雨珠》、《另一條河流》、西川的《鴿子》、小君的《節日上午》、《去青青的麥田》、大仙的《聽蟬》等等──其中飄浮著古樸、寧靜的氣息，一些篇章使人想起臺灣大詩人余光中的「新古典詩」《蓮的聯想》）……有的遁入斗室，有的遁入古籍，有的做白日夢，有的追憶往昔──也不管是務實的平民心，還是務虛的仙風道骨，都不外是在浮躁的時世營造淡泊的心境。隨著社會進入小康，人們開始追求閒適、追求人生的藝術化境界。由此可見，遁世的傾向還會蔓延。相形之下，「文革」的血淚、新時期的沉思彷彿已成為遙遠的歷史了，雖然那一切才不過是一、二十年前的事情。真是滄桑巨變啊！

這便是當代思想史的奇觀：除了逍遙的遁世者以外，理想主義者和憤世的奮鬥者都遭到了命運的嘲弄。這使人不禁想起魯迅、周作人、林語堂有關「中國根柢全在道教」的論述……

正是在這樣的思想背景下，「世紀末情緒」瀰漫了開來：絕望、迷惘、玩世不恭、粗俗放縱的悲涼之霧，遍被華林……它是西方「世紀病」與道家消極處世、玩世哲學的混血兒。

「上帝死了。」自我便成了新的上帝。接下來便想自由自在、為所欲為。早在「文革」的黑暗年代，便有被傷害的青年看破了紅塵，放縱了野性向命運復仇──《波動》、《黑玫瑰》、《在社會的檔案裏》、《血色黃昏》都是幻滅、苦悶、放縱、自瀆的血淚記錄。隨著時光的流逝，這樣的悲劇似乎已被淡忘了。生活安定了，生活輕鬆了，又產生出「無聊的悲劇」──從劉索拉的《你別無選擇》到徐星的《無主題變奏》直至王朔在一九八〇年代末以《橡皮人》、《頑主》、《玩的就是心跳》嘲弄了一切、撼動了整個文壇、風靡了一代文學青年！個性的張揚反而格外使人感受到現實之網的束縛和人生的無聊，因此要麼幹什麼都沒勁，要麼就縱慾。在掙脫了黑暗的重負以後，人們又嚐到了「生命中不能承受之輕」的苦澀滋味。公平地說，「世紀末情緒」是深刻的。它建立在對人的存在的荒謬性深刻洞見的基礎之上。然而，放縱就能使人獲救麼？玩世不恭常導向自瀆、自戕——也就是說：個性張揚到極致，便是個性的毀滅。個性主義，本來是一種人道主義，它意味著人的自立、自尊、自強。然而，我們卻不能不面對這樣的事實：個性主義膨脹的結果，本身又可能異化為消蝕公德的毒素。正因為如此，羅素才在《西方哲學史》中指出：「每一個社會都受著兩種相對立的危險的威脅：一方面是由於過分講紀律與尊敬傳統而產生的僵化，另一方面是由於個人主義與個人獨立性的增長而使得合作成為不可能，因而造成解體……」「真理不再需要請權威來肯定了，真理只需要內心的思想來肯定。於是很快地就發展起來了一種趨勢，在政治方面趨向於無政府主義，而在宗教方面則趨向於神秘主義……結果無論在思想上還是在文學上，就都有一種不斷加深的主觀主義；起初這是作為一種精神奴役下要求全盤解放的活動，但它卻朝著一種不利於社會健康的個人孤立傾向而穩步前進了。」[1]也正因為如此，倡導「人是自由的」的沙特才特別強惆：「人可以做任何選擇，但只是在自由承擔責任的高水準上。」「存在主義的核心思想是什麼呢？是自由承擔責任的絕對性質。」[2]還是正因為如此，中國的思想家們努力以「使命感」、「理性主義」、「新儒家」、「愛的哲學」、「終極關懷」之類話題去引導個性張揚的洪流，去遏制個性膨脹的勢頭，他們的努力意義深遠，然而也畢竟是極其有限的——在一個禁慾的時代過去後，必然會是一個縱慾的時代，而歷史的發展，也從來不依思想家的一廂情願而轉移……

1 《西方哲學史》上卷，商務印書館一九六三年版，第二十三、二十頁。
2 〈存在主義是一種人道主義〉，《外國文藝》一九八〇年第五期。

就這樣，個性解放的時代精神驅使這一代人加速了分化的進程，這種進程令人眼花繚亂的景觀昭示了當代思想史變幻莫測的發展前景……當評論家們都注意到了：「文革」後成長起來的更年輕的一代人都醉心於物質享樂而不大關心「使命感」和「終極關懷」之類話題時，當社會學家告訴我們：一些發達地區的青年文化明顯帶有港臺淺層文化色彩（《中國社會科學》一九九〇年第五期上李國森、李子彪的調查報告《廣州市初中學生文化探討》可以作證）時，當「全民經商」與「文化低谷」、「教育危機」同時成為熱門話題時，思想史的路標將指向何方？

二十世紀，中國天翻地覆，一百年中，動盪的年代占了絕大的比重。未來的二十一世紀呢？圓了現代化之夢以後，「世紀末情緒」會煙消雲散嗎？

原載《文藝評論》一九九三年第六期

「知青族」的旗幟

笛卡爾認為，為了達到真理，一個人必須在一生中有一次把他以前所抱的種種看法通通拋棄，重新取得一套有系統的知識。

——盧梭《愛彌兒》

這是一個歷史的課題：知青文化對於二十世紀後半期中國大陸思想文化的巨變具有怎樣的意義？

一九六八年十二月二十二日，《人民日報》公佈了毛澤東的「最新指示」：「知識青年到農村去，接受貧下中農的再教育，很有必要。」一場千百萬知青上山下鄉的高潮因此高漲。「在短短的一兩年時間裏，幾百萬紅衛兵變成了青年農民。許多人在響應偉大領袖號召的時候是那樣的虔誠……還有的知青以為他們像當年的革命家一樣，到農村去撒播造反的火種，『組織起千千萬萬的工農大軍』。很少有知青能夠想到，他們不過是『文化大革命』的犧牲品」。歷史已經證明：「六十年代末的上山下鄉洪流，很大程度上應當說是一種迫不得已的權宜之計……既然無法用經濟手段解決政治和就業問題，又不可能讓千百萬紅衛兵成為無業遊民，採用強制性的政治手段就成為當時唯一可供選擇的方案。」[1]就這樣，純潔的烏托邦夢想與無情的現實發生了劇烈的衝撞。這種衝撞導演了無數的悲劇與喜劇，產生了深遠的歷史效應——從一九七八年至一九七九年間的「知青大返城」到一九八〇年代「知青作家群」的崛起直至一九九〇年代初「知青文化熱」的興盛……

這樣，知青文化便成為一座橋樑：從忠誠的「紅衛兵」到叛逆的思想者的橋樑。

這樣，知青文化便成為一面旗幟，從狂熱到絕望再走向希望的旗幟，當代人精神流浪的旗幟。

這樣，知青文化便成為一個標本：極左思潮由盛而衰、思想潮流由一元到多元、價值觀念從一極走向多極的一個標本。

而知青文學又是知青文化的絕妙結晶。因此，通過知青文學洞悉知青文化的豐富與蕪雜，便成了一個令人感興趣的話題。

從狂熱到絕望

狂熱與絕望，是人生情感的兩極。但「文化大革命」的風雲變幻，卻使一代人在極短的時間內從狂熱走向了絕望，從愚忠走向了叛逆。

知青作家鄧賢在長篇紀實《中國知青夢》中記錄了一代知青從狂熱走向絕望的苦難歷程。其中關於「北京五十五」的描述就很具有典型意味：他們早在一九六六年初冬就帶著「紅衛兵運動向何處去」的問題考察了西雙版納，並經過充分準備後，於一九六八年二月奔赴雲南邊疆（早於毛澤東發佈動員令整整十個月）．

---

1 火木：《光榮與夢想》（中國知青二十五年史），成都出版社一九九二年版，第一二〇、一七三頁。

但沒過幾個月，這些熱血青年就消沉了：極端困苦的生活，極度原始的勞作，極其可憐的收穫逼使他們正視嚴酷的真理——僅憑著理想是不行的。冷酷的現實比火熱的理想更強大。不久，他們就先後悄悄地離開了雲南。

「紅衛兵」發起人之一的卜大華也於一九六八年去陝北插隊。他後來回憶說，「當初，我是從『天上』看世界，到了陝北的山溝溝，住進破窯洞，我第一次發現，中國還有這麼落後、貧窮的地方！那些曾為革命灑過鮮血的老紅軍、老貧農，仍在吃糠咽菜，看到這些，我流下眼淚！還搞什麼『文化大革命』，和人民的願望相去十萬八千里！這時，我是站在地上看世界，在這裏，我發現一種與城裏人的狂熱膜拜相對照的普遍心理：農民在迷信中忍耐，在保守中緘默。這不正是我們民族的精神重負嗎！迷亂的時代多麼需要清明的理性呀！我從那虛幻的天上落下來了。……我找生產隊長，提出治窮要靠機械化，山區要發展林業，不是靠什麼『大批促大幹』。這是我用自己的頭腦思索後得出的結論。」[1]——貧窮的現實擊退了狂熱，貧窮的現實催生了理性之思。從這層意義上說：貧窮的土壤也是思想解放萌芽的基礎。

貧困的現實不僅擊毀了狂熱的夢想，甚至危及了他們的生存。一九七二年，知青家長李慶霖冒死上書毛澤東，傾訴知青的苦難——「分得的口糧年年不夠吃，每一個年頭裏都要有半年或更多一些日子要跑回家裏吃黑市糧過日子。……不僅口糧不夠吃，而且從來不見分紅，沒有一分錢的勞動收入」。這便是知青的生存危機。這種生存危機使廣大知青不得不直面生存的艱難，不得不品味生命的蒼涼。儘管毛澤東讀過李慶霖的信後指示「統籌解決」，但在「文化大革命」那樣一個國民經濟瀕於崩潰的歷史條件下，知青的貧困生存狀態不可能從根本上得到改善。

[1] 黃際昌，張平力：〈第三次抉擇〉，見周明主編《歷史在這裏沉思》（五），北嶽文藝出版社一九八九年版，第九五至九六頁。

除去貧困的威脅，還有知青與農民間的鴻溝在知青心中產生的幻滅感。《南京知青之歌》的作者任毅回憶道：下鄉不久，知青就感到當地農民並不歡迎他們。一九六九年夏（正值「九大」開過，「文化大革命」取得「決定性勝利」之際），失望的情緒在知青中瀰漫開來。這種情緒構成了《南京知青之歌》的主旋律：「啊，未來的道路多麼艱難，曲折又漫長，生活的腳印深淺在偏僻的異鄉。跟著太陽出，伴著月亮歸，沉重地修理地球是光榮神聖的天職，我的命運。」這旋律竟很快唱遍大江南北，又神奇地被莫斯科廣播電臺傳向了世界。「這裏既沒有豪情壯志，也沒有宏大理想，它只是表達了一種思考情緒，表達了知青作為一種非工、非農、非軍、非學的特殊階層的強烈失落感」[1]。感傷、歎息這些似乎早已被革命風暴埋葬掉的「小資產階級情調」就這樣悄悄回到了知青的心中；強烈的失落感、「非工、非農、非軍、非學」的「局外人」、「零餘者」心態就這樣成為現代荒謬感、絕望感的先聲（儘管知青們當時不可能接觸西方現代主義思潮）。歷史證明：「世紀末心態」在「文化大革命」中已經產生。

甚至不僅僅是不歡迎的問題。在中國農村，正是封建特權對人性的恣意蹂躪給了知青致命的一擊，使他們中不少人或自暴自棄、在瘋狂報復的變態心理驅使下走上反社會的絕路，在打架鬥毆、偷盜搶劫中宣洩瘋狂；或悲觀絕望，千方百計走上逃亡之路——從裝病到自殘，從走後門到出賣靈魂與肉體……在沒有民主與法制的黑暗中，知青運動很快分崩離析。由各奔前程的私逃到一九七八年西雙版納十一萬知青的大請願、大罷工、大逃亡，並進而引發了全國知青大返城，使知青運動終於在一九七九年打上了休止符。

此外，「文化大革命」風雲的變幻莫測也觸發了一代人的「信仰危機」——荒唐的政治騙局毀滅了一部分人，也成就了另一部分人。看破荒唐以後，知青們開始以叛逆者的姿態或嘲弄，或批判極左思潮——有的以篡改「革命歌曲」為樂事，直至變「革命歌曲」為下流小調（這方面，知青作家喬瑜的小說《孽障們的歌》堪稱

---

[1] 任毅：〈一首知青歌，九年鐵窗味〉，《海南紀實》一九八九年第七期。

典範。這種變「神聖」為「調侃」的心態，實開「王朔熱」的先河）；有的敢於質疑當時的金科玉律，大發異端之論。《中國知青夢》就記載了後來的知青返城運動領袖凌衛民的異端思想——還在一九七二年的「批林整風」運動中，他就在大會發言中口若懸河地論證了「英雄創造歷史」和「人民創造歷史」都是真理，這在當時顯然是大逆不道的。而凌衛民當時也肯定不會料到：在新時期史學界撥亂反正的思潮中，歷史學家們也會圍繞「誰是歷史的創造者」展開激烈的論爭……[1]

這樣，由於生存危機與精神危機的重負，由於理想與現實的巨大反差，知青文化便在「文化大革命」後期譜寫出了文化轉型的新篇章．儘管當時的主流意識形態還是極左思潮的一統天下，但「知青文學」卻開拓了精神的處女地……

「知青文學」的先鋒

「知青文學」是「文化大革命」結束後一九八〇年代文學的奇蹟。整整一代知青作家在「傷痕文學」的暴風驟雨中崛起於文壇。大江東去浪淘沙，文學新潮此起彼伏，文壇上也有了「各領風騷三五年」的說法。但「知青文學」卻從一九七〇年代末到一九九〇年代不斷產生優秀之作，幾度掀起「知青文學熱」，堪稱奇蹟。張承志、梁曉聲、鄭義、孔捷生、阿城、韓少功、李杭育、王安憶、陳村、王小鷹、張抗抗、史鐵生、陶正、葉辛、馬原、張煒、矯健、陸天明、陸星兒、曉劍、盧新華、李曉、柯雲路、李銳、老鬼（馬波）、鄧賢、朱曉

---

1 黎澍先生就指出過：「人民群眾是歷史的創造者」是蘇聯的提法，而馬克思、恩格斯的提法是：「人們自己創造自己的歷史」。見丁守和等〈黎澍學術思想述略〉，《中國社會科學》一九八九年第三期。

平、喬瑜、郭小東……他們是兩千萬知青的代表．他們的作品在當代文壇建起了一座不朽的紀念碑——「知青文學」。

但不應該忘記那些在「文化大革命」中就真實地記錄下知青苦難的「地下文學」作品。在這方面，楊健的《「文化大革命」中的地下文學》一書具有寶貴的史料價值。從書中披露的史料來看，「林彪事件」以後，「返城風」悄悄颳了起來，動亂的年代耗盡了人們的心力，知青們渴望寧靜的生活。一批純淨、奇麗的「童話詩」應運而生——「讓我躺在白雲上做一個夢吧／我——想——你」（《夢之島》）；「當然，誰也不知道明天／明天將從另一個早晨開始／那時我們沉沉睡去」（《無題》）。這些知青寫下的「童話詩」與八十年代風靡大陸的臺灣校園歌曲、席慕蓉的詩歌在精神上何其相似！

這是濾去了狂熱的純淨與唯美。

還有驅逐了狂熱的冷漠與迷惘——例如根子（岳重）的詩〈三月與末日〉：「……既然他浩蕩的血早就沉溉／既然他，沒有智慧／沒有驕傲／更沒有一顆驕傲的心／那麼，我的十九次的陪葬，也卻已被／春天用大地的肋骨搭成的篝火／燒成了升騰的煙／我用我的無羽的翅膀——冷漠／飛離即將歡呼的大地……」這種現代主義的詩，這種混合著冷漠、迷惘、憂傷情緒的詩在知青中相當流行。由芒克（姜世偉）、根子和多多（栗世徵）為骨幹的「白洋淀詩派」因此成為「朦朧詩」的先鋒。芒克、多多到了八、九十年代仍然繼續寫作，證明著「地下文學」與「新時期文學」的某種精神血緣聯繫。趙振開（艾姍、北島）的小說《波動》、王某某的小說《一年》都瀰漫著冷漠與迷惘的寒霧。《波動》中的蕭凌飽經磨難，理想幻滅以後，無比悲涼地感歎：「咱們這代人的夢太苦了，也太久了，總是醒不了，即使醒了，你會發現準有另一場惡夢在等著你。」「哼，偉大的二十世紀，瘋狂、混亂、毫無理性的世紀，沒有信仰的世紀……」《一年》中也有一句話：「知青是大地的流浪者」——這些，都是知青走向絕望的血淚結晶。但《波動》、《一年》的敘事筆調又富於傷感色彩，所以，也與麻木、冷酷的境地相去甚遠。在絕望中還真情不滅，是許多「知青文學」作品的一個基本特色。

《波動》、《一年》是批判現實主義精神的回歸，也是一九七〇年代末「傷痕文學」的序曲。批判現實主義是良知不滅的證明，從狂熱中猛回頭，思想者化痛苦為憤怒、為感傷。

此外，還可以從「知青文學」中找到「痞子文學」的源頭。神聖感幻滅以後，有的人痛不欲生，也有的人開始調侃神聖。這種調侃集中體現在篡改革命歌曲上。例如：《我們走在大路上》原是一首豪邁的進行曲，經知青中的調皮鬼一改，就變成了「我們走在大路上，迎面走來一群姑娘，有的瘦得像猴子，有的胖得像豬一樣……」[1]這當然是一種被苦難扭曲的畸形「創作」，也昭示了一種不健康的性心理，但無論如何，它開了一九八〇年代末王朔「痞子文學」的先河。（筆者當年下鄉時，也聽見過知青傳唱《紅色娘子軍連連歌》、《金日成將軍之歌》的篡改版，調侃取樂。）換個角度看：在一個動輒得咎的年代，在一個人人自危的年代，知青改寫「革命歌曲」也算得上是膽大包天了——在潛移默化中，這種調侃的心態無疑消解了神聖也消解了緊張。

還應該提到知青中的通俗文學，《「文化大革命」中的地下文學》中就記述了在文化生活極度貧乏的年代，知青說書藝人的脫穎而出。北京知青章海善於說書，從古典話本《武松》、《兒女英雄傳》到當代小說《野火春風斗古城》、《紅岩》，還有手抄本《林強海俠》。一九七五年，他在北京讀到香港新武俠小說《碧血劍》、《陸小鳳》，很快便在知青中傳講開來……由此可見，在「文藝是階級鬥爭的工具」說橫行的年代，知青卻走向了通俗文學。不難想像，在那樣的歲月中，通俗文學給了苦難中的知青以怎樣的精神食糧。而當我們聯繫到一九八〇年代中期台港通俗文學在大陸的風行，我們也會發現，知青文學中也早就萌發了通俗文學的嫩芽。通俗文學在知青中的流行也於無形中消解了「幫派文藝」的影響。

以上，便是「文化大革命」中知青「地下文學」的多元景觀。它們在黑暗的年代裏開出了一片片精神的處女地，成為在精神荒原中點燃批判現實主義、現代主義、唯美主義乃至世俗主義多盞燈火的火種。它們的流行

1 馮水木、馮至誠：〈長歌當哭〉，《龍門陣》一九八八年第一期。

昭示了多元文化魂歸神州的原始圖景，昭示了人類文化傳統不會泯滅的偉大定律。另一方面，它們又是那個年代裏公開出版的另一種「知青文學」（長篇小說《征途》、《鐵旋風》、長詩《理想之歌》）的對立面。另一種「知青文學」因為迎合了主流意識形態的需要，寫階級鬥爭，塑造知青英雄，至今似乎已為歷史所遺忘，但是，其中迴響著的理想主義豪情到了八十年代又獲得了新生……

因此，得出下面的結論就是十分自然的了——「知青地下文學」中，已經孕育了「文化大革命」後思想解放、文學自由的種子。知青文化，也因此而成為當代文化從一元走向多元的標本。

一九八〇年代「知青文學」的壯麗圖景

一九七六年，「四人幫」覆滅，「文化大革命」結束，與此相應的，是思想界、文學界對「文化大革命」的清算與反思。於是，有了「傷痕文學」，有了「反思文學」……

「傷痕文學」是苦難記憶的寫照，是憤怒岩漿的噴發——盧新華的《傷痕》、孔捷生的《在小河那邊》、陳村的《我曾經在這裏生活》、張抗抗的《愛的權利》、盧勇祥的《黑玫瑰》……都是血淚的控訴，又都富於濃郁的感傷色彩。極左思潮葬送了一代人的青春，一代人從惡夢中醒來，卻不知該從何處討回公道！

一九八〇年代初，「傷痕文學」由於多方面的原因衰落了。但知青的控訴卻不可能劃上句號。一九八二年，馬原發表《海邊也是一個世界》，梁曉聲發表《這是一片神奇的土地》，前者壓抑、低沉，後者慷慨、悲涼，卻都是知青的悲歌。此後，梁曉聲的《今夜有暴風雪》、馬原的《上下都很平坦》都一再寫到了知青的犧牲（馬原在那部小說中寫道：「我們這夥人裏專門出冤死的鬼魂」……）。老鬼的《血色黃昏》於一九八七年問世後，也取得了轟動效應。這部「新新聞主義長篇小說」記述了作者在內蒙八年的知青生活，作品展示了知青的非人生活（「如果說知識分子是臭老九的話，那麼知識青年就是臭老十。從某種意義上說，他們的社會地位比那些老知識分子更低一等。」）——挨整、服苦役、受歧視，因此而發憤贖罪，又因此而自虐（以衣衫破爛為美、寫血書以申訴）；因此而看破了同路人的勢利與可憐，也因此而變得粗鄙、無恥、麻木、冷酷。《血色黃昏》因此也成為「知青文學」中最震撼人心的力作之一，其中對於人性扭曲過程的記錄，對心靈變態過程的分析，具有極高的心理分析價值。而其中關於知青異端思想的記錄，也是寶貴的思想史料（一九六八年，就有了「江青成了慈禧太后」的議論；一九七四年，就有了「社會上跟老師說的完全不一樣，你要真正按毛澤東思想辦事就寸步難行」，所以，「我自己就是一種信仰」的議論，有了「什麼形勢大好……工資低得要命，冤假錯案成千上萬……這政策確實有問題」的憤激之言）。

直至一九九二年，還有鄧賢的《中國知青夢》為知青的犧牲與奮鬥作證；直到一九九三年，還有李銳的《黑白》為知青模範的自殺譜寫了一曲輓歌……

控訴與批判的主題一直在延續，意味著知青心中的傷痕永難癒合！

需要強調指出的是：知青作家的控訴與批判並不只指向極左暴政。《海邊也是一個世界》和《上下都很平坦》就無情地展示了知青屈服於淫威的怯懦；《血色黃昏》就感傷地暴露了知青中的可憐蟲人性異化的靈魂——為了自我保護而出賣朋友、巴結上司（「為了一個大學名額，一項好差事，一句表揚話，人們互相爭奪，不惜打得頭破血流。……為什麼年輕人都變成這樣？為什麼？萬惡之源在哪裡？」是正義者的迷惘。「沒有怕就沒有生命……嚴格講，我們每個人都有叛徒的一面，這沒什麼可丟人的，人性就是如此脆弱。」是苟活者的哲學）……而《今夜有暴風雪》中不也有對知青在絕望中釋放罪惡能，放火、搶劫、殺人的描寫嗎？

知青心中的傷痕是極左暴政刻下的，同時，又何嘗不是人性惡的證明？

這樣，控訴就與歎息聯在了一起，批判也與自審聯在了一起。痛定思痛，知青作家敢於以決心自食的勇氣反思歷史的沉痛教訓，進而在當代青年運動史、當代思想史上刻下這一代人的人生哲思。

這樣，便有了個性的復歸——狂熱幻滅以後，猛然發現自己已一無所有，於是就重返自我的小世界：徐乃健的小說《楊泊的「污染」》就記錄了知青從「伊加利亞」生活方式轉向生存競爭的人生軌跡，面對招工、招生的有限名額，知青們不約而同地接受了「生存競爭」的社會達爾文主義，並相信：「任何人，只要他願意，就可以把某種東西變成商品，進行交換。」「時代把我們推到了這麼個原始、低級的競爭狀態中，粥少僧多，有什麼辦法？！就是我親近的人我也不讓！」這兒，已經有了一九八〇年代商品化大潮競爭喧囂的先聲。這兒的個性，充滿悲涼的意味。另一方面，王安憶的小說《六九屆初中生》也描述了個性復歸的心路歷程，卻並沒有劍拔弩張的焦灼——雯雯在生存的擠壓下從理想主義走向實用主義，凡事都要問一句「這有什麼用？」「有用的她才做，沒有用的，她則不做。」這是世俗的哲學，但王安憶卻寫出了世俗中可貴的真誠：雯雯是實用主義者，但絕不損人。她的想法是：「沒法子，我們都是小人物……只能努力為自己做一點什麼。我們很自私，可是，我們生活得很認真。」注意，正是這「認真」二字在消解了幻滅感的同時也消解了社會達爾文主義的冷酷。在一片悲涼之霧中還能認真地做人，實在難能可貴。雯雯這樣的人生哲學在當代青年中相當普遍地流行著，這種哲學在「信仰危機」的惶惑中維繫了心靈的平衡。（據《「文化大革命」中的地下文學》一書披露：一九七二年，史鐵生就與友人一起討論過車爾尼雪夫斯基的「合理的利己主義」[1]；一九八〇年，在《中國青年》組織的人生意義大討論中，也出現了「合理為己」、在「不損人」的前提下「合理為己」的主張[2]；《棋王》的作者阿城也在談及自己的知青生活時談道；「那一段生活畢竟使我開始老老實實地面對人生，在中國誠實地生活。」[3]）

從「鬥私批修」到「生存競爭」或「合理為己」——是一條重要的思想史線索。它顯示了知青中多數人從天真走向務實的心路歷程。

---

1 《「文化大革命」中的地下文學》，朝華出版社一九九三年版，第八十六頁。
2 雪華：〈為合理的道德觀說幾句話〉，《中國青年》一九八〇年第九期。
3 〈一些話〉，《中篇小說選刊》一九八四年第六期。

還有一條重要的線索是：從「改造世界」到「理解世界」。

韓少功的《回聲》為「改造世界」的狂熱唱了一曲輓歌：路大為在「文化大革命」中學習青年毛澤東的榜樣，下鄉來搞革命，可他全心全意依靠的貧下中農要麼是根滿那樣的「阿Q的子孫」，要麼是反對「破私立公」，罵他為「神經」的種田人，他耗盡心力，最後卻是鎩羽而歸——路大為的失敗很有代表性。曉劍、嚴亭亭的《世界》也凝聚了「紅衛兵領袖」吳大路在邊疆的反思：「他現在已經完全不相信自己有扭轉乾坤的力量」，巨大的精神危機迫使他發出這樣的心聲，「啊，還奢談什麼解放別人，還是先救救自己吧！」重新開始奮鬥，但不再是以救世的姿態，而是以探索者的姿態……孔捷生的《大林莽》也通過一個大林莽斷送了狂熱探路者的悲劇故事感悟人生的真諦：「人類妄想成為大自然的上帝已很久了。問題是，人不僅絕非奴隸，也不是上帝。」「據說，『人定勝天』這古訓，並非我們今日所理解的意思。何況，我們有另一句涵義更深邃的古訓——『天人合一』。」[1]梁曉聲的《這是一片神奇的土地》不也是神秘的大自然埋葬了知青的狂熱夢想的一曲輓歌嗎？理想是可貴的。青春的熱情是可貴的。想乘長風破萬里浪，可是，「你沒有舵，沒有彼岸，甚至……沒有大海」。（《世界》）二十世紀就這樣埋葬了一代人的英雄夢。這究竟是一代人的悲哀，還是時代的荒誕呢？！

承認救世之夢的不合時宜，走回到「天人合一」、「理解世界」的傳統中來，與世界達成一種妥協，是明智的選擇，也是無奈的宿命。

然而，這也還不是一切。為什麼承認了失敗，知青作家們還要為知青逝去的青春唱一曲曲真誠的讚歌？為什麼知青作家能在一次次風雲變幻、人心沉淪的時刻把理想主義的旗幟舉得更高？

例如張承志。他從一九七八年發表《騎手為什麼歌唱母親》起，就一直書寫著理想主義的篇章：《綠夜》、《黑駿馬》、《北方的河》、《黃泥小屋》、《金牧場》直至《心靈史》。知青運動失敗了，但張承志

1〈林莽和人〉，《中篇小說選刊》一九八五年第二期。

高傲地拒絕訴苦。他深深地懷念在社會底層堅忍生存、默默奉獻的人民，深深懷念青春的激情與理想。他知道「為人民」的口號已不時髦，但他仍然奉之為圭臬；他知道理想主義是一朵「錯開的花」，但他堅信「我雖孤獨一人但只有我獲得了拯救。」（《錯開的花》）——他證明了民本主義與理想主義的不會消亡，以他那一部部為人傳誦的壯美之作，在悲涼的世紀末，在世俗化的大潮中，始終狂熱地為人民、為理想、為知青而歌唱，而他的狂熱也在許多青年中激起了熱烈的迴響。如此說來，誰又能斷言：狂熱已不再能撥動時代的心弦？

再如梁曉聲。一面以《雪城》、《年輪》繼續譜寫著知青的感傷之歌、壯美之歌；一面以《浮城》、《泯滅》、《龍年一九八八》、《一九九三——一個作家的雜感》敲響了世紀末的警世之鐘：世紀末的重重憂患令人焦灼。所以他說：「我的筆只有用來反映『老百姓』在現實中的生活或生存狀態之時，我才感到寫作畢竟是有些意義的。」——正是這種「為人民」的立場使他能寫出針砭時弊、批判現實的力作，奏響了正義感、使命感的時代強音。

又如韓少功。一九八五年他舉起「尋根」的旗幟，為的是在浮躁的時世裏「尋找我們民族的思維優勢和審美優勢……汲取精華，注進現實生活，光大發揚，給當代人來個扶陽補氣，益精固本」[1]。他為重新發揚楚魂的光榮呼風喚雨，不也體現出一種崇高的使命感嗎？（梁曉聲針砭時弊，是社會使命感；韓少功光大傳統，是文化使命感。）一九八六年，在浮躁的喧嘩中，韓少功重申人格的意義、知識分子素質的意義，他說：「一種偉大的藝術必定是一種偉大的人格的表現。」「人格就是作家獨到的精神境界。」「真正偉大的人格就是既看透了一切又充滿著博愛，原諒一切，寬容一切，去愛、去同情一切。」[2]這一番議論，是對文壇上矯情作派、爭權

1 〈文學的根〉，《作家》一九八五年第四期。
2 林偉平：〈文學與人格——訪作家韓少功〉，《上海文學》一九八六年第十一期。

奪利習氣的批判。一九九四年，他又在〈世界〉一文中深刻反思了文化的命運，批判當代文壇的鄙俗化、市井腔，呼喚中國文化的再生奇蹟，呼喚「真理的聲音，一種高遠澄明嘹亮的精神」重放光芒。[1]

還有史鐵生。這位在一九七二年就走向了「合理的利己主義」的思想者也在一九八六年以後走向了愛的宗教。《我與地壇》多麼寧靜，多麼深沉——淡然地接受厄運，承當苦難，需要怎樣豁達的襟懷！《隨筆十三》多麼睿智、多麼深刻：「宗教一向是在人力的絕境上誕生。我相信困苦的永在，所以才要宗教。」「知人之艱難但不退而為物，知神之偉大卻不夢想成仙，讓愛燃燒可別燒傷了別人，也無須讓恨熄滅，惟望其走向理解和寬容；善，其實僅指完善自我，但自我永無完善。」[2]這便是史鐵生的信仰：博大而不偏狹，虔誠卻不狂熱。

張承志一直是理想主義的旗手。

梁曉聲一直是批判現實的鬥士。

韓少功一直是文化傳統的守護神。

史鐵生也一直是宗教精神的播火者。

——他們的個性不同，選擇不同，卻都富於使命感，都富於理想主義氣質。世俗化的思潮愈是洶湧，他們的精英品格愈是奪目。由此可見：知青作家，是世紀末人文精神的傳人。他們的業績表明：在告別了烏托邦之夢，世人紛紛走向務實的年代裏，理想主義的火炬並未熄滅。新的理想，建立在古老人文精神的基礎上，又是當年的知青激情在焚毀了極左毒素後的涅槃。當《我與地壇》、《心靈史》、《夜行者夢語》等書在一九九〇年代初的一片沉寂中掀動了人文精神復興的大潮時，我們便不難發現：「新理想」的崛起竟是以知青作家的作品為主要標誌的。

也就是說：「知青文學」已成為世紀末人文精神復興的典型象徵。

1 《花城》一九九四年第六期。
2 《收穫》一九九二年第六期。

而最世俗的哲學與最聖潔的精神都共處於知青文化中這一現象，還能昭示怎樣的文化之謎呢？

是的，知青文化是駁雜的：世俗與理想、粗鄙與聖潔、絕望與調侃、放縱與犧牲……知青文化中都有。《中國知青夢》中的知青群像中，既有悲壯的犧牲者、深刻的思想者，也有走私和性解放的嘗試者；《血色黃昏》中的老鬼，粗魯又真誠，堅忍也脆弱；《棋王》中的王一生，散淡又認真，貧賤也柔韌……都是駁雜的證明。

讓我們再看看每一次文學潮中的弄潮兒：「傷痕文學」中的盧新華（《傷痕》）、孔捷生（《在小河那邊》）……「反思文學」中的韓少功（《回聲》）、孔捷生（《大林莽》）……「改革題材文學」中的柯雲路（《新星》）……「尋根文學」中的韓少功（《爸爸爸》）、李杭育（《最後一個漁佬兒》）、阿城（《棋王》）、王安憶（《小鮑莊》）……「性文學」中的王安憶（《小城之戀》）、鐵凝（《麥秸垛》）……「新寫實」中的劉震雲（《塔鋪》）……哪一次文學熱潮中沒有知青作家弄潮的身影？這一現象是駁雜品格的又一個證明吧：因為經歷過風雲變幻，所以練就了頑強生命力、適應力；既有謳寫懷舊的篇章，又能迎接新潮的挑戰；既懷有古老的理想，又富有現代意識（韓少功、王安憶、李杭育、張承志等人都既是「尋根派」，又是「新潮作家」；張承志、史鐵生等人的理想既古老灼熱，又充滿了現代的悲涼意味）……

所以，「知青文學」常常具有雅俗共賞的特點：梁曉聲的《這是一片神奇的土地》、《年輪》，葉辛的《蹉跎歲月》、《孽債》一拍成電視劇，便家喻戶曉。道理很簡單：「知青文學」中那濃郁的感傷情調永遠為大眾所鍾愛，也能為精英所理解。當新生代以出奇的冷漠創造出《活著》、《紅粉》那樣的藝術品時，知青作家卻以《年輪》、《孽債》重溫了永恆的感傷。

是的，感傷，古典意味極濃的感傷，也許是知青一代人最本質的情感特徵。理想的受挫、青春的苦悶、生存的艱難、命運的嚴酷……這一切在蘇童、余華、格非、呂新這些新生代作家的筆下，都冷漠無比。現代主義的荒謬感、絕望感是他們世界觀的基礎。而知青作家呢？他們中不少人也接受了現代主義的荒謬感、絕望感，陳村的《一天》、《象》，王安憶的《小城之戀》，鐵凝的《對面》，韓少功的《爸爸爸》、《女女女》，馬原的《虛構》、《西海的無帆船》……也都堪稱寒氣逼人之作。可一當他們回首知青歲月，一當他們描寫知青生活，筆調就大不一樣、境界也大不相同了——陳村的《給兒子》、《藍旗》，王安憶的《六九屆初中生》，韓少功的《回聲》，馬原的《上下都很平坦》、《錯誤》……都浸透了緬懷青春、感歎命運的感傷之情。由此可見知青作家對自己青春激情的懷戀，可見知青情結的聖潔。

以這樣的眼光看去，我們也不難發現「知青文學」中的感傷之作源源不絕：史鐵生的《我的遙遠的清平灣》、《插隊的故事》，孔捷生的《那過去了的……》、《南方的岸》，陸天明的《啊、野麻花》、《桑那高地的太陽》、朱曉平的《桑樹坪紀事》、《桑塬》，李銳的《北京有個金太陽》、《黑白》，梁曉聲的《雪城》、《年輪》……這些寫實之作從藝術手法上看去，並無多少新奇之處，但是，知青文化的蒼涼背景、知青情結的感傷情調，卻使這些平實之作具有了感天動地的巨大魅力。這些作品能在文壇上激起熱烈的反響，能在人心中撥動真誠的心弦，正是時代需要感傷、需要古老的人道主義情感的證明；從這種意義上也可以說：人道主義是「知青文學」的主旋律。

都說這是一個風雲多變的時代。時間的飛速發展似乎已把古老的一切都拋入了忘川。可是，請看看「知青文學」吧：它是古老的良知永不泯滅的證明；是人類離不開古典情懷的證明；是這一代人忘不了「文化大革命」、忘不了苦難，忘不了民眾的證明。

「知青文學」就這樣成為一面旗幟——一面世紀末風雨中人文精神巋然不動的旗幟。

結語

人間永有真情在，可是，時光無情。

知青一代已經人到中年。他們可以在一次次「知青文化熱」中唱出「青春無悔」的悲歌，但他們總有一天會老去……

會有那麼一天，「知青文學」、「知青文化」成為歷史學家、思想史家研究的話題。後來的歷史學家、思想史家，會怎樣評價這一代人的功過是非呢？

早在一九八四年，張承志就在《北方的河》開篇中寫道：「我相信，會有一個公正而深刻的認識來為我們總結的：那時，我們這一代獨有的奮鬥、思索、烙印和選擇才會顯露其意義。但那時我們也將為自己曾有的幼稚、錯誤和局限而後悔，更會感慨自己無法重新生活。這是一種深刻的悲觀的基礎。……」

一九八八年，知青作家王安憶也在與學者陳思和的對話中談道：「我們不如老三屆。他們在『文化大革命』以前受到的教育已經足以幫助他們樹立自己的理想了……可六九屆沒有理想。」「我們這一代是沒有信仰的一代，但有許多奇奇怪怪的生活觀念。」陳思和也指出：「這一代人實際上是相當平庸地過來了」，「六九屆一代人很難有浪漫氣。」「知青作家始終沒有像西方現代青年厭惡戰爭那樣去厭惡這場上山下鄉運動，沒有對它的反動本質給以充分揭露，實在是使人失望的。」[1]

到了一九九四年，知青作家張抗抗談及了知青的致命傷：「老三屆人，也許恰恰是被假馬克思主義毒害最深的一代。知識的貧乏再加思想的僵化——這或許是老三屆人真正的悲哀。」「他們中的大多數人，正在不知不覺地退出社會。由於教育和經歷的原因，他們在本質上，同商品經濟是格格不入的。」儘管她最後的話是：「我可是走不出老三屆了。」[2]

——上述議論是知青作家的自審。這種自審意識雖然已體現在《回聲》、《大林莽》、《中國知青夢》等作品中了，但再過一段時間，這種自審會超越感傷的情調深化為無情的批判嗎？（換個角度看：如果「知青文學」失去了傷感的品格，它的魅力是不是也減色不少？）

1 〈兩個六九屆初中生的即興對話〉，《上海文學》一九八八年第三期。
2 〈同「老外」談老三屆〉，《海上文壇》一九九四年第二期。

不管怎麼說，上述議論為研究知青文化、為「知青文學」向縱深挺進提供了新的思路。日後，也許會有客觀、公正、辯證的歷史結論作出——那當然不是這一代人的事了。只是，我常常想：如果那時還有「知青文學」，如果那時的「知青文學」會無比冷峻地批判上山下鄉運動的罪惡，那也一定會失去這一代人的「知青文學」的魅力吧！

而「知青文學」作為多元文化的象徵，作為古典浪漫主義的延續，作為歷史記憶的證明，對於新世紀將會產生怎樣深遠的影響，也一定會是新世紀人研究二十世紀末文化史、思想史的一個重要話題。一定。

原載《當代作家評論》一九九五年第六期

新生代的崛起

這些青年雖然血氣方剛，卻承襲了一個日益日暮途窮的世紀。這個世紀除了墮落什麼都嘗試過了。……在他們的想像中，這個時代正在分崩離析，他們對此只能聽天由命，並且應該抱著這種態度去追求一種能夠獲得片刻歡娛的文字、氣氛和韻味。他們認為只有這樣才能求得解脫。

——〔美〕齊夫《一八九〇年代的美國》

研究新生代的文化品格，是研究二十世紀末思想史、文化史的重要組成部分。新生代是如何崛起於世紀末的？他們的崛起又展示了怎樣的時代主題並且預示了怎樣的未來大趨勢？

什麼是「新生代」？

新生代，一般泛指「知青族」一代人之後的新一代。依照張承傑、程遠忠在《第四代人》一書中的劃分，他們大致出生於一九五〇年代末到整個一九六〇年代，成長於一九七六年以後的「經濟時代」。他們是「信仰危機」的產兒。因此，他們「就是一部『無主題變奏』……差異性和變易性正是這一代人的基本特徵」。[1]他們是「精神上的流浪兒」，「自我」是他們人生觀的基石，其核心就是「自我設計、自我實現、自我負責」的價值觀。[2]——這一切，使他們與知青一代區別開來。知青一代深受政治文化的薰陶，賦有強烈的使命感和鮮明的理想主義色彩。[3]「文革」的政治危機與信仰危機迫使他們走上了啟蒙之路，一遇思想解放的洪流，他們仍然以理想主義的激情投身於為民族新生而奮鬥的事業中。

然而，知青一代又不可一概而論。「知青文學」不乏苦悶、絕望、玩世之作（例如盧勇祥的《黑玫瑰》、徐乃建的《楊柏的「污染」》、趙振開的《波動》、喬瑜的《孽障們的歌》、芒克的《野事》等）。鄧賢的長篇紀實《中國知青夢》中也記載了知青中的走私潮、性解放。「世紀末情緒」早就濫觴於「文革」的極左暴政與信仰危機之中。從這個意義上說，新生代作為「世紀末情結」的典型代表，與「文革」的信仰危機也存在著顯而易見的精神聯繫。新生代沒繼承「知青族」中以張承志、梁曉聲、史鐵生為代表的理想主義思潮，和以「尋根派」韓少功、李杭育、鄭義、阿城為代表的民粹主義思潮，而偏偏認同於「世紀末情緒」，耐人尋思。

而知青一代人張辛欣、劉索拉、劉曉波、王朔（儘管他並沒下過鄉）在八十年代也成為「新生代文化」的典型象徵，也足以表明新生代與「知青族」的某種精神血緣關係。由此看去，「代溝」與其說是一個準確的社會學概念，不如說是一個大略的文化心態範疇。

新生代從「知青族」那兒繼承了以苦悶、迷惘又善於苦中作樂、開放自我為基本特徵的「世紀末情緒」，又在新的時代背景中使之更具成熟的文化品格，並創造出了全新的「新生代文化」——這種形態的文化以自我為中心，以「跟著感覺走」為旗幟，以西方現代主義、後現代主義為理論武器。這種文化對於清除極左思潮的

1 《第四代人》，東方出版社一九八八年版，第一八八頁。
2 《第四代人》，第二一四頁。
3 《第四代人》，第二六五頁。

影響，對於「改造國民性」，意義不可低估。同時，在世紀末的悲涼之霧中，它作為浮躁、迷惘心態的集中體現又迅速銷蝕了時運不濟的人文精神。

新生代崛起的歷程

回首一九八〇年代的時代風雲，一九八五年似乎是一個分水嶺：一九八五年以前，「五七族」文化精英與「知青族」精英同舟共濟，為啟蒙主義呼風喚雨，為思想解放運動推波助瀾。思想界的「李澤厚現象」、青年界的「人生意義大討論」、文學界的「傷痕文學」、「反思文學」、學術界的「文化熱」……風起雲湧，蔚為壯觀，至今令人追懷。那是一個重返「五四」的時代，清算「文革」、批判國民劣根性，為中國文化向現代化轉型上下求索，是那個時代的主旋律。雖然「朦朧詩」及「新的美學原則」在散發著現代主義的悲涼之霧，雖然「傷痕文學」中的低調之作和《在同一地平線上》那樣無奈面對現代人生無情挑戰的名作足以使人徹悟人生的悲劇底蘊，但時代的主潮是意氣風發，充滿了胡適在「五四」時期鼓吹的「少年中國精神」——理性的批評精神、冒險進取的精神、社會協進的觀念。[1]然而，誰會想到：思想解放的花朵會結出人慾橫流的果實？而改革的艱難又促成了時代心態的迷亂與浮躁。一九八五年以後，巨變天翻地覆。

本來，「五四」精神除去眾所周知的「民主與科學」之外，還有「個人自由」。當代學者錢理群、甘陽在反思「五四」時就不約而同地確認：「毫無疑問，五四的時代最強音是：『我是我自己的，誰也沒有干涉我的權

1 〈少年中國之精神〉，載《胡適講演》，中國廣播電視出版社一九九二年版，第四〇七至四〇八頁。

利』。」[1]「不首先確立『個人自由』這第一原則，談什麼科學，談什麼民主？」[2]然而，如果「自由」異化為「縱慾」、「為所欲為」呢？

但新生代又似乎有過一個美好的開頭——他們畢竟不像知青那樣在社會的底層飽嚐苦頭。「縱慾」和「為所欲為」的主題只是在一九八五年以後才瘟疫一般擴散開來的。

如果把「知青文學」比作一次衝擊波，那麼，「新生代文學」一開始卻像一陣陣春風一樣在校園裏吹皺了春水。由老愚、馬朝陽編選的大陸校園詩選集《再見，二十世紀》是一份絕好的證明。韓東的《女孩子》、薛為民的《獸牙項鏈》、張真的《橡膠林是緘默的》、孫曉剛的《中國夏裝》等篇充滿了唯美主義的欣悅，王健的《微笑》、卓松盛的《像一支小鉛筆頭》、許德民的《紫色的海星星》、邵璞的《距離在他和他們中間》等篇記下了新生代特有的憂鬱——淡淡的、莫名傷感的煩惱，而孫武軍的《誕生》、張小波的《多夢時節》又洋溢著多麼自信、浪漫的氣息。——這些寫於一九八〇年代初的詩篇與北島的《回答》、舒婷的《獻給我的同代人》、顧城的《白晝的月亮》儘管同屬「現代詩」，境界卻有溫馨與悲愴之別。「淡淡的是我們沒有潮汐漲落的血／停泊在港灣裏的乖順的慾望／以及淡淡的性格／信念／……在淡淡的時間裏，我們／一代一代／走過去／走進淡淡的遺忘」（姚村：《淡淡的美》）——一切都是淡淡的，而這淡淡的心境又與一個民族在經歷過浩劫、耗盡了能量以後的疲憊與寧靜心態多麼吻合！

另一個耐人尋味的現象是：知青出身的女作家鐵凝於一九八三年發表了中篇小說《沒有紐扣的紅襯衫》，小說以作家的妹妹為模特兒，塑造了一個新生代少女安然的形象——她「無所顧忌……不懂得什麼叫掩飾」，「靠自己的眼睛，自己的分析能力」去看世界，去我行我素地生活。小說的字裏行間流露出謹慎、世故的姐姐

1 〈試論五四時期「人的覺醒」〉，《文學評論》一九八九年第三期。
2 〈自由的理念：五・四傳統之闕失面〉，《讀書》一九八九年第五期。

對奔放、自信的妹妹的欽羡之情，使這篇小說具有了深長的象徵意味：知青一代人也嘗試著向幸運的新生代汲取人生的信念與活力了……

淡淡的心境，或者是活潑的風采——這一切直到一九八〇年代末也未曾消亡。劉西鴻的小說《你不可改變我》、曹明華的隨筆集《一個女大學生的手記》、《一個現代女性的靈魂獨白》、于堅的詩《尚義街六號》、韓東的詩集《白色的石頭》中的絕大部分作品……都可以作證。然而，一九八五年以後，浮躁、焦慮、絕望、瘋狂的主題奏響了最強音。在當年的「新潮小說熱」中，現代主義的荒謬感和絕望情緒陡然高漲。到了一九八六年，荒謬感和絕望情緒進一步強化為驚世駭俗的、金斯堡式的嚎叫：

——當年，「全國兩千多家詩社和十倍百倍於此數字的自謂詩人，以成千上萬的詩集、詩報、詩刊與傳統實行著斷裂」[1]，他們的口號是：「為了真誠，我們可以不擇手段」[2]；「搗亂、破壞以致炸毀封閉式或假開放的文化心理結構！」「一定要給人的情感造成強烈的衝擊」[3]；「新傳統主義詩人與探險者、偏執狂、醉酒漢、臆想病人、現代寓言製造家共命運」[4]；「與天鬥，鬥不過。與地鬥，鬥不過。與人鬥，更鬥不過。」於是就「撒嬌」[5]……《深圳青年報》和安徽《詩歌報》為此隆重推出「中國詩壇一九八六現代詩群體大展」。在這次大展中，有的新生代詩人為驚世駭俗而口出狂言：「真理就是一堆屎／我們還會拼命去揀」（男爵：《和京不特談真理狗屎》）；「我們把屁股撅向世界」（默默《共醉共醒》）；「魔鬼之子在投胎／那就是我

1 引自徐敬亞、孟浪、曹長青、呂貴品編《中國現代主義詩群大觀（一九八六—一九八八）》，同濟大學出版社一九八八年版，第五六〇頁。
2 同上，第七十四頁。
3 同上，第九十五頁。
4 《中國現代主義詩群大觀（一九八六—一九八八）》，第一四五頁。
5 《中國現代主義詩群大觀（一九八六—一九八八）》，第一七五頁。

們！」（海上：《野失》）「我們病了我們病了我們病了」（胡強：《在醫學院附屬醫院就診》）；「在女人的乳房上烙下燒焦的指紋／在女人的洞穴裏澆鑄鐘乳石」（唐亞平：《黑色洞穴》）……粗野、狂暴，在褻瀆詩神中盡情品嚐墮落的快感，又於宣洩苦悶中張揚赤裸的慾望。當「什麼都可能是『詩』」[1]時，當真誠、自由意味著狂亂、為所欲為時，詩也墜入了墮落的深淵。許多青年因此而逃離「現代詩」，逃向三毛、席慕蓉、曹明華。

——也是在當年，崔健以一曲〈一無所有〉、一副沙啞粗放的嗓子吼出了中國搖滾樂的第一聲，並使它唱紅了整個浮躁的大陸。「一無所有」，不僅僅是一支歌的題目，也是「生存危機」的象徵。一位學者就認為：從北島的「我不相信」到崔健的「一無所有」，正好點明了當代青年從一九七八到一九八八年十年精神歷程的主題演變。[2]——「我不相信」象徵著「信仰危機」，而「一無所有」則象徵著「生存危機」。

——還是在當年，「狂人」劉曉波在「新時期十年文學討論會」上發出了「新時期文學面臨危機」的呼叫，以偏激的姿態否定新時期文學。他的偏激之論在會上沒有得到回應，卻經由《深圳青年報》的宣傳而在廣大大學生和文學青年中激起了熱烈的反響。「中國人的悲劇就在於——缺乏『危機感』和『幻滅感』」，「中國傳統文化中反感性反悟性，造成了中國人精神上的陽萎」。而為了反傳統，「就是得把這樣一些東西強調到極點：感性、非理性、本能、肉。肉有兩種含義，一是性，一是金錢」[3]這些話與新生代的浮躁情緒一拍即合。關於「危機感」和「幻滅感」的憂患與一九八〇年代末《山坳上的中國》、《球籍》等暢銷書的主題一脈相通，也與一九八〇年代中期「社會問題報告文學」的興盛彼此呼應，而對「感性、非理性、本能、肉」的張揚也迎合了「跟著感覺走」的新思潮，並與「王朔現象」、「新寫實」小說中性與暴力、世俗化等主題心心相印。

1 《中國現代主義詩群大觀（一九八六—一九八八）》，第二六四頁。
2 劉擎：〈顫動的象牙塔〉，《當代青年研究》一九八八年第十一至十二期合刊。
3 見《深圳青年報》一九八六年十月三日。

——還是在當年，「新潮美術」也發出了焦灼的宣言：「我現在只是想把久被壓抑的情感傾泄出來……我現在酷愛畫翻滾的雲、轉動的地，來表達我這一段的情緒。」[1]「上帝死了。各種新舊偶像被劃上血紅的『×』。如何來拯救自己騷動不安的魂靈呢？……我們被一些不可理解的慾望驅使著，硬著頭皮向前走去，以期找到一個新的上帝，撫摸他美麗的臉，然後開槍打死他。」[2]「我們拒絕那些所謂『文化』，我們喜歡土地、悍氣，我們歌頌生命。我們不會創造，只會隨著自己的性子。」[3]

——而思想界的「佛洛伊德熱」、「尼采熱」不也在一九八六年達到高潮麼？在那一年，各家出版社不約而同地推出了一大批這兩位思想家的著作和傳記……

這就是一九八六年。這一年裏，一下湧現出了這麼多宣洩苦悶與焦灼情緒的理論主張、藝術宣言和文藝作品，由它們烘托出了非理性主義的時代精神。

甚至不少「五七族」作家和「知青族」作家也在這一年裏倒向了宣洩苦悶之路：寫出過《愛，是不能忘記的》和《沉重的翅膀》的張潔在這一年發表了審醜之作《他有什麼病？》；王安憶的《小城之戀》、《荒山之戀》、鐵凝的《麥秸垛》在這一年裏問世，將「性文學」推向了高潮；張賢亮寫中學生早戀的《早安！朋友》也完稿於這一年；以《透明的紅蘿蔔》飲譽文壇的莫言在這一年發表了燃燒著酒神精神的《紅高粱》，小說對「野合」的詩化與對酷刑的刻畫都曾驚世駭俗；蔣子龍終止了「改革題材文學」的創作，在這一年發表了解剖病態人生的《蛇神》和《收審記》；一九八五年還以優美的《天狗》打動人心的賈平凹也在這一年完成了他的名作《浮躁》，以此表達對社會心態的理解與憂患：「這麼些年來我們的國家浮躁著，我們的社會浮躁著，由國家、社會的浮躁引得我們每一個人……都不安，都浮躁。浮躁雖不是成熟的表

1 引自高名潞等著：《中國當代美術史（一九八五—一九八六）》，上海人民出版社一九九一年版，第二七五頁。
2 《中國當代美術史（一九八五—一九八六）》，第二八六頁。
3 〈新潮資料簡編〉（二），《中國美術》一九八六年第三十九期。

現，但浮躁是萌動，是成長，是生命的力量。……當然，這還是淺層次的浮躁，……是人的素質還低，是民族素質還低，僅僅是一個但求溫飽的素質。這真是我們先天不足。」[1]這位「靜虛村主」對時代的病態有著清醒的認識，可這也攔不住他後來抱病寫出《廢都》那樣驚世駭俗之作——這便是時代的力量。這便是宿命的力量！

所以，儘管思想家李澤厚面對劉曉波的挑戰，提倡「中國現在更需要理性」，因為「西方的『非理性』……是對過分發達的理性（例如科技）的反抗。而我們現在所面臨的，還是如何從中世紀的非科學的盲從迷信等行為方式、思維方式中掙脫出來，用科學和理性代替它們的問題」。而且，「在西方占主導地位的還是理性主義」。更重要的是，「情緒發洩完了又能怎樣？它對改變現狀並無幫助」。[2]儘管思想界、學術界中理性主義的陣容依然可觀，但是，非理性主義的「世紀末情緒」還是勢不可擋地成為世紀末的一股大潮。

新生代就這樣崛起了。

新生代就這樣登上了歷史舞臺。

歷史，再次顯示出「理性的狡黠」（黑格爾語）：當理性主義者們乘思想解放的春風播撒啟蒙的種子，期待著再次收穫「五四」精神的碩果時，他們不會想到，商品經濟大潮和非理性主義大潮會在兩、三年時間裏就席捲了他們的夢想！

---

1 金平：〈由「浮躁」延展的話題〉，《當代文壇》一九八七年第二期。
2 〈中國現在更需要理性〉，《文藝報》一九八七年一月三日。

新生代：多重面孔

每一個人都有多重面孔。同樣，每一代人也都有多重的文化品格。而這些文化品格，又常常集中體現於一代人的文學作品中。正如「朦朧詩」、「知青文學」、「社會問題報告文學」是知青一代的文化象徵一樣，「新生代詩」、「新寫實小說」、「校園隨筆」是新生代的創造。

1．「新生代詩」作為自我意識的象徵

讀徐敬亞、孟浪、曹長青、呂貴品編的《中國現代主義詩群大觀》一書，一個突出的印象是那些五花八門的「詩派」，「為標新立異而標新立異」的姿態。那些「藝術自釋」，大多是對西方現代詩歌理論的模仿之作，可詩人們卻似乎天真地相信：他們真的找到了「自我」。平心而論，「他們文學社」的形式主義主張、「莽漢主義」對「親切感、平常感」的世俗主義追求、「城市詩派」對「日常心態」的表現，都不同於「朦朧詩」對思想性、崇高美、悲劇意識的追求，因而具有相對獨特的審美意義，可「撒嬌派」、「極端主義」、「新傳統主義」以及更多空有怪誕名稱的「詩派」，他們的「藝術自釋」或者不過是信口開河的胡言亂語，或者是故弄玄虛的矯情之論。其中的多數詩派都不過是曇花一現，過眼雲煙。這種「為標新立異而標新立異」的心態顯然缺乏對藝術的虔誠，與「為藝術而藝術」的唯美主義不可同日而語，但又絕好地顯示了新生代自我意識極度膨脹的文化思潮。只是，自我意識發展到登峰造極的地步之後，難免走下坡路。顯而易見的是：當詩成為宣洩莫名苦悶的用具時，很快就失去了藝術的魅力。一九八六年是詩派林立、陣容空前的一年，也是詩歌由盛而衰的轉捩點。

形式主義（所謂「純詩」）、世俗主義（所謂「平民化」）是「新生代詩」的兩大思潮，也是「新生代詩」最顯特色的兩股思潮。而兩股思潮又正體現了「新生代」心態的深刻矛盾：形式主義意味著「貴族化」，體現了「精英意識」，又是對浮躁時世的逃避。形式主義，是「新生代」詩人自救的「象牙之塔」，也昭示了「新生代」詩人「冷眼看世界」的淡漠情懷（在這一點上，他們與「新寫實」的冷漠文風頗為神似）。而世俗主義又意味著「平民化」，顯示了「反崇高」、「反精英意識」的傾向，表現了對世俗人生的認同。走向世俗，走向粗鄙，走向自我調侃，意味著某種放鬆，某種阿Q式的精神勝利，某種忘卻苦悶、消解狂躁的無奈心境。「他們文學社」是形式主義的堅固陣地，可其中的于堅又以《尚義街六號》、《作品第五十二號》那樣的世俗化色彩極濃之作與「莽漢主義」者李亞偉的《硬漢們》、《中文系》共同渲染了平民的無奈與淡漠。這一現象堪稱奇觀——「新生代」多副面孔的奇觀。

一九八六年的騷動期過後，「新生代詩」以形式主義和世俗主義作為自己的兩個基本立足點，耐人尋味。這一現象意味著「新生代」的成熟？抑或是早衰？無論如何，趙野的《詩人》產生於一九八七年也就不是偶然的了，——詩中寫道：「請忘卻你的夢想／你的焦慮／……你當懂得平安、公正／一定是奢望／你生時卑微／死也必將屈辱」……還有唐欣的《我在蘭州三年》：「我念古文，剛好及格／做生意，幾乎賠本／……偶翻佛經，但少有所悟／……我終於明白，我不想承認／我們註定要失敗」……是的，並非偶然。「文化低谷」的驚呼正是在一九八七年開始出現的，而此時相距一九八五年文藝界的輝煌，才不過僅僅兩年！

新生代似乎太脆弱了。而這種脆弱是否又是自我意識太強的孿生兄弟呢？相比之下，「知青族」有過在民間奮鬥的經歷，「尋根派」以及張煒、張承志、麥天樞這些作家能夠歷經風雨而不被「世紀末情緒」所征服，體現了理想主義、民粹主義思潮的頑強偉力。這一現象值得注意。

2．「新寫實小說」作為絕望情緒的證明

一般都認為，「新寫實小說」標誌著世俗化大潮的高漲。事實上，「新寫實」在一九八六年以後的崛起（劉恒的《狗日的糧食》在一九八六年的發表也許是「新寫實小說」誕生的標誌），也是「世紀末情緒」風雲際會的象徵。「新寫實小說」寫「原生態」，撕破了人生的詩意，卻又與魯迅「直面人生」的人生觀和文學觀難以同日而語。魯迅憂憤深廣，在「絕望中抗戰」；「新寫實小說」卻冷漠無情，止於「絕望中靜觀」。由此可見，「新寫實小說」的天地更加悲涼。

「新寫實小說」的主要作家中，劉恒、劉震雲、方方、葉兆言、池莉是「知青族」的同齡人，而余華、蘇童、格非則是「新生代」。兩個年齡層次的人攜手開創「新寫實」大業，引人注目。偏偏又是余華以冷酷的筆觸寫下了八十年代文學中最令人毛骨悚然的一頁（《現實一種》、《一九八六年》、《難逃劫數》），蘇童以淡漠的口吻講述了「家族衰亡」（《一九三四年的逃亡》、《罌粟之家》、《妻妾成群》），「少年夭亡」（《少年血》集、《城北地帶》）的人生悲劇，格非以出奇的才華經營了八十年代文學中最神秘的一頁（《迷舟》、《大年》、《敵人》、《雨季的感覺》）……這些青年作家的力作浸透了對人性的絕望，對歷史的絕望、對命運的絕望。這種絕望迥異於那些躁動不安的「新生代詩」——那些詩中的煩躁與絕望尚有青春的特徵，而這些小說家卻似乎已看破了人生，因為飽覽了人間慘劇早已心硬如鐵！這究竟是他們的悲劇，還是時代的悲哀？余華一九八四年初登文壇時，尚且有過《星星》那樣的優美之作，而蘇童和格非則從一開始就與優美無緣。在他們的筆下，人性惡和世事莫測的宿命主題似乎總也寫不夠。相比之下，「知青族」反倒因為理想主義的激情而給人以「少年中國」的活力感覺。這樣的比較不能不使人產生欲說還休的浩歎！

余華崇拜川端康成，卻沒能進入唯美的境界；蘇童崇拜福克納，也缺乏福克納「拒絕人類的末日」的豪情；格非的小說頗得博爾赫斯的影響，又比博爾赫斯更多一層徹骨的寒意……如果說這便意味著世紀末的「中國文學特色」，那這只能是一種難以正視的巨大悲哀。

我無意於過多地責備這些青年作家。也許毛病出在這個時代——蘇童在中篇小說《平靜如水》中寫道：「一九八七年我又無聊又煩躁……」「一九八七年我心態失常」。「一九八七年是倒賣中國年」。他還在中篇小說《井中男孩》中寫道：「全要怪這個倒楣的季節。碰上這個季節你不發發瘋行嗎？」「靈虹就是給這個倒楣的季節殺死的，誰也救不了她。」這些點綴於故事中的警句絕非信筆所至，它們顯然具有批判現實的意味。只是，這種「批判」更多是立足於「逃避」（「逃避」、「逃亡」是蘇童小說中最常見的主題），而且，「最要命的是我不知道要去什麼地方」（《井中男孩》）！

難怪他們的敘事口吻那麼冷漠。難怪他們心硬如鐵！

但我還要追問：絕望真是別無選擇的宿命嗎？

我注意到余華一九九二年發表的《活著》浮現出了新的主題：活著就是希望。儘管這兒的「活著」只是「好死不如賴活著」的意思，但余華似乎正在走出冷酷絕望的巨大陰影？但願是這樣。

3．「校園散文」作為希望的寄託

讀過幾本新生代的散文、隨筆和口述實錄體作品，終於發現了希望的主題。為什麼在散文體作品中，亮色要多一些？是因為散文作者們具有較為健康的心理素質？是因為他們更多地接受了三毛散文的積極影響？抑或是因為散文註定要以希望的主題與小說中絕望的主題對峙？

由高曉岩、張力奮合寫的《世紀末的流浪——中國大學生自白》，是當代口述實錄體中具有獨特風采的一部作品。這本書真實記錄了十多位大學生「精神流浪」的體驗。其中，除了「對世上的一切不願輕信」（《我的世界不能寂寞》）、「努力不受惑」（《不會傾斜的理性》）的主題繼承了北島「我不相信」的批判精神以外，便以「渴望行動」的主題最具特色。請看：「我想去實踐」（《西藏，西藏，淨地的選擇》）；「上大學不是讀很多的書，而是做很多的事，從中體會到自己的價值」（《我的慾望號街車》）；「一個想幹事業的人，總得走出去，總得到社會上去觸摸中國的脈膊吧！」（《男孩子，女孩子》）；「我崇尚行動，我覺得我只有在行動中才有力量」。「我就是高加林……不屈服於命運，抓住一切機會實現自己的價值，永遠向著最高處自己爬上去」。「我什麼都想嘗試一下」（《為什麼為什麼流浪》）；「我的生活方式就是流動」，「一定要按照自己的想法去做，很少受外界約束」（《我是紅鼻子小丑》）；「好多同齡人在感慨徘徊中喪失了自我，我卻在實幹中贏得了自我」（《沙漠與夢想：一個校園烏托邦的實現》）；……行動，冒險，流浪，實踐：新生代不像知青一代那麼苦苦思索人生的價值，他們是「行動的一代」、「嘗試的一代」、「跟著感覺走的一代」。其中產生出一些時代英才——《我是紅鼻子小丑》的主人公牟森奮鬥幾年，已是北京小有名氣的民間導演（吳文光的紀實之作《流浪北京》中便記述了他的奮鬥），《沙漠與夢想》中的主人公潘皓波白手起家，辦起大學生經濟實體（報告文學《中國大學生》讚美了他們的業績）。是的，行動足以使人充實，使人超越苦悶。直至一九九三年中國「二十一世紀新空間」文化研討會上，「有效行動」依然是一種生命哲學的旗幟。[1]

而老愚選編的一九九〇年代「最新中國校園散文選萃」——《親愛的狐狸》則別具風采。其中有感傷，有苦悶，但六十一篇散文中卻有八篇不約而同地表達了追求唯美境界或與唯美境界不期而遇的人生體驗，使「美麗瞬間」的主題得到了鮮明的凸現。請看：「人生裏的真實都在瞬間，都在身邊呵」（杜玲玲：《茶裏洞

---

1 參見袁幼鳴：〈詩人何為〉，《鍾山》一九九四年第二期。

天》）；「如果我們用另一種藝術的態度去投入生活，帶著永遠新鮮和無邪的心，一再地欣賞和領略生命中美好的細微事物，那我們就會發現，生活中間很多人的接觸會帶來一種朦朦朧朧、解釋不清、妙不可言的體驗，它給我們片刻的溫暖，給我們幾縷回味無窮的甜蜜，給我們一種超逾有限超逾時間的永恆之美。而也許正是這些細小的美的瞬間，升高了我們人生的境界。」（陳霆：《冬夜的夢》）「平平淡淡地發生了這瞬間的迷跡。抑或平淡中藏有無比的深沉，瞬間也體現了永遠。」（劉原：《夜遊偶得》）誠然，以悲涼的目光看人世，你會覺得人生是一齣悲劇。叔本華不就在《作為意志與表象的世界》一書中將人生比作一條由熾紅的煤渣鋪成的環形跑道麼？可換個角度看人生，你也許會同意唯美主義者的人生觀：「人生不過是永恆中的一瞬，但在這短暫的瞬間也有某種永恆不變的東西……人類有意義的生活，就在於玩味、利用這每一刻稍縱即逝的知覺，在於捕捉它最強烈、最純粹的燃燒點。」[1]有些「美麗瞬間」的輝煌，可以照亮無數個漫長的平庸的日子！因此，善於發現美，欣賞美，創造美，也成為抗禦「世紀末情緒」的題中應有之義。張承志的《美麗瞬間》、史鐵生的《隨筆十三》中也燃燒著唯美主義的激情，似乎足以表明理想主義與唯美主義的某種精神之緣。而「新生代散文」中唯美主義主題的出現既是對「行動主義」的重要補充，又是對「行動主義」的某種超越。當行動碰壁的時候，善於從人生中捕捉「美麗瞬間」是平復創傷的良策；另一方面，當行動與藝術創造融為一體時，行動本身也就成為「美麗瞬間」的同義詞了。不論「世紀末情緒」的魔力有多廣多深，人並不是命定要被邪惡與醜陋擊敗的。人可以去尋找「美麗瞬間」——這也是一條自救之路。

而曹明華的隨筆集《一個現代女性的靈魂獨白》則是青春生命活力的證明和健康心理調節機制的證明。這位「校園散文家」，除了相信「我不相信」的懷疑主義外，「只信奉人類真實自然的生命的力量」（《大陸不至於再出個「瓊瑤」》）。因此，她活得開朗，活得灑脫：「真實麼，真實很好。但當這種真實露給我們一

---

[1] 〔日〕上田敏〈漩渦〉，見趙澧、徐京安編：《唯美主義》，中國人民大學出版社一九八八年版，第五一〇頁。

些生活底蘊本質的東西——平庸瑣碎之時，我寧可愛虛幻，當然是美的虛幻，是虛幻的美。而一俟這種『美』顯出它的蒼白它的膚淺之際，我便重又追尋真實……生命，便是這一個個迴旋又升騰的輪還哪！」「我信奉心靈的『得失平衡』。」「我的判斷向來憑體驗而來，我不想多信書上寫的。」（《與我同行麼》）不管書上那些絕望的「真言」，也無意於只執守某個不變的人生原則，一心只求愉快的感覺、開朗的心境。「跟著感覺走」，卻絕不走入絕望、沉淪的泥淖，這種人生哲學，其實也與唯美主義心有靈犀一點通。同時，這種人生哲學又與柏格森有關「唯一實在的東西是那活生生的、在發展中的自我」[1]的論述十分相似。曹明華的隨筆在一九八六年的風靡一時（《一個女大學生的手記》五個月內印了四次，總數達五十五萬冊之多），充分表明在浮躁的大潮之外，還有一塊溫馨的綠洲。無論曹明華是否受過三毛或者唯美主義的影響，她的作品廣為人傳誦足以表明：愈是在狂躁和絕望之潮高漲時，愈是有「三毛熱」、「席慕蓉熱」、「曹明華熱」守護著時代精神的平衡、廣大文學青年的心靈平衡。對一九九〇年的「汪國真熱」以及這些年來的「林語堂熱」、「梁實秋熱」、「豐子愷熱」、「周作人熱」的再次復興，都可作如是觀。在浮躁的時世，還有如此可觀的愛生命、愛美的健康心潮，可見「境由心造」的古訓不虛。而人類這種不甘沉淪、拒絕絕望的生命本能、這種在世風日下的歲月仍執著於美的追求的剛健心態，不也正是人類度盡劫波的希望之所在嗎？因此，誰又能說唯美主義只有頹廢的意義呢？

新生代渴望行動、追求「美麗瞬間」的獨特風采在當代文化史上具有重要的意義。他們沒有沿著啟蒙的艱難道路前行，卻以「跟著感覺走」的歌聲顯示了「改造國民性」的新希望。想想也不無道理：如果精英的啟蒙思想與大眾的生命哲學存在有一道難以逾越的鴻溝，那麼，新生代自在、灑脫的活法也許不失為一條新的通途。一九八〇年代末以後，不少啟蒙精英都重新定位，選擇了更實際、更自在的人生活法（「為學術而學術」

---

1 〔法〕柏格森：《時間與自由意志》，商務印書館一九五八年版，第一二〇頁。

或「建立知識分子的價值體系」等主張），冥冥中表示了對新生代「行動主義」人生觀的認同。這也是「理性的狡黠」、是時代的宿命使然呵。

但新生代似乎也不該止於「跟著感覺走」。感覺飄忽不定，難作人生的基石。感覺誘人上當，教訓層出不窮。如何既保持美好的感覺，又能於風雲變幻之際立於不敗之地，有賴於「新感覺」與「新理性」的結合。曹明華在一九八六年以後急流勇退，開始鑽研哲學，具有某種象徵意味。儘管這是一個浮躁的時代、行動的時代，但以長遠的眼光看它，理性終究是人類最穩固的安身立命之處。新生代已經長大。新生代也會變老。如果他們想在當代史上留下獨特的建樹，僅憑行動主義和唯美主義也許是遠遠不夠的。世紀末的流浪不會沒有盡頭。當流放者歸來的時候，他們不應該兩手空空。

……就這樣，我們匆匆觀察了新生代文化的幾個標本。由這樣的觀察也引發了如下的思考：

在舊的偶像破碎以後，當代人重新發現了自我。新生代以自我作為行動的出發點，跟著感覺走，創造了色彩斑斕、風格多變的新文化，充分顯示了青春的活力，同時也體現出青春的浮躁與矯情。跟著感覺走，有的走入了泥淖，在絕望中沉淪；有的走入了「象牙之塔」，在灑脫中新生；有的狂躁不安，過後又疲憊不堪；有的雄心勃勃，奮鬥中春風得意……新生代的新風貌是思想解放、人性解放的碩果。新生代的行動主義和唯美主義甚至對知青一代也發生了不可低估的影響，因而註定要成為一支重塑民族魂的強大力量。

另一方面，新生代飄忽不定的「新感覺」又恰好成為世紀末風雲變幻的絕妙表徵。「跟著感覺走」的口號與活法瀟灑而自信，同時又隱伏著被感覺所誤的巨大危機。中國太多的十字路口和陷阱，新生代「跟著感覺走」已屢屢受挫。由「新寫實小說」體現出來的絕望感與「王朔現象」體現出來的玩世姿態，看似相去甚遠，卻都是新生代受挫的後遺症。在一個有太多的不可承受之重負的國度，新生代「跟著感覺走」的步子也不可能一路春風。新生代反傳統的努力與強大傳統勢力之間的較量，勝負遠未見分曉。在這樣的社會背景下，玩世不恭的消極情緒的蔓延，足以令人擔憂。對此，知青一代具有清醒的警覺。他們在一九九〇年代初幾度掀起「重建人文精神」的潮汐（先是史鐵生的《我與地壇》、張承志的《心靈史》震撼文壇，繼而是王曉明、陳思和等人張揚人文精神的對話引起廣泛反響，最近又有梁曉聲批判現實力作《翟子卿》、《一九九三——一個作家的雜感》、麥天樞弘揚民粹主義精神的紀實力作《仰望大地》彙成的新風潮），再次顯示了理想主義、理性主義的頑強生命力。問題是：新生代浮躁又疲憊的心緒能因為這新的文化潮而獲得新的生命嗎？

一切，只有時間才能回答。

原載《文藝評論》一九九五年第一期

第三輯

思想與思維方式

思維方式的演化

道生一，一生二，二生三，三生萬物。

——《老子·四十二章》

對思想史的研究不僅包括對思想的研究，還應包括對思維方式的研究。特定的思想是特定的思維方式的結果。維特根斯坦說過：「當困難從本質上被把握時，這就涉及到我們開始以一種新的方式來思考這些事情」；「一旦新的思想方式被建立起來，許多舊問題就會消失。」[1] 思維方式的更新因此應該成為思想史研究的組成部分。而思想史的奇觀常常不僅體現在新思維方式催生了新的思想碩果上，還體現在「舊」思維方式的復興改變了思想史的進程上（例如西方的「文藝復興」、中國現代的「新儒家」）。「舊」思維方式是如何復興的，復興中又發生了怎樣的變異？新思維方式是怎樣產生的，它的不斷產生又如何改變了人們觀察世界、思考問題的視角與眼光？一方面，如雅斯貝斯所云：早在西元前八百年到西元前兩百年前的「軸心時代」，「不同的道

1 《文化和價值》，清華大學出版社一九八七年版，第六十九頁。

路全被試探過」[1]；另一方面，從原始思維到現代思維，從決定論思維到系統論思維，從一元論思維到多元論思維，思想家們又在不斷探索新思維上開闢出了新的天地。從這個角度看當代思想史發展脈絡的曲折變化、交叉重疊，會使我們發現一些新的思想奇觀，感悟一些歷史的玄機。

「一分為二」與「合二而一」

在毛澤東時代，毛澤東思想是指導一切的最高指示，毛澤東的思維方式也自然成了主導思維方式。

毛澤東思維方式的基本特徵是「一分為二」。在《矛盾論》中，他指出「互相對立的兩種宇宙觀」（形而上學宇宙觀與辯證法宇宙觀），認為「社會的變化，主要的是由於社會內部矛盾的發展，即生產力和生產關係的矛盾，階級之間的矛盾，新舊之間的矛盾，由於這些矛盾的發展，推動了社會的前進」[2]，「有條件的相對的同一性和無條件的絕對的鬥爭性相結合，構成了一切事物的矛盾運動」[3]。這一辯證法思想直接來源於馬克思、列寧的辯證法思想，也足以使人聯想到中外思想史上關於矛盾對立統一規律的許多精彩思想：善與惡、真與偽、美與醜、陰與陽、名與實、張與弛、尊與卑……「一分為二」的確是對無數矛盾現象的一種概括。毛澤東將這一辯證法用於指導中國革命實踐，積累了豐富的經驗，也留下了一些深刻的教訓。今天看來，教訓在於他

1 〈人的歷史〉，《現代西方史學流派文選》上海人民出版社一九八二年版，第三十九頁。
2 《毛澤東選集》（一卷本），人民出版社，一九六七年版，第二七七、二八七、三〇八頁。
3 同上。

在理論上知道「研究問題，忌帶主觀性、片面性和表現性」[1]，在實踐上卻難免「對抗是矛盾鬥爭的一種形式，而不是矛盾鬥爭的一切形式」[2]，在實踐中卻常常將共產黨的哲學簡化為「鬥爭哲學」。

歷史地看，前期的毛澤東是不拘於「一分為二」的思維方式的。寫於一九二六年的《中國社會各階級的分析》便將當時的中國社會劃分為六個階級（「一分為六」）：地主階級和買辦階級、中產階級、小資產階級、半無產階級、無產階級、遊民無產者和手工業工人。站在共產黨人的立場上，他將第一階級看作敵人，將第三、四階級看作朋友，將第五階級看作革命的領導力量，而將第二階級又分為左翼與右翼。分清敵、「我」、友的思維方式表明，毛澤東的思維方式中，也有「一分為三」的思路。他在黨內鬥爭中常常注意反對左傾與右傾兩股力量，也表明了他「一分為三」的思維。《論持久戰》中對「亡國論」與「速勝論」的批判、對「持久戰」的論述，《新民主主義論》中對帝國主義文化、半封建文化與新民主主義文化的分析，也都顯示出他「一分為三」的思維方式。

到了後期，毛澤東的思維方式偏向左傾。在一九五七年《在中國共產黨全國宣傳工作會議上的講話》中，儘管他將知識分子劃成了「左翼」、「中間派」和「右翼」三部分，但他仍斷言：「就世界觀來說，在現代，基本上只有兩家，就是無產階級一家，資產階級一家。或者是無產階級的世界觀，或者是資產階級的世界觀。」[3]他關於「無產階級專政下繼續革命」的理論就建立在這樣的「一分為二」思路上。這種將中國社會十分複雜的矛盾簡化為兩個階級、兩條道路之間的不可調和的鬥爭的思路最終將中國引上了「文革」的災難。

在國內政治中，毛澤東是「一分為二」論者，但在國際政壇上，他又根據國際風雲的變幻，完成了從「兩大陣營」（社會主義陣營與資本主義陣營）經「反修」（從以蘇聯為首的東歐社會主義陣營中獨立出

1 同上。
2 同上。
3 《毛澤東選集》第五卷，人民出版社一九七七年版，第四〇九頁。

來）走向「三個世界」（以美、蘇兩個超級大國為第一世界，以西歐、日本等發達國家為第二世界，以廣大發展中國家為第三世界）的思維轉變。由此可見，「一分為三」的思維並沒有在他的腦海中迷失。他的「三個世界」理論在國際上獲得了熱烈的迴響。相比之下，他的「兩個階級」理論卻在國內的共產主義試驗中遭到了失敗。

有時「一分為二」，有時「一分為三」，這是毛澤東思維方式的一個特徵。從理論上看，「一分為二」、「一分為三」各有其不同的針對性和不同的發現，顯示出毛澤東思維方式至少具有二維性；但從實踐上看，將錯綜複雜的社會問題歸納為「一分為二」，卻顯然失之簡單化了，而強調「一分為二」的對抗性，無視「合二而一」的妥協性、靈活性，也明顯失之偏激了。一九六二年，楊獻珍針對浮誇風、共產風和瞎指揮風，提出「合二而一」論，大講「快與慢，緩與急，勞與逸，苦戰與休整，都是對立的統一。就是說，對立的雙方是不可分離地聯繫著的，抓住一頭，丟掉一頭，就是片面性，就是破壞了對立的統一的規律，同時也就是違反自然規律的」；「對立統一、合二而一，是一個意思」。對此毛澤東的斷語是：「一分為二是辯證法，合二而一是修正主義。」[1]將思維方式的分歧政治化，與將文藝爭鳴政治化一樣，都體現出毛澤東思維方式的偏頗性。——這，也是毛澤東思維方式的一大特徵。

毛澤東思維方式的偏頗性啟示我們：即使是偉大的辯證唯物論者，也難免有偏頗、偏激之見。這種偏頗、偏激的思維方式中，既有政治鬥爭的需要對清明理性的干擾，也有毛澤東個性的作用。李澤厚曾在《青年毛澤東》一文中論及毛澤東的性格特徵：「毛使運動、鬥爭成了他的身心存在的第一需要」；「他把『道德律』當做一種完全由自己作主的感性的意志力量」，「不間斷地、自覺地與天、地、人奮鬥」[2]。一個富於鮮明浪漫主義氣質的詩人（毛澤東是政治家，也是詩人），是很容易傾向於偏頗、偏激的思維方式的。

1 文聿：《中國「右」禍》，朝華出版社一九九三年版，第三八〇～三八一頁。
2 《中國現代思想史論》，東方出版社一九八七年版，第一二八、一三一～一三二、一三八頁。

毛澤東時代結束以後，思想解放的大潮勢不可擋。思想解放不僅意味著思想多元化，也意味著思維方式多元化，而在思維方式多元化的格局中，「一分為二」仍發揮著巨大的作用。例如：政治上、思想上的「凡是派」與「實踐派」之爭，「姓『社』姓『資』」之爭，「四項基本原則」與「自由化思潮」之爭；文化思想界的「全盤西化」與「新儒家」之爭，「新啟蒙」與「後現代主義」之爭，自由主義與民族主義之爭；文學界的「偽現代派」之爭，虛無主義與人文精神之爭……都是「一分為二」思維方式在新時期的延伸。不同的世界觀與人生觀、不同價值觀之間難免碰撞，不同思想之間的鬥爭是推動思想史發展的一個動力，因此，「一分為二」的思維方式便成為思想史上一個基本的思維方式。然而，在一個開放、寬鬆的年代裏，「一分為二」的思想爭鳴與鬥爭終於沒有演成「一方消滅另一方」的悲劇，又是「一分為二」的思維方式可以產生不同結果的證明。在「凡是派」與「實踐派」的鬥爭中，「實踐派」戰勝了「凡是派」，但這種戰勝卻沒有導致「殘酷鬥爭、無情打擊」的結局；姓「社」姓「資」之爭最後以「不爭論」作結，不了了之，既有這種爭論無益於解放思想、大膽改革的原因，也有更深刻的時代背景——在社會主義思潮與資本主義思潮經歷了長達一百多年的衝撞後，對話漸漸取代了對抗。正如英國當代史學家霍布斯鮑姆在《極端的年代》一書中所指出的那樣：「蘇維埃模式的不濟，肯定了資本主義支持者的信念：『沒有股票市場，就沒有經濟社會。』而極端自由主義的失敗，卻證實社會主義的看法比較合理，人類事物……絕不可全由市場處理。」[1]人類正是由此漸漸拋棄了意識形態的偏見，而從事於務實的、相容並蓄的實踐的。這樣看來，姓「社」姓「資」之類爭論的不了了之，實際上還意味著當代人對偏狹思維方式的超越。時代的飛速發展常常在幾年間就把一些過時的問題拋在了身後。「站在歷史的角度言之，所謂資本主義與社會主義勢不兩立，各為不能共存的兩個極端，諸如此類的爭執辯論，看在未來時代眼裏，恐怕只是二十世紀意識宗教冷戰的餘波吧。在三千年紀元的歲月裏，資本主義與社會主義之

1 《極端的年代》（下冊），江蘇人民出版社一九九八年版，第八三五頁。

爭，也許正像十六、十七世紀的天主教和宗教改革者為誰是真基督教的爭論一般，到了十八、十九世紀，都全屬無謂的爭論。」[1]

思想解放的大潮淘汰了一些過時的問題，也進一步拓展了思維的空間。「一分為二」與「合二為一」的辯證思維因此格外引人注目。

例如李澤厚在〈啟蒙與救亡的雙重變奏〉一文中以「救亡與啟蒙」作現代史上的一條線索，揭示「救亡壓倒啟蒙」的歷史癥結，就為一九八〇年代的「新啟蒙」運動提供了有力的思想武器，影響深遠。論及「新啟蒙」的思路，他從質疑「中體西用」到提出「西體中用」（見〈漫說「西體中用」〉一文），又體現出既「一分為二」又「合二為一」的思維特徵：以「西體中用」去取代「中體西用」是「一分為二」的思維；在「西體中用」的思想中探索用「西體」努力改造「中學」，「既不是全盤繼承傳統，也不是全盤扔棄。而是在新的社會存在的本體基礎上，用新的本體意識來對傳統積澱或文化心理結構進行滲透，從而造成遺傳基因的改換」，又是「合二而一」的思維。李澤厚這種既「一分為二」又「合二而一」的辯證理性思維有助於對中西文化既衝撞又融會的文化奇觀做出富於辯證意味的描述。[2]

錢理群的魯迅研究也揭示了魯迅思想的辯證性。在《心靈的探尋》一書中，「思維篇」一方面高度評價了「魯迅和他的同時代人順應歷史發展的客觀要求與趨勢，向中國傳統的思維模式、文化心理結構實行反叛，在整體上予以否定，並且從西方文化，特別是從現實的歷史辯證運動中汲取思想養料，建立起以『否定辯證法』為中心的新的思維模式，以及與之相適應的強調否定、變動、創新的新的文化心理結構」的歷史功績，另一方面也指出了魯迅思想的「廣闊性與綜合性的特點……廣泛地吸收了古今中外文化創造的一切優秀成果，進行了

1　《極端的年代》（下冊），第八三六頁。
2　〈漫說「西體中用」〉，《中國現代思想史論》，東方出版社一九八七年版。第三三七頁。

極其廣泛的、富有創造性的綜合。」[1]——由此可見魯迅的思維方式是「一分為二」（「否定辯證法」）與「合多為一」（「廣泛性與綜合性」）的辯證組合。在書中，錢理群還指出了兩種思維方式的不同：「形而上學思維公式是『非此即彼』……二者絕對對立、排斥」；「辯證思維的公式是：在一定條件下，『變此亦彼』」。錢理群以「從形而上學思維向辯證思維的轉變」作為對於本世紀「思維方式的革命性轉變」的描述，[2]言之成理。而「亦此亦彼」不也是「合二而一」的另一種表述麼？

「合二而一」的思維在新時期思想界、學術界還引出了「哲學要現代化」、「社會科學要現代化」的新思想。

一九八一年，《百科知識》編輯部就現代科技的發展向馬克思主義哲學提出新問題組織了「現代科學技術的發展與馬克思主義哲學」的討論，並在該刊當年第九、十、十一期上刊發了學者的新思維：「在新的自然科學基礎上改變辯證唯物主義的形式」，「從古典馬克思主義哲學發展到現代馬克思主義哲學」，[3]「對立統一規律首先從社會現象中概括得來，很多用語就表現出階級社會的典型特徵：『對抗』、『一個吃掉一個』、『否定』、『對立雙方』……而用之於宇宙時，有些就可能失去意義」；「有些持唯物觀點的科學哲學家（如M・邦格）對辯證法原理進行了再考察，贊同普遍聯繫、發展變化的辯證法基本觀點，但不贊成把普遍的發展理論納入對立統一這種『兩極形式』。兩極性只是對世界的極度簡化」，「甚至認為兩極性是古代知識的標誌，而不是現代科學的標誌」；「自然科學中……微粒性與波動性，連續與不連續，有限與無限……這些對立面之間並無任何鬥爭……與辯證法的矛盾本體說相去甚遠。」[4]同年的《讀書》雜誌第十一期也發表了總題為〈數學、自然科學與哲學、社會科學的相互適

1 《心靈的探索》，上海文藝出版社一九八八年版，第十二、十七頁。
2 《心靈的探索》，第四十六頁。
3 邱仁宗：〈提高馬克思主義哲學的預見力，回答現代自然科學的挑戰〉，《百科知識》一九八一年第十期。
4 羅嘉昌：〈從現代科學看馬克思主義哲學的精確化問題〉，《百科知識》一九八一年第十一期。

合〉的座談記錄。「順應自然科學奔向社會科學的強大潮流」，促進「自然科學與社會科學的結合」[1]；「社會科學要現代化，一個重要問題就是要注意能從數學、自然科學中吸取些什麼」[2]；「系統論、控制論可以成為歷史研究者的工具」[3]，「哲學也可以定量研究與實驗研究」[4]……這些想法都極大地推動了社會科學、人文科學的發展。

在史學界，金觀濤、劉青峰以控制論方法研究中國封建社會停滯原因，取得了頗有創見的成果。他們的論文〈中國封建社會的結構：一個超穩定系統〉發表於一九七九年《貴陽師院學報》第一、二期，專著《興盛與危機》出版於一九八一年。在《興盛與危機》的縮寫本《在歷史的表象背後》的序言開頭，是這麼一句題詞：「一切理論探索，歸根到底都是方法的探索。」[5]

在文學界，一九八五年被稱為「方法論年」。文藝理論家林興宅的《藝術魅力的探尋》一書是以系統方法探索藝術魅力，揭示藝術的本質的成功之作。劉再復《文學研究思維空間的拓展》歸納了文學研究新思維的七項成果，其中有兩項是「運用系統方法研究文藝現象的嘗試漸露頭角」和「文學研究與自然科學相互滲透的開始」[6]。

值得注意的是，金觀濤以系統論方法研究歷史，是將社會分為經濟、政治、文化三個系統，從三者相互作用、相互關聯的角度開展論述；林興宅以系統論方法研究文學，是將文藝的本質看作由審美認識、審美評價、審美表現三維結構組成的統一體——都由系統論與人文科學的「合二而一」思維進入了「一分為三」或「合三而一」的更廣闊的空間。

1 范岱年：〈順應自然科學奔向社會科學的強大潮流〉，《讀書》一九八一年第十一期。
2 李澤厚：〈社會科學要現代化〉，同上。
3 金觀濤：〈系統論、控制論可以成為歷史研究者的工具〉，同上。
4 童天湘：〈哲學也可以定量研究與實驗研究〉，同上。
5 金觀濤：《在歷史的表象背後》，四川人民出版社，一九八三年版，第三頁。
6 見《讀書》一九八五年第三期。

自然科學與社會科學、人文科學的結合成果豐碩。不過，「一些自然科學的方法在社會科學領域內是不是有局限性，它們的適用範圍究竟有多大，這個問題需要我們注意和研究」。「全部哲學是否都能夠應用數學和自然科學的方法？……哲學中的有些東西……接近於詩，而詩是很少能用上數學和自然科學的。」[1] 有的學者在自然科學與社會科學、人文科學的「合二而一」探索中成果突出，有的則成績寥寥，除了才分上的差別，是否也與對這種「合二而一」思維的「局限性」有無清醒的認識有關？系統論、模糊數學、熵定律與文史研究的結合成果頗為可觀，但林興宅有關「數學和詩最終要統一起來成為數學的詩，詩的數學」的斷言卻在廈門全國文學評論方法論討論會上受到了有力的質疑。魯樞元指出：「心理學永遠不會成為一門精密的科學。……很難用定量分析的方法使它數學化……因為生活中需要有一些非科學非理性的東西。」許子東認為，「思維方式從亞里斯多德到黑格爾、直到現代思想家一直是相通的，似乎不可能，也沒有必要整個地發生變革。……」他舉出反饋原理與文學作品的產生以及對讀者發生影響的過程表面上有共同之處，實際上有很大差異的例子，指出自然科學的研究方法雖然能夠啟發思路，但並不能代替對文學這一特殊對象的研究。[2] 直到一九八九年，許子東還發表了題為〈從方法出發？還是從對象出發〉的文章，進一步表述了他對方法問題的思考：「海外學院或文學研究一般多從方法出發，而中國的評論大都從對象出發」；「將一種批評方法用到最出神入化的境地，最後的成績是學術意義的；將無法迴避的難題作最精彩最大膽的解答，最後的效果是民族意義的。」[3] 因此，他更願意強調「批評能力」、「理論突破」，而不僅僅只是「方法更新」、「觀念更新」。[4]

1 曉丹，趙仲：〈文學批評：在新的挑戰面前〉，《文學評論》一九八五年第四期。
2 曉丹，趙仲：〈文學批評：在新的挑戰面前〉，《文學評論》一九八五年第四期。
3 《上海文學》一九八九年第六期。
4 《當代文學印象》，上海三聯書店，一九八七年版，第二、二一〇頁。

也還是在「方法論熱」的討論中，由科學與文藝的「合二而一」產生了「第三種觀點」：「東方民族內省的直覺型的思維與西方民族抽象的思辨型的思維方式相結合，將會產生比原來更高級的第三種思維方式」（林君桓）；「提倡系統的方法論，不應排斥直感與悟性，我們民族是一個悟性很高的民族，善於跳過邏輯推理的橋樑直接把握事物的特性」（王光明）；「傳統的方法主要是矛盾分析的方法，它分析矛盾的對立統一及其轉化，分析矛盾的內部規律和外部規律。系統論方法……是對傳統方法的補充和發展」（孫紹振）。[1]——這些見解從東、西方思維的「合二而一」，傳統方法與新方法的「合二而一」中尋找新的思維方式，在當代學者中很有代表性。

例如劉長林的《中國系統思維》就通過對中國古代哲學、軍事、管理、農業、醫學、藝術呈現出的系統思維的描述，確認了中國傳統思維的特質：「中國民族傳統思維往往著眼於整體而輕個體，偏重綜合而不善於分析，時間和歷史觀念很強而空間觀念相對較弱，重視人際和其他一切事物的關係方面，而忽視其形質實體方面，強於直覺體驗而弱於抽象形式的邏輯思辨，並且總是將抽象思維和形象思維緊密地結合起來，等等。十分有趣的是，西方的傳統思維卻與我們幾乎一一相反，從而在歷史上與中國思維形成均衡的綺麗格局。」作者認為二者既對立又互補。[2]又如馮天瑜的《中華元典精神》也指出：「中華元典精神的『整體觀』以及與之相連的『中和觀』同現代整體思維之間存在著某種對應關係，因而可以成為現代整體思維的一種啟示源泉。……耗散理論創始人、比利時物理學家普里高津說：『我相信我們已經走向一個新的綜合，一個新的歸納，它將把強調實驗及定量表述的西方傳統和以「自發的自組織世界」這一觀點為中心的中國傳統結合起來。』這種古與今、中與西的結合，也許正是現代文化、現代思維發展的方向。」[3]

1 曉丹，趙仲：〈文學批評：在新的挑戰面前〉，《文學評論》一九八五年第四期。
2 《中國系統思維》，中國社會科學出版社，一九九〇年版。第五～六頁。
3 《中華元典精神》，上海人民出版社，一九九四年版，第五〇九～五一〇頁。

從自然科學與社會科學、人文科學的「合二而一」到中國思維方式與西方思維方式的「合二而一」，都結出了新的思想與學術成果。但這並不意味著「一分為二」的思維已經過時。李澤厚在一九八〇年代後期非理性主義思潮衝擊理性主義思潮的背景下區分了兩種理性——「我們迫切需要把那種實用的、經驗的理性變為科學的、嚴格的分析理性和思辨理性」。[1]王曉明在對文學的社會歷史批評方法的思考中也分辨了兩種社會歷史批評方法——一種「到豐富具體的歷史運動當中去尋找文學的謎底」，一種「只到現成的教科書中去尋找答案」。[2]這樣的「一分為二」之思給人的啟迪是：膚淺與深刻、僵化與活力很難「合二而一」，也不能「合二而一」。黃子平在《深刻的片面》一文中也指出了以「真實的片面和片面的真實」去取代「一切面面俱到的『持平之論』的必要」。[3]是的，片面性也有深刻與膚淺之分。

由此可見：有僵化的「一分為二」，也有富於創見的「一分為二」；有饒有新意的「合二而一」，也有面面俱到的「合二而一」。看來，方法並不決定一切，關鍵在於有沒有創造性的思想力，有沒有獨到的發現。

而「方法論熱」在一九八〇年代中期熱鬧過一陣後，也並沒有完全取代傳統思維。王曉明就在評析趙園的評論個性時指出：「我們沒有必要把自己的生命價值全拴在那所謂學術的木樁上……既然歷史已經鑄就了你那種抒情的批評個性，為什麼還要硬給它套一件思辯的外衣？」在「學問家和抒情者之間」如何選擇適合自己的「批評個性」的道路？王曉明關於個性與選擇的思考與揚長避短的思路聯繫在一起。[4]高爾泰也在「方法論熱」中為「社會學的評論」一辯再辯，強調「傾向性、激情與價值觀念，這些都始終是此時此地的、社會性的東

1 〈中國現代更需要理性〉，《文藝報》一九八七年一月三日。
2 〈社會歷史批評方法的再思考〉，《文藝報》一九八七年一月三日。
3 《讀書》，一九八五年第八期。
4 《讀書》，一九八七年第六期。

西」；「要瞭解當代中國文學，首先要瞭解它不同於世界文學和傳統文學的特點。……如果不聯繫我們經驗到的人生，不聯繫當代最刺心的社會問題，不聯繫中國人民與極左熱進行的艱難困苦而又百折不撓的鬥爭中形成的價值觀念，任何理論體系都無助於我們。」[2]事實上，當代文壇上最常見的，仍然是社會學評論，許多評論家都是立足於社會歷史評論之上去有選擇地兼容新觀念、新方法的。[1]

傳統方法與新方法可以並行不悖，這是新舊共存（而不是新陳代謝）的新思維。

既有「一分為二」，還有「合二而一」，更有「並行不悖」——思維方式的多元化格局就這樣形成了。需要特別指出的是，新時期的「一分為二」，不再必定意味著「一方消滅另一方」，而新時期的「合二而一」也不一定意味著「雙方融合在一起」。「一分為二」與「合二而一」的思路由於思想者眼光的不同也分化出了各不相同的形態。

多元思維與相對意識

多元化——這是新時期最流行的一個詞。思想解放，必然導致多元化思維。多元化思維，必然使當代思想史呈現出無比壯麗的萬千氣象。

二十世紀是思想大裂變的世紀，形形色色的主義都在時代的巨變中演進、分化、碰撞融合：馬克思主義分化成列寧主義、西方馬克思主義、中國馬克思主義（又可分為以鬥爭哲學、道德主義、民粹主義為基本特徵的

1 〈為「社會學的」評論一辯〉，《讀書》一九八五年第十一期。
2 〈關於文學評論的隨想〉，《中國》一九八六年第三期。

毛澤東思想[1]和力圖包容人道主義、主體論哲學，更具開放品格的馬克思主義）等流派；存在主義也有無神論的存在主義與宗教的存在主義之分；[2]民族主義與法西斯主義的結合是世界大戰的文化心理源泉，民族主義對於被壓迫民族又是民族解放運動的旗幟；自由主義裂變為「費邊社會主義」、基爾特社會主義、「民主集體主義」、「新古典自由主義」；[3]資本主義與儒家文化的結合產生出「儒教資本主義」；現代主義文藝流派包括象徵主義、未來主義、超現實主義、存在主義、表現主義、唯美主義……現實主義文藝思潮也在蘇聯、中國演變出「社會主義現實主義」，在拉美變異為「魔幻現實主義」、「結構現實主義」，在美國發展為「新新聞主義」。

「中國人言思想貴主通。」[4]從古代思想的儒、道、佛合流，古代學術的文史哲不分家到現代思想的「拿來主義」、學貫中西，都顯示出中國思維方式的「主通」特色。在文化專制的年代裏，單一的思想資源（鬥爭哲學）使得思想界、學術界一片荒蕪。到了思想解放年代，多元思想在碰撞中融合，產生了新思維。

李澤厚是當代「新啟蒙」運動中影響巨大的思想家。他的成功與他開闊的思想視野有關，也與他善於對多元的新思想進行創造性整合的思維方式有關。他的主體論思想中便融會了康德的主體性哲學、馬克思的實踐論哲學、皮阿惹（即皮亞傑）的發生認識論等思想資源。在他看來，「科學哲學、分析哲學、結構主義等等可說是無視主體性本體的冷哲學（方法哲學、知性哲學），而沙特的存在主義、法蘭克福學派等則可說是盲目誇張個體主體性的熱哲學（造反哲學、情緒哲學），它們都應為主體性實踐哲學所揚棄掉。現代思潮中的悲觀主義、反歷史主義和反心理主義也將被拋棄。人與自然、社會與個體、情感與理智、歷史與心理、理想與現實的悲劇性的衝突和分裂應該被克服，為弗洛依德所發現的個體生物性存在和為存在主義所發現的個體精神性的存

---

1 此取李澤厚說，見〈試談馬克思主義在中國〉，收入《中國現代思想史論》一書。
2 參見〔法〕約瑟夫‧祁雅理《二十世紀法國思潮》第五、六章，商務印書館一九八七年版。
3 參見高瑞泉主編《中國近代社會思潮》，華東師大出版社一九九六年版，第二二五～二二六頁。
4 錢穆：《現代中國學術論衡》，嶽麓書社一九八六年版，第三十九頁。

在的巨大對峙應該消除。回到感性的人，回到美，回到歷史，將與個體的全面成長相並行。哲學……是科學加詩」。[1]

錢鍾書是當代學貫中西的大學者。他一面對西學「有著宏觀上的綜合性認識」，一面「又以東方文化正宗傳人的獨特視界對現代西學的精蘊進行闡發」，「在融通東方神秘主義和西方現代現象學方面進行了大量的話語操作」；「錢氏綜採西方當世顯學如現象學、闡釋學、法國新文評派、後結構主義諸說重新審視中國文化」，為闡發中國文化的當代性做出巨大的貢獻。[2]

蕭兵是當代從文化人類學、比較文化學角度研究古典文學、民俗文化的名家。他在研究中倡導「廣義比較法」的三原則：「整體對應原則，多重平行原則，細節密合原則」；並認為三項「可以合併為一」。[3]他熔中國傳統學術與西方文化人類學、語言學、心理學於一爐，在中國文化史研究上多有創造性發現。

黃子平、陳平原、錢理群〈論「二十世紀中國文學」〉一文認為：「二十世紀世界文學藝術的大趨勢，是盡力尋找全新的思維方式、感覺方式和表達方式，以開掘現代人類豐富複雜的內心世界及其對外部世界的掌握。」他們對二十世紀中國文學的宏觀研究「一個重要的方法論特徵就是強烈的『整體意識』」。[4]這既體現為在中國古典文學傳統與二十世紀世界文學總體格局的大背景中研究百年文學，又顯示為「多學科的綜合研究」——包括文學、「哲學、歷史學、倫理學、宗教學、經濟學、人類學、社會學、民俗學、語言學、心理學，幾乎是現代社會科學的一切領域。」[5]

---

1 〈關於主體性的補充說明〉，《李澤厚哲學美學文選》，湖南人民出版社一九八五年版，第一七八頁。
2 參見胡河清：〈真精神與舊途徑〉第四章《錢鍾書與現代西學》，河北教育出版社一九九五年版，第七十五頁。
3 〈在廣闊的背景上探索〉，《文藝研究》一九八五年第六期。
4 《文學評論》一九八五年第五期。
5 陳平原、錢理群、黃子平：〈方法〉，《讀書》一九八六年第三期。

多元互補不僅意味著多種思想可以交叉、共存，而且意味著多門學科可以溝通、融合。多元思想、跨學科的綜合思維，是新時期思維明顯不同於十七年思維與「文革」思維的特質所在，也是新時期學者取得思想與學術成果的一大法寶。

這裏，值得注意的問題在於：多元思想、多門學科的融會貫通是無限可能的，還是相對可能的？思想家、學者在思想解放的廣闊天地中縱橫馳聘時，對某些思想、某些學科、某些方法之間的「不可通約性」有沒有必要的認識？

胡河清就注意到：「錢鍾書的著作，很少有受結構主義影響的痕跡。他甚至還表示過對於結構主義哲學的異議。」這一現象「與錢鍾書同中國近代反傳統思潮的聯繫有關。結構主義否認話語的歷時性，把它單純化為共時性的板塊物狀網路，實際上是對文化權威主義的認同。……所以錢鍾書拒絕結構主義，是有歷史依據的」[1]。由此可見，相容並蓄不一定意味著包羅萬象。相容並蓄是一種胸懷。從相容並蓄到有所創造，還得經過學者的選擇與重組。

申小龍也在研究漢語形態中思考：「人類的語言是一個多元的世界。不同的語言體系之間不存在一個超歷史、超文化、超傳統的評價標準，具有不可通約性。……從當代新進化論的觀點來看，每一種語言都是其不可替代的獨特的思維模式和民族心理結構，它把握世界的獨特的視界，具有獨一無二的意義和價值。」[2]他由此提出了《漢文學語言形態論》[3]。申小龍對漢文學語言特質的確認與李陀在一九八八年文壇上「偽現代派」的討論中提出「我們能否對中西文化碰撞、交流時這種產生誤會的必要性有一種充分的自覺」[4]的問題；以及季紅真關

1 《真精神與舊途徑》，第七十一頁。
2 〈漢語詞類之爭及其文化心態〉，《煙臺大學學報》一九八八年第一期。
3 《上海文學》一九八八年第九期。
4 〈也談「偽現代派」及其批評〉，《北京文學》一九八八年第一期。

於「中國沒有嚴格意義上的現代主義文學」，「現代主義文學對中國小說的影響帶有多媒介綜合性質……主要是心智的啟發、風格的暗示與形式技巧等方面的借鑒」[1]的判斷可謂殊途同歸。

多元思想為新的綜合提供了可能。同時，多元思想也為新的交鋒提供了舞臺——既然在某些思想之間存在著不可通約性。

「我們的時代常被稱為相對主義的時代。……科學方法的影響和工業都市社會的發展是使各種絕對的東西失去信仰的主要因素。……不同的文化信奉截然不同的價值。」[2]多元思想的並存與爭鳴在消解了絕對主義價值觀的同時也使當代人學會了寬容、理解異己見解，直至學會了在多元思想中穿行。

例如王蒙，他的《組織部新來的青年人》一直被看做是反官僚主義的作品，但作家本人卻有自己的思想：「一個知識青年，把『娜斯嘉方式』照搬到自有其民族特點的中國，應用於解決黨內矛盾，往往不會成功，生活鬥爭是比林震從《拖拉機站站長和總農藝師》裏讀到的更複雜的。……我多少知道林震是不值得效法的……」[3]經歷過政治迫害以後，他寫了許多憂時之作（如《說客盈門》、《悠悠寸草心》等），也寫了許多荒誕之作（如《冬天的話題》、《堅硬的稀粥》等）。談及自己，他說：「我是一個入世的人……出世的要求又相當強」；「也有不止一個人說，我是折衷主義者，相對主義者」；「我身上有兩種傾向或兩種走向都非常鮮明，比如一種是幽默，一種是傷感，本來幽默與傷感是不能相容的」；「我感覺到的一個悖反就是遊戲和真誠。……我的作品有許多真實生命的體驗……但我絲毫也不否認我有玩弄文字的遊戲，有些甚至到了常人所不

1 〈中國近年小說與西方現代主義文學〉，《文藝報》一九八八年一月二日、九日。
2 〔美〕賓克萊：《理想的衝突》，商務印書館一九九三年版，第六〜七頁。
3 〈關於《組織部新來的年輕人》〉，《王蒙文集》第七卷，華藝出版社一九九六年版，第五八七頁。

能接受的成分」。[1]從八〇年代初〈提高文藝作品與文藝工作者的思想境界〉的呼喊，[2]到九〇年代初〈躲避崇高〉的思考，既有時代思潮變幻影響的作用，也有王蒙多重人格的內在原因。

許子東注意到劉心武的創作中有一條「對『淺薄青年』對『市民心態』由鄙視向理解向同情的轉化」的線索，還指出了「劉心武已寫出『愛』的兩個側面，既抨擊了欣賞的也讚歎了自己恐懼的」這一耐人思索的現象，面對這樣的人生之感，評論家也不得不感慨：「凡可能妨礙教人、救人、『愛』人的思路，還是不去胡思亂想的好。」[3]——劉心武創作中這種從啟蒙到同情與理解再到困惑的發展線索，是伴隨著作者對人生的思考不斷深入進行的，也是時代精神演變（從一九七〇年代末、一九八〇年代初的高亢激越到一九八〇年代中期以後的悲涼困惑）的一個縮影。與此相似的，是麥天樞的思路歷程。在一九八〇年代後期風起雲湧的「社會問題報告文學」大潮中，麥天樞寫出了許多暴露黑暗、呼喚改革的激情之作。到了一九九〇年代初，他在「寧靜的閱讀和思考中……深為自己過去滿懷激情寫的許多文字汗顏。揭露呀，批判呀，否定呀，一知半解的『反思』呀，實際上跟單純的歌頌、讚揚、吹捧、無知無解的附會一樣容易也一樣有害」。他開始走入農村，「以『仰望』的心情去觀察和省視母親之地」。在他看來，「把一己的遭際和情感深深地傾入社會真理的探索，就永遠地離開社會的真理」。[4]

張賢亮從「懺悔」（《土牢情話》，一九八一年）到「讚美苦難」（《綠化樹》，一九八四年），到「控訴苦難」（《男人的一半是女人》，一九八五年；《習慣死亡》，一九八九年；《我的菩提樹》，一九九二年）的創作道路；何士光從「禮讚變革」（《鄉場上》，一九八〇年）到「悲歎人生」（《苦寒行》，

---

1 〈王蒙、王平對話錄〉，《王蒙文集》第八卷，同上，第五九七、五九九、六〇六、六一〇頁。
2 入《王蒙論創作》一書，中國文聯出版公司一九八三年版。
3 〈劉心武論〉，《文藝理論研究》一九八七年第四期。
4 〈仰望大地〉，《山西文學》一九九四年第一期。

一九八七年），到「徹悟佛理」，（《如是我聞》，一九九三年）；王朔從「調侃人生」（《橡皮人》，一九八六年），到「悲歎人生」（《許爺》，一九九二年）……這一切的變化中，都有時代精神演化的軌跡可尋，也都是作家不斷調整探索人生的思路的結果。不斷求索，不僅僅意味著一種永遠進取的積極姿態，也還意味著面對複雜的、多元的人生，不斷調整探索的角度，不斷超越已有水準。——這也應是思想自由的題中應有之義。

另一方面，多元思想之間某些不可通約性也使得多元思想之間的交流最終變成「仁者見仁，智者見智」的爭論和各執一詞、各有其理的「雜語喧嘩」。

例如，關於個性主義的爭鳴。集體主義一直是當代主流意識形態的核心詞語之一。「大公無私」、「克己奉公」、「鬥私批修」、「無私奉獻」……諸如此類的口號在從一九五〇年代到一九九〇年代的漫長歲月中都對塑造當代人的文化品格起到了巨大的作用，也在狂熱的年代裏釀成了「靈魂深處爆發革命」的苦酒。歷史表明：僅有「集體主義」不僅不能維繫社會的心態平衡，甚至必然窒息發展的活力。因此，早在「文革」中的一九七〇年代初，史鐵生和他的友人們就開始悄悄討論「合理的利己主義」。[1]到了一九七六年，李澤厚在《批判哲學的批判》一書中指出：「為黑格爾總體主義所淹沒的個體意識在現代生活條件（下）迅猛抬頭和發展，個人存在的巨大意義日益突出。」[2]由此他開始建構「主體性哲學」。到了一九八〇年，《中國青年》雜誌組織的人生意義大討論，潘曉提出「主觀為自我，客觀為別人」的人生觀；[3]趙林提出「狂熱產生於遺棄自我，悲觀失望也產生於對自己估量不足」的反思，發出「快去發展自己吧，快去讓個體的能量全部釋放出來吧」的吶

1 楊健：《文化大革命中的地下文學》，朝華出版社一九九三年版，第八十六頁。
2 《批判哲學的批判》，人民出版社一九七九年版，第四〇七頁。
3 〈人生的路呵，怎麼越走越窄？〉，《中國青年》一九八〇年第五期。

喊；雷華提出「應當肯定『合理為己』的道德觀」。[1]到了一九八一年，孫紹振歡呼「新的美學原則在崛起」，欣賞青年詩人「自我表現」的勇氣。[2]……思想界、青年界、文學界呼喚個性之聲終於匯成了強大的思潮，在集體主義思潮以外，開闢出個性發展的新天地。[3]而一九八五年現代主義思潮的興起，一九八六年劉曉波大力鼓吹以非理性的激進姿態去衝破理性的約束的喊聲，則標誌著個性主義的分化——分化為「理性的個性主義」與「非理性的個性主義」。一九八六年，《中國青年報》開展過一次兩代知識分子的對話，十一位大型企業的負責人在整體上對青年知識分子表示失望，原因之一便是認為他們「在個人發展上以『我』的得失為前提，社會責任感淡薄」。[4]對此，青年們的回答是：「個人努力、個人前途和企業命運難以聯繫，怎麼能激發青年人的獻身精神？」[5]「這一代對任何觀念不再盲從，而是開始關注『自我』，這是一個歷史的進步……淡漠相對盲從來說，也是一種進步」；[6]「是不是只有一種理想？……社會需要多元化和豐富多彩，需要各種思想的相互撞擊……和三、四十年代的知識分子相比，五、六十年代的知識分子的色彩單調了一些。」[7]——這便是「代溝」之隔：中年人與青年人的價值觀念難以溝通。一九八八年，張永傑、程遠忠的《第四代人》一書出版，暢銷一時。書中寫道：出生於一九五〇年代末到一九六〇年代的「第四代人」，是「『自我崇拜』的一代」，其價值體系的核心就是「自我設計、自我實現、自我負責」。[8]

---

1 〈只有自我才是絕對的〉，《中國青年》一九八〇年第八期。
2 〈為合理的人生觀說幾句話〉，《中國青年》一九八〇年第九期。
3 〈新的美學原則在崛起〉，《詩刊》一九八一年第三期。
4 〈怎樣看待這一代青年知識分子，且聽中老師知識分子如何評說〉，《中國青年報》一九八六年九月二十五日。
5 〈當代知識分子素質究竟如何，一批青年袒露襟懷直陳心曲〉，《中國青年報》一九八六年十月八日。
6 彭興業：〈以未來為參照系〉，《中國青年報》，一九八六年十月十四日。
7 張作義：〈和老師們談談心〉，同上，一九八六年十月九日。
8 《第四代人》，東方出版社一九八八年版，第二二九、二六五頁。

由上述史料不難看出：集體主義與個性主義的矛盾、理性的個性主義與非理性的個性主義的分化、兩代人對個性主義的褒貶不一，都是「雜語喧嘩」的證明，也都體現了價值觀的多元化與相對性。羅素曾經指出：「哲學家們可以分成為希望加強社會約束的人與希望放鬆社會約束的人。與這種區別相聯繫著的還有其他的區別」；「每一方都是部分正確的而又部分錯誤的。……每一個社會都受著兩種相對立的危險和威脅：一方面是由於過分講紀律與尊敬傳統而產生的僵化，另一方面是由於個人主義與個人獨立性的增長而使得合作成為不可能。」[1]

另一方面，個性主義在開放年代裏的興盛也並未使集體主義銷聲匿跡。集體主義在當代思想界，至少有如下幾種形態——

馬克思主義意識形態中有關「全心全意為人民服務」的主張，有關「同心同德幹四化」的號召，有關「大力開展愛國主義教育」的一系列活動，都是社會主義集體主義的體現。

新儒家學說中弘揚民族文化精神的深沉思考，也體現了民族主義的集體主義理想。梁漱溟預言：「中國人的互以對方為重、『禮讓為國』，是未來世界的前途，它必將取代『個人本位』、『自我中心』的思想。……世界的前途必然是中國文化的復興。」[2]費孝通呼籲：「現在世界正在進入一個全球性的戰國時代，是一個更大規模的戰國時代，這個時代在呼喚著新的孔子……他將通過科學聯繫實際，為全人類共同生存下去尋找一個辦法。」[3]

還有基督教的博愛思想。劉小楓《拯救與逍遙》一書寫道：「倫常之愛不可避免地把一部分人排除在愛的範圍之外。在基督教看來，使人人相依為命的不是自然的和倫理的情感關係，只能是人的精神與聖愛的同一關

1 《西方哲學史》上卷，商務印書館一九六三年版，第二十三頁。
2 任華、馳方：〈梁漱溟先生訪問記〉，見梁漱溟《我的努力與反省》，灕江出版社一九八七年版，第四五〇頁。
3 〈孔林片思〉，《讀書》一九九二年第九期。

係。在這樣的規定下，愛必然奔向與我『無關』的人，以致奔向罪人和惡人。」[1]何光滬這樣評論道：「和平就是全球性的愛」，「利用自由與選擇創造與普遍的愛……便是真正否定苦難的道路、超越自我的道路、精神聖化的道路！」他還指出：「小楓傾向於強調中西文化之對立。而我認為，應該注意中西文化之相通」；「『拯救』與『逍遙』確實概括了中西各自的某種傾向，但都不能由此引出中西宗教文化截然對立的結論。」[2]李澤厚的「主體論哲學」顯然有意將馬克思主義的實踐哲學與孔子仁學傳統結合起來，[3]但他對劉小楓宣揚基督教的主張的判斷是：「劉小楓……提出要提倡基督教……這才是對我理論的真正的挑戰……」[4]

集體主義的多元化與個性主義的多元化一樣，展示了當代思維方式在銳意求索中日益凸現出的複雜性——多元中有重合，也有難以重合的歧異：在中、西文化的論爭之間，在集體主義與個性主義的交鋒之間，歧異層出不窮。各執其理的歧異，是思想活躍的標誌；各執其理的歧異，也是相對主義與相對意識應運而生的必要前提。

劉放桐指出：「二十世紀的西方哲學不談相對論的很少很少」，「各種哲學派別同相對論發生的聯繫有多種多樣。各個派別甚至各個哲學家從相對論中攝取的東西也往往不一樣。」[5]以這樣的眼光看去，相對主義的功過是非也難一言道盡。

---

1 見《拯救與逍遙》，上海人民出版社一九八八年版，第三二二頁。
2 〈這個世界最需要愛〉，《讀書》一九八九年第六期。
3 李澤厚指出：「重行動而富於歷史意識，無宗教信仰卻有治平理想，有清醒理知又充滿人際熱情……這種傳統精神和文化心理結構，是否在氣質性格、思維習慣和行為模式上，使中國人比較容易接受馬克思主義。」（見《中國古代思想史論》，人民出版社一九八五年版，第三一五頁。）
4 〈「五四」的是是非非〉，《文匯報》一九八九年三月二十八日。
5 《現代西方哲學》人民出版社一九八一年版，第六七五頁。

在王治河看來，「後現代主義建設性向度」的表徵之一「是對多元的思維風格的鼓勵。按照德勒茲的說法：多元論的觀念——事物有許多意義，有許多事物，一事物可以被看成各種各樣——是哲學的最大成就」。[1] 善於多角度思維，善於發現智慧的豐富性，是思維方式的一大變革。

一般認為，儒家是中國哲學史的主幹，但陳鼓應指出：這一認識「主要是從政治倫理的觀點出發」；而如果從形而上學、知識論、方法論等「哲學的其他更主要組成部分」上看，「中國哲學史實際上是一系列以道家思想為主幹，道、儒、墨、法諸家互補發展的歷史」。[2] 一般認為，莊子的思想代表沒落奴隸主階級的世界觀，李澤厚、劉綱紀則指出了莊子哲學的批判性與現代性：「反對人的異化是莊子哲學的核心。」[3] 胡河清也認為：「老莊哲學具有同西方文化（特別是希臘文化）進行交融的內在基礎。老莊的道崇尚自然、崇尚生命的完整性……與希臘文化有著深刻的一致。」[4] 莊子的相對主義常被看作是他混世哲學的理論基礎，韓少功卻一方面嘆服道家智慧（「這種處理世界的思想方法，給我以很大的智慧」）；一方面也認為：「關鍵看你怎麼用它」，「中國有些很好的思想，然而，它的機制上如果有毛病就會變成很壞的東西。比如莊子的相對思想……在舊社會裏又成了阿Q」。[5] 將莊子的相對思想分作「智慧」與「病態」去分別評析，顯然更富於哲思。馬原則宣稱自己「信莊子和愛因斯坦先生共有的那個相對論認識論」，[6]「不相信任何一面倒的哲學」，[7] 也是將莊子的相對思

---

1 〈後現代主義與建設性（代序）〉，〔美〕大衛・雷・格里芬：《後現代精神》，中央編譯出版社一九九八年版，第六頁。
2 〈論道家在中國哲學史上的主幹地位〉，《哲學研究》一九九〇年第一期。
3 《中國美學史》第一卷，中國社會科學出版社一九八四年版，第二二八頁。
4 〈論阿城、馬原、張煒：道家文化智慧的沿革〉，《文學評論》一九八九年第二期。
5 林偉平：〈文學和人格——訪作家韓少功〉，《上海文學》一九八六年第十一期。
6 〈馬原寫自傳〉，《作家》一九八六年第十期。
7 許振強、馬原：〈關於《岡底斯的誘惑》的對話〉，《當代作家評論》一九八五年第五期。

想用作了反對絕對主義的思想武器。——上述思想匯成了當代「重新評價莊子」的思潮，[1]在質疑了陳見的同時也創造性地重新闡釋了莊子思想。

劉再復在論及文學研究新思維時也指出：「由一到多，即由單一的、單純從哲學的認識論或政治的階級論角度來觀察文學現象轉變為從美學、心理學、倫理學、歷史學、人類學、精神現象學等多種角度來觀察文學，把文學作品看作複雜的、豐富的人生整體展示……用多向的、多維聯繫的思維代替單向的、線性因果聯繫的思維」，是新思維的特徵之一；「從哲學角度來看，……文學是克服異化，使人性暫時獲得復歸的一種手段；從價值學來看……文學是人的人格和思想感情的表現；從心理學來看……文學是苦悶和歡樂的象徵……；從歷史學的角度來看，在特定時代環境中……它是階級鬥爭的工具……；從審美的角度看，它是有缺陷的世界中的一種理想之光」。[2]不同的文學觀百家爭鳴，文學才呈現出無比豐富的意義，又於無比豐富中顯示著無窮的「不確定性」。正如李慶西所說的那樣：「在人類認識的最高階段上，事物並沒有明確的答案。關鍵是範疇的運用。」[3]

在史學界，相對性思維也開拓了新的視界。劉昶在《人心中的歷史》一書中寫道：「歷史分為本體和認識兩個方面。……從本體的角度言，歷史是客觀的……但從認識的角度言，歷史又是主觀的……同樣一部歷史，不同的時代、不同的社會，乃至不同的人對其會有截然不同甚至尖銳對立的看法。」[4]不斷地重新發現歷史、解釋歷史，不斷從歷史中開掘人性與文化的哲思是新時期史學在不斷解構歷史神話、不斷超越歷史定論中發展的強大動力。從前，曾國藩只被看做是鎮壓太平天國運動的劊子手，現在，李銳指出：「曾國藩是個很複雜的

1 樊星：〈當代新道家〉，《文藝評論》一九九六年第二期。
2 〈文學研究思維空間的拓展〉，《讀書》一九八五年第二期。
3 〈論文學批評的當代意識〉，《文學評論》一九八五年第五期。
4 見該書，四川人民出版社一九八七年版，第六頁。

人，有著多種身份的人，是個在很多方面都留下了自己影響的人物。」[1]從前，「五四」運動的豐功偉績受到普遍的讚頌，現在，人們開始反思「五四」的負面效應（如激進主義、虛無主義的問題等等）。從前，人們將一切歷史事件都看做是必然的，現在，史學家們漸漸注重揭示歷史的偶然性了……

不過，相對性思維不僅僅具有「建設性向度」，它也常常與偏激的情緒結為一體，賦有破壞性品格。當有的青年學者在浮躁的八〇年代也發出「徹底否定傳統的古典文化」的叫喊時[2]；當有的青年詩人在迷狂中喊出「搗碎！打破！砸爛！」的口號，並以此作自己反傳統、反崇高的主張時[3]；當有的評論家因為接受了後現代主義的影響而武斷地宣告：「啟蒙的，現代性的話語原來的意義已經枯竭」，「精英文化既喪失政治合法性，又喪失文化合法性」[4]時；當有的作家以玩世不恭的口吻斷言「改革開放的所有動力來自痞子」[5]時，都使人感到了某種偏激的姿態。當對人生的新發現被塗上一層絕對主義、激進主義的狂熱色彩時，相對性思維的智慧性也蕩然無存了。尼采的狂人姿態、「五四」運動中激進主義的反傳統思潮，是上述偏激聲音的思想之源。同時，「搗碎！打破！砸爛！」的喊叫也使人很自然想到了「文革」中紅衛兵「破四舊」的狂熱……由此使人產生了這樣的思考：偏激之聲當然也應是多元思維中的一元，非理性的吶喊也不妨作「雜語喧嘩」中的一種聲音，只是在極度膨脹的個性與寬鬆的文化環境間，總給人以某種不和諧之感。多元話語中的絕對思維，相對於寬鬆的文化環境，或多或少是一種「一分為二」、「唯我獨尊」思維的遺緒吧。如何建立起自己只是多元中的一元、自己的意義只能通過與他人對話才能得到「對話意識」（而不再重蹈「鬥爭哲學」的覆轍），如何在多元文化

1 〈為什麼「獨服曾文正」〉，《讀書》一九九二年第九期。
2 劉曉波：〈危機！新時期文學面臨危機！〉，《深圳青年報》一九八六年十月三日。
3 〈大學生詩派宣言〉，徐敬亞等編：《中國現代主義詩群大觀》，同濟大學出版社一九八八年版，第一八五頁。
4 張頤武語，見〈詩人何為〉，《鍾山》一九九四年第二期。
5 〈王朔的痞子創造歷史論〉，《文藝報》一九九三年五月二十二日。

的「雜語喧嘩」中建立起開放、明智、多角度、建設性的新思維，這個問題不僅關係到新思維的發展，也是當代人最終走出絕對化、偏激化思維的標誌所在。

原載《荊州師範學院學報》一九九九年第三期

哲學宗教類　PA0049

大陸當代思想史論

作　　者 / 樊　星
主　　編 / 蔡登山
責任編輯 / 鄭伊庭
圖文排版 / 楊尚蓁
封面設計 / 王嵩賀

發 行 人 / 宋政坤
法律顧問 / 毛國樑　律師
印製出版 / 秀威資訊科技股份有限公司
114台北市內湖區瑞光路76巷65號1樓
電話：+886-2-2796-3638　傳真：+886-2-2796-1377
http://www.showwe.com.tw
劃撥帳號 / 19563868　戶名：秀威資訊科技股份有限公司
讀者服務信箱：service@showwe.com.tw
展售門市 / 國家書店（松江門市）
104台北市中山區松江路209號1樓
電話：+886-2-2518-0207　傳真：+886-2-2518-0778
網路訂購 / 秀威網路書店：http://www.bodbooks.com.tw
國家網路書店：http://www.govbooks.com.tw
圖書經銷 / 紅螞蟻圖書有限公司
114台北市內湖區舊宗路二段121巷28、32號4樓
電話：+886-2-2795-3656　傳真：+886-2-2795-4100

2012年2月BOD一版
定價：500元

國家圖書館出版品預行編目

大陸當代思想史論 / 樊星著. -- 一版. -- 臺北市 : 秀威資訊科技, 2012. 02
面； 公分. -- (哲學宗教類 ; PA0049)
BOD版
ISBN 978-986-221-890-7(平裝)

1. 中國哲學史 2. 現代哲學

112.8 100025392

讀者回函卡

感謝您購買本書，為提升服務品質，請填妥以下資料，將讀者回函卡直接寄回或傳真本公司，收到您的寶貴意見後，我們會收藏記錄及檢討，謝謝！如您需要了解本公司最新出版書目、購書優惠或企劃活動，歡迎您上網查詢或下載相關資料：http:// www.showwe.com.tw

您購買的書名：________________________________

出生日期：________年________月________日

學歷：□高中（含）以下　□大專　□研究所（含）以上

職業：□製造業　□金融業　□資訊業　□軍警　□傳播業　□自由業

□服務業　□公務員　□教職　□學生　□家管　□其它_____

購書地點：□網路書店　□實體書店　□書展　□郵購　□贈閱　□其他

您從何得知本書的消息？

□網路書店　□實體書店　□網路搜尋　□電子報　□書訊　□雜誌

□傳播媒體　□親友推薦　□網站推薦　□部落格　□其他__________

您對本書的評價：（請填代號　1.非常滿意　2.滿意　3.尚可　4.再改進）

封面設計____　版面編排____　內容____　文／譯筆____　價格____

讀完書後您覺得：

□很有收穫　□有收穫　□收穫不多　□沒收穫

對我們的建議：________________________________

請貼
郵票

11466
台北市內湖區瑞光路 76 巷 65 號 1 樓

秀威資訊科技股份有限公司 收

BOD 數位出版事業部

....

（請沿線對折寄回，謝謝！）

姓　　名：＿＿＿＿＿＿＿＿＿＿　年齡：＿＿＿＿　性別：□女　□男

郵遞區號：□□□□□

地　　址：＿＿＿＿＿＿＿＿＿＿＿＿＿＿＿＿＿＿＿＿＿＿

聯絡電話：(日)＿＿＿＿＿＿＿＿＿＿＿＿(夜)＿＿＿＿＿＿＿＿＿＿＿＿

E-mail：＿＿＿＿＿＿＿＿＿＿＿＿＿＿＿＿＿＿＿＿＿＿